I0644248

Erlösung – für Geld nicht zu haben

Herausgegeben von
Anne Burghardt

EVANGELISCHE VERLAGSANSTALT
Leipzig

Bibliographische Information der Deutschen Nationalbibliothek
Die Deutsche Nationalbibliothek verzeichnet diese Publikation in der Deutschen Nationalbibliographie; detaillierte bibliographische Daten sind im Internet über http://dnb.dnb.de abrufbar.

© 2016 by Evangelische Verlagsanstalt GmbH • Leipzig

Printed in Germany • H 8041

Das Werk einschließlich aller seiner Teile ist urheberrechtlich geschützt. Jede Verwertung außerhalb der Grenzen des Urheberrechtsgesetzes ist ohne Zustimmung des Verlags unzulässig und strafbar. Das gilt insbesondere für Vervielfältigungen, Übersetzungen, Mikroverfilmungen und die Einspeicherung und Verarbeitung in elektronischen Systemen.

Das Buch wurde auf FSC-zertifiziertem Papier gedruckt.

Gesamtgestaltung: Department for Theology and Public Witness
LWF-Office for Communication Services
Druck und Binden: druckhaus köthen GmbH & Co. KG

Veröffentlicht von:
Evangelische Verlagsanstalt GmbH, Leipzig, Deutschland, für
Lutherischer Weltbund
150, rte de Ferney, Postfach 2100
CH-1211 Genf 2, Schweiz

ISBN 978-3-374-04264-7

www.eva-leipzig.de

Parallelausgaben in Englisch und Spanisch

Inhalt

Einleitung

Anne Burghardt

Die Aufsätze in diesem Heft stellen Praktiken und theologische Konzepte in Frage, die als Versuche der Kommerzialisierung von Erlösung beschrieben werden können. Die Bestrebungen der Kommerzialisierung von Erlösung weisen eine große Bandbreite auf: Sie reichen von der Propagierung eines Wohlstandsevangeliums (Prosperity Gospel) bis zu Versuchen, die Erlösung durch die Einhaltung gewisser Praktiken und Rituale zu gewährleisten, usw. Heutzutage gibt es in vielen Kontexten einen starken Druck, den Anforderungen eines gewissen gesellschaftlichen und beruflichen Status zu entsprechen. Das wirft die Frage auf, von woher die Menschen heute ihre Erlösung erwarten und vor welcher „Institution" sie sich zu einer Rechtfertigung genötigt sehen.

Die Aufsätze in diesem Heft sprechen verschiedene Themen an, so etwa die Frage, ob Luthers Suche nach einem „gnädigen Gott" auch heute noch aktuell ist, des Weiteren die Problematik eines Wohlstandsevangeliums, der Selbstidentifikation mit dem Beruf, die Erlösungserwartung durch Konsum u. a. Die hier behandelten Themen sind natürlich nur eine Auswahl aus der Fülle wichtiger Fragestellungen, doch bleibt zu hoffen, dass sie Anstoß für weitere Diskussionen sein werden.

Wie kriege ich einen gnädigen Gott?

Bernd Oberdorfer

Das wiedergefundene Paradies: Luthers Entdeckung der geschenkten Gerechtigkeit

1545, ein Jahr vor seinem Tod, blickte Martin Luther noch einmal auf die lange zurückliegenden Ereignisse zurück, die ihn zum Reformator machten. Noch nach 30 Jahren spürt man in seinem Bericht die starken Emotionen, die ihn in dieser Zeit bewegt haben. In seinen Bibelstudien, so schreibt er, sei er immer wieder auf den Begriff „Gerechtigkeit Gottes" gestoßen. Dieses Wort habe er „gehasst". Denn er dachte, es meine die Gerechtigkeit, mit der Gott den Sünder beurteilt und straft. Luther war ja Mönch geworden, weil er es besonders ernst meinte mit Gottes Gebot. Aber genau deshalb machte er die Erfahrung, dass es ihm nie gelang, Gott alles recht zu machen. Trotz größtem Bemühen fühlte er sich weiterhin als Sünder und fürchtete Gottes Strafe. Selbst Christus erschien ihm nicht als Erlöser, sondern als strenger Richter, der ihn zu Recht verurteilt. Doch dann habe er auf einmal das Wort „Gerechtigkeit Gottes" ganz neu verstehen gelernt: nämlich als die Gerechtigkeit, die Gott uns schenkt, obwohl wir sie nicht verdienen, die Gerechtigkeit, an der Gott uns Anteil gibt – „gratis", d. h. allein aus Gnade und ohne dass wir dafür etwas tun müssten. „Da hatte ich das Empfinden", schreibt er im Rückblick, „ich sei geradezu von neuem geboren und durch geöffnete Tore in das Paradies selbst eingetreten." Diese beglückende Erfahrung ist der Glutkern von Luthers Theologie, und sie ist dann auch zum bewegenden Impuls für die ganze Reformation geworden. Luthers verzweifelte Frage „Wie kriege ich einen gnädigen Gott?" – d. h.: Was kann und muss ich tun für mein Heil? – fand eine erlösende Antwort: Wir können, aber wir müssen auch nichts tun für unser Heil. Denn alles, was wir brauchen, hat Gott uns in Christus bereits geschenkt. Christus hat am Kreuz die tödlichen Folgen unserer Sünden auf sich genommen, damit wir sie nicht mehr tragen müssen, und schenkt uns neues Leben. Luther konnte dafür auch das schöne Bild einer ungleichen Ehe verwenden: Ein reicher Bräutigam heiratet eine arme, verschuldete Frau und übernimmt nicht nur ihre Schulden, sondern lässt sie auch Anteil gewinnen an seinem ganzen Reichtum.

Heil im Angebot? Die religiöse Ökonomie des Ablasshandels und Luthers Kritik daran

Es ist kein Zufall, dass sich Luthers Konflikt mit der Kirche seinerzeit am Ablass entzündete. Denn der Ablass brachte ökonomisches Denken in den Glauben. Zwar war (zumindest in der Theorie) klar, dass beim Ablass streng genommen nicht das Heil selbst „im Angebot" war. Er bot ja nur den Gläubigen, denen die Sünden schon in der Beichte vergeben waren, die Möglichkeit, die ihnen noch auferlegte Läuterungszeit im Fegefeuer durch den Kauf von „Ablassbriefen" zu verkürzen. Und natürlich wurde betont, dass Gott die Bezahlung nur gnadenhalber belohne. Doch auch so konnte der Weg zum Heil käuflich erscheinen. Außerdem entstand der Eindruck, die Kirche könne willkürlich die durch Christus erwirkten Heilsgaben in den Handel geben. Dagegen protestierte Luther am 31. Oktober 1517 mit seinen 95 Thesen. Christus habe mit seinem Aufruf „Tut Buße!" nicht ein bestimmtes kirchliches Ritual gemeint, sondern eine Haltung, die das ganze Leben der Christen prägen soll. Die Kirche habe auch nicht das Recht, in das Ergehen der Gläubigen nach dem Tod einzugreifen. Ohnehin widerspreche es der göttlichen Güte, wenn die Kirche nur einen Teil der göttlichen Gnadengüter an die Gläubigen weitergebe, und dies auch nur gegen Bezahlung. Gott schenkt sein Heil umfassend und bedingungslos. Luther kritisierte auch, dass mit dem Ablass der Bau des Petersdoms finanziert werden sollte; der Papst solle dafür sein eigenes Vermögen einsetzen.

Die 95 Thesen zeigen, wie die theologische Einsicht in die gratis geschenkte Gerechtigkeit für Luther zum Maßstab wurde, an dem nach seiner Überzeugung die kirchliche Lehre und Praxis zu beurteilen und zu orientieren sind. Im Zug der folgenden Auseinandersetzungen hat Luther diese Einsicht weiter präzisiert und entfaltet. Daraus ist das entstanden, was man als die reformatorische Lehre von der „Rechtfertigung allein aus Glauben unabhängig von den Werken" bezeichnet. Sie soll jetzt in ihren Grundzügen skizziert werden.

„Rechtfertigung allein aus Glauben"

Auch die mittelalterliche Theologie teilte die Überzeugung, dass wir uns das Heil nicht wirklich verdienen können. Auch sie verstand das Heil als

Gnadengeschenk. Aber zu Luthers Zeiten war doch die Lehre populär, dass Gott von uns zumindest einen ersten Schritt erwarte. Wenn wir das Wenige tun, was uns mit unseren schwachen Kräften möglich ist, werde Gott das aus reiner Gnade mit etwas unendlich viel Größerem belohnen, nämlich mit dem ewigen Heil. Dies klingt zunächst sehr gut. Die Reformatoren erkannten aber, dass der Mensch den Blick dabei letztlich doch auf sich selbst, auf die eigene Leistungsfähigkeit richtet. Dann bleibt aber immer die Frage: Habe ich genug getan? Habe ich das Wenige wirklich getan, das Gott von mir erwartet? Damit wird ungewiss, ob Gott mich wirklich belohnen wird. Oder es ist genau umgekehrt: Beim Blick auf sich selbst findet der Mensch, dass sein religiöses und moralisches Leben in Ordnung sei, dass er also schon genug getan habe. Stolz auf sich selbst, erwartet er, dass Gott ihn eigentlich mit dem ewigen Leben belohnen muss, weil er es sich verdient hat. Der Blick auf sich selbst führt also entweder zu Verzweiflung oder zu Stolz: Verzweiflung darüber, selbst den bescheidenen Ansprüchen Gottes nicht gerecht geworden zu sein, oder Stolz darauf, Gottes Erwartungen erfüllt zu haben. Dieser Stolz kippt aber immer wieder um in Verzweiflung, wenn die Überzeugung, das Heil verdient zu haben, zweifelhaft wird.

Die Menschen schwanken also hin und her zwischen Stolz und Verzweiflung, wenn sie auf sich selbst schauen. Den Ausweg aus dieser heillosen Lage erkannten die Reformatoren darin, den Blick weg von sich selbst und ganz auf Gott zu richten. Gott wartet nicht darauf, dass wir auf ihn zugehen; er knüpft das Heil nicht an die Bedingung, dass wir etwas dafür tun. „Rechtfertigung allein aus Glauben", das heißt: das Vertrauen nicht auf die eigenen Kräfte setzen, sondern allein auf Gott. Glauben heißt: darauf vertrauen, dass Gott bereits alles für unser Heil getan hat, indem Christus das Unheil auf sich genommen hat, das wir verschuldet haben.

Dass wir von Gott als gerecht angesehen werden, hat also nicht in uns selbst seinen Grund. Die Gerechtigkeit „vor Gott" kommt vielmehr ganz „von Gott". Die Reformatoren brachten das durch die Formel zum Ausdruck: Unsere Gerechtigkeit kommt „von außen" (*iustitia externa*), sie ist „fremde Gerechtigkeit" (*iustitia aliena*). Sie verdankt sich nicht einer Eigenschaft oder Leistung, die wir in uns selbst finden könnten. Sondern sie entsteht dadurch, dass Gott uns die Gerechtigkeit Christi „zurechnet". Damit ist gemeint: Gott schaut gleichsam Christus in uns hinein. Gott erblickt, wenn er uns anschaut, Christus in uns, genauer: Er erblickt den sündlosen Christus in uns Sündern. Mit diesem sozusagen kreativen Blick schaut Gott das Heil in uns hinein, das Christus uns erworben hat.

Spätere Zeiten haben zwischen einer „effektiven" und einer „imputativen" Rechtfertigung, zwischen „Gerechtmachung" und „Gerechtsprechung" unterschieden. Dabei wurde häufig behauptet, für das lutherische Verständnis von Rechtfertigung sei nur die „Gerechtsprechung" angemessen. Dies konnte positiv wie kritisch gemeint sein. Positiv wurde geltend gemacht, dass nach lutherischer Lehre die „fremde Gerechtigkeit“ nie zum festen Besitz, nie zu einer Eigenschaft des Menschen werden kann. Wir „sind“ gerecht nur in den Augen Gottes, und wir „erfahren“ uns als gerecht nur, indem wir uns das von Gottes Wort gesagt sein lassen und diesem zugesprochenen Wort vertrauen. Dagegen wurde freilich kritisch eingewandt, dass dann offenbar durch die „Gerechtsprechung“ im Menschen gar nichts geschehe, dass er dadurch nicht verändert werde. Bleibt dann die „Gerechtsprechung“ nicht letztlich wirkungslos?

Den Reformatoren wäre diese Unterscheidung künstlich und unangemessen erschienen. Denn sie waren überzeugt, dass Gottes Wort immer schöpferisch ist. Wen Gott gerecht „spricht“, den „macht“ er auch gerecht. Wenn ich Gottes Zuspruch vertrauensvoll glaube, dann kann ich gewiss sein, dass ich nach Gottes Urteil auch gerecht „bin“. Ja, diese Gewissheit, dass Gottes Urteil ohne Einschränkung wahr ist und gilt, ist im Kern das, was die Reformatoren unter „Glauben“ verstanden. Nicht zufällig übersetzte Luther das „Amen“ im Kleinen Katechismus mit: „Das ist gewisslich wahr.“

Allerdings hielten die Reformatoren fest, dass sich die „geschenkte Gerechtigkeit“ nie gleichsam objektiv feststellen lässt. Wir können nicht „beweisen“, dass wir gerecht sind. Das ist und bleibt ein Akt des Glaubens, der sich nicht einfach in ein vorzeigbares Wissen überführen lässt. Dies gilt noch mehr im Blick auf Andere: Es gibt keine empirischen Merkmale, an denen es sich unzweifelhaft ablesen lässt, ob jemand im Stand der Gnade ist – oder nicht.

Das ist der Sinn der berühmten lutherischen Formel: „gerecht und Sünder zugleich“ (*simul iustus et peccator*). Sie ist häufig so verstanden worden, als würde die Rechtfertigung an unserem Sündersein nichts ändern. So ist sie aber nicht gemeint. Sie soll vielmehr zum Ausdruck bringen, dass wir nur dann gerecht sind, wenn wir uns gleichsam mit den Augen Gottes anschauen. In den Augen Gottes sind wir aber wirklich und ganz gerecht. Wenn wir hingegen den Blick unabhängig davon unvermittelt auf uns selbst richten, müssen wir erkennen, dass wir Sünder sind und unser Leben nicht so führen, wie es dem Schöpferwillen entspricht. Die Formel soll also noch einmal einschärfen, dass unser Heil sich ganz und gar Gott verdankt; auch die Rechtfertigung gibt uns nichts, was wir „besitzen“ und Gott gegenüber vorweisen könnten. Das Heil ist und bleibt unverdient.

Rechtfertigung und Ethik

Luthers Lehre von der Rechtfertigung allein aus Glauben sah sich von Anfang an dem Einwand ausgesetzt, sie mache das menschliche Handeln gleichgültig. Wenn Gott uns das Heil „gratis“ schenkt, wenn wir dafür nichts tun können und müssen, geht dann nicht ein entscheidendes Motiv dafür verloren, Gutes zu tun und Böses zu meiden? Warum sollten wir uns noch für die Nächsten einsetzen, wenn wir Gottes Strafe nicht mehr fürchten müssen? Schon in der Frühzeit der Reformation setzte sich Luther mit diesem Einwand auseinander und erläuterte die Bedeutung der „guten Werke". Uneingeschränkt hielt er daran fest, dass wir uns das Heil nicht durch unser Tun verdienen können. Das macht die „guten Werke" aber nicht unnötig oder gleichgültig. Im Gegenteil! Sie sind aber nicht Bedingung, sondern Folge des Heils.

Besonders schön entfaltete Luther diesen Zusammenhang in der Schrift „Von der Freiheit eines Christenmenschen". Weil Gott uns durch Christus und in Christus bereits alles geschenkt hat, was wir zum ewigen Heil brauchen, sind wir befreit von der Sorge um uns selbst. Wir müssen unsere Kräfte nicht mehr dafür einsetzen, unser eigenes Leben zu sichern und das festzuhalten oder an uns zu reißen, was wir für dieses Leben zu brauchen meinen. Diese Angst um sich selbst ist der tiefste Grund für die „Gier", die schon für den Apostel Paulus das Wesen der Sünde ausmacht (vgl. Röm 7). Entlastet von dieser Angst um uns selbst können wir jetzt gleichsam selbstlos für Andere da sein, uns um ihr Wohl kümmern. Luther brachte das auf die Formel: Weil wir in Christus „freie Herren" sind, können wir zugleich „dienstbare Knechte" sein. Und weil wir dies jetzt ungezwungen tun, empfinden wir die Gebote nicht mehr als von außen kommenden Zwang; wir erfüllen sie „gern", aus eigenem Antrieb, „mit Lust und Liebe". Die Rechtfertigung ist daher die Quelle der Nächstenliebe. Wir geben dabei gleichsam die Freude darüber, in Christus von Gott angenommen zu sein, dem Nächsten weiter. Luther konnte deshalb geradezu sagen, dass wir dem Nächsten dadurch selbst „zum Christus werden".

Luther war Realist genug, um zu sehen, dass das nicht immer gelingt. Er sprach häufig davon, dass unser irdisches Leben ein immer erneutes „Anfangen" sei. Wir stehen uns oft noch selbst im Weg und müssen in einer noch unvollendeten Welt zurechtkommen. Die Selbstlosigkeit muss daher gleichsam immer wieder neu eingeübt werden. Luther konnte hier sogar der Askese einen guten Sinn abgewinnen. Er meinte damit aber nicht mehr die besonderen Verzichtsleistungen der Mönche. Askese ist vielmehr auch und vor allem die pflichtgetreue Erfüllung von Aufgaben im sozialen Leben, also etwa wenn Eltern ihre Kinder aufziehen, Bauern das Feld bestellen oder Beamte ihren Dienst tun. Denn dabei verzichten sie auch darauf, ihre eigenen Interessen in den Mittelpunkt zu stellen, und setzen ihre Kräfte zugunsten von Anderen ein. Das lutherische „Berufsethos" ist daher ein Ausdruck gelebter Selbstlosigkeit, ist praktizierte Nächstenliebe.

Freilich zeigt dies auch eine Gefahr auf: Wenn die „Freiheit eines Christenmenschen" sich in selbstloser Pflichterfüllung verwirklicht, dann kann sie sich darin auch verlieren. Die „Freiheit von [...]" droht von der „Freiheit für [...]" erstickt zu werden. Rechtfertigung darf aber nicht zum bloßen ersten

Schritt zum Handeln reduziert werden (befreit, nur um zu dienen), weil sonst das befreiende Evangelium erneut zum beengenden Gesetz werden könnte.

Nicht mehr kirchentrennend? Die „Gemeinsame Erklärung zur Rechtfertigungslehre“

Im 16. Jahrhundert markierte die „Rechtfertigung allein aus Glauben“ eine Differenz zwischen der reformatorischen und der römisch-katholischen Lehre. Zwar gab es „Religionsgespräche“, in denen man sich nahe kam (etwa 1541 in Regensburg). Aber letztlich nahmen die Lutheraner bei den Katholiken weiterhin „Werkgerechtigkeit“ wahr. Und die römisch-katholische Kirche verurteilte auf dem Konzil von Trient ausdrücklich die Lehre, der Mensch werde „allein aus Glauben“ vor Gott gerechtfertigt; denn damit schien die menschliche Verantwortung geleugnet zu sein. Die Positionen profilierten sich also gegeneinander. Im 20. Jahrhundert kam es aber zu vielfältigen Erfahrungen ökumenischer Gemeinschaft, die es fragwürdig erscheinen ließen, ob die alten Verwerfungen heute noch aufrechterhalten werden müssten. Dies führte zu neuen Gesprächen. Man fragte etwa, ob die wechselseitigen Lehrverurteilungen in der Reformationszeit die jeweils andere Seite wirklich richtig verstanden hätten oder nicht vielmehr Positionen verwarfen, die der Andere gar nicht vertrat. Man fragte auch, ob damals nicht in unterschiedlichen Denkformen, Sprachgestalten und Akzentsetzungen im Kern dieselben Intentionen verfolgt wurden. Nach mehreren Jahrzehnten intensiver Forschungen und Dialoge wurde 1999 in Augsburg vom Lutherischen Weltbund und dem Päpstlich Rat zur Forderung der Einheit der Christen die „Gemeinsame Erklärung zur Rechtfertigungslehre“ unterzeichnet. Sie verschweigt nicht, dass es im Verständnis der Rechtfertigung weiterhin gravierende Unterschiede zwischen den Konfessionen gibt. Sie konstatiert aber einen „Konsens in Grundwahrheiten“ der Rechtfertigungslehre, der es erlaubt, diese Unterschiede nicht mehr als kirchentrennend aufzufassen. Auch die katholische Kirche betont jetzt etwa, dass niemand sich das Heil „verdienen“ kann. Und die Lutheraner machen deutlich, dass sich auch für sie der Glaube in der Lebensführung konkretisiert und bewährt. Dies ermöglicht eine gemeinsame Beschreibung der entscheidenden Grundlinien des Rechtfertigungsgeschehens.

Rechtfertigung heute

Immer wieder ist gefragt worden, ob uns die lutherische Rechtfertigungslehre heute noch etwas zu sagen hat. Anders als im 16. Jahrhundert ist das

Lebensgefühl vieler Menschen heute nicht mehr geprägt von der Angst vor Gottes strengem Urteil im Jüngsten Gericht. Die Frage nach dem „gnädigen Gott“, die Luther so umtrieb, hat oft ihren quälenden Charakter verloren oder sie wird gar nicht mehr gestellt. Die Vorstellung, dass wir vor Gott Rechenschaft ablegen und dabei unser Versagen bekennen müssen und allein auf Gottes grundlose Vergebung hoffen können, erscheint vielen als dunkler Schatten, der das Leben verfinstert und eine positive Grundhaltung verhindert. Ein solcher Pessimismus erzeuge die Not erst, für deren Überwindung dann auf Christus als Erlöser verwiesen werde. Die Menschheit müsse von der bedrückenden Idee, erlösungsbedürftig zu sein, erlöst werden. Auch viele Christen bezweifeln, ob die Güte und Schönheit von Gottes Schöpfung wirklich angemessen gewürdigt ist, wenn die Sündenverfallenheit der Menschen so stark betont wird. Andere wiederum fragen kritisch, ob Luthers Ablehnung einer aktiven menschlichen Beteiligung am Heil nicht die menschliche Freiheit missachte, in der aber doch die Menschenwürde gründet. Weder Luthers Fragen noch Luthers Antworten scheinen also in der Gegenwart noch überzeugend zu sein.

Aber natürlich leben Menschen auch heute in Angst um sich selbst. Sie sehnen sich danach, bedingungslos angenommen zu werden, und sehen sich doch mit Ansprüchen konfrontiert, von denen sie fürchten, dass sie ihnen nicht genügen können. Sie spüren Druck, im Beruf ebenso wie in Partnerschaft und Familie, und obwohl sie sich anstrengen und alles tun, was ihnen möglich ist, bleibt am Ende oft das Gefühl, den Erwartungen nicht gerecht geworden zu sein. Andere wiederum erleben, dass ihre Begabungen und Kräfte nicht erkannt und in Anspruch genommen werden, wenn sie keine Arbeit finden oder wegen Alter, Krankheit oder Schwäche als gesellschaftlich „unproduktiv“ gelten. Andere leiden darunter, dass ihnen Armut die Chance nimmt, aktiv am sozialen Leben teilzunehmen, ihre Begabungen auszubilden und in die Gesellschaft einzubringen. Wieder andere erfahren sich als ausgeschlossen wegen ihrer ethnischen Herkunft, ihres Geschlechts oder ihrer Lebensführung, ihres Lebensstils. Die Sehnsucht danach, als Person anerkannt und gewürdigt zu werden, ist also heute keineswegs geringer als zu Luthers Zeiten.

Das gilt auch für die Schuld. Auch heute müssen Menschen damit leben, schuldig geworden zu sein. Sie schämen sich für ihr Verhalten und werden von Selbstvorwürfen gequält. Sie wissen, dass sie das Geschehene nicht rückgängig machen oder „wiedergutmachen“ können, und sehnen sich doch nach Vergebung und neuem Anfang, obwohl ihnen klar ist, dass sie das nicht „verdienen“.

Häufig wird gesagt, die „Rechtfertigung allein aus Glauben“ sei allzu sehr fixiert auf negative Erfahrungen des Scheiterns und der Schuld. Dies sei einseitig und entspreche nicht mehr dem Lebensgefühl moderner

Menschen. In der Tat bekennen sich auch Christen heutzutage wohl unbefangener als früher zur Sehnsucht nach irdischem Glück und erkennen darin einen Abglanz des ewigen Heils. Dies muss aber der Rechtfertigung allein aus Glauben nicht widersprechen. Denn zur Erfahrung von Glück gehört die Einsicht, dass Gelingen und Erfüllung allen Anstrengungen zum Trotz unverfügbar und in diesem Sinne unverdientes Geschenk sind, das Anlass zu dankbarer Freude gibt.

Die Lehre von der „Rechtfertigung allein aus Glauben" kann also auch heute eine befreiende, entlastende, Mut machende Bedeutung haben. Sie kann darauf aufmerksam machen, dass Gott uns bedingungslos bejaht. Gott hat uns schon angenommen, bevor wir überhaupt etwas tun konnten. Gott achtet uns selbst da, wo wir uns nur noch verachten können. Gott schenkt Würde auch da noch, wo Menschen andere Menschen entwürdigen und missachten. Gott eröffnet neue Horizonte, wo die Situation ausweglos scheint. Gott befreit damit zu neuem Handeln, wo vorher Lähmung war. „Allein aus Glauben", das kann heißen: Diese Bejahung, diese Annahme, diese Würde, diese Ermutigung, diese neue Hoffnung – dies alles ist Geschenk. Und wie jedes echte Geschenk ist es unverfügbar, freiwillig, kann nicht erzwungen und gekauft werden. „Allein aus Glauben", das ist die auch heute wichtige Botschaft: Das Heil, das neue, authentische Leben im Glauben ist „nicht im Handel", wir müssen deshalb auch nicht immer neu rechnen, ob unser „Eigenkapital" genügt, um es zu erwerben.

Luther fragte, voller Angst: „Wie kriege ich einen gnädigen Gott?" Er rang lang mit dieser Frage. Die Antwort, die sich ihm schließlich erschloss, ist einfach und auch heute noch aussagekräftig: Wir müssen diesen Gott nicht „kriegen" – wir haben ihn schon.

Fragen

Was bedeutet es Ihnen, „allein aus Glauben gerechtfertigt" zu sein? Wie nehmen Sie sich und Ihr Leben dadurch anders wahr?

Wo erfahren Sie in Ihrem Leben die „Gegenwart der Gnade"?

Welche Rolle spielen für Sie „gute Werke"?

Was würden Sie als Ihren „Gottesdienst im Alltag" beschreiben?

Der menschliche Wille – frei oder versklavt?

Jaan Lahe

> Denn ich weiß, dass in mir, das heißt in meinem Fleisch, nichts Gutes wohnt. Wollen habe ich wohl, aber das Gute vollbringen kann ich nicht. Denn das Gute, das ich will, das tue ich nicht; sondern das Böse, das ich nicht will, das tue ich. (Röm 7,18-19)

Diskussionen über den freien Willen, über die Freiheit des Menschen, zu wählen und zu entscheiden, über die Frage, in welchem Maße die Menschen fähig sind, aus eigenem Willen das eigene Leben zu gestalten, gibt es solange schon, wie Menschen über den Sinn und Zweck des Lebens und seine Möglichkeiten nachgedacht haben. Die Diskussion über die Willensfreiheit durchzieht die Geschichte der Philosophie und der Theologie und ist in vielleicht sogar noch größerem Maße auch Thema in der Religionsgeschichte.

Die Fesseln des Schicksals

Schon die Griechen glaubten, dass es eine Kraft gebe, der sogar die unsterblichen Götter unterworfen sind, nämlich das Schicksal. Der Glaube an die Macht des Schicksals verstärkte sich in der Zeit des Hellenismus (4.-1. Jh. v. Chr.) sogar noch. Während der Zeit des Römischen Reiches (1.-5. Jh. n. Chr.) entwickelte sich das „Schicksal" oder die „Zwangsläufigkeit" (griech. *Ananke, Heimarmene*) zu einer „kosmischen Kraft", die das gesamte Universum beherrschte. Es war allgemeine Überzeugung, dass das Leben jedes Menschen von der Geburt bis zum Tod durch das Schicksal vorherbestimmt war und von sieben Planeten bzw. sieben „Herrschern" regiert wurde, deren Herrschaft oder Entscheidungen dann Fatum oder

Schicksal genannt wurden. Origenes (ca. 185–253/54) und Augustinus (354–430) berichten, dass sowohl Christen als auch Heiden diese Planeten fürchteten. Die Astrologie, die auch heute noch, wie soziologische Untersuchungen zeigen, bei vielen Menschen populär ist, basiert ebenfalls auf dem Glauben, dass wir von Himmelskörpern beherrscht werden. Dieser Glaube hat seine ursprüngliche Verbindung mit der Religion verloren (die Planeten wurden als göttliche oder dämonische Wesen angesehen) und in der modernen Massenkultur ist die Erinnerung an die religiösen Wurzeln der Astrologie verschwunden.

In der Philosophie wurde der Glaube an das Schicksal von den Stoikern begründet, nach deren Auffassung das Schicksal ein allgemeines Gesetz war, das die Welt bestimmte, eine Tatsache, die kein mit Weisheit begabter Mensch leugnen würde. Das Bild vom Menschen als einer Puppe in den Händen des allmächtigen Schicksals ist weit verbreitet, über die Antike hinaus. Der persische Mathematiker, Astronom, Philosoph und Dichter Omar Khayyam (1048–1131) trifft den Kern der Sache, wenn er das Schicksal mit der unendlichen Zeit gleichsetzt:

> Nur Puppen sind wir auf dem Schachbrett Welt,
> Ein Spielzeug nur, geschoben und gestellt;
> Ein Zeitvertreib! – Und hat's das Schicksal satt,
> Zum Kasten wandert, Stück zu Stück gesellt."[1]

Der Dichter sieht in dem kreisenden Himmelsgewölbe, das von den Planeten regiert wird, eine sichtbare Manifestation des Schicksals oder der unendlichen Zeit. Die Zeit schafft die Lebewesen, auch die menschlichen Lebewesen, gibt ihnen die Möglichkeit, wie die Marionetten für einen kurzen Augenblick auf der Bühne des „großen Welttheaters" aufzutreten, und macht sie dann wieder zu dem Staub, aus dem sie geformt wurden. Dann nimmt die Zeit dieselbe Materie aufs Neue, um neue Lebewesen zu schaffen, und wiederholt dies immer und immer wieder, in Ewigkeit.

Es ist nicht leicht, mit dem Bewusstsein zu leben, dass man nichts ändern kann. Khayyams Reaktion auf die Erkenntnis, das alles vorherbestimmt ist, ist hedonistisch: Trinke Wein und genieße die Gesellschaft deines Geliebten. Das alt-mesopotamische Gilgamesch-Epos, die Harfner-

---

[1] Vgl. **http://gutenberg.spiegel.de/buch/vierzeiler-des-chajjam-6824/1** (siehe auch englische Übersetzung: We men are puppets, whose steps God ordains; / The time is short in which we dally there, / Then in death's casket one by one we fall, / The game is played and earth must cover all. In: The Ruba'yat of Omar Khayam, trans. H. M. Cadell (London/New York: John Lane The Bodley Head, 1899), unter **www.omarkhayyamnederland.com/vertalingen/engels/cadell/index.html**.

lieder des Alten Ägypten, verschiedene griechische und römische Dichter und der unbekannte Autor des Buches Kohelet des Alten Testaments im hellenistischen Zeitalter – sie alle zeigen eine ähnliche Reaktion. Dies war für ein profundes Denken jedoch niemals eine befriedigende Lösung. Immer wieder hat es seit der Antike Versuche gegeben, den Glauben an die Vorherbestimmung mit rationalen Argumenten zu widerlegen. Karneades (214/13–129/128 v. Chr.), ein akademischer Skeptiker (d. h. Vertreter des Skeptizismus, wie er in Platons Akademie in Athen gelehrt wurde), bewies, dass die Argumente für die Astrologie falsch sein müssen, weil das Schicksal von unter derselben Planetenkonstellation geborenen Zwillingen unterschiedlich sein kann, während zwei Menschen, deren Geburtszeitpunkte auf unterschiedliche Konstellationen fielen, durchaus das gleiche Schicksal haben können (z. B. im Fall eines Schiffbruchs). Der griechische Philosoph Epikur (ca. 342–270 v. Chr.) argumentierte, die Grundlage des freien Willens sei die Freiheit der in einem leeren Raum fallenden Atome und diese würden nicht, wie man früher glaubte, in einer geraden Linie fallen, sondern wichen davon ab. Nach Epikur besteht auch der Träger des freien Willens, die menschliche Seele, aus Atomen. Folglich sind auch die Menschen frei und können eigene Entscheidungen treffen.

Nicht jeder lässt sich durch rationale Argumente überzeugen; bei der Suche nach einem Mittel gegen das Schicksal wird sich daher mancher Blick auf übernatürliche Mächte richten. Manuskripte auf Papyrus aus der Zeit des Römischen Reiches enthalten Zauberformeln, die die Macht des Schicksals brechen sollen. Man glaubte auch von einigen Göttern, dass sie fähig seien, von den Fesseln des Schicksals zu befreien. Eine dieser Gottheiten war die ägyptische Göttin Isis, die sich in der griechisch-römischen Welt großer Popularität erfreute und ihren Anhängern die Befreiung von der Macht des Schicksals und ein glückliches Leben nach dem Tod verhieß. Viele Vertreter der christlichen Lehre in den ersten Jahrhunderten glaubten, dass die Taufe eine Person von der Macht des Schicksals befreien könne – dass Getaufte nun Christus gehörten (als sein Eigentum) und nicht dem Schicksal (das sie nun nicht länger besitze) und dass die Planeten keinen Einfluss mehr auf sie hätten. Dieser Glaube stellte für viele christliche Denker, die versucht haben, eine Antwort auf die Frage nach der Willensfreiheit zu finden, jedoch keine befriedigende Lösung dar.

Freier Wille?

Paulus gesteht: „Das Gute, das ich will, das tue ich nicht; sondern das Böse, das ich nicht will, das tue ich“ (Röm 7,19) (und das „ich“ steht hier nicht nur für Paulus, sondern für alle Menschen), und er erklärt dies durch die Tatsache, dass die Sünde die Herrschaft über die Menschen hat. Die „Sünde“, die Paulus meint, hat viel Ähnlichkeit mit dem „Schicksal“ der Griechen und Römer. Er beschreibt sie als eine „kosmische Kraft“, die die Menschheit seit Adams Zeiten beherrscht hat (vgl. Röm 5,12ff). So sah es einige Jahrhunderte später in ganz ähnlicher Weise auch Augustinus, einer der Kirchenväter, der mit Paulus der Auffassung war, dass nur Gottes Gnade uns von der Sünde retten kann. Und fast 1000 Jahre später kam der Reformator Martin Luther (1483–1546) zu demselben Schluss wie Augustinus. In seiner Auseinandersetzung mit dem Humanisten Erasmus von Rotterdam (1466 oder 1469–1536) ging es, wie schon in der von Augustinus mit dem britischen asketisch-moralistischen Mönch Pelagius (ca. 390–418), vor allem um die aktive Rolle, die der Mensch bei der Erlösung spielt. Augustinus und Luther sind hier weitgehend derselben Ansicht; der menschliche Wille kann den Menschen nicht retten und selbst die menschliche Fähigkeit zu glauben, die ja als einziger Weg zur Erlösung angesehen wird, ist ein Geschenk Gottes und deshalb außerhalb des Bereichs des menschlichen Willens. Nach Luther ist der menschliche Wille durch die Sünde versklavt. Im Augsburger Bekenntnis von 1530 heißt es über den freien Willen (Artikel 18), „dass der Mensch in gewissem Maße einen freien Willen hat, äußerlich ehrbar zu leben und zu wählen unter den Dingen, die die Vernunft begreift.“[2]

Und zur Bestärkung dieser Auffassung folgt dann im Augsburger Bekenntnis ein Zitat aus dem 3. Buch Hypognosticon von Augustinus:

> „Wir bekennen, daß in allen Menschen ein freier Wille ist; denn sie haben ja alle einen natürlichen, angeborenen Verstand und eine Vernunft, [jedoch] nicht, um [damit] Gott gegenüber etwas erreichen zu können, wie zum Beispiel Gott von Herzen zu lieben und zu fürchten; sondern allein in den äußerlichen Werken dieses Lebens haben sie die Freiheit, Gutes oder Böses zu wählen. Mit ‚Gut‘ meine ich das, was die Natur tun kann, wie zum Beispiel auf dem Acker zu arbeiten oder nicht, zu essen, zu trinken, zu einem Freund zu gehen oder nicht, Kleidung anzuziehen oder abzulegen, zu bauen, ein Weib zu nehmen, ein Handwerk zu betreiben oder dergleichen Nützliches und Gutes zu tun.“[3]

Während es den Reformatoren vor allem darum ging, über die Willensfreiheit und die Prädestination im Hinblick auf das Verhältnis zwischen Gott und Mensch nachzudenken, ist die Frage des freien Willens im Blick auf

[2] Das Augsburger Bekenntnis, in: Unser Glaube. Die Bekenntnisschriften der evangelisch-lutherischen Kirche. Hrsg. vom Lutherischen Kirchenamt der VELKD Gütersloher Verlgashaus, 1986, 73.

[3] A. a. O., 73f.

die Entscheidungen und Handlungen der Menschen in ihrem Alltagsleben vor allem von Psychologen und Neurologen ausführlich diskutiert worden. So hat z. B. Sigmund Freud (1856–1939), der Begründer der Psychoanalyse, behauptet, dass das Verhalten der Menschen und ihre Entscheidungen nicht frei seien und deshalb der freie Wille nur in der Vorstellung existiere. In Wirklichkeit würden das Verhalten und die Entscheidungen eines Menschen von dem Teil der menschlichen Psyche kontrolliert, den Freud als das „Unbewusste" bezeichnete. In dieser Schicht der menschlichen Seele liegen nach Freud die sexuellen Triebe und die traumatischen, von unserem Bewusstsein verdrängten Kindheitserfahrungen, die unser tägliches Verhalten beeinflussen. Auch in der behavioristischen Psychologie ist wenig Platz für den freien Willen, denn nach ihr ist das menschliche Verhalten nur auf Grundlage objektiv messbarer mentaler Prozesse analysierbar, und dies schließt nach Auffassung der Behavioristen den freien Willen aus. Es gibt jedoch auch einige Psychologen, die überzeugt sind, dass der Wille, wie andere psychische Funktionen auch, entwickelt werden kann. Darum sei ein Mensch nie determiniert und gezwungen, sich in derselben Situation auf dieselbe Weise zu verhalten – er hat die Freiheit der Wahl. Gleich welches Konzept von Willensfreiheit sie nun vertritt, in der Perspektive der Psychologie ist der Wille nichts Übernatürliches („etwas von göttlichem Ursprung im Menschen"), sondern eine mentale Funktion, die ihre psychophysiologische Grundlage in der Aktivität der Frontallappen des Gehirns und in der funktionalen Verbindung zwischen den Sprachzentren und den Frontallappen hat. Insofern ist der Wille auch Gegenstand der experimentellen Forschung, die auch zu bemerkenswerten Ergebnissen gelangt ist. Der amerikanische wissenschaftlicher Pionier Benjamin Libet (1916–2007), einer der Pioniere der Bewusstseinsforschung, hat die Aktivität der Großhirnrinde während der Ausführung von Willensakten untersucht und gelangte zu dem Ergebnis, dass die Veränderungen in der Großhirnrinde, die den Beginn eines Willensaktes begleiten, einen Augenblick bevor die Versuchsperson sich ihres eigenen Willensaktes bewusst wird, feststellbar sind. Folglich geht der Wille dem Bewusstsein des Willensaktes voraus, was bedeutet, dass das Gehirn Willensakte auslöst und sich erst ganz kurz darauf der willentlichen Entscheidung bewusst wird. Die Ergebnisse der Untersuchungen von Libet scheinen Beweise gegen eine Freiheit des Willens zu erbringen, aber man sollte nicht vergessen, dass sich die Experimente auf nur sehr rudimentäre Willensentscheidungen beschränkten (z. B. darauf, die Hand oder das Bein zu bewegen). Sind diese Ergebnisse auf komplexere, unser ganzes Leben beeinflussende Entscheidungen übertragbar, wie z. B. die Wahl des Berufs oder der Lebenspartnerin bzw. des Lebenspartners?

Es gibt heutzutage eine stetig wachsende Nachfrage und Popularität von Ratgeberbüchern, in denen die Grenzenlosigkeit des menschlichen

Willens propagiert wird – wenn man wirklich etwas will und sich selbst davon überzeugt, kann man z. B. Reichtum und Ruhm erlangen, die ideale Lebenspartnerin oder den idealen Lebenspartner finden, den Traumjob usw. Diese Bücher schreiben dem menschlichen Willen fast übernatürliche Kräfte zu, die angeblich die Erfüllung aller menschlichen Wünsche bewirken können (vorausgesetzt, dass der betreffende Mensch sich dafür einsetzt, seinen eigenen Willen entsprechend zu beeinflussen) – ein Konzept, in dem man Züge des magischen Denkens erkennen kann.

Zwischen Freiheit und Prädestination

Nichtsdestotrotz gibt es eine große Zahl von Dingen in dieser Welt, die nicht von uns und unserem Willen abhängen und die wir als gegeben akzeptieren müssen. Wir wählen den Zeitpunkt unserer Geburt nicht aus und selbst die gesündeste Lebensweise und die größte Vorsicht ermöglichen es uns nicht, den Zeitpunkt und die Art und Weise unseres natürlichen Sterbens zu wählen. In seinem Buch *Unsterblich: Die Sehnsucht nach dem ewigen Leben als Triebkraft unserer Zivilisation*[4] zeigt Stephen Cave auf, dass im Laufe der Geschichte die Menschheit zwar fortwährend neue Strategien entwickelt hat, um den Tod aus ihrem Gesichtsfeld zu verbannen, aber keine dieser Strategien diesen Traum je erfüllt hat. Ebensowenig sind wir in der Lage, unsere Eltern zu wählen, unseren Geburtsort und auch nicht die Umgebung, in die wir hineingeboren werden. Zugleich haben diese Faktoren den stärksten Einfluss auf die Herausbildung unserer Persönlichkeit und unsere Willensentscheidungen.

Heute wissen wir, dass die unsere individuelle Persönlichkeit prägenden Faktoren nicht nur solche unseres nahen und ferneren Umfeldes sind, sondern bereits im Augenblick unserer Zeugung wirksam werden. Wir erben von unseren biologischen Vorfahren die Gene, die sowohl unsere mentale, seelische und körperliche Gesundheit als auch die Entwicklung unseres Charakters beeinflussen. Es ist wahrscheinlich unmöglich, das genaue Wirkungsverhältnis zu bestimmen zwischen unserer genetischen Konstitution und den Umwelt- und Erziehungseinflüssen, denen wir ausgesetzt sind. Je nach der vorherrschenden Mentalität, den Haltungen und Werten der Gesellschaft, wird man den Schwerpunkt mehr auf der einen oder der anderen Seite sehen. Das führt dann wirklich zu einem stärkeren Einfluss entweder der genetischen Konstitution oder der Umwelt und Erziehung auf den Menschen in einem bestimmten Kontext, weil das Menschenbild und die

[4] Stephen Cave, Unsterblich: die Sehnsucht nach dem ewigen Leben als Triebkraft unserer Zivilisation (Frankfurt am Main: S. Fischer Verlag, 2012).

Bildungs- und Erziehungskonzepte usw. ja davon beeinflusst werden. Daher sollte die Rolle der vorherrschenden Ideen in einer bestimmten Gesellschaft in der Diskussion über die Willensfreiheit und die Prädestination niemals unterschätzt werden. Das trifft auch dann noch zu, wenn die betreffenden Ideen und Werte nicht die allgemein verbreiteten gesellschaftlichen Einstellungen, sondern die einer Subkultur widerspiegeln. Eine Person kann als Mensch immer nur im Verhältnis zu anderen Menschen betrachtet werden. Ob wir es wollen oder nicht, unser Eingebundensein in eine „Ich und Du"-Beziehung (Martin Buber, 1878–1965) zwingt uns, die anderen „Ichs" und „Dus" in Betracht zu ziehen, denn sonst wäre keinerlei Miteinanderleben möglich. Selbst wenn wir das Leben einer Einsiedlerin oder eines Einsiedlers wählen und alle Verbindungen mit anderen Menschen kappen, befreit uns das nicht von unserer Persönlichkeit, die durch frühere Beziehungen mit anderen Menschen geprägt worden ist. Eine solche Einsiedlerin oder ein solcher Einsiedler würde die Erinnerungen aus ihrem bzw. seinem früheren Leben mit sich nehmen und auch die Ideen und Gedanken, die sie oder er in einem früheren Umfeld erworben hat. Selbst in einem durch bestimmte mentale Techniken (z. B. durch Meditation, Fasten, Gebet) erreichten Geisteszustand, in dem eine Person eine völlige Befreiung erlebt, können diese Ideen und Gedanken zu einem bestimmten Zeitpunkt wieder auftauchen. Könnten das die Dämonen sein, die laut der frühchristlichen Tradition die Asketen in der Wüste bedrängten?

In der heutigen globalisierten und kommerzialisierten Welt sind wir Mithandelnde in großen ökonomischen Abläufen, die uns oft gar nicht bewusst sind. Der Begriff der kollektiven Sünde beschreibt sehr treffend die Art und Weise, in der wir, ohne es überhaupt zu erkennen, in dem globalen Netzwerk ungerechter Strukturen gefangen sind. Wir selbst betrachten unsere Entscheidungen zu kaufen, zu verkaufen und zu konsumieren als freie Wahl, wo sie doch in Wirklichkeit ganz oft durch geschickte kommerzielle Manipulationen und von Standards geprägt sind, die von Firmen, die ihre Produkte verkaufen wollen, und von Gruppen, die die Lebensstandards definieren, durchgesetzt werden.

Unfreiheit, die als solche gar nicht wahrgenommen wird, ist höchst gefährlich. Deshalb ist kritisches Denken entscheidend, um unsere wirkliche Wahlfreiheit dort zu erhöhen, wo dies möglich ist, z. B. hinsichtlich unseres Konsumverhaltens, der Umwelt usw. Und in der Tat können fast alle von uns, wenn auch in unterschiedlichem Maße, in unserem täglichen Leben zwischen verschiedenen Optionen wählen. Und diese Entscheidungen können die Welt, in der wir leben, verändern. Wenn diese Wahlmöglichkeit nicht bestünde, wäre es auch ziemlich zynisch, die Menschen moralisch und rechtlich für die Folgen ihrer Willensentscheidungen, d. h. ihrer Taten, verantwortlich zu machen.

Wir können daher die Schlussfolgerung ziehen, dass die Menschen zwar einen freien Willen bei ihren alltäglichen Entscheidungen haben, dass deren Reichweite aber sehr viel beschränkter ist, als man oft angenommen hat. Was unser Verhältnis zu Gott betrifft, so ist Luthers Überzeugung immer noch gültig, dass es nicht unser Handeln und Leisten ist, sondern Gottes Gnade, die ihn bewegt, uns zu retten. Wir werden nicht gerettet durch Gottes Gnade *und* unsere guten Werke oder sonst etwas, das wir tun. Wir können uns den Weg in den Himmel nicht kaufen.[5] Wir sind gerettet allein durch die Gnade Gottes.

Fragen

Warum ist die Frage, ob die Willensfreiheit existiert, für uns wichtig? Was hängt von der Antwort auf diese Frage ab? Welchen Einfluss hat das auf unser Leben?

Warum ist die Frage der Willensfreiheit so komplex, dass bis heute die darüber Reflektierenden keine Übereinstimmung erzielen konnten? Besteht die Möglichkeit, dass sich das eines Tages ändern wird?

Hat die Existenz oder Nicht-Existenz der Willensfreiheit einen Einfluss auf die Beziehung zwischen den Menschen und Gott und wenn ja, welchen?

[5] Siehe Luthers Argumentation in seinen berühmten 95 Thesen, z. B. These 27 hinsichtlich des Ablasshandels: „Lug und Trug predigen diejenigen, die sagen, die Seele erhebe sich aus dem Fegfeuer, sobald die Münze klingelnd in den Kasten fällt.“ **https://www.ekd.de/glauben/95_thesen.html**

Gottes Verheissungen und der menschliche Wohlstand

Sarah Hinlicky Wilson

Amerika hat zahlreiche bedeutende Beiträge zur Weltkultur erbracht, zum Guten wie zum Schlechten, von den Cornflakes über die moderne Demokratie bis hin zur Atombombe. In diese Reihe wichtiger aber auch zwiespältiger Beiträge passt sehr gut das Wohlstandsevangelium (Prosperity Gospel). Obwohl es sich inzwischen viral über die ganze Erde verbreitet hat, liegen seine Ursprünge doch in Amerika. Einige Informationen zu seinem geschichtlichen Hintergrund werden helfen, seine theologischen Behauptungen besser zu verstehen – und zurückzuweisen.

Der amerikanische Hintergrund

Im 19. Jahrhundert herrschte in Amerika eine optimistische Stimmung. Man sah die Chance, in einem als „leer" angesehenen Land eine neue christliche Zivilisation ohne den Ballast der Vergangenheit zu schaffen. Nicht länger unter der Kontrolle von Staatskirchen stehend, wurde das „Revival" zum neuen Ort des christlichen Lebens: riesige Menschenversammlungen unter der Herrschaft machtvoller Predigten und nicht minder machtvoller Emotionen. Zugleich weckte die fortschreitende Industrialisierung und die Kolonisierung des Westens in den amerikanischen Christen die Empfindung, das neue Israel zu sein, das im Begriff war, eine rechtschaffene, beständig größer und besser werdende Gesellschaft aufzubauen. Erfolg und Sieg waren Zeichen von Gottes Gunst.

Aber die Erde zu erobern und die Begierden des Körpers zu besiegen waren nicht genug. Es gab das Verlangen, auch das Reich des Geistes zu erobern, ja zu behaupten, dass der Geist allein wirklich und der Körper und die Erde bloße Illusion seien. In dieser Atmosphäre entstanden marginale christliche Bewegungen wie etwa die Christian Science (eine Sekte, die die Realität des Körpers leugnete und glaubte, dass alle Krankheiten durch rein geistige Anstrengung geheilt werden könnten), der Transzendentalismus (eine unitaristische Philosophie, die an das angeborene Gute im Menschen im Gegensatz zur korrupten Gesellschaft glaubte) und die Neugeist-Bewegung (New Thought) (eine Form des Pantheismus, die behauptete, alle Menschen seien göttlich und könnten durch rechtes Denken alle Schwierigkeiten überwinden). Alle diese Bewegungen stellten das Bewusstsein über die Materie. Allerdings funktionierten ihrer Ansicht nach Bewusstsein und Geist genauso mechanistisch wie Körper und Maschinen und waren unwandelbaren Gesetzen unterworfen. Entschlüssele den Code der spirituellen Gesetze und du kannst alles ganz nach deinem Verlangen beherrschen.

Der amerikanische Bürgerkrieg (1861–1865) und die nachfolgenden militärischen Konflikte im In- und Ausland versetzten dem amerikanischen Optimismus zwar einen Dämpfer, brachten ihn aber nicht völlig zum Verschwinden. Solange das Wirtschaftssystem diejenigen belohnte, die hart arbeiteten, hatte der Optimismus einen festen Platz in der amerikanischen Kultur. Die Erfolglosen stellten keine Widerlegung des Erfolgsversprechens dar: Sie bewiesen nur, dass sie nicht nach den Gesetzen des Erfolgs gelebt hatten. Und hier kam nun Essek William Kenyon ins Spiel.

E. W. Kenyon und die Word-of-Faith-Bewegung

Kenyon kannte die Lehren der Neugeist-Bewegung und anderer metaphysischer im 19. Jahrhundert populärer Richtungen sehr genau. Sein einziger Einwand war, dass sie nicht eng genug mit dem christlichen Glauben verbunden waren. Er übernahm also einfach ihr Gedankengut und fügte noch eine Extraportion Jesus hinzu. So behauptete Kenyon etwa, dass Jesu Tod alle negativen Dinge dieses Lebens, einschließlich Armut und Krankheit, überwunden habe. „Glaube" bedeutete demnach, sich das neue spirituelle Gesetz des Sieges in Jesu zunutze zu machen. Es ging nicht bloß darum, von Gott etwas zu erhoffen, von ihm zu erbitten; nein, man musste das Ersehnte benennen und dann einfordern – und als Ergebnis würde es dann Wirklichkeit werden. Gott würde es dir garantiert geben. Das war wahrer Glaube.

Nach Kenyons Lehre waren körperliche Anzeichen trügerisch, Ablenkungsmanöver des Satan, um uns in die Irre zu führen. Folglich behauptete ein wahrer, an einer Krankheit leidender Gläubiger einfach, die Krankheit besiegt zu haben und ignorierte die Symptome fortan als nicht der Wahrheit entsprechende Versuchungen. Wahre Gläubige proklamieren, dass sie reich sein werden und über kurz oder lang werden sie es auch wirklich sein. Wahre Gläubige werden, so Kenyon, es sogar vermeiden, überhaupt negative Dinge zu erwähnen, denn das Reden über sie könnte sie wahr werden lassen. Wenn richtig ausgeführt, wird das „word of faith" dir immer das geben, was du willst – und was du willst, ist natürlich gut. Es ist doch offensichtlich, dass Gott niemanden krank oder arm haben will. Benenne deine Gesundheit, fordere deinen Reichtum und Gott wird sie dir automatisch gewähren. Wenn du nicht bekommst, was du willst, liegt das Problem bei dir, nicht bei Gott. Du hast wahrscheinlich nicht fest genug geglaubt.

Zu Lebzeiten hatte Kenyon keinen großen Einfluss. Sein Wirkungsfeld beschränkte sich auf die Randbereiche des kirchlichen Lebens. Viele hielten ihn irrtümlicherweise für einen Pfingstler, aber das war er nicht. Erst in der zweiten Hälfte des 20. Jahrhunderts wurde Kenyon durch einen anderen amerikanischen Evangelisten, Kenneth Hagin, wiederentdeckt, der Kenyons Gedanken in Predigtveranstaltungen und Fernsehsendungen popularisierte. Im Einklang mit dem neu erwachten Optimismus der Nachkriegszeit griffen andere Evangelisten seine Botschaft auf und verbreiteten ihre eigenen Variationen der Wohlstandslehre.

Variationen der Wohlstandslehre

Die „Word-of-Faith"-Bewegung wurde vor allem von nicht-konfessionellen Predigern mit einiger Beteiligung von evangelikaler und pfingstlerischer Seite propagiert und gefördert. Und weil sich die Wohlstandsideologie eher durch den Einfluss von Netzwerken verbreitete als durch das Wirken von Denominationen mit einer deutlichen Organisationsstruktur, hat sie alle Bereiche der Kirche und alle Länder dieser Erde erreicht. Kirchenmitglieder, die formell die Wohlstandsideologie ablehnen, lesen Bücher oder hören Radioprogramme von Wohlstandspredigern, ohne dies als Widerspruch wahrzunehmen. Es gibt sogar römisch-katholische Variationen dieser Thematik, so z. B. die El-Shaddai-Bewegung auf den Philippinen. Der Wohlstandsideologie kommt die unrühmliche Ehre zu, die am weitesten verbreitete und erfolgreichste Häresie des 21. Jahrhunderts zu sein.

Es gibt am Wohlstandsevangelium vieles, das Kritik verdient, doch ist auch eine Warnung angebracht. Das Wohlstandsevangelium hat sehr unterschiedliche Auswirkungen je nachdem, wo es gepredigt wird. Es ist natürlich widerwärtig, wenn es von einem reichen amerikanischen Prediger vertreten wird, der den naiven Gläubigen die Ersparnisse aus der Tasche zieht und sich dafür eine Toilettenschüssel für 23.000 USD kauft (was der

Evangelist Joyce Meyer getan hat). Es ist wirklich kriminell, wenn solche Prediger Eltern davon abhalten, ihren Kindern die zum Überleben nötigen Medikamente zu geben, was zu deren frühen und völlig unnötigen Tod führt – und das ist viel zu oft schon geschehen.

Aber die Botschaft vom Wohlstand ist auch an Orten populär, wo ganz und gar kein Wohlstand herrscht. Es handelt sich um etwas anderes, wenn sie von und zu Menschen verkündet wird, die arm und hungrig sind und denen der Zugang zu jeglicher medizinischer Hilfe versagt ist. In solchen Situationen besteht oft eine sehr schmale Trennlinie zwischen einer legitimen göttlichen Heilung und den illegitimen Versprechungen auf eine durch den Glauben bewirkte Heilung. Ebenso kann die Botschaft vom Wohlstand bewirken, dass eine an den Rand gedrängte Gemeinschaft zusammenhält und durch gegenseitige Unterstützung zu stabilen wirtschaftlichen und sozialen Beziehungen findet, die es der ganzen Gruppe ermöglichen, ihre Armut zu überwinden. Und schließlich sind sich die meisten, die das Wohlstandsevangelium predigen und praktizieren, gar nicht bewusst, dass es sich hier um eine eigene christliche Bewegung handelt, die ernsthafte Fragen aufwirft: für sie ist das einfach der christliche Glaube, mit dem sie vertraut sind und den sie praktizieren. Eine differenzierende Kritik muss die wirklichen Mängel von dem wirklichen Nutzen scheiden, den Menschen ebenfalls durch diese Predigten gehabt haben.

Eine trinitarische Kritik der Wohlstandsideologie

Die Aussagen der Vertreter des Wohlstandsevangeliums sollen hier aus einer trinitarischen Perspektive kritisch betrachtet werden. Wir haben gesehen, dass der Lehre Kenyons eine völlig falsche Auffassung der Wirkung des „Geistes" zugrunde liegt. Der „Geist" wird zu einem Feind und Gegensatz der „Materie" gemacht, die als niedrig, in die Irre führend und unwichtig angesehen wird. Das sind sehr alte Anschauungen, deren unterschiedliche Formen vom Christentum seit der Frühzeit der Kirche bekämpft worden sind, ob es sich nun um den Neuplatonismus, den Gnostizismus oder den Manichäismus handelte. Im Gegensatz zu diesen bekennen wir im Nizänum unseren Glauben „an den Heiligen Geist, der Herr ist und lebendig macht". Derselbe Geist schwebte bei der Schöpfung über den Wassern und rief die Materie, die Erde und die Lebewesen ins Sein (Gen 1,2). Derselbe Geist erweckte den gekreuzigten Jesus zu neuem Leben (Röm 8,11): auferweckt, verwandelt, aber immer noch ein Körper, immer noch Materie, immer noch jemand, der essen und trinken und sogar Wunden haben kann. Geistig zu sein bedeutet nicht in Feindschaft zum Materiellen zu stehen.

Und das bedeutet auch, dass wir, die wir durch den Geist leben, Haushalter des Materiellen sein sollen und nicht dessen Ausbeuter. Das Wohlstandsevangelium propagiert eine unbeschränkte Gier, die mit einer ebenso unbeschränkten Anhäufung von Reichtum belohnt wird, denn die materielle Welt ist nichts als ein zu benutzendes Objekt. Aber der Heilige Geist schuf und erhält die Welt zur Ehre Gottes und für das Gedeihen aller, nicht nur für die Menschen auf Kosten der Erde oder für einige Menschen auf Kosten anderer.

Die obigen Bemerkungen über unseren gekreuzigten und auferstandenen Heiland führen uns zu einem anderen Aspekt der falschen Botschaft des Wohlstandsevangeliums. Wohlstandsprediger behaupten oft, dass Christus bereits alles Leiden für uns auf sich genommen hat und dass wir deshalb nichts als Erfolg und Fülle erwarten sollten. Das ist eine extreme Fehlinterpretation des ganzen Zeugnisses der Schrift, deren beide Testamente die Realität des Leidens der Gläubigen bezeugen. Das Buch Hiob ist der nachdrücklichste biblische Protest gegen die Vorstellung, dass diejenigen, die leiden, etwas Unrechtes getan haben müssen – und ebenso gegen die Vorstellung, dass Rechtschaffenheit eine Garantie für Glücklichsein ist. Jesus war gerade wegen seines Leidens am Kreuz als Erlöser so schockierend und seine Jünger und Apostel bezahlten ihre Verbreitung der guten Nachricht über diesen Erlöser mit dem Preis großer persönlicher Lasten und sogar des Todes. Das Märtyrertum war zu allen Zeiten das Los vieler Gläubigen – im letzten Jahrhundert hat es mehr christliche Märtyrer gegeben als in jeder anderen Zeit – und wir sehen darin ein Zeugnis des Glaubens und keine Fehlleistung Gottes. Die neutestamentlichen Briefe ermahnen die Gläubigen, stark zu sein inmitten von Verfolgung und Prüfungen, Armut und Krankheit.

Das Schlimmste, was die Botschaft des Wohlstandsevangeliums anrichtet, ist aber, dass sie die Menschen glauben macht, es sei ihre Schuld, wenn sie die Heilung oder den erbetenen Reichtum nicht erlangen. Da bleibt im Falle des Todes kein Trost für die Hinterbliebenen: Sie können nur denken, dass ihre Lieben versagt haben und deshalb die Krankheit gesiegt hat. Die Wohlstandspredigt zerstört die Gemeinschaft: die Reichen sind die vorgeblich wahren Gläubigen, während die Armen ja nur die Zweifler sein können; so werden die Starken ermutigt, die Schwachen im Namen der Heiligkeit zu verstoßen. Die Wohlstandsideologie kann den Skandal des Kreuzes nicht ertragen. Sie kann Jesus nicht aushalten, den gekreuzigten Retter der Welt.

Mit dem Sohn weist man zugleich auch den Vater zurück, der ihn gesandt hat. Aber so falsch das auch ist, so verständlich ist es auch: die Menschen haben immer schon gegen ihre Schwachheit und Abhängigkeit, ihr Ausgeliefertsein an Leiden und Tod gewütet. Vieles an den Religionen heute und in der Vergangenheit ist einfach nur Magie, ein Versuch, die geheimen Gesetze des Universums zu ergründen und sie für die eigenen Zwecke zu nutzen. Die Wohlstandsideologie ist die christliche Magie des 21. Jahrhunderts. Es geht ihr um Kontrolle. Sie strebt nicht nach einem Gott, der Herr über alles ist, der uns vielleicht zum Leiden ruft um des Evangeliums willen, der nicht erklärt, vorhergesagt und bestochen werden kann. Sie will einen Gott, der mit „Glauben" erkauft werden kann oder mit einer großzügigen Gabe, in der Hoffnung, eine noch größere Gabe zurückzubekommen. Aber Gott ist genauso wenig für Geld zu haben wie die Erlösung!

Die christliche Botschaft beseitigt nicht die Qual, die Enttäuschungen und die unbeantworteten Fragen des menschlichen Lebens. Sie verspricht keinen kurzfristigen Sieg oder Erfolg. Stattdessen sagt sie, „dass dieser Zeit Leiden nicht ins Gewicht fallen gegenüber der Herrlichkeit, die an uns offenbart werden soll" (Röm 8,18). Ausgleich und Wiederherstellung kamen für Jesus nach seinem Tod am Kreuz, als er vom Vater von den Toten erweckt wurde: so soll es auch uns geschehen. Christ sein heißt, teilzuhaben an dem Tod und der Auferstehung Christi, nicht, den Tod zu umgehen oder das Fleisch zu verachten, das ja auferweckt werden wird. In Leben und Tod und neuem Leben können wir darauf vertrauen, dass der Vater alles richten wird.

Eine Kritik der Wohlstandslehre aus der Perspektive von Evangelium und Gesetz

Was verspricht das Evangelium? Nicht Gesundheit, nicht Reichtum noch eine erfolgreiche Karriere oder eine gute Ehe oder eine gerechte Regierung oder das Glück. Alle diese Dinge sind gut und haben ihren angemessenen Ort – aber im Gesetz. Das heilige Gesetz Gottes ist es, dass unser weltliches Leben bestimmt, uns zur Gerechtigkeit führt, unsere Sünden zügelt und uns daran erinnert, dass wir immer Gottes Barmherzigkeit und Vergebung brauchen, um uns auf den rechten Weg zurückzubringen. Das Gesetz lehrt uns, rechten Gebrauch von den Gaben der Schöpfung und der Gemeinschaft zu machen.

Hier im Gültigkeitsbereich des Gesetzes führt die Wohlstandsideologie in die Irre, indem sie eine Halbwahrheit vertritt. Es ist richtig, dass Sünde Leiden nach sich ziehen kann. Aber Gott hat es sicher nicht nötig, Sünden in diesem Leben direkt zu bestrafen: sie pflegen ihre eigene Strafe zu sein. Als Götzenanbeter ist man der Sklave eines sprachlosen, toten und nicht reagierenden Dings, anstatt eine lebensspendende Beziehung mit dem lebensspendenden Gott einzugehen. Und es gilt auch, was Jesus in der Nacht seiner Gefangennahme sagte: „Denn wer das Schwert nimmt, soll durch das Schwert umkommen" (Mt 26,52): Gewalt führt zu noch mehr Gewalt. Und insbesondere die Sprichwörter des Alten Testaments warnen uns vor den schwerwiegenden Folgen von Gier, Misshandlung der Armen, Faulheit und Unrecht im Allgemeinen. Gottes Gesetz wendet sich nicht zuletzt deshalb gegen die Sünde, weil diese die Menschen und die ganze Schöpfung zerstört.

Das heißt aber nicht, dass wir diese Logik einfach umkehren können. Übel, Leiden und Krankheiten sind nicht immer durch Sünden verursacht. Die Menschen neigen dazu, Leiden als Resultat einer schlechten Tat aufzufassen, als Bestrafung, aber Jesus verbietet uns eine solche Schlussfolgerung. Er hat ganz klar gesagt, dass diejenigen, die beim Sturz des Turmes von Siloah starben, nicht schlechtere Menschen als andere waren und ihr Tod nicht durch ihre besonderen Sünden verursacht wurde. (Lk 13,4) Ebenso war der Mann in Joh 9,3 nicht wegen seiner Sünden oder der seiner Eltern blind geboren; Jesus weist eine solche Auffassung entschieden zurück. Ebenso wenig handelt es sich bei einer Misshandlung durch andere Menschen um eine Bezahlung für begangene Sünden: denn Jesus, der Sündlose, wurde dem Tod am Kreuz überantwortet. Sehr oft ist es die Rechtschaffenheit und nicht ihr Gegenteil, die zum Leiden führt. Deshalb stellt die von der Wohlstandsideologie vertretene Auffassung vom Leiden eine blasphemische Verzerrung der guten Absicht des vor bösen Taten warnenden Gesetzes dar und ihre Sicht des Erfolgs ignoriert die Übeltaten, die oft genug zum Reichtum führen.

Aber wir müssen in unserer Kritik am Wohlstandsevangelium noch einen Schritt weiter gehen. Weder die Schöpfungsgaben Gottes noch das sie schützende Gesetz sind das Evangelium. Und das Evangelium ist nicht abhängig davon, ob wir etwas richtig tun, ob in Gehorsam gegenüber Gottes Gesetz oder durch die Beherrschung vorgeblich spiritueller Gesetze. Das Evangelium ist nichts anderes als Gottes Gabe seiner selbst für uns und für unsere Erlösung, reine Gnade, rein und ganz dem entsprechend, was Gott ist – ein Freund der Sünder und Liebender der Feinde. Martin Luther hat es in seiner Zusammenfassung des Glaubensbekenntnisses im Großen Katechismus so gesagt:

> „Denn hier, in allen drei Artikeln, hat er den tiefsten Abgrund seines väterlichen Herzens und seiner ganz unaussprechlichen Liebe selbst geoffenbart und aufgetan. Denn er hat uns eben dazu geschaffen, um uns zu erlösen und zu heiligen, und außer dem, was er uns alles gegeben und eingeräumt hatte, was im Himmel und auf Erden ist, hat er uns auch noch seinen Sohn und seinen Heiligen Geist gegeben, um uns durch sie zu sich zu bringen."[6]

[6] Der Große Katechismus, in: Unser Glaube. Die Bekenntnisschriften der evangelisch-lutherischen Kirche. Hrsg. vom Lutherischen Kirchenamt der VELKD (Gütersloher Verlagshaus 1986), 694.

Das Evangelium ist Gott für uns, mit uns und in uns: Vater, Sohn und Heiliger Geist. Das ist ein Evangelium, durch das wir in Stärke leben und in Hoffnung sterben können. Es erhält uns in Zweifel, Verfolgung, Scheitern und Leiden. Es ist ein Versprechen, das nicht in die Irre führt, sondern stärkt und belebt. So bezeugt es Tsehay Tolessa, eine Äthiopierin lutherischer Konfession, die wegen ihres Glaubens von einem Gewaltregime zehn Jahre lange inhaftiert und gefoltert wurde:

> Gottes Hand ist groß; sie reicht so weit. Sie ist selbst da, wo keine Freunde hin gelangen können, keine anderen Mitmenschen, keine Familie. Aber Gott kommt herbei. Inmitten des Schmutzes ist Gott da, in der Erniedrigung, im Blut, im Gestank. Durch alles hindurch ging Gott mit mir, ganz nah bei mir. Ich fühlte Gottes Nähe die ganze Zeit.

Mit solch einem Gott sind wir so reich, dass es nicht nötig ist, den falschen Versprechungen von Wohlstand hinterherzujagen.

Fragen

Alle gläubigen Christen bitten Gott um allen möglichen Segen, sowohl körperlicher wie geistlicher Natur. Was ist die rechte Art zu bitten? Was ist die rechte Art zu empfangen? Was ist die rechte Art zu reagieren, wenn man nicht erhält, wofür man gebetet hat?

Denken Sie darüber nach, wie Sie und die Menschen in Ihrer Gesellschaft und Kirche den Reichen und Erfolgreichen begegnen und wie den Armen und sich Plagenden. Spiegeln diese Haltungen die Lehren und das Beispiel Jesu wider?

Stellen Sie sich vor, wie Sie auf einen anderen Christen reagieren würden, der Gott als ein Mittel zu seinem weltlichen Erfolg betrachtet. Wie könnten Sie die Wahrheit vermitteln, dass das Evangelium genügt, dass Gott genügt, selbst inmitten von Kampf und Leiden?

Dein Wille geschehe

Chiropafadzo Moyo

Das Gebet ist kein rein christliches Phänomen; Gebete gibt es in den meisten anderen Religionen wie dem Islam, Judentum, in den traditionellen afrikanischen Religionen und vielen anderen. Der Begriff bezeichnet im Allgemeinen die Ansprache einer Gottheit mit durchaus unterschiedlichen Absichten. Für Christen ist das Gebet ein Mittel, um mit Gott zu kommunizieren. Nach christlichem Glauben ist das Gebet auch einer der Wege, auf denen Gott mit den Menschen kommuniziert. In diesem Aufsatz werde ich mich auf das christliche Gebet beschränken.

Das Gebet soll intim sein und eine wechselseitige Beziehung zwischen Gott und den Menschen herstellen, denn für uns gilt das Gebot, Gott mit ganzem Herzen zu lieben. Das Gebet soll von ganzem Herzen kommen, so wie wir es in Dtn 6,5 lesen: „Darum sollst du den Herrn, deinen Gott, lieben mit ganzem Herzen, mit ganzer Seele und mit ganzer Kraft." Gott gebietet uns zu beten. Beten kann man mit Worten, aber auch ohne Worte – z. B. durch Opfer[1] oder Tanz. In Genesis 3 lesen wir, dass Gott auf die Erde kam, um seiner Schöpfung zu befehlen. Nachdem sie gesündigt hatten, verbargen sich Adam und Eva vor Gott; sie wollten nicht von Gott gesehen werden oder mit ihm kommunizieren. Aber Gott ergriff die Initiative, um weiterhin mit seiner Schöpfung zu kommunizieren, denn Gott will auch weiterhin mit uns in Verbindung und im Austausch bleiben.

Ein Beispiel für Gottes direkte Kommunikation mit den Menschen ist Abrahams Berufung (Gen 12). Wir haben hier eine Begegnung mit einer

[1] Watson E. Miller (Hrsg.), Mercer Dictionary of the Bible (Georgia: Mercer University Press, 1990), 706. Opfer ist im Christentum nur möglich im Sinne von Danksagung. Niemals wird ein Lebewesen geopfert, um Gottes Wohlwollen zu erlangen. Vielmehr handelt es sich um die Antwort auf eine bereits von Gott gewährte Gabe.

wechselseitigen Kommunikation. Gott ruft Abraham und Abraham antwortet dem Ruf. Gott gab Abraham ein Versprechen und dieses Versprechen war ein Ansporn zur Fortsetzung des Dialogs.

Gott initiierte zwar den Dialog, dieser wurde aber zunehmend wechselseitig und durch Gottes Versprechen aufrechterhalten. Gott verspricht den Menschen, ihnen Gehör zu schenken und ihnen zu antworten. Nach christlichem Glauben haben Gottes Hören und seine Antwort Menschengestalt angenommen – in Jesus Christus.

Es gibt drei Gründe, warum wir beten sollten:

- Bereits im Alten Testament werden wir zum Beten angehalten, ebenso sagt Jesus: „So seid allezeit wach und betet" (Lk 21,36). Christen beten um Gottes willen. Wir beten, weil Gott uns zusagt, uns zu hören (Ps 50,15), und mit uns kommunizieren will. Christen beten um ihrer selbst willen.

- Wir beten zu Gott, damit er uns die Kraft gebe, dem Bösen zu widerstehen und die Welt zu heilen. Christen beten um der Welt willen.

All dies geschieht nicht aus einer tiefen menschlichen Quelle der Spiritualität heraus, aus dem rein menschlichen Verlangen, einige Dinge zu erreichen und andere zu vermeiden. Der Urheber und Erhalter des christlichen Gebetes ist nicht der Christ oder die Christin selbst, sondern nach christlichem Verständnis der Heilige Geist, der uns antreibt und zu beten hilft.[2]

Da es verschiedene Gründe für das christliche Gebet gibt, besteht auch eine formale Freiheit, wie man beten kann. Jedoch sollte es mit Demut und einem reuigen Herzen geschehen. Und man sollte regelmäßig beten. Aber wie erreicht man das? Es gelingt dies durch einen Lebensstil, durch eine fortwährende Kommunikation mit Gott, die sich oft nicht-verbal ausdrückt. Man könnte es als ein Leben im steten Bewusstsein der Gegenwart Gottes bezeichnen. Das wäre ein Leben der Andacht. Eine solche Art des Gebets hat ihren „Lohn" in sich selbst: es ist das Verbleiben in Gottes gewisslicher Gegenwart, die uns stärkt und hilft, das Böse in und um uns zu überwinden.

Das Neue Testament sagt uns, dass wir überall beten können (Mt 6,6; 1 Kor 1,2); der Tempel ist ein möglicher Ort des Gebets (Lk 24,53; Apg 3,1, 22,17). Das Gebet kann persönlich oder gemeinschaftlich sein, Gebete können im Privaten oder in der Gemeinschaft der Gläubigen gesprochen werden. Die Gemeinschaft des Gebets ist notwendig, denn das Beten zusammen

[2] Vgl. Der Große Katechismus. Das dritte Hauptstück. Das Vaterunser, in: Unser Glaube. Die Bekenntnisschriften der evangelisch-lutherischen Kirche. Hrsg. vom Lutherischen Kirchenamt der VELKD VELKD (Gütersloher Verlagshaus 1986), 696ff.

mit anderen ist eine geistliche Bereicherung und die Kirche vereinigt alle Christen in ihrer individuellen Suche nach Gottes Gegenwart. Bedeutsam ist es, dass das Neue Testament ausdrücklich jeden auffordert zu beten, ungeachtet seines sozialen Status oder Geschlechts (vgl. 1 Sam 1,10) und dass es keine Notwendigkeit eines äußerlichen Vermittlers zwischen Gott und den Menschen gibt, sei es ein Priester oder eine andere Person mit einem besonderen Charisma. Sowohl im jüdischen wie im christlichen Gebet sind die durch Geschlecht und Hierarchie verursachten Barrieren hinfällig geworden (vgl. Lk 2,37f; 18,13; 1,46-55).

In Philipper 4,6 erfahren wir, dass wir im Gebet für alles, das uns auf Erden und im Himmel betrifft, bitten können. Man kann auf unterschiedliche Weise beten und es gibt verschiedene Arten des Gebetes. Gott will, dass wir unseren Nöten Ausdruck geben und klagen, wenn wir Sorgen haben. Gott will, dass wir unsere Nöte und Sorgen vor ihn bringen. Aber Gott will auch, dass wir unsere Dankbarkeit ausdrücken und ihn lobpreisen dafür, dass er uns vom Tod befreit und unserem Leben Sinn und Ziel gibt.

In den Psalmen, mit deren Worten auch Jesus gebetet hat, finden wir wunderbare Beispiele für Lobpreis und Klage. Und diese Psalmen sprechen auch heute noch zu uns. Auch heute bringen Christen ihre Klage und ihren Lobpreis vor Gott und schaffen neue Lieder und neue „Psalmen". Manche Christen loben Gott mit sehr poetischen Worten. Gott soll gepriesen werden für alles, was er für sein Volk getan hat. Manche Menschen loben erst Gott, bevor sie dann ihre Bitten vortragen. Lobgebete folgen einem allgemeinen Muster, im Zentrum stehen all die Gründe, für die Gott zu preisen ist. Gute Beispiele für diese Art des Lobpreises in den klassischen Psalmen sind die Psalmen 8 und 33.

Lernen wie man betet – das Vaterunser

Jesus befiehlt uns, in seinem Namen zu beten. Für einen Christen ist es unmöglich, anders als im Namen Jesu zu beten, denn Jesus hat uns gelehrt, Gott „Vater unser im Himmel" zu nennen und es ist sein Geist, der uns beten lässt. Darum, ob wir nun seinen Namen nennen oder nicht, wird jedes ehrliche christliche Gebet im Namen Jesu sein.

Das dritte Hauptstück des Großen Katechismus von Martin Luther erklärt die Bedeutung des Vaterunsers, des Gebetes, das Jesus seinen Jünger auf deren Bitte hin, sie beten zu lehren, gelehrt hat (Lk 11,1). Es ist das zentrale christliche Gebet, die Essenz aller christlichen Gebete. Wir sehen in ihm die Wechselseitigkeit, den Willen Gottes, unsere Nöte und die Erlösung von dem Bösen: das Vaterunser trägt unsere Herzen zu Gott, preist Gottes Heiligkeit, Gottes Reich, das unter uns ist, und die Erfüllung seines Willens sowohl auf der Erde wie im Himmel. Dann bringt das Gebet Gott zu uns, lässt Gott mit unseren Nöten in Berührung kommen – sowohl mit den körperlichen wie den geistigen. Vergebung und Erlösung für die ganze Menschheit werden erbeten.

Die Weise, wie Gott im Vaterunser angesprochen wird: „Vaterunser im Himmel" ist bedeutsam. Jesus sagt uns, dass wir eingeladen sind, Gott auf die menschlich persönlichste Weise anzusprechen. Der „Große Katechismus" unterscheidet sieben Bitten im Vaterunser, die uns das Wesentliche des christlichen Gebetes aufzeigen.[3] Die erste Bitte „Geheiligt werde Dein Name" bezieht sich auf das, was Gott im zweiten Gebot fordert, nämlich dass Gottes Name nicht missbraucht werde durch Schwören, Fluchen, Betrügen usw., sondern zu Lob und Ehrerweisung diene. Gottes Name soll nicht zur falschen Legitimation für Zwecke missbraucht werden, hinter denen eigentlich politische, wirtschaftliche und private Interessen stehen. Die zweite Bitte „Dein Reich komme" ruft uns zur Annahme von Gottes in Jesus Christus gegebener Gnade und bittet um die Verwirklichung von Gottes Wort in uns und in unseren Mitmenschen. Zur Erklärung der zweiten Bitte schreibt Luther:

> Deshalb sollen wir [...] dies das Erste sein lassen, um was wir bitten: dann wird man sicherlich auch alles andere reichlich bekommen, wie Christus lehrt: Trachtet am ersten nach dem Reich Gottes, so soll euch solches alles zufallen.[4]

Auch in der dritten Bitte „Dein Wille geschehe, wie im Himmel, so auf Erden" geht es um die Verwirklichung von Gottes Willen in uns. Luther fügt folgendes Gebet in seine Erklärung der dritten Bitte des Vaterunsers ein:

> „Lieber Vater, dein Wille geschehe, nicht der Wille des Teufels und unserer Feinde und nichts von dem, was dein heiliges Wort verfolgen und dämpfen oder dein Reich hindern will. Und gib uns, dass wir alles, was darüber zu leiden ist, mit Geduld ertragen und überwinden, dass unser armes Fleisch nicht aus Schwachheit oder Trägheit weiche und abfalle."[5]

Die folgenden Bitten „Unser tägliches Brot gib uns heute", „Und vergib uns unsere Schuld, wie auch wir vergeben unsern Schuldigern", „Und führe uns nicht in Versuchung" beziehen sich auf menschliche Bedürfnisse. Mit „tägliches Brot" sind die menschlichen Bedürfnisse im weitesten Sinne gemeint, alles was das Leben auf dieser Erde betrifft. Mit „vergib uns unsere

---

[3] A. a. O., 704ff.
[4] A. a. O., 709f.
[5] A. a. O., 712.

Schuld“ wird auf die Bedeutung der zentralen christlichen Botschaft von der Vergebung für unser tägliches Leben Bezug genommen. „Wie auch wir vergeben unseren Schuldigern“ weist auf die Notwendigkeit von Mitleid und Barmherzigkeit unseren Nächsten gegenüber hin, so wie sie uns Gott erweist. Die Bitte, uns nicht in Versuchung zu führen, will uns aufrufen, auf die verschiedenen Formen der Versuchung zu achten, denen wir in unserem täglichen Leben begegnen, vom Gefallen an „überflüssigem Schmuck, Ehre, Ruhm und Gewalt“ hin „zu Missglauben, zu falscher Vermessenheit und Verstockung“ usw.[6] Der „Große Katechismus“ erklärt dazu: „Das ‚Nicht-in-Versuchung-Führen' heißt nun soviel, dass Gott uns Kraft und Stärke gibt, um zu widerstehen, ohne dass jedoch die Anfechtung weggenommen und aufgehoben würde.“[7] Die letzte siebte Bitte ist die Bitte um Erlösung von allem Bösen und endet mit Amen: „sondern erlöse uns von dem Bösen [...] Amen“. Amen drückt eine Bejahung des Glaubens aus und will sagen, dass wir keine Zweifel haben, dass unsere Gebete gehört werden. Es ist ein Zeichen unseres persönlichen Vertrauens in Gott.

Mit dem Vaterunser will uns Jesus zugleich auch vor einem falschen Gebetsverständnis bewahren: es gibt ja diese prosaischen Gebete, die ganz und gar nur aus Bitten bestehen. Die meisten Menschen sind wie gefangen in dieser Gebetsform, da sie meinen, beten hieße, beständig etwas zu erbitten. Manche Bitten werden mit langen Ausführungen und mit blumigen Worten vorgetragen, wie um Gott zu überreden. Die ausführlichen Worte sollen Gott gewissermaßen anspornen. Jesus weist jedoch darauf hin, dass lange Gebete auch ein Zeichen von Heuchelei sein können. In den langen Gebeten geht es meist um Segen, Heilen oder Erinnerung. Wenn Menschen etwas von Gott wollen, sprechen sie also lange Bittgebete. Wir sollten jedoch daran denken, dass Gott weiß, was wir wünschen, selbst bevor wir es gesagt haben und dass unser Gebet sehr selbstsüchtig wäre, wenn es sich auf die erwähnte Thematik beschränken würde. Das hieße, Gott zu einem Diener unserer Bedürfnisse zu machen.

Erhörte Gebete – Magie und Gebet

Christen glauben, dass Gott all ihre Gebete hört und darauf antwortet. Jesus sagt uns zu, dass auch Bittgebete von Gott gehört werden, wie von einem liebenden Vater. Gott gibt uns, was gut für uns ist. Bitten werden manchmal auf eine andere Weise erfüllt, als sie der oder die Betende erwarten. Wie Gott unsere Gebete hört und wie er unsere Bitten erfüllt, bleibt ein

[6] A. a. O., 721.
[7] A. a. O., 722.

Geheimnis. Die Worte Jesu: „Bittet, so wird euch gegeben" (Mt 7,7) werden häufig zu oberflächlich verstanden, mit der daraus folgenden Erwartung einer unmittelbaren Erhörung unserer Gebete. Manche versuchen, Gott auf ihr Gebet aufmerksam zu machen, indem sie sich sehr energisch gebärden. Andere schlagen einen Befehlston an, der manchmal in Ermahnungen mündet und sie dann „sprechen" lässt, als wären sie Gott. In solchen Fällen können wir oft feststellen, dass sie sogar vergessen, im Gebet Jesus mit Namen anzurufen. Das ist kein Gebet, das Jesus beten würde.

Das Vaterunser lehrt uns, nach dem Willen Gottes zu fragen. Es ist Gottes Wille der geschehen soll, wie im Himmel so auf Erden. Christen mögen sich wünschen, dass die Dinge auf eine bestimmte Weise geschehen, aber Gott kann anderes wollen. Wir bitten um Heilung, aber Gott hat vielleicht eine ganz andere Antwort. Wenn nach unserem Gebet um Heilung der Tod folgt, hat dann Gott unser Gebet nicht erhört? Die Bibel lehrt uns zu beten und im Glauben und mit Vertrauen zu bitten und auf Gottes Antwort so gut es geht zu warten. Das Gebet ist kein Mittel, um Gott zu diktieren, was er zu tun hat. Oft fallen die Antworten auf unsere Gebete ganz anders aus, als wir erbaten. Und es kann schon extrem schwierig sein, an ein erhörtes Gebet zu glauben, wenn man mit einer machtvollen Manifestation des Bösen konfrontiert wird.

Diejenigen, die Magie praktizieren, lassen die Dinge unmittelbar geschehen, und da wir in einer Welt voller Magie und magischer Antworten auf das Leben leben, erwarten die Menschen, dass Religion ebenfalls magisch wirkt. Die Menschen stehen in ihrem Leben auf vielfältige Weise unter Druck und wollen deshalb schnelle Antworten auf alles. Darum benutzen einige Christen in Afrika z. B. verschiedene Materialien wie Wasser und Steine, um ihre Gebete zu „stützen". In einigen Fällen hat sich ein wahrer „Gebetshandel" etabliert, wobei heiliges Öl, Wasser usw. mit dem Versprechen verkauft werden, durch ihre Nutzung würden die Gebete effektiver und ihre Erhörung sei mehr oder weniger „garantiert". Äußere Zeichen oder Gegenstände, die das Gebet begleiten, sind manchmal hilfreich, doch muss man äußerst vorsichtig sein, die Grenzlinie zur Götzenanbetung nicht zu überschreiten. Erlösung und Gebete sind für Geld nicht zu haben, weil das Wesentliche am Gebet nicht die magischen Elemente sondern der Glaube und die Bereitschaft sind, das eigene Leben in die Hände Gottes zu legen. Christen sind gehalten, den Herrn von ganzem Herzen zu suchen und alles im Glauben zu tun: „Und ihr werdet mich anrufen und hingehen und mich bitten und ich will euch erhören. Ihr werdet mich suchen und finden; denn wenn ihr mich von ganzem Herzen suchen werdet, so will ich mich von euch finden lassen [...]" (Jer 29,12-13). Gott weiß, was für jeden von uns zu einem bestimmten Zeitpunkt gut ist: „Denn meine Gedanken sind nicht eure Gedanken, und eure Wege sind nicht meine Wege, spricht der Herr" (Jes 55,8).

Jesus sagt seinen Jüngern, dass alles, was sie vom Vater in seinem Namen erbitten, ihnen widerfahren werde (Joh 15,7, 16,13). Zugleich ist die Bezugnahme auf den Namen Jesu ein entscheidender Punkt im Blick auf unser Gebet: Ist es wirklich eine Gebetsbitte, die Jesus ebenfalls so äußern würde? Christen sollten nicht nur im Namen Jesu beten, sondern vor allem ihm vertrauen. Zum Gebet gehört unabdingbar der Glaube an Jesus, auf dass das Gebet erhört werde.

Schlussbemerkungen

Im christlichen Gebet entfaltet und entwickelt sich die Beziehung zwischen Gott und dem Individuum. Darum gibt es ohne Gebet keine geistliche Entwicklung für einen Christen. Dabei gibt es auch nichtverbale Formen des Gebets wie Stille, Musik und Tanz, die hilfreich sind, um die emotionalen und körperlichen Dimensionen unseres Stehens vor Gott zu ergründen und auszudrücken. Gott möchte um seiner selbst willen geliebt und verehrt werden, aber auch um unserer selbst und der Welt willen. Gott leitet uns im Gebet zu sich und kommt zu uns, begleitet uns in unseren Bedürfnissen und Kümmernissen, aber auch in der Freude. Gott hat uns das beständige Gebet als eine Lebensform des Glaubens an Gott aufgetragen. Wir beten zu Gott und Gott antwortet; wir beten nicht zu uns selbst, darum sollten wir den Antworten auf unsere Gebete nicht vorgreifen, sondern alles von Gott erwarten, der in Jesus Christus gegenwärtig ist und in uns durch seinen Heiligen Geist betet. Wir haben von Jesus gelernt, Gott als „Vater" anzusprechen. Das bedeutet, dass wir eingeladen sind, in unserer Beziehung mit Gott eine Anrede zu gebrauchen, die die menschlich größtmögliche Nähe ausdrückt. Diese Anrede ist ein Zeichen für die Intimität der Beziehung, zu der wir berufen sind.[8] Wenn wir diese Intimität ernst nehmen, werden wir Gott im Gebet nichts vorschreiben und werden nicht versuchen, die Antworten auf unsere Gebete zu „erkaufen", sondern werden Gott vertrauen, so wie es Jesus tat.

Fragen

Auf welche Weise haben Sie das Gebet als Kraft verleihend und verwandelnd erfahren?

---

[8] Werner G. Jeanrond, Call and Response: The Challenge of Christian Life (Dublin / New York: Gill and Macmillan/Continuum, 1995), 120.

Was sind für Sie die am häufigsten vorkommenden missbräuchlichen Formen des Gebetes?

Warum sollten Christen beten und warum ist das gemeinsame Gebet wichtig?

„Ich bin, weil ich arbeite“ – Selbstidentifikation durch Arbeit

Busi Suneel Bhanu

Einleitung

Die bekannte Sanskrit-Redensart *Udyōgampurushalakshanam* (Arbeit ist die Identität/das Charakteristische des Menschen) ist eine populäre Aussage über die indische Auffassung von Arbeit, unabhängig von Kaste, Religionszugehörigkeit und Geschlecht. Nach indischem Verständnis ist Arbeit eine menschliche Notwendigkeit, eine Ausdrucksform von Religiosität, eine Widerspiegelung der menschlichen Existenz und ein wesentliches Element der eigenen Identität. In der Regel bedeutet Arbeit für einen Menschen im religiös-kulturellen Kontext Indiens auch das Eingehen menschlicher Beziehungen, die durch Macht und Autorität sowie auch Unterwerfung und Ergebung gekennzeichnet sind. Man kann Arbeit als einen positiven und vorwärts führenden Weg ansehen, der Einblicke in den Sinn und Zweck des Lebens gewährt und dadurch zu einer bereichernden Erfahrung wird. Man kann aber auch die negative Schlussfolgerung ziehen, dass Arbeit ein entmenschlichendes und lebensverneinendes Instrumentarium ist, das die Hoffnungen und Sehnsüchte eines ganzen Lebens zerstört. Die folgenden Überlegungen versuchen, ein Verständnis zu gewinnen, wie der Mensch durch Arbeit Würde, Identität und Möglichkeiten entwickeln kann; sie gehen von einer indischen sozio-religiösen Perspektive aus und zwar insbesondere der Perspektive und der Lebensform derjenigen, die allgemein als die Unberührbaren/*harijans*/Dalits bekannt sind. Der folgende Erfahrungsbericht eines Dalit ist ein Beispiel für die Anstrengungen der Suche nach Identität durch Arbeit.

Selfie 1. Ein Schwarzweiss-Bild: „Arbeit als Dharma“

Seitdem ich Christ wurde, habe ich über den Sinn und Zweck des Lebens im Allgemeinen und meines Lebens im Besonderen nachgedacht. Ich bin der Erste in meiner Familie, der das Evangelium Jesu Christi empfangen und angenommen und begonnen hat, Gottes Treue in Jesus Christus zu erfahren. Meine Eltern haben mir den Namen Raja (König) gegeben. Es war ihr Wunsch und ihre Hoffnung, wie ich später erfuhr, dass ich das ehrenhafte und angenehme Leben eines Königs führen sollte. Ich bin jedoch, das ist mir klar, mit Blick auf meine Arbeit nichts als ein körperliches und seelisches Wrack. Die Bezeichnung für meine Tätigkeit in Hindi, unserer Nationalsprache, ist *Safaikarmachari*, d. h. Latrinenreiniger bzw. Abfallbeseitiger. Das Wort klingt großartig, als ob das eine noble Tätigkeit ohne entmenschlichende Begleitumstände wäre.

Als Kind wurde ich in eine von einer christlichen Mission geführte Grundschule geschickt, die in dem Viertel gelegen war, wo wir mit den anderen Mitgliedern unserer *Safaikarmachari*-Gemeinschaft lebten. Nach Abschluss der Grundschule schickten mich meine Eltern auf Drängen einiger meiner Lehrer widerwillig auf eine von derselben christlichen Einrichtung betriebene weiterführende Schule, die im Zentrum der Stadt lag, in der wir seit Generationen wohnten.

Als dann die Zeit kam, auf das College zu gehen, bestanden meine Eltern – daran erinnere ich mich sehr lebhaft – trotz verschiedener taktischer Widerstandsversuche meinerseits, auf der Notwendigkeit und dem *dharma* (der Pflicht), den traditionellen Familienberuf auszuüben. Sie führten zwei triftige Gründe an. Es würde erstens, selbst wenn ich mein Universitätsstudium mit Auszeichnung abschließen würde, für mich angesichts meines familiären Hintergrunds nicht leicht werden, in der durch starke Konkurrenz geprägten indischen Gesellschaft eine Anstellung zu finden. Darum wäre es, um die unnötige und enttäuschende Erfahrung der Arbeitslosigkeit zu vermeiden, besser, der Familientradition zu folgen und sie fortzuführen (ganz im Sinne der Redensart, der Spatz in der Hand ist besser als die Taube auf dem Dach). Zweitens müsse man, und das sei der wichtigste Grund, um *mukti* (Erlösung/Befreiung) vom *karma-samsara* zu erlangen (dem Kreislauf der Geburten und Tode als Folge der eigenen Lebenstaten), die einem zugewiesene Arbeit verrichten. Wir seien in dieses Leben als „Unberührbare“ hineingeboren worden, und die einzige Möglichkeit, im nächsten Leben in einer höheren Kaste geboren zu werden, sei es, unsere Pflicht als *Safaikarmachari* ohne Murren und Klagen und in vollständiger Ergebenheit zu erfüllen. Um meine Enttäuschung und meinen Verdruss über diese Wendung des Geschehens aufzulösen und meiner Unkenntnis der durch die Religionsphilosophien legitimierten gesellschaftlichen Strukturen abzuhelfen, erklärten sie mir geduldig den vedischen Schöpfungsmythos, der unser miserables Dasein als „rituell unreine“ und daher „unberührbare“ Menschen rechtfertigt. Für meine Eltern, die Hindus geblieben sind, besteht die einzige Möglichkeit, die hierarchisch aufgebaute soziale Stufenfolge hinaufzusteigen, eine ehrbare Identität zu erlangen und schließlich die Befreiung von den Fesseln des *karma* und *samsara* sicherzustellen, darin, die einem zugewiesene Art der Arbeit (*dharma*) auszuführen.

So ist das Sprichwort *Udyōgampurushalakshanam* für mich zu einer Lebensrealität geworden, das verachtenswerte Dasein als Latrinenreiniger hat meine Lebensträume zerschmettert. Die mir zugewiesene Arbeit ist widerwärtig. Wir haben zwei Aufgabenbereiche: zum einen müssen wir für die Sauberkeit und Abfallbeseitigung in unseren eigenen Dörfern und Städten sorgen. Darüber hinaus sind unsere Gemeinschaften dafür verantwortlich, die Latrinen (die keine Wasserspülung haben) von Tausenden von Haushalten auszuräumen und dazu Tag und Nacht zu schuften, um die kreuz und quer gelegenen Dörfer und Städte sauber zu halten. Die meiner Kaste traditionell zugewiesene Arbeit besteht darin, in Bambuskörben die Fäkalien einzusammeln. Ich trage meinen Korb auf dem Kopf zu einem am Straßenrand abgestellten Ochsenkarren und wenn der Karren voll ist, fahre ich ihn aus dem Dorf oder der Stadt hinaus und leere ihn dann außerhalb. Weiterhin muss ich in Kanalschächte steigen und mit bloßen Händen die schmutzigen hängengebliebenen Überreste lösen, damit die Abwässer frei fließen und nicht die Umgegend verschmutzen und so Krankheiten verbreiten (Vektorkontrolle). Dabei werde ich ganz vom Abwasser durchnässt und ein starker Gestank geht von mir aus, der die Zuschauer und Passanten vertreibt und mir verächtliche Blick einträgt. Zudem werde ich oft krank. Ich bin wirklich ein Unberührbarer und die Arbeit ist mein *dharma*.

Die Latrinenreiniger sind ein lebendes Symbol der entmenschlichenden Wirklichkeit der Kasten und der Unberührbarkeit. Aufgrund der widerlichen Arbeit, zu der sie gezwungen sind, gehören sie zu den am meisten ausgebeuteten, abgelehnten und an den Rand gedrängten Menschengruppen der indischen Gesellschaft. Trotz der Bestimmungen des Artikels 17 der Verfassung (Verbot der Unberührbarkeit) und verschiedener Gesetze wie des Protection of Civil Rights Act von 1955 (Gesetz zum Schutz der Bürgerrechte), des Prevention of Atrocities Act von 1989 (Gesetz zur Verhinderung von Gräueltaten) und des Employment of Manual Scavengers and Construction of Dry Latrines (Prohibition) Act von 1993 ([Prohibitions-]Gesetz zur Beschäftigung von manuellen Latrinenreinigern und der Errichtung von Trockenlatrinen) besteht die Praxis der manuellen Latrinenreinigung unvermindert fort. Es ist eine unbestreitbare Tatsache, dieses „ich bin, weil ich arbeite“. Unter *udyoga* versteht man im allgemeinen Sprachgebrauch Arbeit, und zwar eine, die es wert ist, getan zu werden. Nach hinduistisch religiös-philosophischem Verständnis deutet der

Begriff aber auch auf ein höheres (*ud*) Streben hin, im Sinne einer spirituellen Disziplin (*yoga*), die auf die Verwirklichung des Ziels des Lebens gerichtet ist, nämlich Befreiung. Für meine des Lesens und Schreibens unkundigen und gutgläubigen Eltern, die ganz in dieser religiösen Weltsicht aufgingen, ist es so, dass man eines Tages, vielleicht eine Geburt oder mehrere Geburten später, jene einzigartige Seinsweise eines „vollendeten Menschen" erlangen würde. Mit den Worten unseres Literaturnobelpreisträgers Rabindranath Tagore: „Was macht es schon, wenn deine Kleider / Zerrissen oder fleckig werden? / Begegne Ihm und stelle dich zu Ihm / In Mühsal und im Schweiße deiner Stirn."[1] Dieser Seinszustand eines unberührbaren Latrinenreinigers ist nur zeitlich, er ist vorübergehend und nicht dauerhaft. Für sie ist Arbeit nicht bloß neutrale Tätigkeit, sondern etwas Einzigartiges, Ausdruck einer Passion und Sinn des Lebens. Ich meinerseits habe hier und jetzt in Jesus ein neues Leben gefunden und möchte es nicht vorübergehen lassen ohne dieses neue Verständnis von Arbeit, das für mich Gottesdienst bedeutet und mir eine authentische und befreiende menschliche Identität geschenkt hat. Heute entwickele ich mich langsam und stetig heraus aus meiner stigmatisierten „unberührbaren" Identität und dem mit ihr einhergehenden „Arbeitsethos" und beginne, stolz auf mein Dalit-Dasein und meine christliche Identität als Dalit zu sein.

Selfie 2. Ein Sepia-Bild: „Ich bin ein Dalit"

In Indien werden von alters her verschiedene Gruppen von Menschen, die nicht in den *catur-varna*, das viergliedrige Kastensystem, passen, als *asprisya* (Unberührbare) bezeichnet. Es gibt verschiedene Theorien und Ansichten über den Ursprung des Kastensystems in Indien, die verbreitetste verknüpft die Entstehung des varna, d. h. der Kasten, mit der Ankunft der hellhäutigen Arier in der Ganges-Ebene. Die arischen Siedler entwickelten und führten die Unterteilung in vier Klassen – *Brahmane* (Priester), *Kshatriya/rāyana* (König, Herrscher, Krieger), *Vaishya* (Händler) und *Shudra* (Handwerker, Bediensteter) – ein und gaben zugleich diesem System einen starken religiösen Rückhalt durch die Schöpfungsgeschichte des *Rigveda*, einer der Offenbarungsschriften auch des heutigen Hinduismus. In dieser Geschichte wird berichtet, wie die Götter *Purusha* (das Urwesen) opferten und aus den unterschiedlichen Teilen seines Körpers die verschiedenen Kategorien von Menschen entstanden: aus seinem Mund die *Brahmanen*, aus seinen Armen die *Kshatriyas*, aus seinen Schenkeln die *Vaishyas* und aus den Füßen die *Shudras*. Die drei höheren Kasten – die *Brahmanen, Kshatriyas* und *Vaishyas* – bezeichnet man auch als „Zweimalgeborene" (*dvija*), wobei die erste Geburt die körperliche und die zweite

[1] Rabindranath Tagore, Gitanjali (Freiburg im Breisgau:Hyperion Verlag, 1958), 19.

die spirituelle meint. Sie haben das Privileg, die heilige Schnur zu tragen als Zeichen ihrer höheren Geburt und ihrer Qualifikation, die heiligen Veden zu lernen. Die letzte Kaste in der Hierarchie bilden die Shudras, die dienende Kaste, deren einzige Aufgabe eben im Dienst für die drei oberen Kasten besteht.

Dieses Kastensystem mit seinen vier Klassen ist für die Mehrzahl der hinduistischen religiösen Traditionen gültig, wobei aber ein großer Prozentsatz der Bevölkerung als diesen Kasten nicht zugehörig angesehen wird und deshalb den untersten sozialen Rang zugewiesen bekommt. Ihre Ausgrenzung und rituelle Unreinheit hat ihnen allmählich den Ruf der Unberührbarkeit eingetragen. Den Bestimmungen des brahmanischen Gesetzbuches des mythischen Urvaters der Menschheit, *Manu*, folgend, wurden diese *chandalas* genannten Menschen strengen, die Menschenwürde verletzenden Vorschriften und Regeln unterworfen. Sie mussten ihre Behausungen außerhalb des Dorfes errichten, galten in jeder Hinsicht als *apapātrās* (Unwürdige) und durften nur Hunde und Esel als Haustiere besitzen. Sie waren angewiesen, die für die Toten bestimmte Kleidung zu tragen und durften ihre Nahrung nur aus beschädigten Gefäßen essen. Nur Schmuck aus schwarzem Eisen war ihnen erlaubt und sie mussten von Ort zu Ort wandern. Man erwartete von ihnen, Beziehungen und Geschäfte auf die eigene Gruppe zu beschränken und auch nur innerhalb dieser zu heiraten. Wenn ein Angehöriger einer Kaste einem von ihnen Nahrung geben wollte, musste dies in einem beschädigten Gefäß geschehen. Nachts durften sie die Dörfer und Städte nicht betreten, sondern nur am Tage, um dort ihre Arbeit zu verrichten. Man kann es als Versuch eines psychologischen Genozids bezeichnen, wenn die religiös und zahlenmäßig dominierenden Kasten für diese Menschen auch weiterhin verschiedene abschätzige und erniedrigende Bezeichnungen verwenden wie: *amānusya* (Unmenschen/Nicht-Menschen); *antyaja* (letzte Kaste/jenseits der Kasten); *asprisya/achūta* (unberührbar); *asura/rākshasa* (Dämon); *avarna* (kastenlos); *chandāla* (unzivilisiert); *dāsa/dāsyu* (Knecht); *mleccha* (Provinzler/Eingeborene); *nisāda* (primitive Jäger und Sammler); *panchama* (fünfte Kaste); *svapāka* (jemand, der das Fleisch toter Tiere kocht) usw. und dann noch einige modernere Bezeichnungen benutzen wie „registrierte Kasten" (die „denotified tribes" der Britischen Kolonialregierung); „niedergedrückte Klassen" (*babasahebambedkar*); *harijan* (Kinder Gottes – Mahatma Gandhi); und Dalit (unberührbare Menschen).

In diesem Kontext haben die Unberührbaren sich selbst eine Identität gegeben, indem sie ganz bewusst den Begriff Dalit als Selbstbezeichnung gewählt haben. Etymologisch geht das Wort Dalit auf die Wurzel *dal* zurück, die Dinge oder Personen bezeichnet, die zerschnitten, zersplittert, zerbrochen, zerrissen, verstreut, zerstoßen und vernichtet sind. Der Begriff Dalit spiegelt die existentielle Wirklichkeit und niemals endende Plage jener Gemeinschaften wider, die unter der (gesellschaftlichen und religiösen) Unterdrückung durch das Kastensystem und den daraus folgenden (wirtschaftlichen und politischen) Entbehrungen leiden, und weist zugleich auf die Notwendigkeit einer Revolte gegen die doppelte Unterdrückung durch rituelle Erniedrigung und sozioökonomische Ausgrenzung hin. Für die Dalit-Panthers, die das Konzept einer „Dalitheit" popularisiert haben, ist der Begriff Dalit ein Symbol für selbstbewussten Stolz, für Ablehnung und Widerstand gegen die endlose Unterdrückung durch die Kasten. Er steht für Veränderung und Revolution an Stelle von permanenter Unterwerfung und Gebundensein durch die Fesseln der Kaste. Die von den Dalit gewählte Selbstbezeichnung ist Ausdruck ihrer die eigene Situation reflektierenden Identität und als solcher deutliches Zeichen von Selbstachtung, Selbstbewusstsein und Selbstvergewisserung der Gemeinschaft der Unberührbaren und Kampfslogan gegen die entmenschlichende Unterdrückung durch das Kastensystem. Der Begriff Dalit verweist mit anderen Worten auf genau jene Unterdrücker aus den höheren Kasten, auf die diese Entmenschlichung zurückgeht, und reflektiert das Selbstbewusstsein der Dalit von ihrer unfreien Existenz und ihre Erfahrung als „Outcasts", welches die Basis einer neuen kulturellen Einheit und Dalit-Ideologie und auch einer gewissen Militanz bildet. Der Name Dalit ist ein Symbol für Veränderung, Konfrontation und Revolution. Trotz dieser gewählten Identität der Selbstachtung sind sie jedoch zu einem großen Teil weiterhin gezwungen zu gehorchen und jene Arbeiten zu akzeptieren, die ihnen von dem bösartigen Kastensystem auferlegt werden.

Drei Jahrtausende des Sichfügens und der Akzeptanz der Diskriminierung und Entmenschlichung ohne die Stimme des Protests zu erheben haben das Verhalten der Dalit nachhaltig geprägt. Diese stille Selbstaufgabe führte dazu, dass die Dalit freiwillig ihr ganzes Leben, ihr Selbstwertgefühl, ihre Würde und ihr Selbstbewusstsein zum Wohle der oberen Kasten opferten und dadurch zu „Nicht-Menschen" wurden. Sie haben ihre geringe Selbstachtung, ihr verwirrtes Selbstbewusstsein und ihren Selbsthass so internalisiert, dass man wahrlich hier von „verletzten Seelen" sprechen kann. Für die Dalit war es daher dringend notwendig, ihre genuine Identität wiederherzustellen, die ihnen die sogenannten oberen Kasten unter dem komplex gewebten und sakrosankten Deckmantel religiöser Lehren, Dogmen und Vorschriften zur Aufrechterhaltung ritueller Reinheit gegenüber ritueller Unreinheit geraubt hatten, und dies mit der bekannten Konsequenz der Kontaktvermeidung mit rituell unreinen Personen, um ja die moralische und kosmische Ordnung aufrechtzuerhalten.

Selfie 3. Ein Panorama-Bild: Ich bin ein Christ und Lutheraner

Die Mehrzahl der Dalit sieht sich vom Hinduismus in all seinen vielfältigen Erscheinungsformen – seinen philosophischen Nuancen, Mythen und Mysterien, Reflexionen zu Kunst und Architektur und kulturellen Rätseln

– mit einer unausweichlichen Botschaft konfrontiert: „Akzeptiere die Kasten oder gehe unter.“ Die aufgezwungene dauerhafte Existenz als unreine Menschen, die erzwungene Akzeptanz der Diskriminierung durch einen unerbittlichen religiösen Diskurs und die Entschlossenheit, eine Spiritualität zu suchen, um sich aus dieser hoffnungslosen Lebenslage herauszuwinden, waren kennzeichnend für die Lage der Dalit, als sie begannen, nach einer alternativen Religion zu suchen, die Veränderung, Befreiung und eine humane emanzipative Identität ermöglichen würde. Eine Vielzahl von Dalit fand diese befreienden Tendenzen in anderen Religionen wie dem Buddhismus, dem Christentum, dem Islam und in der Sikh-Religion. Im Unterschied zum Hinduismus boten diese religiösen Traditionen, in deren Lehren und Praktiken sich eine egalitäre Vision widerspiegelt, ein Potential, die unterdrückenden gesellschaftlichen Strukturen zu zerstören und Kastenunterschiede und Ungleichheit zu beseitigen.

Heute gehören 16,6 Prozent der indischen Gesamtbevölkerung von 1,22 Milliarden zu jenen Unberührbaren, die sich selbst stolz Dalit nennen und anderen religiösen Traditionen als dem Hinduismus folgen. Über die Gesamtzahl der Unberührbaren gibt es keine allgemein akzeptierten Angaben, die staatlichen und privaten Schätzungen schwanken zwischen 225 und 250 Millionen. Für unsere Zwecke hier können wir von einer konservativen Schätzung von 225 Millionen ausgehen. Diese Zahl wäre beträchtlich höher, wenn jene Dalit, die nicht-hinduistischen Religionen wie den Buddhismus, Sikhismus, Islam und das Christentum angenommen haben, mitgezählt würden. Der indische Staat berücksichtig jedoch nur die Dalit bei der Volkszählung, die im Hinduismus verblieben sind und ignoriert alle mit anderer Religionszugehörigkeit. Die Schätzungen schwanken, aber von den Christen, die 2,34 Prozent der Gesamtbevölkerung Indiens ausmachen, haben 50–80 Prozent einen Dalit-Hintergrund.

Das Evangelium von Jesus Christus hat, als es in die Vielfalt der indischen soziokulturellen Erde eingepflanzt wurde, starke Wurzeln entwickelt und ist aufgeblüht und bot so den Dalit eine Möglichkeit der Identitätsfindung par excellence. Das Evangelium brachte zwei gewaltige befreiende Botschaften. Erstens, der Mensch ist als Abbild Gottes geschaffen und die göttliche Natur bildet folglich einen integralen Bestandteil seines Wesens. Kein Mensch kann als rituell Unreiner, als Unberührbarer und Kastenloser betrachtet und behandelt werden. Zweitens, als Abbild Gottes Geschaffene sind alle Menschen gleich ohne hierarchische und sonstige Unterschiede. Diese gewaltige zweifache Botschaft des Evangeliums drang tief in die verwundete Seele mancher Dalit ein, die nach einer Religion suchten, die ihnen Hilfe und Unterstützung sein konnte bei ihrer Suche und ihrem Streben nach Wiederherstellung ihrer geraubten Identität, der man alle Selbstachtung und spirituelle Erleuchtung genommen hatte. In der Folge erlebte Indien

Massenkonversionen unter manchen Gruppen der Unberührbaren, die nach einer neuen Identität und Befreiung von den unterdrückenden Strukturen des Kastensystems suchten. Tatsächlich ist, wie oft festgestellt wurde, die Geschichte der Dalit-Befreiungsbewegung eng mit der Geschichte der Kirche in Indien verknüpft. Während das Christentum als solches den Menschen den beneidenswerten Status verlieh, Kinder Gottes zu sein, eröffneten spezifisch die lutherischen Lehren ein neues Verständnis des Lebens vor dem Hintergrund von Arbeit, Zeugnis und Gottesdienst.

Die ersten lutherischen Missionare in Indien, ob nun aus Halle in Deutschland oder Pennsylvania in den USA, brachten die lebensverändernde, stark von ihrer pietistischen Einstellung geprägte Botschaft des Evangeliums. Der Pietismus war eine Reformbewegung innerhalb des Protestantismus, die die lutherische Kirche in Deutschland stark beeinflusste und die Notwendigkeit einer auf die Person bezogenen christlichen Sicht und Lebensführung im Glauben an Jesus Christus betonte. Die lutherischen Missionare mit ihrem pietistischen Hintergrund führten die lutherischen Christen in Indien allmählich dahin, nicht nur nach geistlichem Wachstum und religiöser Erneuerung zu streben, sondern auch Belange von Gesellschaft und Bildung zu bedenken. Für die Entfaltung dieser sozio-ökonomischen und religiös-spirituellen Erneuerung waren entscheidend die lutherischen Lehren von *sola gratia* (allein durch die Gnade), *sola fide* (allein durch Glauben), *sola scriptura* (allein durch die Schrift), *solus Christus* (allein Christus), *soli deo gloria* (Gott allein die Ehre), *theologia crucis* (Kreuzestheologie), *deus absconditus* (der verborgene Gott), *coram deo* (vor Gott), vom Priestertum aller Gläubigen, über den geknechteten Willen, die Zwei-Reiche-Lehre usw. Diese einzigartige bodenständige Verkündigung des Evangeliums bot die Möglichkeit eines Identitätswandels nicht nur denjenigen, die sich zum von den Missionaren und später den „Gospel Workers" verbreiteten Christentum bekehrten. Auch heute spiegelt sich im Übrigen derselbe Identitätswandel in der Arbeit und im Zeugnis der Mitglieder der Lutherischen Gemeinschaft in Indien. Diese sich stetig reformatorisch wandelnde Identität ist augenscheinlich und erfahrbar in der Gestalt der Lutherischen Kirche in Indien.

Gottes Werk: „Nicht mein Verdienst, sondern durch Gottes Gnade"

Die Kirche in Indien existiert inmitten einer Vielzahl religiöser Philosophien und Ideologien sowie gesellschaftlicher, kultureller, wirtschaftlicher und politischer komplexer Gegebenheiten. Beeinflusst durch die Lehren und Doktrinen der Mehrheitsreligion des Hinduismus, zu denen der nicht menschliche, sondern göttliche Ursprung (*apauruseya*) der offenbarten vier Veden (*caturveda)* gehört, glaubt die Masse der Bevölkerung, dass die bösartige Kastenpraxis ein göttliches Gebot sei. Diesem Glauben zufolge ist der einzige Weg, *moksa* zu erlangen (Befreiung von dem endlosen Kreislauf der Geburten und Tode) oder einen rituell unreinen Zustand durch eine neue Geburt hinter sich zu lassen, die Praxis des *jnānamārga* (Weg des Wissens), des *bhaktimārga* (Weg der Hingabe) oder des *karmamārga* (Weg der Pflicht). Welchem der drei *margās* der Befreiung man folgt, hängt vom religiös-spirituellen Temperament und den Fähigkeiten der betreffenden Person ab. Da die Dalits von Geburts wegen rituell unrein sind und deshalb als nicht kompetent angesehen werden, den *jnānamārga* oder den *bhaktimārga* zu wählen, bleibt ihnen nur der *karmamārga*, d. h. der Vollzug des ihnen auferlegten *dharma* in äußerstem Gehorsam, ohne Fragen und Klagen. Mit anderen Worten, Befreiung ist in ihrem Fall nur möglich, indem sie sich anstrengen, die ihnen auferlegte Arbeit gut auszuführen.

In diesem Kontext einer auf der Sitte beruhenden Diskriminierung beschenkte uns das Christentum als solches und das Luthertum im Besonderen mit den *triratnās*, den drei Juwelen *sola gratia, sola scriptura* und *sola fide.* Befreiung von den jedes Leben bedrohenden Mächten ist also möglich allein durch die lebenserhaltende Gnade des Schöpfergottes, allein durch das lebensspendende ewige Wort Gottes und den lebensbereichernden Glauben an Jesus Christus und nicht durch eigenes Verdienst und eigene Werke. Die lebendige und dynamische reformatorische Identität einer Suche nach Gottes Freundschaft und Gemeinschaft durch Arbeit und Zeugnis als praktizierend Christin oder Praktizierender Christ an Stelle der Abhängigkeit von einer erzwungenen Arbeit, erhält für die Dalit-Christen noch die zusätzliche Dimension einer priesterlichen Identität, die zuvor als das besondere Privileg und Vorrecht der Brahmanen angesehen wurde. Ein nach dem Priestertum strebender Dalit wäre für Kastenmitglieder Anathema gewesen und für die Dalit selbst ein unrealistischer Träumer.

Das Priestertum aller Gläubigen: „Ich habe das Privileg, als ein Pujari zu arbeiten“

In der Kastenhierarchie und der mit ihr verbundenen Skala von rein-unrein bildeten die Brahmanen die Spitze; sie waren nicht nur selbst ernannte *bhudevas* (Götter auf Erden), sondern steuerten auch alle weltlichen und religiösen Angelegenheiten. Der Zugang zum Wissen und die Kontrolle darüber waren ihr Geburtsrecht. Dieses erworbene Wissen verdienstvollen Schülern aus den drei anderen Kasten zukommen zu lassen, oblag ihnen ganz allein. Sie monopolisierten das Recht zu befehlen und Respekt und unbedingte Loyalität, Unterstützung und Dienste von allen und jedem einzufordern.

Selbst Könige mussten bei der Ausübung ihrer Herrschergewalt auf die Ratschläge der Brahmanenpriester hören und ihnen gehorchen. Auf diese Weise erhoben die Brahmanen sich selbst an die Spitze der gesellschaftlichen und religiösen Hierarchie und waren sowohl weltliche wie religiöse Führer. Den rituell unreinen und verunreinigenden Menschen, den Dalit, wurde das Wissen und die Verwirklichung ihrer religiösen Bestrebungen verweigert, indem man ihnen verbot, Tempel und heilige Orte zu betreten, und sie nur beschränkt die religiösen Dienste der Priester in Anspruch nehmen durften.

In eine solche Lebenssituation der Dalit kam das Luthertum mit der radikal neuen Lehre vom Priestertum aller Gläubigen, einer bis dahin undenkbaren und unvorstellbaren Lehre für Inder und insbesondere für Dalits. In seiner Schrift „Von der Freiheit eines Christenmenschen" spricht Martin Luther davon, dass jeder gläubige Christ, gerechtfertigt durch die Gnade Gottes aus Glauben, ein Priester sei. Nach Luther hat Gott jeden Menschen ungeachtet seines Berufs oder seiner Begabung dazu berufen, nach seinem Vermögen den anderen geistlich zu dienen – ob man nun ein unberührbarer, mit der Haut toter Tiere arbeitender Schuster ist oder eine periodisch durch die Menstruation unreine Frau oder ein einer hohen Kaste angehöriger Intellektueller, der damit prahlt, die Dunkelheit der Unwissenheit der anderen durch seine Gabe des Wissens und Weisheit zu vertreiben. Jeder Mensch ist zum Priestertum, dem Dienst am anderen, berufen. In dieser radikal neuen Bestimmung einer *pujari* (priesterlichen) Identität durch Arbeit werden die Unterschiede zwischen Mann und Frau, heilig und profan, rituell rein und unrein, Kastenzugehörigkeit und massenhaftem kastenlosen Dasein – alle an das Kreuz Jesu genagelt. Weil er Kind Gottes ist, ist der Mensch in den Stand eines pujari wieder eingesetzt, ist die Würde jedes Menschen wieder hergestellt. Für die christlichen Dalit ist diese große Erkenntnis zum Halteseil auf dem Weg der Loslösung von dem institutionalisierten Leiden durch die Kasten geworden. Würde der Arbeit an Stelle der strikten Trennung der Arbeiter: das ist wahrlich ein Geschenk an die Dalit.

In der Theologie der Dalit spiegeln sich sowohl ihr spezifischer Kontext als auch die Hoffnungen und Bestrebungen der Gemeinschaft. Martin Luthers Theologie des Kreuzes bietet eine gewaltige Vision Gottes, der sich mit dem Wehschrei der leidenden Massen identifiziert. Und auf diese Weise ist das Luthertum solidarisch mit den Dalit in ihrer Suche nach Menschlichkeit inmitten ihres Leidens.

Die Theologie des Kreuzes

Die Dalit-Theologie ist eine alternative Theologie, die die klassische indische christliche, die philosophischen Kategorien des Hinduismus benutzende

Theologie herausfordert. Die metaphysische Begrifflichkeit, die in dieser Theologie so üppig wuchert, kann den Dalit keine Hilfe sein. Für die Dalit ist die Botschaft Jesu Christi in den Evangelien, mit ihren bewegten und stets fließenden Strömungen, zu einem verlässlichen Quellgrund geworden, an dem sie ihren geistlichen Durst stillen. Gott in Jesus Christus ist stets gegenwärtig in den tiefen Leidenserfahrungen der Dalit und schenkt ihnen Befreiung von den Fesseln der Kaste und der damit verbundenen Entmenschlichung. Die Dalit-Theologie ist eine kontextuelle Theologie von unten; sie ist eine Theologie über die Dalit, von den Dalit, für die Dalit. Sie will ihre Relevanz für die Dalit erweisen, indem sie von der existentiellen Situation der Dalit ausgeht, und bestrebt ist, ihre Fähigkeiten zum Widerstand auszubilden, zum Kampf für die Wiederherstellung ihrer menschlichen Würde und Selbstachtung, für die Gleichheit und die Befreiung, für alles, was ihnen durch die von den Kasten ausgehende religiös sanktionierte Diskriminierung verweigert und geraubt wurde.

Bereits vor dem Aufkommen der Dalit-Theologie hatte sich Martin Luthers Theologie des Kreuzes in den lutherischen Gemeinden verbreitet. Ob nun bewusst wahrgenommen oder nicht, Luthers Theologie des Kreuzes gab den Dalit den so sehr benötigten Anstoß für eine eigene Sicht und das Verständnis des neu gefundenen Glaubens an Gott, ihres Strebens und ihrer Hoffnung auf einen neuen Morgen – nicht als eine eschatologische Idee, sondern als Realität im Hier und Jetzt mit einem leidenden und befreienden Gott. Gott in seiner Niedrigkeit, durch Jesus Christus am Kreuz, hört die Schreie der Leidenden und identifiziert sich mit ihnen. In der Theologie des Kreuzes ist die Kirche das Gottesvolk, dessen Mitglieder einander aufbauen in der Treue zu Gott und ihre verschiedenen Gaben mit ihren Nächsten teilen und auf diese Weise vorangehen in eine größere ökumenische Gemeinschaft.

Schlussbemerkungen: Erlösung – für Geld nicht zu haben

Für Inder im Allgemeinen und für Dalit im Besonderen ist Religion eine lebendige Macht und für den durchschnittlichen religiös orientierten Inder ist der *dharma* alles – die eigentliche Grundlage der gesellschaftlichen und kulturellen Traditionen, die das Leben regulierende Quelle ethischer Werte, der Spender und Erhalter einer lebensbereichernden Spiritualität. Durchaus mit einem solchen Verständnis haben die Dalits in Indien, denen eine das Leben erfüllende Religion verwehrt worden ist, aktiv eine metaphysische Kraft gesucht, die echte menschliche Würde, geistliches Potential und moralische Stärke geben kann, eine Kraft, die sie befähigt, sowohl die Unterdrückung durch das Kastensystem und die daraus folgende Diskriminierung zu bekämpfen als auch eine ganzheitliche Befreiung und eine neue und bereichernde Identität zu erlangen.

In der Präambel der indischen Verfassung heißt es:

> „Wir, das Volk Indiens, feierlich entschlossen, Indien als souveräne, sozialistische, säkulare demokratische Republik zu konstituieren und allen seinen Bürgern soziale, wirtschaftliche und politische Gerechtigkeit, Freiheit des Denkens, der Meinungsäußerung, des Glaubens und der religiösen Verehrung, Gleichheit der rechtlichen Stellung und der Möglichkeiten zu sichern und unter ihnen die Brüderlichkeit zur Wahrung der Würde des Einzelnen und der Einheit der Nation zu fördern [...]“[2]

Dieser alten Zivilisation zu bescheinigen, sie sei säkular, bedeutet allerdings, einem sehr hinterfragbaren Mythos anzuhängen. Es ist nicht möglich, in einem kulturell und religiös so pluralistischen Land über Nacht säkulare Strukturen zu etablieren. Dies kann nur in einem oftmals schwankenden Entwicklungsprozess geschehen, in dem Kompromisse mit den religiösen Institutionen erarbeitet werden und sich die Glaubensvorstellungen verändern. Das Kastensystem ist auch weiterhin sehr verbreitet und ein Ende scheint nicht abzusehen.

Das Christentum kam nach Indien mit dem Evangelium der universellen Liebe und der Botschaft von der Gleichheit. Die Dalit, die Christen geworden sind, haben allen Grund, diesem lebensspendenden Glauben treu zu bleiben, denn er bleibt für sie der befreiende Mittler von Würde und Selbstachtung, indem er ihnen verschiedene Wege des Kampfes gegen die Demütigung durch die Kasten eröffnet. Die Konversion zum Christentum ist für die Dalit wahrlich ein Segen, weil es ihnen hilft, ihre lange entbehrten und bewusst verweigerten Menschenrechte wiederzuerlangen und ihre Hoffnungen und Sehnsüchte zu erfüllen. Das Christentum stärkt sie in ihrem Befreiungskampf von den ererbten Behinderungen durch einen seelischen Minderwertigkeitskomplex, erzwungene wirtschaftliche Rückständigkeit, politische Machtlosigkeit und das lebensverneinende religiöse Stigma einer rituellen Unreinheit.

Das Evangelium ist die überwältigende Botschaft von der Liebe Jesu, seinem Heilen und seinen barmherzigen Taten, seiner Anteilnahme und Sorge für die Armen, Unterdrückten und aus der Gesellschaft Ausgestoßenen, wie auch von seinem Opfertod für die am Rande lebenden Menschen. Einige Gruppen der Dalit haben sich als Subjekte und Objekte mit dieser befreienden, lebenserneuernden und identitätsstiftenden Botschaft identifiziert. Durch die Eröffnung von Wegen der Unterweisung und des Wachstums des Glaubens, durch die Gründung von Bildungs- und damit verbundenen

[2] Vgl. **http://www.verfassungen.net/in/verf49-i.htm**.

Einrichtungen, von Fachschulen und Gesundheitszentren sowie durch soziale Projekte in und bei Dalit-Wohngebieten ist das Christentum zu einer Kraft geworden, mit der man rechnen muss. Es schenkt den Unberührbaren eine ganzheitliche Befreiung und gibt ihnen die Möglichkeit, neuen Mut und neues Vertrauen zu schöpfen, um den Kampf aufzunehmen gegen die vom Kastendenken gesteuerte Zuweisung entmenschlichender und beschmutzender Arbeit. Damit eröffnet es zugleich Weg zu einer neuen Würde der Arbeit. Mit anderen Worten, die Botschaft des Evangeliums hilft den Dalit und ermutigt sie, ihre Stimme des Protests zu erheben und gegen das Unrecht des Kastenwesens zu kämpfen.

Darüber hinaus bereichern und bestärken die Lehren der Lutherischen Kirche die Identität wie auch die Arbeit und das Zeugnis der christlichen Dalit. Zweifellos hat das Luthertum den christlichen Dalit eine neue und solide Hoffnung auf Veränderung gegeben, darauf dass ein neues Leben in Freiheit, Selbstachtung, menschlicher Würde und mit einer das Leben erneuernden und verändernden Identität möglich ist. Die lutherische Lehre von den drei *solas*, insbesondere der Erlösung/Befreiung durch die Gnade Gottes, wie es in der Schrift offenbart ist und gegeben durch den Glauben an Christus Jesus, hat sich auch in einer neuen Identität widergespiegelt. Das Priestertum aller Gläubigen hilft den zu Christen gewordenen Dalit, die Verletzungen ihre Seele und ihrer als rituell unrein angesehenen Personalität zu heilen und die demütigende Erfahrung zu überwinden, als Unberührbare die Niedrigsten der Niedrigen in der sozio-religiösen Hierarchie zu sein, und so zu der neuen Höhe einer geheilten Psyche zu gelangen, in ihrer Arbeit und ihrem Zeugnis als Priester Gottes. Die Fremdzuschreibungen und Benennungen als rituell Unreine und Unberührbare, die über drei Jahrtausende so machtvoll tradiert worden sind, werden nun ausgerottet durch die machtvolle Botschaft des Evangeliums und die lutherische Lehre von der Erlösung/Befreiung durch die Gnade Gottes. Dies ist ein Egalitarismus, der dafür eintritt und betont, dass jeder Mensch als Ebenbild Gottes geschaffen und insofern gleich dem anderen ist, dass er an der göttlichen Natur Anteil hat und deshalb in den Augen Gottes wertvoll ist. Weiterhin erfahren die Dalit in der Theologie des Kreuzes eine neue *ekklesia* und mit der Verinnerlichung der *koinonia* entstehen neue Freundschaftsbeziehungen und eine neue Gemeinschaft in Gestalt einer sichtbaren Ökumene. Diese neue und veränderte Sicht und Weise des Lebens ist ein Ergebnis ihres Verständnisses der existentiellen Realität ihrer aller Leben. Als Konsequenz ihrer Erkenntnis der befreienden Gegenwart Gottes in Jesus Christus in ihrem eigenen Leben sind sie keine „Nicht-Menschen“ mehr, sondern das Volk Gottes.

Mit Jesus Christus als ihrem Anker, der Botschaft des Evangeliums als ihrem festen Grund und den Lehren der Lutherischen Kirche, durch die sie stetig ihr Selbstverständnis von Arbeit und Zeugnis neu bestimmen und reformieren und weiterentwickeln, haben die lutherischen Dalit begonnen, ihre eigene Geschichte neu zu schreiben und sich stolz einer neuen, veränderten und verändernden Identität als Kinder Gottes zu erfreuen. Das Christentum und die lutherische Perspektive haben zu dieser neuen und einzigartigen Identität beigetragen. Die christlichen Dalit im Allgemeinen und die lutherischen Dalit im Besonderen sind nicht länger rituell unreine Unberührbare, deren Berührung und selbst Schatten andere verunreinigen würde. Vielmehr sind sie Menschen, geschaffen als Ebenbild Gottes, und deshalb rituell rein. Wie alle anderen Menschen sind die Dalit befreit durch die Gnade Gottes und dazu berufen, anderen als Priester zu dienen und eine neue *ecclesia, koinonia* und umfassende Ökumene zu initiieren. Erlösung/Befreiung muss nicht durch eine die Identität beschädigende aufgezwungene Arbeit verdient werden. Sie ist eine Gabe Gottes. Mit anderen Worten, Erlösung/Befreiung ist nicht „für Geld zu haben", sondern wird durch Gott geschenkt, der sich mit den Dalit identifiziert, mit ihnen leidet und ihre Leiden an das Kreuz nagelt und so eine Spiritualität der Menschlichkeit durch Gottes Auferstehung schenkt.

Fragen

Im Normalfall bezeichnet der Begriff „Arbeit" zwischenmenschliche Beziehungen, die sowohl auf Macht und Autorität als auch auf Willfährigkeit und Unterjochung beruhen. Trifft dies auf Ihren lokalen Kontext ebenfalls zu?

Glauben Sie, dass „Religion" eine befreiende, verändernde und selbstemanzipatorische Identität für diejenigen bereithält, denen aufgrund ihrer traditionellen Berufe ihre Selbstachtung und menschliche Würde verweigert wird?

Stimmen Sie zu, dass Luthers Theologie des Kreuzes nicht nur eine eschatologische Hoffnung beschreibt, sondern auch eine Realität im Hier und Jetzt, dass Gott nämlich die Schreie der Leidenden hört, sich mit den Diskriminierten identifiziert und ihnen eine ganzheitliche Befreiung anbietet?

Bewegungsfreiheit und die Lebenswirklichkeit von Migranten, Vertriebenen und Flüchtlingen – ein theologischer Dialog auf der Grundlage von Apostelgeschichte 27

Elaine Neuenfeldt

In Artikel 13 der Allgemeinen Erklärung der Menschenrechte heißt es:

> 1. Jeder hat das Recht, sich innerhalb eines Staates frei zu bewegen und seinen Aufenthaltsort frei zu wählen.
> 2. Jeder hat das Recht, jedes Land, einschließlich seines eigenen, zu verlassen und in sein Land zurückzukehren.[1]

In vielen Teilen der Welt gehören Migration, Vertreibung und Flüchtlinge zum Alltag. Das ist kein neues Phänomen, aber heutzutage sind die davon betroffenen Menschen in zunehmendem Maße schutzlos. Das Leben von Migranten, die einen besseren Ort zum Leben suchen, und von Flüchtlingen oder Vertriebenen, die aus ihren Ländern wegen Kriegen, Konflikten, Umweltschäden und anderer Gründe fliehen, ist zunehmend gefährdet. Die Welt ist schockiert von den täglichen Nachrichten über die Tragödien, die diese Menschen erleiden:

> Es steht zu befürchten, dass im Zeitraum einer Woche mindestens 750 Migranten bei dem Versuch, das Mittelmeer zu überqueren, zu Tode gekommen sind. Viele

[1] Vgl. **www.un.org/depts/german/menschenrechte/aemr.pdf**.

> tausend andere haben dieses Jahr bereits beim Versuch, nach Europa zu gelangen, ihr Leben riskiert, auf der Flucht vor Konflikten und der unsicheren Lage in Afrika und dem Nahen Osten, in kleinen, oft maroden Booten. In wenigen Monaten ist die Zahl der Todesfälle dramatisch gestiegen. Nach Einschätzung des Flüchtlingskommissariats der UNO (UNHCR) sind seit Juni mehr als 2.200 Menschen umgekommen. Dies hängt mit der stark gestiegenen Zahl von Menschen zusammen, die das Mittelmeer überqueren. Während 2013 etwa 60.000 die Küsten Europas erreichten, waren es 2014 weit mehr als 130.000.[2]

„Im April 2015 sanken im Mittelmeer mindestens fünf Boote mit fast 2.000 Migranten an Bord, dabei kamen schätzungsweise mehr als 1.200 Menschen zu Tode."[3]

Zu den Hauptursachen der Migration und der Vertreibung zählen u. a. Armut, bewaffnete Konflikte, soziale und politische Unruhen, Veränderungen aufgrund des Klimawandels und Naturkatastrophen.[4] Es ist aber entscheidend, dass wir Vertreibung und Migration von anderen Migrationsbewegungen unterscheiden, die eine andere Ursache haben, nämlich „die gesellschaftlichen, wirtschaftlichen und politischen Veränderungen, die die Ausweitung des kapitalistischen Marktes auf Gesellschaften mit sich bringt, die keine oder noch keine Marktwirtschaft haben."[5] In einer globalen Wirtschaft

> kommen Migranten nicht aus armen isolierten Gegenden, die vom Weltmark abgeschnitten sind, sondern aus Regionen und Ländern, die rapiden Veränderungen unterworfen sind als Folge ihrer Einbindung in den globalen Handel und in die Informations- und Produktionsnetzwerke.[6]

Die Realität der massenhaften Migration von Menschen, die entweder gezwungen oder freiwillig andere Orte zum Leben suchen, ist hoch komplex. Simplifizierende Analysen sind hier fehl am Platz und es genügt nicht, das Phänomen nur als etwas zu betrachten, bei dem es um Menschen aus den armen und sogenannten weniger entwickelten Ländern geht, die bessere Lebensbedingungen in den sogenannten höher entwickelten Ländern suchen.

---

[2] Mapping Mediterranean Migration, 15/09/2014, siehe **www.bbc.com/news/world-europe-24521614**.

[3] Mediterranean Sea Migrant Shipwrecks, April 2015, siehe **http://en.wikipedia.org/wiki/April_2015_Mediterranean_Sea_migrant_shipwrecks**.

[4] Root Causes of Migration–Fact Sheet–An Age of Migration: Globalization and the Root Causes of Migration, siehe **https://www.weareoneamerica.org/root-causes-migration-fact-sheet**.

[5] Douglas Massey, The Political Economy of Migration in an Era of Globalization, siehe **www.ucpress.edu/content/chapters/11307.ch01.pdf,** 26.

[6] A. a. O., 27.

Ein kritischer Ansatz zur Migration muss das Gesellschaftsmodell und die wirtschaftliche Entwicklung in Frage stellen, die die Gefährdungen der Menschen während ihrer Migration produzieren. Wie ist die Dynamik einer Gesellschaft beschaffen, die Migranten und insbesondere Vertriebene Gefahren aussetzt?

Nicht nur das Verlassen ihrer Heimat macht Migranten und Flüchtlinge so schutzlos. Auch die Ankunft an einem anderen Ort stellt eine große Herausforderung dar. Migrant sein heißt ein Fremder sein.

> Die Gegenwart von Fremden stört die Dichotomie von Innen und Außen, Freund und Feind. Feinde bleiben auf der anderen Seite der Kampflinie, aber Fremde halten nicht die Distanz. Niemand weiß, ob sie Freunde oder Feinde sind.[7]

Frauen, Gender und Migration

Wenn man die Realität der Migration und Vertreibung aus einer Perspektive der Gendergerechtigkeit betrachtet, stellt sich die Frage, wie die Migration Frauen und Männer hinsichtlich ihrer Genderrollen und kulturellen Erwartungen betrifft.

> Nach Angaben der UNO gab es 2009 weltweit 213 Millionen internationale Migranten, das entspricht 3,1 % der Weltbevölkerung. Die Hälfte davon sind Frauen. Die Migration von Frauen verlagert sich allmählich von einem Trend der Familienzusammenführung hin zu einer mehr wirtschaftlich motivierten Strategie, in der immer mehr Frauen selbstständig abwandern, um im Ausland zu arbeiten.[8]

Die Realität der Migration betrifft Frauen nach Maßgabe der Genderrolle, die ihnen zugeschrieben wird – im Herkunftsland wie im Aufnahmeland. Im Ganzen und global gesehen haben Frauen eine schlechtere Schulbildung und Ausbildung als Männer und bekommen deshalb eine weniger qualifizierte und geringer bezahlte Arbeit. Dadurch sind Frauen während der Migration stärkeren Gefährdungen ausgesetzt, was die Wahrscheinlichkeit erhöht, dass man ihnen Gewalt antut und sie Menschenhändlern in die Hände fallen.

> Die Gendererfahrungen der Menschen sind von zentraler Bedeutung für die Verlaufsmuster, Gründe und Auswirkungen der Migration. Genderrollen, Beziehungen und Ungleichheiten bestimmen mit, wer migriert, wie und warum und wo

[7] Alessia Passareli, Reflecting on Migration in Europe in: Migration – Migration – Migración, Student World 07, WSCF (2008), 98.
[8] Vgl. **www.un.org/womenwatch/feature/trade/Labour-Mobility-and Gender-Equality-Migration-and-Trade-in-Services.html**.

> das Ziel liegt. Migration kann zu einem größeren Grad an wirtschaftlicher und/ oder gesellschaftlicher Autonomie für Frauen führen und die Möglichkeit bieten, traditionelle oder restriktive Genderrollen infrage zu stellen.[9]

Frauen sind normalerweise für die Betreuungsaufgaben in den Familien zuständig; sie kümmern sich um die Alten, die Kinder und die Kranken, was in den Flüchtlingslagern ihre Belastung noch erhöht und sie den männlichen Migranten gegenüber benachteiligt.

Über Hoffnungen und Boote: Apostelgeschichte 27. Ein Bibeltext im Dialog mit der Realität von Migranten, die Asyl und Zuflucht in Europa suchen

Ein Boot: Das ist der Ort, wo der Dialog zwischen dem Bibeltext und den in Europa Zuflucht suchenden Migranten stattfindet. Das Boot ist ein Symbol für die Migration, insbesondere den gegenwärtigen Migrationsstrom nach Europa. In jedem Boot gibt es Träume, gibt es Hoffnung. Boote voller Flüchtlinge versuchen, das Mittelmeer zu überqueren, befördern ein besseres Leben suchende, vor Konflikten fliehende Menschen, die diesem schwachen Hoffnungsschimmer am Horizont folgen.

Die Erzählung der Apostelgeschichte (27-28), wie Paulus als Gefangener auf einem Schiff nach Rom gebracht wird, von den vielen Ereignissen auf dieser Reise, soll unser Text sein für den Dialog mit den heutigen Erfahrungen von Migration.

Routen und Orte

Wenn wir durch den biblischen Text „segeln“, können wir leicht verschiedene Einzelheiten erkennen, die ihn mit der Lebenswelt heutiger Migranten und Flüchtlinge verbindet, insbesondere jener, die selbst jetzt versuchen, das Mittelmeer zu überqueren. Eine Reise der Angst und der Gefahr auf stürmischer See wird in der Geschichte beschrieben. Wenn du gefangen bist in einem Boot inmitten des weiten Meeres und Stürme und heftige Winde dich bedrängen, dann sind Gefahr und Schutzbedürftigkeit die einzige Wirklichkeit.

Der Text beschreibt, wie Paulus und die anderen Menschen an Bord angesichts dieser Lage reagieren. Es gibt zu bewältigende Konfliktsituationen, auf die jede Person in der Geschichte anders und dem eigenen Verständnis und Kontext gemäß reagiert. Die Erzählung enthält ausführ-

---

[9] Vgl. **www.bridge.ids.ac.uk/bridge-publications/cutting-edge-packs/gender-and-migration**.

liche Angaben über die einzelnen Stationen der Reise. Die genannten Orte und Städte scheinen jedoch nicht nur geographische Fixpunkte zu sein, an denen das Schiff ankert, sondern zugleich auch geopolitische Orte, die in der Geschichte eine entscheidende Rolle spielen.

Der Konflikt – inmitten des Sturms (Apg 27,13–26)

> Als aber der Südwind wehte, meinten sie, ihr Vorhaben ausführen zu können, lichteten die Anker und fuhren nahe an Kreta entlang. Nicht lange danach aber brach von der Insel her ein Sturmwind los, den man Nordost nennt. Und da das Schiff ergriffen wurde und nicht mehr gegen den Wind gerichtet werden konnte, gaben wir auf und ließen uns treiben. Wir fuhren aber vorbei an einer Insel, die Kauda heißt, da konnten wir mit Mühe das Beiboot in unsre Gewalt bekommen. Sie zogen es herauf und umspannten zum Schutz das Schiff mit Seilen. Da sie aber fürchteten, in die Syrte zu geraten, ließen sie den Treibanker herunter und trieben so dahin. Und da wir großes Ungewitter erlitten, warfen sie am nächsten Tag Ladung ins Meer. Und am dritten Tag warfen sie mit eigenen Händen das Schiffsgerät hinaus. Da aber viele Tage weder Sonne noch Sterne schienen und ein gewaltiges Ungewitter uns bedrängte, war all unsre Hoffnung auf Rettung dahin. Und als man lange nichts gegessen hatte, trat Paulus mitten unter sie und sprach: Liebe Männer, man hätte auf mich hören sollen und nicht von Kreta aufbrechen, dann wäre uns Leid und Schaden erspart geblieben. Doch nun ermahne ich euch: Seid unverzagt; denn keiner von euch wird umkommen, nur das Schiff. Denn diese Nacht trat zu mir der Engel des Gottes, dem ich gehöre und dem ich diene, und sprach: Fürchte dich nicht, Paulus, du musst vor den Kaiser gestellt werden; und siehe, Gott hat dir geschenkt alle, die mit dir fahren. Darum, liebe Männer, seid unverzagt; denn ich glaube Gott, es wird so geschehen, wie mir gesagt ist. Wir werden aber auf eine Insel auflaufen.

Als Flüchtling und Migrant ist man gewöhnlich aufgrund seiner Heimatlosigkeit in einem Zustand der Schutzlosigkeit und Unsicherheit. Auch heute noch basiert der normative Rahmen, innerhalb dessen eine moralische Verpflichtung empfunden wird, auf einem festgelegten und beschränkenden Begriff von Territorialität und Grenzen. Er wird bestimmt von einem institutionenbezogenen und ausgrenzenden Begriff der staatlichen Souveränität, der Konstrukt und zugleich Formgeber eines politischen Diskurses mit den Polen „Dazugehöriger“ und „Außenstehender“, „Insider“ und „Outsider“ ist. Solidarität und Gastfreundschaft sind kaum Teil dieses politischen Vokabulars.[10]

---

[10] Edward Newman, Refugees, International Security and Human Vulnerability: Introduction and survey, in: Edward Newman/Joanne van Selm (Hrsg.), Refugees and Forced Displacement. International Security, Human Vulnerability, and the

Die Theologie wie auch die Praxis und die Verlautbarungen der Kirchen und kirchennahen Organisationen können deshalb eine Schlüsselrolle bei der Veränderung dieses Konzepts von Souveränität spielen. Denn die diakonische Arbeit der Kirchen basiert auf Gastfreundschaft und Solidarität.[11]

Eine Reise nachvollziehend, auf der man durch Gottes Gnade befreit ist, und bekundend, dass Erlösung, Menschen und die Schöpfung nicht für Geld zu haben sind, stellt uns die Erzählung in Apg 27 ein Szenario auf einem Schiff vor Augen, das den umfassenderen Kontext des Römischen Reiches widerspiegelt.

Die ganze Wirklichkeit des Römischen Reiches ist da, auf diesem Schiff: die Soldaten und ihr Hauptmann, die Gefangenen, die Seeleute, die Arbeiter und das Getreide.

Was macht das Getreide auf diesem Schiff? Woher kommt es? Der Text sagt es uns nicht, aber da das Schiff auch Gefangene mitführt und Rom zum Ziel hat, ist das für die Stadt bestimmte Getreide wahrscheinlich eine in den Provinzen erhobene Naturalsteuer und somit das Produkt eines ausbeuterischen Steuersystems.

Mir scheint, dass im Kontext einer Reise, bei der das Leben nicht zum Verkauf steht, wir an dieser biblischen Erzählung lernen können, wie Konflikte unterschiedliche Reaktion hervorrufen können. Man kann auf Konfliktsituationen auf unterschiedliche Weise reagieren; wie, hängt vom eigenen Standpunkt ab. Der Ort, wo du stehst, bestimmt die Richtung deiner Reaktion auf die Situation.

Welche Alternativen gibt es? Welche Handlungsmöglichkeiten? (Apg 27,21-22)

> Und als man lange nichts gegessen hatte, trat Paulus mitten unter sie und sprach: Liebe Männer, man hätte auf mich hören sollen und nicht von Kreta aufbrechen, dann wäre uns Leid und Schaden erspart geblieben. Doch nun ermahne ich euch: Seid unverzagt; denn keiner von euch wird umkommen, nur das Schiff.

Es scheint so, als sei die Reise des Schiffs in einer besonderen, aber normalen Lebenssituation vorangegangen, bis der Sturm diese Normalität zerstört hat. Der Sturm wirkt wie ein Schaltknopf, der den Konflikt auslöst. Der Sturm selbst

---

State (Tokyo / New York / Paris: United Nations University Press, 2003), 9 (Auszüge unter **http://unu.edu/publications/books/refugees-and-forced-displacement-international-security-human-vulnerability-and-the-state.html#overview**).

[11] Vgl. Fremde willkommen heißen. Selbstverpflichtungen von Religionsführerinnen und Religionsführern, Genf 2013, unter: **https://www.lutheranworld.org/sites/default/files/Fremde_gastfreundlich_aufnehmen_0.pdf**; Kjell Nordstokke (Hrsg.), Diakonia in Context | Transformation, Reconciliation, Empowerment (Geneva: The Lutheran World Federation, 2009), unter: **https://www.lutheranworld.org/content/resource-diakonia-context-transformation-reconciliation-empowerment**.

ist nicht der Konflikt, sondern eine Krise, die das Problem zum Vorschein bringt und es erforderlich macht, dass alle, die im Boot sitzen, jetzt handeln.

Eine nähere Betrachtung der von den verschiedenen Personen oder Gruppen ergriffenen Maßnahmen in diesem Augenblick der Krise gibt uns einige Anhaltspunkte zur Analyse ihrer unterschiedlichen Konfliktlösungsansätze.

Der schreckenerregende Augenblick des Schiffbruchs ruft verschiedene – zu erwartende und unerwartete – Reaktionen der Menschen an Bord hervor. Schauen wir sie uns näher an:

Paulus ermahnte sie alle, Nahrung zu sich zu nehmen (Apg 27,33-35)

> Und als es anfing, hell zu werden, ermahnte Paulus sie alle, Nahrung zu sich zu nehmen, und sprach: Es ist heute der vierzehnte Tag, dass ihr wartet und ohne Nahrung geblieben seid und nichts zu euch genommen habt. Darum ermahne ich euch, etwas zu essen; denn das dient zu eurer Rettung; es wird keinem von euch ein Haar vom Haupt fallen. Und als er das gesagt hatte, nahm er Brot, dankte Gott vor ihnen allen und brach's und fing an zu essen.

Was bedeutet eine Einladung zum gemeinsamen Essen in diesem sehr ungeeigneten Augenblick? Wer denkt denn an Essen, wenn das Schiff darum kämpft, über Wasser zu bleiben, und mächtige Wellen auf es einschlagen? Was ist das denn für ein Vorschlag? „Darum ermahne ich euch, etwas zu essen; denn das dient zu eurer Rettung; es wird keinem von euch ein Haar vom Haupt fallen" – als ob er ein noch größeres Unglück voraussehen würde.

Da wurden sie alle guten Mutes (Apg 27,36)

> Da wurden sie alle guten Mutes und nahmen auch Nahrung zu sich.

Der Text entwickelt Anklänge an die Evangeliumserzählung von der Speisung der Fünftausend (Mt 14,13-21) und Viertausend (Mt 15,32-39). Das Ritual des Brotbrechens, Gott Dankens und des Essens erinnert stark an die Geschehnisse bei der Einsetzung des Abendmahls (1 Kor 11,23-24).

Aber trotzdem, warum essen in einer solchen Lage? Der Sturm war immer noch gefährlich und das Schiff wurde immer noch hin und her geworfen. Essen hätte die Schiffsinsassen krank machen können. Warum der Nachdruck auf das gemeinsame Essen?

Ein Blick auf die sozialen Beziehungen zwischen denen, die das Brot teilen, die gemeinsam essen, kann vielleicht eine Antwort auf die Frage geben. Das Essensritual schafft Gemeinschaft, Kommunion. Die Wörter „Kompagnon" (früher oft im Sinne von Kamerad verwendet) und das englische „companion" haben eine lateinische Wurzel, die „zusammen Brot essen" bedeutet – con-pan. Mit anderen Worten, diejenigen, die Brot miteinander essen, werden Partner. Brot stellt eine Verbundenheit her, Beziehungen, gegenseitige Verpflichtung. Zusammensitzen, Brot teilen oder sonstige Nahrung schafft Allianzen, Verbindungen. Könnte es diese Verbundenheit sein, die dann zur Solidarität führt, die Paulus hervorzurufen versucht?

Ist es nicht die Handlung des gemeinsamen Essens, die den Schiffsinsassen die Stärke verleiht, die nächsten Schritte zu entscheiden? Es handelte sich dabei in der Tat um eine gefährliche Entscheidung: Es musste entschieden werden, was an Bord bleiben konnte. Ihr Handeln zeigt in der Praxis, was wir heute nachdrücklich betonen: Menschen, das menschliche Leben, sind wichtiger als materielle Güter oder Reichtum. Menschen sind nicht für Geld zu haben.

Diese biblische Erzählung schafft die Grundlage, um darauf aufzubauen, was in einer lateinamerikanischen Perspektive das kollektive Gedächtnis der Passion und der Auferstehung genannt wird – das Gedächtnis an Gottes Solidarität mit den Menschen. Sie ist Teilen von Brot und Wein in Freundschaft.

> Nur die Feier des Lebens und der Gerechtigkeit als einer Gabe für alle kann uns in eine Gemeinschaft von Gleichen führen. Am Abendmahlstisch ist kein Platz für die Logik des Ausschließens. [...] Es ist möglich, das Fest der Kommunion zu feiern, selbst wenn das eigene Leben in Gefahr ist, denn in der Rechtfertigung tritt an die Stelle der Sorge und der Klage das Vertrauen in Gott als einen Freund, mit dem man in Solidarität lebt.[12]

Das Brot zu essen inmitten von Sorge und Angst hat die symbolische Macht, diejenigen zu binden, die den Kreis von Brot und Solidarität gemeinsam bilden. Sie sitzen im selben Boot. Sie müssen gemeinsam Lösungen für ihre Probleme suchen. Die Lösung wird ein kollektiver Überlebensakt sein. Aber nicht alle bringen dieselben Erfahrungen in die Situation ein. Ihre Angstreaktionen und Überlebensbedürfnisse hängen von ihren individuellen Lebenserfahrungen ab. Ihre Entscheidungen darüber, was es wert ist, behalten zu werden, stehen sehr stark im Zusammenhang mit dem Kontext, aus dem sie kommen und mit dem sie verbunden sind.

Was behalten? Was wegwerfen? Nicht verkäuflich (Apg 27,38)

> Und nachdem sie satt geworden waren, erleichterten sie das Schiff und warfen das Getreide in das Meer.

Nahrung wegwerfen? Warum? Was war der wirtschaftliche, gesellschaftliche, symbolische Wert dieses Getreides? Da das Schiff Gefangene und Produkte

[12] Elsa Tamez, The Amnesty of Grace. Justification by Faith from a Latin American Perspective (Nashville: Abingdon Press, 1993), 139.

nach Rom transportierte, hatte das Getreide aller Wahrscheinlichkeit nach etwas mit dem römischen System der Steuereintreibung zu tun. Es handelte sich um Nahrung, aber sie war nicht für die breite Masse bestimmt. Es ging hier nicht um Ernährungssouveränität; es handelte sich nicht um ein autonomes und kollektives System für eine gerechte Verteilung von Nahrung an alle. Es diente vielmehr der Ernährungssicherung des Römischen Reiches. Die Nahrung zur Stillung des Hungers war bereits verteilt. Dieses Getreide war nicht dazu bestimmt, den Hunger der Menschen zu stillen, sondern die Gier des Römischen Reiches. Darum konnten sie, nachdem sie das Brot gemeinsam gegessen hatten, inmitten des Sturmes abschätzen, was gerettet werden sollte, und das Getreide über Bord werfen.

Apg 27,42

> Die Soldaten aber hatten vor, die Gefangenen zu töten, damit niemand fortschwimmen und entfliehen könne.

Es ist schwierig, ein System zu stürzen, das Privilegien schafft und manchen Gruppen die Überzeugung einflößt, sie müssten das System stützen und die Ordnung aufrechterhalten. Die Lösung der Soldaten, wie man das Schiff retten könne, entsprach ihrer Weltsicht, in der das Leben der Gefangenen nichts zählte, keinen Wert hatte, weggeworfen werden konnte.

Apg 27,44

> Aber der Hauptmann wollte Paulus am Leben erhalten und wehrte ihrem Vorhaben und ließ die, die schwimmen konnten, als Erste ins Meer springen und sich ans Land retten, die andern aber einige auf Brettern, einige auf dem, was noch vom Schiff da war. Und so geschah es, dass sie alle gerettet ans Land kamen.

Am Anfang des Berichts erfuhren wir, dass der Hauptmann sich freundlich gegen Paulus verhielt. Eine Art Solidarität war bereits entstanden. Für den Hauptmann bestand die Lösung darin, jeden Passagier die Verantwortung für sich selbst übernehmen zu lassen, da jeder fähig sei, das eigene Überleben sicherzustellen.

Apg 28,1

> Und als wir gerettet waren, erfuhren wir, dass die Insel Malta hieß.

Es hätte auch Lampedusa sein können oder eine der anderen Inseln im Mittelmeer, auf denen Migranten heute Zuflucht suchen.

Apg 28,2

> Die Leute aber erwiesen uns nicht geringe Freundlichkeit, zündeten ein Feuer an und nahmen uns alle auf wegen des Regens, der über uns gekommen war, und wegen der Kälte.

Bewegungen in der globalisierten Markwirtschaft – Miteinander teilen als Gegenkraft zu einer „Für-Geld-zu-haben"-Kultur

Eine Gesellschaft, deren Basis eine kapitalistische Markwirtschaft ist, schafft einen radikalen Bruch zwischen Mensch und Natur. Das hat enorme Auswirkungen auf die menschlichen Beziehungen, diese werden fragmentiert und die Menschen in die Warenwelt eingepasst. Die Individuen sind nicht mehr wichtig, weil sie Menschen mit einer Würde, sondern weil sie Konsumenten sind; sie haben Wert, nur weil sie kaufen und besitzen können. Das heiligste Prinzip des Marktes ist es, dass die größten Käufer die Gewinner sind.[13]

Nach den von diesem System geschaffenen Wertmaßstäben sind diejenigen, die mehr kaufen und besitzen, auch mehr „wert". Ein wirtschaftliches, von einem kapitalistischen und globalisierten Markt reguliertes System bestimmt so, was die Werte der Menschen sind. Materielle Statussymbole haben eine besondere Bedeutung und dies nicht nur in reichen Ländern, sondern auch in Ländern mit geringem wirtschaftlichem Potenzial.

Ziel und Beweggrund dieses Marktwirtschaftsmodells ist die Begierde zu konsumieren – das ist der „Geist" des Kapitalismus – und insbesondere demonstrativ zu zeigen, was konsumiert wird; die Möglichkeit zum Konsum wird oft mit einem göttlichen Segen gleichgesetzt, Wohlstand als Zeichen der „Erlösung" verstanden. Um dieses götzendienerische Konstrukt[14] – das neoliberale marktorientierte Wirtschaftsystem – besser verstehen und kritisieren zu können, müssen wir auf eine religiöse Terminologie zurückgreifen. In einem Umfeld, in dem Kaufen und Konsumieren hohe

---

[13] B. Herry-Priyono, Re-embedding the Economy for the Common Good in: Martin L. Sinaga (Hrsg.), A Common Word. Buddhists and Christians Engage Structural Greed, (Geneva/Minneapolis: Lutheran University Press 2012), 53, und unter **www.lutheranworld.org/sites/default/files/DTS-Studies-201201-A_Common_Word_sm.pdf**.

[14] Jung Mo Sung, Ethical Indignation and Economic Injustice, Text für das Seminar „Redeeming the Market: Theological Contributions to an Alternative Economics", John Knox Centre, Genf, 31. Mai – 1. Juni 2013.

Wertschätzung erfahren, ist es schwierig, sich mit weniger zufriedenzugeben. Jedoch, solange es keine Bereitschaft bei den Reichen[15] auf individueller wie kollektiver Ebene[16] gibt, sich mit weniger zufriedenzugeben, wird es schwer werden, eine friedliche und gerechtere Koexistenz in der heutigen Welt zu verwirklichen.

Der Rückgriff auf Glauben, Religion und spirituelle Praktiken ist ganz grundlegend für eine Kritik eines auf Ausgrenzung und Unterdrückung beruhenden Wirtschaftssystems. In einem durch erzwungene Mobilität und Individualismus gekennzeichneten System ist ein Glaube, der ein Gefühl der Zugehörigkeit, Anerkennung und Teilhabe gewährt, von großer Bedeutung.[17]

> Ein anderer wichtiger Punkt ist, dass die Theologie zu der Diskussion über wirtschaftliche Ungerechtigkeit etwas beitragen kann und muss, indem sie die spirituelle Dimension der moralischen Empörung aufzeigt. Christliche Theologie sollte eine kritische Reflexion der spirituellen Erfahrung des Findens und der Nachfolge des gekreuzigten und auferstandenen Jesus in der heutigen Welt sein. Die von der Welt heute gebrauchte Spiritualität ist eine Spiritualität, die aus und mit der moralischen Empörung über die Ungerechtigkeit lebt. Es ist eine Spiritualität, die die Menschen dazu bringt, sich um wirtschaftliche und gesellschaftliche Belange zu kümmern und im Rahmen ihrer Möglichkeiten für eine gerechtere Gesellschaft zu kämpfen.[18]

Rechtfertigung, Gerechtigkeit und menschliche Würde

Als eine Gemeinschaft auf dem Weg, auf einem Pilgerweg, reisen wir gemeinsam hin zu einem Leben in all seiner Fülle. Wir beten um Gottes Führung und Inspiration, auf dass unsere Pilgerreise uns füreinander öffne durch unser dynamisches und kreatives Zusammenwirken für die Gerechtigkeit.

Rechtfertigung allein aus Gnade durch den Glauben führt zu einem radikalen Respekt vor der menschlichen Würde, indem sie diese ganz Gottes freiem Willen zuschreibt und nicht einem nur allzu oft gesellschaftlich

---

[15] A. a. O.

[16] A. a. O.

[17] Harvey Cox, The Market as God, unter: **www.theatlantic.com/magazine/archive/1999/03/the-market-as-god/306397/**.

[18] Sung, A. a. O. (Anm. 14).

bestimmenden Markt der Meritokratie. In diesem Sinne bedeutet Rechfertigung Befreiung von Ängsten und Selbstverachtung.

> Die Offenbarung der Gerechtigkeit Gottes und ihre Verwirklichung in der Rechtfertigung sind zugleich Verkündigung der guten Nachricht des Rechtes auf Leben für alle Menschen. Das durch die Rechtfertigung gewährte Leben wird erkannt als ein unveräußerliches Geschenk, weil es aus der Solidarität Gottes in Jesus Christus mit den Ausgeschlossenen kommt. Ein solches Leben der Würde macht die Menschen zu Subjekten ihrer eigenen Geschichte. Gott „rechtfertigt" den Menschen (macht und erklärt ihn für gerecht), um die ungerechte Welt zu verwandeln, die ebendiese Menschen ausgrenzt, tötet und entmenschlicht.[19]

Fragen

Auf welche Weise können die biblischen Erzählungen ein wegweisendes Licht auf unserer Reise sein, das bekräftigt, dass Erlösung nicht für Geld zu haben ist?

Was lernen wir aus der biblischen Geschichte?

Was lernen wir über Solidarität und das Willkommen-Heißen von Migranten und Flüchtlingen?

---

[19] Tamez, A. a. O. (Anm. 12), 14.

Katholische Rechtfertigungslehre im ökumenischen Kontext

Wolfgang Thönissen

Nach jahrhundertelangen theologischen Auseinandersetzungen setzte in der Mitte des 20. Jahrhunderts die Suche nach einer ökumenischen Verständigung in den seit der Reformation aufgebrochenen Fragen ein. Im Zentrum dieser gemeinsamen Bemühungen stand die Zentralfrage der Reformation: die Rechtfertigungslehre. Bereits zu Beginn der Fünfzigerjahre trug der Schweizer katholische Theologe Hans Urs von Balthasar mit seinem Buch über Karl Barth zur Verständigung in der Gnadenlehre bei. Noch mehr als dieses trieb Hans Küngs Buch über „Rechtfertigung", eine Auseinandersetzung mit der Rechtfertigungstheologie Karl Barths, die ökumenischen Einigungsbemühungen voran. Für den ökumenischen Dialog über die Rechtfertigungsfrage waren die Arbeiten des katholischen Lutherforschers Otto Hermann Pesch über die Theologie der Rechtfertigung bei Martin Luther und Thomas von Aquin besonders wichtig. Daneben hat der seit Ende der Sechzigerjahre geführte bilaterale lutherisch-katholische Dialog über die Rechtfertigung viel zu einer Verständigung beigetragen. Hier ist vor allem die deutsche Studie „Lehrverurteilungen - kirchentrennend?" zu nennen, in der die traditionellen Lehrdifferenzen aufgearbeitet wurden. Die von Lutherischem Weltbund und Römisch-katholischer Kirche schließlich gemeinsam verabschiedete „Gemeinsame Erklärung zur Rechtfertigungslehre" (GE) vom 31. Oktober 1999 kann daher zu Recht als Ernte jahrzehntelanger theologischer Bemühungen um die Rechtsfertigungslehre verstanden werden. Diese ökumenischen Verständigungen wären aber nicht möglich geworden ohne eine durch das Zweite Vatikanische Konzil angeregte Erneuerung und Vertiefung der katholischen Gnaden- und Rechtfertigungslehre. In ihr ist das Proprium der katholischen Theologie in einer ökumenischen Verständigung enthalten.

Umgang mit den Streitfragen der Reformationszeit

Der Streit um die Theologie Martin Luthers konzentrierte sich sehr früh auf das Verständnis der Rechtfertigung. Er nahm seinen Ausgangspunkt bei einer neuen Besinnung Luthers über das Bußsakrament. Wir können heute besser erkennen, dass Luthers Widerspruch nicht auf die Abschaffung des Bußsakraments zielte. Luthers zentrale Frage war vielmehr: Wie erlange ich die Vergebung der Sünden? Der Theologie seiner Zeit hat Luther entnehmen können, dass Gott dem Menschen seine Sünden vergibt, wenn dieser nur in einem aufrichtigen Akt der Liebe seine Sünden bereut. Es ist die Aufgabe des Priesters, die durch die vollständige Reue bereits erfolgte Sündenvergebung durch die Absolution anzuzeigen und zu erklären. Die Vergebung der Sünden ist die Wirkung der Reue. Dahinter lässt sich die nominalistische Theorie ausmachen, dass Gott dem, der tut, was in seinen Möglichkeiten steckt, die Gnade nicht verweigert. Danach erscheint die Rechtfertigung des Sünders als Folge der in der Sündenvergebung bereits vollzogenen, allerdings von Gott geschenkten Reue des Menschen. Luther begann in seiner intensiven Auseinandersetzung mit der spätmittelalterlichen Bußlehre zu begreifen, dass die Reue umgekehrt auf einer Zusage Gottes beruht, die der Mensch im Glauben annimmt und ergreift. Wesentliche Impulse erhält Luther durch Bernhard von Clairvaux und durch ihn von Augustinus. Der Glaube ist die allein angemessene Antwort auf die im Wort erfolgte Zusage Gottes. Rechtfertigung des Menschen geschieht allein aus Gnade im Glauben an die Heilstat Jesu Christi.

Zwar gab es auch noch im 16. Jahrhundert eine beachtliche Konvergenz zwischen den lutherischen und katholischen Auffassungen. Allerdings fanden katholische Theologen Luthers Auffassungen beunruhigend. Sie kritisierten, dass er die personale Verantwortung des Menschen für seine Handlungen leugne. Das Konzil von Trient (1545-1563) betonte deshalb die Verantwortung der Person und ihre Fähigkeit zum Mitwirken mit der göttlichen Gnade. Der Gerechtfertigte soll in die Entfaltung der Gnade in seinem Leben miteinbezogen werden[1]. Das Konzil von Trient stellte einerseits klar heraus, dass der Mensch nicht durch seine Werke oder Kräfte seiner Natur ohne die göttliche Gnade gerechtfertigt werden könne. Die einzige Ursache unserer Rechtfertigung ist die Gerechtigkeit Gottes, durch die er uns gerecht macht. Andererseits betonte das Konzil, obwohl weder Glaube noch Werke die Gnade der Rechtfertigung verdienen können, dass der Mensch durch freien Willen und Zustimmung mitwirke, um sich auf den Empfang der Rechtfertigungsgnade vorzubereiten und die Gnade durch gute Werke

[1] Vom Konflikt zur Gemeinschaft. Gemeinsames lutherisch-katholisches Reformationsgedenken im Jahr 2017, Nr. 120.

zu mehren. Zusammen mit der Vergebung der Sünden erhält der Mensch die durch die Gnade eingegossenen Tugenden: Glaube, Liebe und Hoffnung.

Der Streit über diese Fragen eskalierte endgültig, als Luther und die anderen Reformatoren die Lehre von der Rechtfertigung des Sünders als den „ersten und Hauptartikel" und „Lenker und Richter über alle Teile der christlichen Lehre" zu erklären begannen. „Das ist der Grund, warum die Trennung in dieser Frage so einschneidend war und warum die Arbeit an ihrer Überwindung ein Gegenstand von höchster Priorität für die katholisch-lutherischen Beziehungen war"[2]. Nachdem in der zweiten Hälfte des 20. Jahrhunderts diese Kontroverse Gegenstand umfangreicher Untersuchungen durch einzelne Theologen und zahlreiche nationale oder internationale lutherisch-katholische Dialoge wurde, konnten die Ergebnisse dieser Untersuchungen und Dialoge schließlich in der „Gemeinsamen Erklärung zur Rechtfertigungslehre" von 1999 offiziell durch die Römisch-katholische Kirche und den Lutherischen Weltbund rezipiert werden.

Rechtfertigung – das zentrale Heilsgeschehen im Glauben der Kirche

In den zurückliegenden Jahrzehnten hat sich innerhalb der katholischen Theologie das Verständnis über Glaube und Rechtfertigung enorm entwickelt. Hier stellt das Zweite Vatikanische Konzil (1962–1965) einen bedeutenden Markierungspunkt dar. Durch dieses Konzil ist eine neue Orientierung in der klassischen Gnaden- und Rechtfertigungslehre möglich geworden, die durch das Konzil von Trient über viele Jahrhunderte hinweg bestimmt worden war. Das zentrale Anliegen der katholischen Theologie lässt sich danach in einer heilsgeschichtlichen und in einer personal-dialogischen Fassung der Gnadenlehre festmachen. Rechtfertigung erscheint darin als Zentrum und Höhepunkt des Gnadengeschehens. Die entscheidende Aussage katholischer Rechtfertigungslehre findet sich in folgender Passage der Kirchenkonstitution „Lumen Gentium" (LG):

> Die Anhänger Christi sind von Gott nicht kraft ihrer Werke, sondern aufgrund seines gnädigen Ratschlusses berufen und in Jesus dem Herrn gerechtfertigt, in der Taufe des Glaubens wahrhaft Kinder Gottes und der göttlichen Natur teilhaftig und so wirklich heilig geworden. Sie müssen daher die Heiligung, die sie empfangen haben, mit Gottes Gnade im Leben bewahren und zur vollen Entfaltung bringen.[3]

[2] Vom Konflikt zur Gemeinschaft, Nr. 122.

[3] LG Nr. 40.

Das Zweite Vatikanische Konzil hat keine gegenüber dem Trienter Konzil revidierte Rechtfertigungslehre vorgelegt; eine neue Orientierung des zentralen Rechtfertigungsgeschehens ist freilich deutlich genug erkennbar. Diese zentrale Aussage lässt sich durch einige Teilaussagen näher erläutern:

Christus ist allein Heilig

Diese zentrale christologische Aussage wird im Kontext der Ekklesiologie, hier insbesondere im Zusammenhang des Kapitels über die allgemeine Berufung zur Heiligkeit der Kirche, entfaltet. Die Kernthese dieses Abschnittes lautet: Christus ist es, der die Kirche als Ganzes heiligt und zur Heiligkeit ruft. Christus hat sich für die Seinen hingegeben, um sie zu heiligen. Christus allein ist der Weg zum Heil. Allgemeine Berufung zur Heiligkeit heißt dann in diesem Kontext: Es kommt nicht auf die moralische Vollkommenheit, nicht auf den sittlichen Heroismus des Menschen an, nicht durch sie erwirbt man Heiligkeit, sondern: Die den Erlösten ohne ihr Verdienst geschenkte Heiligkeit, die Gott selbst ist, ist Grund der Heiligung. Der Wille Gottes zur Versöhnung bildet die Grundlage für die Heiligungsgnade, die Christus den Menschen in seinem Tod und seiner Auferstehung schenkt. Die Fülle der Gnade ist Christus selbst. Die Gnade ist unabdingbar mit dem Versöhnungshandeln Christi verbunden. So heißt es deshalb zu Recht in der „Gemeinsamen Erklärung zur Rechtfertigungslehre": „Allein durch Christus werden wir gerechtfertigt, indem wir im Glauben dieses Heil empfangen".[4] Alle Aussagen zur Gnaden- und Rechtfertigungslehre hängen an dieser klaren zentralen christologischen These.

Gnade ist Gottes ewiger Ratschluss, sein allgemeiner Heilswille, der sich an den Einzelnen richtet

Der unsichtbare Gott redet die Menschen aus überströmender Liebe an, heißt es in der Offenbarungskonstitution „Dei Verbum".[5] Gott will das Heil des Menschen, die Vergebung der Sünden und die Erneuerung des Menschen. Er selbst ist der gnadenhafte Ursprung des Heilswillens. Gnade ist Gott selbst in seinem Heilswillen, den er den Menschen kundtut. Gnade heißt: Sie ist das barmherzige und liebende Sich-Hin-Neigen Gottes in Christus zum sündigen Menschen. Hier zeigt sich zwar eine Unterscheidung von

[4] GE Nr. 16.
[5] DV Nr. 2.

Gnade und Rechtfertigung, wonach anzumerken bleibt: Gnade wird gemäß der klassischen katholischen Lehre immer auch als Gabe verstanden, als Geschenk. Dieses Geschenk ist aber niemals losgelöst vom Schenkenden selbst, Gnade lässt sich nie von Gott selbst ablösen und verselbstständigen. Gott handelt aus Gnade um des Heils des Menschen willen. Dieses Sich-Hin-Neigen Gottes zielt auf den Menschen, den Gott als Adressaten anspricht. Ganz im Kontext dieser katholischen Verständigung sagt deshalb die „Gemeinsame Erklärung zur Rechtfertigungslehre“:

> Dieses neue personale Verhältnis zu Gott gründet ganz und gar in der Gnädigkeit Gottes und bleibt stets vom heilsschöpferischen Wirken des gnädigen Gottes abhängig [...] Deshalb wird die Rechtfertigungsgnade nie Besitz des Menschen, auf den er sich Gott gegenüber berufen könnte.[6]

Rechtfertigung geschieht durch Glauben in der Taufe

In der klassischen Sprache der katholischen Theologie geht es hierbei um die den Menschen heiligende Rechtfertigungsgnade. Im Zentrum steht der Vorgang der Rechtfertigung selbst, nämlich: die in Christi Erlösungstat geschehende Vergebung der Sünden und die dadurch bewirkte Überführung in den Stand der heiligmachenden Gnade, die hier nun – gegenüber der klassischen Sprache der Gnadenlehre – einfache Heiligung genannt wird. Gemeint ist: Diese Heiligung ist Geschenk. Sie zielt auf die Teilhabe an Gottes Wesen und Natur. Instrumentale Ursachen sind der Glaube und die Taufe. Die Taufe ist hierbei eindeutig das Sakrament des Glaubens, kein Werk des Menschen. Glaube und Taufe sind auf das Wort Gottes bezogen: „Die an Christus glauben, werden [...] durch das Wort des lebendigen Gottes (vgl. 1 Petr 1,23) wiedergeboren [...] aus dem Wasser und dem Heiligen Geist“.[7] Die Taufe ist Bekenntnis des Glaubens. Schließlich ist die Taufe auf das Wachstum im Glauben angelegt. In diesem Sinne spricht die katholische Theologie von der Mehrung der Gnade im Glauben. Gemeint ist: Gottes Gnade im Leben bewahren und zur Entfaltung bringen. Die „Gemeinsame Erklärung“ sagt dazu im Kontext einer katholischen Verständigung: „Der Mensch wird als Hörer des Wortes und Glaubender durch die Taufe gerechtfertigt“.[8]

---

[6] GE Nr. 27.
[7] LG Nr. 9.
[8] DV Nr. 5.

Der Glaube ist personale Entscheidung

Die Offenbarungskonstitution „Dei Verbum" führt hier zunächst als Kernsatz aus: „Dem offenbarenden Gott ist der Gehorsam des Glaubens zu leisten".[9] Hier kommt es darauf an, den ganzheitlichen Charakter des Glaubens hervorzuheben. Dazu weist der Text selbst auf den biblischen Begriff des Glaubensgehorsams hin, nämlich: „zum Gehorsam des Glaubens führen" (Röm 16,26; 1,5). Gehorsam ist ein Begriff der frühen Missionssprache; er umschreibt die Bekehrung als Unterwerfung unter das Evangelium. Gehorsam und Glauben stehen parallel, im Blick ist nicht primär die Glaubensbotschaft, sondern der Glaubensvollzug. Der Glaubensgehorsam bezieht sich auf die Christusoffenbarung, er meint die Annahme der Heilsbotschaft. Natürlich steht der knappe Text in der Offenbarungskonstitution „Dei Verbum" in der Tradition der kirchlichen Lehre; danach ist Glaube Zustimmung zu den von der Kirche vorgelegten Wahrheiten des Glaubens. Der Zusammenhang ist auch hier nicht aufzulösen:

> Dieser Glaube aber [...] ist nach dem Bekenntnis der katholischen Kirche eine übernatürliche Tugend, durch die wir mit Unterstützung und Hilfe der Gnade Gottes glauben, daß das von ihm Geoffenbarte wahr ist.[10]

„Dei Verbum" bringt dieses Verständnis nun in den Zusammenhang des neuen Offenbarungsverständnisses ein und legt damit das Schwergewicht auf den inneren Glaubensvollzug, ohne die Tradition zu verdrängen. Die Antwort des Glaubens auf die Selbstoffenbarung Gottes ist also nicht in erster Linie und allein Zustimmung zu den Artikeln des Glaubens, sondern ein Sich-Einlassen auf Gott selbst.

> Dieser Glaube kann nicht vollzogen werden ohne die zuvorkommende und helfende Gnade Gottes und ohne den inneren Beistand des Heiligen Geistes, der das Herz bewegen und Gott zuwenden, die Augen des Verstandes öffnen und „es jedem leicht machen muß, der Wahrheit zuzustimmen und zu glauben".[11]

Glaube ist also personale Hingabe, die sich in Liebe vollzieht. Der Glaube ist das persönliche Ja des Menschen zu Gott. In der „Gemeinsamen Erklärung zur Rechtfertigungslehre" heißt dies wiederum: „Glauben heißt, sich selbst ganz Gott anvertrauen"[12]. In diesen Glauben ist dann die Zustimmung

---

[9] Ibid.

[10] Erstes Vatikanisches Konzil, Dogmatische Konstitution Dei Filius über den katholischen Glauben, Kap. 3.

[11] DV Nr. 5.

[12] GE Nr. 36

zu den Wahrheiten der Offenbarung einbezogen. Noch einmal zeigt sich hier das neu bestimmte Verhältnis von Wort Gottes und Glaube: Das Wort Gottes ist Gottes Kraft zum Heil für jeden, der glaubt. Die Verkündigung des Evangeliums ist ausgerichtet auf die Weckung des Glaubens an Jesus, den Christus. Der Glaube an Christus wird durch das Wort genährt.

Der Glaube wird durch die Liebe wirksam

„Jedem ist also klar, daß alle Christgläubigen jeglichen Standes oder Ranges zur Fülle des christlichen Lebens und zur vollkommenen Liebe berufen sind“.[13] Der Glaube geht der Liebe voraus, nur in der Liebe wird der Glaube wirksam. „Jeder muß nach seinen eigenen Gaben und Gnaden auf dem Weg eines lebendigen Glaubens, der die Hoffnung weckt und durch Liebe wirksam ist, entschlossen vorangehen“.[14] Die Liebe ist also kein Beitrag des Menschen zum Werk der Erlösung, sondern Form der rechtfertigenden Gnade Gottes selbst. Im Zusammenspiel von göttlicher Gnade und menschlichem Mittun kommt der Gnade Gottes immer der Primat zu. Die Liebe selbst ist eine Gabe Gottes, die im Menschen Gestalt gewinnt. Wenn die Menschen „alles aus der Hand des himmlischen Vaters im Glauben entgegennehmen“,[15] machen sie dadurch die Liebe kund. So verstanden kann katholische Theologie vom Zusammenwirken mit Gottes Willen sprechen. Aber das Grund-Folge-Verhältnis bleibt hier gewahrt: Gott ist die Liebe, er gießt seine Liebe in unsere Herzen aus durch den Heiligen Geist. Jeder Gläubige muss das Wort Gottes bereitwillig hören, damit die Liebe wie ein Same wachse. Auf das Engste hängt die Liebe mit der Rechtfertigung im Glauben zusammen. Die vergebende Gnade Gottes ist immer mit dem Geschenk eines neuen Lebens verbunden, das sich in tätiger Liebe, unter dem Wirken des Heiligen Geistes, auswirkt, so führt die „Gemeinsame Erklärung zur Rechtfertigungslehre“ die katholische Differenzierung aus. Im Glauben wird die Liebe entgegengenommen und verwirklicht. Deswegen nochmals: Jeder Gläubige muss das Wort Gottes bereitwillig hören. Der Glaube ist also das Erste und das Grundlegende. Die Liebe ist dann die Ausdrucksform des Glaubens, die ihm folgt. Durch die dem Menschen geschenkte Liebe kann dieser selbst als Gerechtfertigter und Erlöster leben. Die Liebe Gottes befähigt ihn, Gott über alles und den Nächsten zu lieben.

> Nach katholischer Auffassung tragen die guten Werke, die von der Gnade und dem Wirken des Heiligen Geistes erfüllt sind, so zu einem Wachstum in der Gnade bei,

---

[13] LG Nr. 40.
[14] DV Nr. 5.
[15] LG Nr. 41.

> daß die von Gott empfangene Gerechtigkeit bewahrt und die Gemeinschaft mit Christus vertieft werden.[16]

heißt es dazu in der katholischen Auslegung der „Gemeinsamen Erklärung zur Rechtfertigungslehre". Wie ist hier von Mitwirkung zu reden? Nach katholischem Verständnis ist der Glaube ein Akt der Hingabe und des Glaubens, der den Verstand und den Willen des Menschen einschließt. Der Glaube ist von der Gnade Gottes erwirkt, die Antwort des Menschen, auch die von Gott geschenkte, ist eine Bewegung des Menschen auf Gott hin, personale Zustimmung des Menschen, aber kein Tun des Menschen aus eigenen Kräften. Die herangezogenen Texte des Konzils weisen klar und deutlich auf diese personale Zustimmung des Menschen hin. Es ist das Wirken des Heiligen Geistes, der das Herz des Menschen bewegt und Gott zuwendet, die Augen des Verstandes öffnet. Gott wirkt die Vervollkommnung des Glaubens „ständig durch seine Gaben".[17]

Die Gemeinschaft, die durch Teilhabe an Gott entsteht, ist Folge des rechtfertigenden Handelns Gottes

Darauf zielt das Geschehen der Rechtfertigung. Deshalb ordnet die Kirchenkonstitution das Thema der Rechtfertigung der Ekklesiologie zu. Der Glaube des Einzelnen, personal und individuell, kann nur in Gemeinschaft vollzogen werden. Die Gerechtfertigten werden in den Leib Christi eingegliedert. Der Grundgedanke, nämlich Gemeinschaft entsteht durch Teilhabe an Jesus Christus, lässt sich freilich erst im Kontext des Sakraments der Eucharistie entfalten. Durch die Eucharistie werden die gerechtfertigten Gläubigen in die Gemeinschaft mit Christus wie untereinander versammelt. An dieser Stelle wird dann eine Ekklesiologie der Communio zu entfalten sein. Kirche ist Gemeinschaft der gerechtfertigten Sünder. Die „Gemeinsame Erklärung zur Rechtfertigungslehre" hält das so fest: „Unser Konsens in Grundwahrheiten der Rechtfertigungslehre muß sich im Leben und in der Lehre der Kirchen auswirken und bewähren".[18]

---

[16] GE 38.
[17] DV Nr. 5.
[18] GE Nr. 43.

Kurze Summe der katholischen Rechtfertigungstheologie

Die Theologie der Rechtfertigung stellt einen Schlüssel für das Evangelium von Jesus Christus dar. Gerechtigkeit ist ein zentraler Begriff der Heiligen Schrift. Als solcher Begriff zielt er auf die heilende Beziehung Gottes zum Menschen. Gottes Liebe verwirklicht Gottes umfassenden Heilswillen durch Jesus Christus in der Kraft des Heiligen Geistes. Die Botschaft von der Rechtfertigung bringt die bedingungslose Annahme des Menschen durch die Gnade Gottes zum Ausdruck. Es ist der Glaube an Christus, der die volle Teilhabe an Gottes Offenbarungswerk bewirkt und begründet. Diese Botschaft ist universal, sie richtet sich an alle Menschen; alle Menschen sind zur Gemeinschaft mit Gott berufen. Doch kann der Glaube an Christi Heilstat nur in der Gemeinschaft der Kirche wirklich gelebt werden. In der Unfähigkeit des Menschen, die gebrochene Gemeinschaft mit Gott wiederherzustellen, zeigt sich die ganze Angewiesenheit des Menschen auf die Gnade und Rechtfertigung Gottes. Die Kirche ist daher Zeichen und Werkzeug im Heilswerk Jesu Christi, sie führt auf das Reich Gottes hin. Die Rechtfertigungslehre als Maßstab und Prüfstein des christlichen Glaubens bringt den Geschenkcharakter des Christusglaubens zur Geltung. Das hat Konsequenzen für die Verkündigung, die Lehre und die Seelsorge der Kirche. Der Mensch wird gerechtfertigt ohne Werke des Gesetzes, doch ist der Glaube nie ohne das Werk des Menschen. Der Glaube an Christus ermutigt und befähigt uns zu guten Werken, die in der Liebe und Hoffnung getan werden.

Ein Konsens in Grundwahrheiten der Rechtfertigungslehre

Der in der „Gemeinsamen Erklärung" erzielte Konsens in Grundwahrheiten der Rechtfertigungslehre besagt:

> Allein aus Gnade im Glauben an die Heilstat Christi, nicht auf Grund unseres Verdienstes werden wir von Gott angenommen und empfangen den Heiligen Geist, der unsere Herzen erneuert und uns befähigt und aufruft zu guten Werken.[19]

Der Ausdruck „allein aus Gnade" wird so erklärt:

> die Botschaft von der Rechtfertigung [...] sagt uns, daß wir Sünder unser neues Leben allein der vergebenden und neuschaffenden Barmherzigkeit Gottes verdan-

[19] GE Nr. 15.

> ken, die wir uns nur schenken lassen und im Glauben empfangen, aber nie – in welcher Form auch immer – verdienen können".[20]

Nur in diesem Rahmen können dann die Grenzen und die Würde der menschlichen Freiheit bestimmt werden. Der Ausdruck „allein aus Gnade" wird mit Bezug auf die Bewegung des Menschen zum Heil so ausgelegt,

> dass der Mensch im Blick auf sein Heil völlig auf die rettende Gnade Gottes angewiesen ist. Die Freiheit, die er gegenüber den Menschen und Dingen der Welt besitzt, ist keine Freiheit auf sein Heil hin.[21]

Im Blick auf das Heil des Menschen ist das Grund-Folge-Verhältnis von Gerechtigkeit und Gnade Gottes, Rechtfertigung und Heiligung des Menschen also klar festgelegt. Nur in dieser von Gott gesetzten Ordnung können dann die Freiheit und das Mitwirken des Menschen angemessen bestimmt werden. Der so festgehaltene Grundkonsens umfasst das Urteil, dass die einstmals ausgesprochenen Verurteilungen nicht mehr die Lehre der je anderen Konfession treffen. Es ist ein Konsens in Grundwahrheiten, der die unterschiedlichen Anliegen und Schwerpunktsetzungen trägt. Der Streit des 16. Jahrhunderts ist beendet. Die Gründe, sich gegenseitig zu verurteilen, sind entfallen.

Fragen

Was finden katholische Theologen an Luthers Theologie der Rechtfertigung beunruhigend und irritierend?

Wie versteht katholische Theologie den Glauben an die Rechtfertigung des Menschen durch Gott?

Was verstehen Lutheraner und Katholiken unter einem Grundkonsens in der Rechtfertigungslehre?

---

[20] GE Nr. 17

[21] GE Nr. 19

Bibelarbeit: Epheser 2,4-10

Cristina Grenholm

Martin Luther war der festen Überzeugung, dass die befreiende Botschaft des Evangeliums nicht nur einmal, sondern immer wieder verkündet werden müsse. Dafür gibt es zwei Gründe.

Erstens, sie kann niemals in ihrer ganzen Fülle erfasst werden. Die vorherrschende Logik des Lebens scheint darin zu bestehen, dass man arbeiten, sich mühen und beständig anstrengen muss. Das Leben hat die Tendenz, die tiefen Einsichten des Evangeliums zu verbergen. Das Leben ist immer ein Geschenk, dass sich niemand durch harte Arbeit verdienen kann. Leben ist nicht das Resultat der Energie, die du in es investierst. Das bedeutet nicht, dass unsere Anstrengungen nicht die Welt verbessern könnten – das ist sogar unsere Berufung. Aber, am Ende des Tages, ist was immer erreicht wurde, nichtsdestotrotz nicht von uns getan worden. Es ist vielleicht von uns entwickelt worden und wir haben vielleicht Menschen und Pflanzen in ihrem Wachstum geholfen, aber alles ist uns gegeben worden. Das ist stets eine Überraschung und ein großer Trost. Es ist Gott, der unsere Tage macht. Das Leben ist uns und der ganzen Schöpfung aus Gnade gegeben.

Der zweite Grund ist, dass wir uns nicht nur bemühen, sondern auch immer wieder scheitern. Wir erreichen nicht, was wir erreichen wollten oder wozu wir uns gezwungen fühlten. Manchmal liegt das an unserem eigenen Unvermögen und manchmal auch an den unsere Welt beherrschenden Strukturen. Wir brauchen immer wieder aufs Neue Vergebung. Wir brauchen es, einem Zustand der Resignation entrissen zu werden, wenn wir mit all den Dingen konfrontiert sind, die wir nicht ändern können.

Erlösung ist nicht für Geld zu haben, ist nicht käuflich. Wir können sie mit keiner Währung kaufen – seien es Geld oder Blut, Schweiß und Tränen. Erlösung erlangt man nicht vermittels körperlicher oder spiritueller

Anstrengungen, indem man strategische Prioritäten befolgt oder inspirierende Konferenzen besucht. Erlösung ist nicht für Geld zu haben. Kosten-Nutzen-Modelle bringen hier nichts. Der Geben-und-Nehmen-Mechanismus ist irrelevant. Er basiert ja auf einem Modell des Gebens und Empfangens und wir sind hier immer auf der empfangenden Seite. Erlösung ist nicht für Geld zu haben. Sie wird geschenkt.

Die Botschaft muss stets aufs Neue gesagt werden, aber wie soll das geschehen? Sollen wir versuchen, uns immer an die Worte zu erinnern? Nein, die Botschaft von dem Geschenk der Erlösung muss selbst als Geschenk von einem Menschen an den anderen Menschen gegeben werden. Sie ist nicht eine Form der Information, die im Gedächtnis behalten werden muss. Sie ist eine Antwort auf einen Bedarf, eine Antwort auf eine Frage, ein Flüstern für diejenigen, die nicht selbst ihre Not ausdrücken können. Das Evangelium kommt immer als Überraschung – es ist immer unerwartet. Darum kann es sein, dass das Bedürfnis noch nicht ausgesprochen, die Frage noch nicht gestellt worden ist und diejenigen, die ihre Not nicht artikulieren können, noch nicht begonnen haben, sich nach einem Flüstern von jemand anderem zu sehnen.

Es ist Teil unserer Berufung als getaufte Nachfolger Christi, unseres gemeinsamen Priestertums, dass wir nach den Momenten Ausschau halten, wenn das Evangelium verkündet werden muss. Erlösung ist nicht für Geld zu haben – sie ist Teil eines stetigen Strömens von Gottes Liebe, das nicht aufzuhalten ist, selbst durch den Tod nicht. Es gibt Hoffnung, Licht und einen neuen Anfang für alle in Not, und wir sind gesandt zueinander als Prediger dieser befreienden Gnade. Wir müssen die biblischen Texte studieren, die uns diese Botschaft übermitteln, und beten, dass dies uns hilft, Werkzeuge von Gottes Gnade zu werden. Die gute Nachricht kann nicht gekauft und nicht verkauft werden – sie muss verkündet und miteinander geteilt werden.

Wenden wir uns darum einem zentralen Text der Gnade zu, Epheser 2,4-10:

> Aber Gott, der reich ist an Barmherzigkeit, hat in seiner großen Liebe, mit der er uns geliebt hat, auch uns, die wir tot waren in den Sünden, mit Christus lebendig gemacht – aus Gnade seid ihr selig geworden –; und er hat uns mit auferweckt und mit eingesetzt im Himmel in Christus Jesus, damit er in den kommenden Zeiten erzeige den überschwänglichen Reichtum seiner Gnade durch seine Güte gegen uns in Christus Jesus. Denn aus Gnade seid ihr selig geworden durch Glauben, und das nicht aus euch: Gottes Gabe ist es, nicht aus Werken, damit sich nicht jemand rühme. Denn wir sind sein Werk, geschaffen in Christus Jesus zu guten Werken, die Gott zuvor bereitet hat, dass wir darin wandeln sollen.

Eine Bibelarbeit in drei Stufen

Dieser Text enthält viele Begriffe, die in unserer Tradition hochgeschätzt werden: Barmherzigkeit, Liebe, Leben, Gnade, Gabe. Wir werden diese Bibelarbeit beginnen mit einer festen Überzeugung der Reformatoren: dass Gott zu jedem und jeder, zu uns allen spricht. Gott wendet sich uns allen zu, nicht nur den Experten. Wir haben alle etwas zum miteinander teilen. Wir sind stets Empfänger von Barmherzigkeit, Liebe, Leben und Gnade. Jeder und jede von uns ist von dieser Einsicht in entscheidenden Momenten schon ergriffen worden, obwohl wir vielleicht darüber nicht auf diese Weise nachgedacht haben. Jeder und jede von uns hat schon Gottes Gaben verzweifelt gebraucht, war aber vielleicht nicht fähig, diese Not zu formulieren. Wir alle können uns an Umstände erinnern, als das Licht zurückkehrte und wir von der Last befreit wurden. Wir erinnern uns vielleicht auch daran, wer oder was das Werkzeug war, durch das dies geschah. Lassen wir das Wort Fleisch werden, indem wir dies miteinander teilen.

Fangt an, indem ihr den Text gemeinsam laut lest. Ihr könnt im Kreis sitzen und jeder einen Vers lesen. Lasst das Wort mehrere Male kreisen und hört den Text zwei oder drei Mal. Oder lasst ihn von verschiedenen Stimmen jeweils ganz lesen. Dann nehmt euch ein paar Minuten Zeit, damit jeder sein Schlüsselwort wählen kann, mit dem der Text erschlossen werden soll. Jeder lasse sich von seinem inneren Selbst leiten. Es gibt kein „richtiges" Schlüsselwort. Eine Person wählt vielleicht ein Wort, das ihr schon lange wichtig ist. Eine andere wählt ein Wort, das während des Lesens ihre Aufmerksamkeit erregt hat. Jemand anderes nimmt vielleicht ein Wort ganz zufällig heraus.

Wenn jeder sein Schlüsselwort gefunden hat, teilt sie einander mit. Wenn ihr eine kleine Gruppe seid, kann die ganze Gruppe die individuell ausgewählten Wörter samt einer kurzen Erklärung für die Auswahl hören. Achtet darauf, die jeweilige Wahl nicht zu bewerten. Hört einander zu. Wenn ihr eine große Gruppe seid, könnt ihr Untergruppen von vier oder fünf Personen bilden. Ihr werdet vielleicht erfahren, dass sich der biblische Text in eurer Gruppe erweitert und vertieft. Es gibt so viele Wörter, mit denen ein Text erschlossen werden kann – es sind viele verschiedene Perspektiven möglich.

Nun schweige wieder und lasse dein eigenes Schlüsselwort dich durch den Text führen. Was schließt dir dieses Schlüsselwort auf? Was wird problematisch oder schwierig? Wer gerne etwas notieren möchte, möge das tun. Es sollte eine Atmosphäre der nachdenklichen Ruhe entstehen, aber die Zeit der Kontemplation sollte nicht zu Stress und einem Gefühl, es werde etwas verlangt, führen. Drei Minuten sollten in den meisten Fällen genügen.

Jetzt sollte sich jeder an seinen unmittelbaren Nachbarn wenden. Beide sollten sich über ihre Ergebnisse austauschen. Wenn Zeit genug ist, teile mit, was die dir erzählte Geschichte an Erkenntnissen und Gedanken in dir bewirkt hat.

Schließlich ist es an der Zeit, die großen Themen des Tages anzugehen. Schau bei Google nach, suche nach neuen weltweiten Nachrichten, oder bringe auf andere Weise die Welt mit deiner Bibelarbeit in Verbindung. Finde etwas, das herausfordert, provoziert oder zum Handeln drängt. Die Welt ist nicht nur ein Markt, auf dem Dinge gekauft und verkauft werden. Erlösung in all ihren Dimensionen von Befreiung, Vergebung und Befähigung ist ein sich fortwährend ereignendes Geschenk, aber es gibt auch vieles in der Welt, das den Fluss der Gnade verhindert. Darum genau wird Erlösung benötigt.

Stelle das große Thema des Tages, das du gefunden hast, neben das Schlüsselwort und den Text. Möglicherweise ist hier die individuelle Reflexion nicht die leichteste und fruchtbarste Methode. Kehrt stattdessen zu den Paarkonstellationen zurück, in denen ihr euch mittels eurer individuellen Schlüsselworte gegenseitig durch den Text geführt habt. Nun lasst euch gegenseitig daran teilhaben, was die Triangel von Text, Schlüsselwort und des vom anderen gewählten drängenden Thema des Tages euch jeweils offenbart.

Beendet eure Bibelarbeit, indem ihr einige der von euch gemachten Entdeckungen mit der ganzen Gruppe teilt. Jeweils ein Satz von jedem der Teilnehmer wird euch die große Bandbreite zeigen, in der sich Gottes Erlösung äußert, die niemals für Geld zu haben ist, aber stetig in unserem Leben mitschwingt.

Autorinnen und Autoren

Busi, Suneel Bhanu, Pfr. Prof. Dr., emeritierter Bischof, Evangelisch-Lutherische Kirche Andhra, Dekan der Fakultät für Forschung und Promotionsstudien, Lutherisches theologisches Seminar und Forschungsinstitut Gurukul, Indien

Grenholm, Cristina, Pfr. Dr., Kirchensekretärin, Zentralbüro der Kirche von Schweden, Schweden

Hinlicky Wilson, Sarah, Prof. Dr., Forschungsprofessorin, Institut für Ökumenische Forschung Straßburg, Frankreich

Lahe, Jaan, Pfr. Dr., Dozent für Religiöse Studien, Universität Tallinn, Estland

Moyo, Chiropafadzo, Dr., Leiter des Martin-Luther-Dekanats und Direktor des Lutherischen Studienhauses, Evangelisch-Lutherische Kirche in Simbabwe, Simbabwe

Neuenfeldt, Elaine, Pfr. Dr., Referentin für Frauen in Kirche und Gesellschaft, Lutherischer Weltbund, Genf, Schweiz

Oberdorfer, Bernd, Prof. Dr., Professor für Systematische Theologie, Universität Augsburg, Deutschland

Thönissen, Wolfgang, Prof. Dr., Leitender Direktor, Johann-Adam-Möhler-Institut für Ökumenik, Paderborn, Deutschland

Menschen – für Geld nicht zu haben

Herausgegeben von
Anne Burghardt

Evangelische Verlagsanstalt
Leipzig

Bibliographische Information der Deutschen Nationalbibliothek
Die Deutsche Nationalbibliothek verzeichnet diese Publikation in der Deutschen Nationalbibliographie; detaillierte bibliographische Daten sind im Internet über http://dnb.dnb.de abrufbar.

© 2016 by Evangelische Verlagsanstalt GmbH • Leipzig

Printed in Germany • H 8041

Das Werk einschließlich aller seiner Teile ist urheberrechtlich geschützt. Jede Verwertung außerhalb der Grenzen des Urheberrechtsgesetzes ist ohne Zustimmung des Verlags unzulässig und strafbar. Das gilt insbesondere für Vervielfältigungen, Übersetzungen, Mikroverfilmungen und die Einspeicherung und Verarbeitung in elektronischen Systemen.

Das Buch wurde auf FSC-zertifiziertem Papier gedruckt.

Gesamtgestaltung: Department for Theology and Public Witness
LWF-Office for Communication Services
Druck und Binden: druckhaus köthen GmbH & Co. KG

Veröffentlicht von:
Evangelische Verlagsanstalt GmbH, Leipzig, Deutschland, für
Lutherischer Weltbund
150, rte de Ferney, Postfach 2100
CH-1211 Genf 2, Schweiz

ISBN 978-3-374-04264-7

www.eva-leipzig.de

Parallelausgaben in Englisch und Spanisch

Inhalt

EINLEITUNG

Anne Burghardt

Das vorliegende Heft ist Teil eines schmalen Sammelbandes, den der Lutherische Weltbund anlässlich des 500-jährigen Reformationsjubiläums 2017 veröffentlicht hat. „Menschen – für Geld nicht zu haben“ heißt eines der Unterthemen des für das Jubiläum gewählten Hauptthemas „Durch Gottes Gnade befreit“. Die an ein breites Publikum gerichteten Aufsätze in diesem Heft wurden von Autoren aus allen LWB-Regionen verfasst; die Ökumene ist hier durch einen reformierten Theologen vertreten.

Die erneuerte Beziehung zwischen Gott und den Menschen in Christus, die Gegenstand der Rechtfertigungslehre ist, führt notwendigerweise auch zu einem tieferen Verständnis der Schöpfung des Menschen als Abbild Gottes und zu der Erkenntnis, dass die Menschen durch Gottes Gnade erneuert werden. Menschen können deshalb nicht als Waren angesehen werden, deren Wert sich allein durch den damit zu erzielenden Profit bestimmt. Die Aufsätze in diesem Heft behandeln verschiedene Aspekte des Themas „Menschen – Für Geld nicht zu haben“, die von einer Interpretation der lutherischen Anthropologie über Menschenhandel, Migration bis zu nachhaltigen Formen des menschlichen Zusammenlebens reichen. Die Reihe der in den Aufsätzen angesprochenen Themen ist weit davon entfernt, erschöpfend zu sein. Nichtsdestotrotz hoffen wir einige erste Impulse geben zu können für theologisch kundige Diskussionen über die Würde aller Menschen.

Christliches Menschenbild in lutherischer Perspektive

Friederike Nüssel

„Menschen – für Geld nicht zu haben." Warum und in welchem Sinne können Lutheraner einen solchen Satz als Grundsatz christlicher Anthropologie verstehen und bekräftigen? Dies soll hier im Rekurs auf einige Grundgedanken christlicher Anthropologie aus lutherischer Perspektive bedacht werden. Zuvor ist allerdings kurz an die Konstellation zu erinnern, in der die lutherische Reformation im 16. Jahrhundert entstand. Denn sie bildet den Hintergrund auch der Veränderungen des christlichen Menschenbildes, die mit der Reformation einhergehen. Von zentraler Bedeutung sind hier die Errungenschaften des Renaissance-Humanismus, dessen Erkenntnisse auf den Gebieten der Philologie und Philosophie mit beachtlichen Fortentwicklungen in den Bereichen der Architektur, der bildenden Künsten und der Technik und nicht zuletzt mit der Entdeckung der neuen Welt korrelierten. Während diese Veränderungen das weltanschauliche Gefüge der Zeit und das Menschenbild in neuer Weise zu prägen begannen, stand andererseits die abendländische Kirche vor der lange schon anstehenden und immer drängenderen Aufgabe einer institutionellen und geistlichen Reform. Das geistliche Klima war dabei zum einen massiv bestimmt von hochlebendigen Endzeitvorstellungen und dem Streben, den Schrecken des jüngsten Gerichtes zu entgehen. Zum anderen unterstrich die spätmittelalterliche Anthropologie und Gnadenlehre die menschliche Mitverantwortung des Menschen für sein Seelenheil und unterstützte so den Ausbau der Buß- und Ablasspraxis, die zum Ausgangspunkt der öffentlichen Kritik von Martin Luther (1483-1546) in den Ablassthesen von 1517 wurde.

Gottes Gnade ist nicht käuflich – Luthers reformatorische Einsicht

Wie verschiedene biographische Selbstzeugnisse Luthers dokumentieren, war für seine theologische Entwicklung seine Erfahrung als Mönch grundlegend. In einer als lebensgefährlich erfahrenen Situation hatte er gelobt, sein Leben Gott zu weihen und Mönch zu werden. Im Juli 1505 trat er in das Kloster der Augustinereremiten in Erfurt ein. Als Mönch war er bestrebt, alle mönchischen Gelübde vollkommen zu erfüllen. Er fragte permanent nach Gottes Willen und versuchte im Rahmen der Buße, Gott wohlgefällige Genugtuungswerke zu verrichten als Verdienste zur Satisfaktion für seine Sünden. Obwohl ihm die Buß- und Ablasspraxis den Weg wies zur Bewältigung seiner Sündenschuld, plagte Luther ständig die Frage, ob er wirklich genug getan hatte, um Gottes Gnade würdig zu sein, ob seine Werke Gott gefielen, ob er Gott genug liebte und die Rechtfertigung Gottes verdiente. Seine Selbstzweifel wendeten sich schließlich zu der Frage, was das für ein Gott sein solle, „der dem Menschen gebietet, aus eigenen Kräften Gott über alle Dinge zu lieben, der ihm dafür aber offenbar doch nicht die Fähigkeit verliehen hat und der dann am Ende den einen annimmt und den anderen verwirft?"[1]

Je vehementer sich Luther diese Frage stellte, desto weniger war es ihm möglich, Gott mit seinem ganzen Herzen zu lieben. Den Schilderungen in seinen Selbstzeugnissen zufolge geriet Luther in einen Teufelskreis und sah sich von der Forderung Gottes versklavt. In dieser Situation half ihm zum einen der seelsorgerliche Rat seines Ordensoberen Johann von Staupitz, der ihn in der rechten Betrachtung des Leidens Christi anleitete, und zum anderen das intensive Studium der biblischen Schriften. Luther erschloss sich so ein neues Verständnis der Gerechtigkeit Gottes und seiner Rechtfertigung. Ihm wurde deutlich, dass Gottes Gerechtigkeit sich nicht darin erschöpft, Übertretungen des Gesetzes zu bestrafen und menschlichen Gehorsam zu belohnen, sondern vielmehr darin besteht, selbst die Rechtfertigung des Menschen zu schaffen durch das Leben, den Kreuzestod und die Auferstehung seines Sohnes Jesus Christus. In Luthers berühmtem biographischen Rückblick auf sein Leben als Mönch im Vorwort der Ausgabe seiner lateinischen Werke von 1545 beschrieb Luther die persönliche Wirkung seiner Entdeckung als paradiesische Erfahrung und Wiedergeburt zu neuem Leben. Auch wenn dieses späte Zeugnis von der Lutherforschung nicht als verlässliche Quelle angesehen wird für die Datierung und inhaltliche Definition der reformatorischen Einsicht Luthers, so ist es doch aussagekräftig in Bezug auf die existentielle Wende

[1] So fasst Bernhard Lohse Luthers Frage zusammen in: Ders., Luthers Theologie in ihrer historischen Entwicklung und ihrem systematischen Zusammenhang, Göttingen 1995, 47.

und Befreiung, die sich für Luther im Rahmen theologischer Erkenntnis ereignete. Durch sein neues Verständnis der Gerechtigkeit Gottes wurde es ihm möglich, sich auf Gottes Gnade und bedingungslose Liebe zu verlassen. Zugleich wurde ihm klar, dass die kirchliche Buß- und Ablasspraxis Gottes Gerechtigkeit gerade nicht gerecht wurde, indem sie die in Jesus Christus offenbarte und im Evangelium verheißene reine und bedingungslose Gnade Gottes nicht zur Geltung kommen ließ und ein Gottesbild vermittelte, das Gott als Verkäufer erscheinen ließ, der seine Gnade nur denen anbietet, die sich mit Werken als würdig erweisen. Ein solches Verständnis entspricht jedoch, wie Luther feststellte, nicht der Rechtfertigungslehre des Paulus. Gnade und Rechtfertigung können nicht mit Werken verdient werden. Gottes Gnade ist nicht käuflich. Vielmehr schenkt Gott die Rechtfertigung allein im Glauben denen, die der in Jesus Christus offenbarten Gnade vertrauen. Die Lehre von der Rechtfertigung allein aus Glauben wurde zentral für Luthers Theologie und bildet das theologische Fundament der Wittenberger Reformation. In den Schmalkaldischen Artikeln bekennt Luther:

> Von diesem Artikel kan man nichts weichen oder nachgeben, Es falle Himel und Erden oder was nicht bleiben will; Denn es ist kein ander Name den Menschen gegeben, da durch wir können selig werden, spricht S. Petrus Act. 4. Und durch seine Wunden sind wir geheilet. Isaie 53.
>
> Und auff diesem Artikel stehet alles, das wir wider den Papst, Teufel und Welt leren und leben. Darümb müssen wir des gar gewis sein und nicht zweiveln. Sonst ists alles verloren, und behelt Bapst und Teufel und alles wider uns den Sieg und Recht.[2]

Entsprechend wurde der Artikel von der Rechtfertigung in der lutherischen Lehrtradition in einer feststehenden Wendung zum Artikel erklärt, mit dem die Kirche steht und fällt (*articulus stantis et cadentis ecclesiae*). Damit wurde zum Ausdruck gebracht, dass die Rechtfertigungslehre für die gesamte theologische Lehre bestimmend ist und somit auch für das Verständnis der Schöpfung des Menschen und das lutherische Menschenbild.

Für eine realistische Sicht des Menschen

Im Rahmen seiner Entdeckung der wahren Gerechtigkeit Gottes, in der Gott die Rechtfertigung allein aus Glauben und nicht aufgrund von Werken verheißt und zusagt, erschloss sich Luther zugleich die Einsicht in den radikalen Charakter der Sünde des Menschen. Wären Menschen von sich

---

[2] Irene Dingel (Hrsg.), Die Bekenntnisschriften der Evangelisch-Lutherischen Kirche, vollständige Neuedition, Göttingen 2014, 728,7-14.

aus in der Lage, sich von der Sünde abzuwenden und ihr Leben in Übereinstimmung mit Gottes Willen zu führen, wäre die Sendung des Sohnes Gottes zur Rettung der Menschheit nicht notwendig gewesen. Das Geschehen der Inkarnation, des Leidens und der Auferweckung Jesu Christi macht als solches deutlich, dass nur Gott selbst die zerstörerische Macht der Sünde brechen und überwinden kann. Zugleich manifestiert sich in diesem Geschehen die wahre Allmacht und Gnade Gottes, die darin besteht, dass er im Eingehen in die menschliche Wirklichkeit selbst die Bedingungen für die Versöhnung der Menschen mit Gott und ihre Wiedergeburt zu einem neuen Leben in der Gemeinschaft mit Gott schafft. Im Versöhnungsgeschehen ist Gott nicht passiver Empfänger der Genugtuungsleistung in Gestalt des verdienstvollen Todes Jesu Christi am Kreuz. Vielmehr tritt Gott selbst in der Sendung, Inkarnation und Lebensgeschichte des Sohnes für die Rettung der Menschen und ihre Versöhnung ein. Das wiederum impliziert für Luther, dass Jesus Christus das Leiden und den Tod nicht nur nach seiner menschlichen Natur erfährt, sondern dass vielmehr Gott selbst im Sohn leidet und durch die Auferweckung die Macht von Sünde und Tod bricht. In der Schrift ‚Von Konzilien und Kirchen' (1539) erklärt Luther diesen inneren Zusammenhang von Christologie und Soteriologie so:

> Denn das müssen wir Christen wissen: Wenn Gott nicht mit auf der Waage ist und sein Gewicht einlegt, sinken wir mit unserer Schale zu Boden. Will sagen: Wenn es nicht gelten soll, dass Gott für uns gestorben ist, und nicht nur ein Mensch, dann sind wir verloren. Aber wenn Gottes Tod und Gestorbensein in der Waagschale liegt, so sinkt er nach unten und wir fahren empor, leicht und ledig in unserer Schale. Freilich kann er wohl auch wieder emporfahren oder aus der Schale springen. Er könnte aber nicht in der Schale sitzen, wenn er nicht ein Mensch wie wir geworden wäre, so dass man sagen kann: Gott ist gestorben, Gottes Marter, Gottes Blut, Gottes Tod. Denn in seiner eigenen Natur kann Gott nicht sterben. Aber nachdem nun Gott und Mensch in einer Person vereinigt sind, heißt es mit Recht Gottes Tod, wenn der Mensch stirbt, der mit Gott ein Ding oder eine Person ist.[3]

Erst im Lichte der Offenbarung von Gottes Gnade wird dann auch dem Menschen seine wahre Situation vor Gott deutlich. Zwar ist es dem Menschen anhand des in den Zehn Geboten gegebenen Gesetzes Gottes möglich, seine Sünde in Gestalt einzelner Übertretungen zu erkennen. Doch die Radikalität der Sünde und die Verlorenheit des Menschen unter der Macht der Sünde werden erst im Lichte des Kreuzestodes Jesu Christi manifest.

---

[3] Martin Luther, Über die Konzilien und die Kirche (1539), Übertragung von Reiner Preul, in: Martin Luther, Deutsch-Deutsche Studienausgabe, Bd. 2: Wort und Sakrament, hg. von Dietrich Korsch und Johannes Schilling, Leipzig 2015, 679,18-30.

Die Radikalität der Sünde gipfelt dabei für Luther in dem Versuch des Menschen, selbst durch Werke Gerechtigkeit vor Gott zu erlangen. Denn dieser Versuch bedeutet ipso facto, dass der Mensch die Gnade Gottes in ihrer Bedingungslosigkeit verkennt und Gottes gutem Willen und seiner Gnadenverheißung nicht vertraut. Entsprechend sagt Luther in der Heidelberger Disputation 1518:

> Der Mensch, der glaubt, er wolle dadurch zur Gnade gelangen, dass er tut, was in seinen Kräften steht, fügt Sünde zur Sünde hinzu, so dass er doppelt schuldig wird.[4]

In solchem Unglauben aber verfehlt der Mensch nach Luther das erste Gebot. Denn nach Luthers Auslegung im Kleinen Katechismus fordert das erste Gebot, der Mensch solle Gott über alle Dinge fürchten, lieben und vertrauen[5]. Es zielt damit auf das rechte Gottesverständnis und ist darum auch für die Erfüllung aller anderen Gebote Gottes grundlegend.

Wenngleich Luthers Verständnis der Sünde in der Einsicht in der Offenbarung der Gerechtigkeit Gottes wurzelt, speist es sich doch zugleich aus Erfahrung und psychologischer Einsicht. Aus seiner eigenen persönlichen Erfahrung heraus wusste Luther, dass der Mensch das erste Gebot permanent verfehlt, indem er eben nicht all sein Vertrauen auf Gott setzt. Der Grund dafür liegt im Wesen der Sünde selbst, das Luther in Übereinstimmung mit Augustin in der Perversion des Willens erblickte, die in Selbstzentriertheit und Selbstbezüglichkeit des Menschen zum Ausdruck kommt. In solcher Selbstbezüglichkeit ist der Mensch gefangen in der Vorstellung, er könne und müsse sich der Gerechtigkeit Gottes würdig erweisen durch seine Werke. Zwar ist die Intention des Menschen, gute Werke tun zu wollen und das Gesetz Gottes zu erfüllen, als solche nach Luther nicht verkehrt. Aber wo die Werke der Selbstrechtfertigung dienen, können sie weder nicht der Ehre Gottes noch wahrer Nächstenliebe dienen, weil Gottes Gnade und Barmherzigkeit auf diese Weise verkannt werden und die Zuwendung zum Nächsten durch die eigene Rechtfertigung motiviert ist. Damit verbunden verkennt der Mensch aber zugleich auch die Grenzen seiner intellektuellen und moralischen Fähigkeiten und seine grundlegende Abhängigkeit von der Leben spendenden Kraft des göttlichen Geistes.

Luthers Sicht menschlicher Sünde und Selbstverstrickung mag pessimistisch erscheinen. Tatsächlich betont die lutherische Sündenlehre die

---

[4] Martin Luther, Heidelberger Disputation, These XVI, in: Martin Luther, Lateinisch-Deutsche Studienausgabe, Bd. 1, unter Mitarbeit von Michael Beyer herausgegeben und eingeleitet von Wilfried Härle, Leipzig 2006, 49,22-24 (dort in Kapitälchen).

[5] Vgl. Irene Dingel (Hg.), Die Bekenntnisschriften der Evangelisch-Lutherischen Kirche, vollständige Neuedition, Göttingen 2014, 862,6.

Radikalität der Sünde so stark wie kaum eine andere christliche Konfession. Zwar herrscht im interkonfessionellen Gespräch weitgehend Einigkeit darüber, dass die Sünde als Verstoß gegen Gottes Willen ihrem Wesen nach als Begierde/Konkupiszenz zu verstehen ist und darin Ausdruck des Unglaubens, wie dies Artikel II der Confessio Augustana festhält[6]. Doch nach lutherischem Verständnis kulminiert der fatale Charakter der Sünde in der Unfreiheit des Willens, in der dieser sich nur noch gegen Gott richten kann, und in einer pervertierten Selbstsicht des Menschen, in der er seine wahre Situation vor Gott verkennt.

Im Kontext von Aufklärung und moderner Säkularisierung ist das theologische Verständnis von Sünde im beschriebenen Sinne problematisiert worden. Die moderne Veränderung im Verständnis der Sünde lässt sich dabei auch in der umgangssprachlichen Rede von Sünde ablesen, in der von Sünde gerade nicht in existentiellen Situationen gesprochen wird, sondern in Bezug auf mehr oder minder triviale Fehltritte. Zwar könnten Lutheraner sich auf den Standpunkt stellen, dass in dieser Entwicklung nur eine neue Dimension der verkehrenden Macht der Sünde zu sehen ist. Doch theologisch wichtiger ist es, die Konsequenzen zu bedenken, die aus dem Verlust der Einsicht in den radikalen Charakter der Sünde folgen. Denn grundlegend für lutherische Theologie ist die Korrespondenz zwischen dem radikalen Charakter der Sünde und der vollkommenen Angewiesenheit des Menschen auf die unbedingte Gnade Gottes. Das Verständnis von Sünde und Gnade hängen aufs engste zusammen. Der Radikalität der Sünde entspricht die Alleinwirksamkeit und Bedingungslosigkeit der Gnade Gottes, ohne die der Mensch nicht zur rechten Gottesbeziehung gelangen kann. Vielmehr ist es allein die Erlösung durch Jesus Christus in der Kraft des Geistes, die dem Menschen ein neues Gottesverhältnis eröffnet und den Grund dafür legt, die Selbstzentriertheit der Sünde zumindest partiell hinter sich zu lassen und frei zu werden für die Liebe zu Gott und zum Nächsten. Keiner kann sich darum vor Gott selbst rühmen (vgl. 1 Kor 1,29). Die christliche Sündenlehre ist nicht zuletzt deshalb unter modernen Bedingungen so unattraktiv, weil sie die Gleichheit der Menschen in *negativer* Hinsicht betont. Und doch verhilft aus lutherischer Sicht gerade die Anerkennung der Faktizität der Sünde und ihrer Macht im Licht der Gnade Gottes dem Menschen zu einer realistischen Selbsteinschätzung hinsichtlich seiner eigenen Fähigkeiten und der Fähigkeiten seiner Mitmenschen. Gerade so nährt sie im Lichte der Verheißung des Evangeliums aber auch die Möglichkeit und Bereitschaft zur Vergebung und zu einem verständnisvollen, versöhnlichen und gütigen Umgang mit den Mitmenschen.

[6] Irene Dingel (Hg.), Die Bekenntnisschriften der Evangelisch-Lutherischen Kirche, vollständige Neuedition, Göttingen 2014, 94,17 – 96,7.

Menschen– zur Verantwortung geschaffen

Luthers Verständnis der *conditio humana* ist realistisch, gerade indem es von der Illusion befreit, Gott vollkommen lieben und ein vollkommenes Leben im Einklang mit Gott führen zu können. Lutherischer Theologie wurde und wird gerne vorgeworfen, sie verkenne die Bedeutung menschlichen Verhaltens und guter Werke für das Gottesverhältnis sowie die Rolle der Ethik. Doch Luthers Verständnis der Sünde ist nur die eine Seite seiner Anthropologie. Die Erkenntnis der Gerechtigkeit und reinen Gnade Gottes führte ihn imgleichen dazu, Gottes gute Schöpfung und Fürsorge für die Welt in neuer Weise wahrzunehmen. Dies kommt besonders deutlich in seiner Erklärung des Glaubensbekenntnisses im Kleinen Katechismus zum Tragen, in der Luther zum ersten Artikel schreibt:

> Ich gleube, das mich Gott geschaffen hat sampt allen Creaturen, mir Leib und Seele, Augen, Ohren und alle Glieder, vernunfft und alle sinne gegeben hat und noch erhelt. Darzu Kleider und Schuch, Essen und Trincken, Haus und Hoff, Weib und Kind, Acker, Viehe und alle Güter, mit aller notturfft und narung dieses Leibes und lebens, reichlich und teglich versorget, wider alle ferhligkeit beschirmet und für allem ubel behütet und bewaret und das alles aus lauter Veterlicher, Göttlicher güte und barmhertzigkeit, one alle mein verdienst und wirdigkeit, des alles ich im zu dancken und zu loben und dafür zu dienen und gehorsam zu schein schuldig bin. Das ist gewislich war.[7]

Während spätmittelalterliche Anthropologie in der Lehre von der Gottebenbildlichkeit die Seelenvermögen des Menschen und insbesondere die Vernunftbegabung hervorhob, betonte Luther in der Auslegung der Gottebenbildlichkeit die Bedeutung der Gottesbeziehung als Voraussetzung dafür, dass Menschen bestimmt sind, im Vertrauen auf Gott Mitstreiter Gottes in der Welt zu sein. Die schöpferische Fürsorge Gottes, in der Gott den Menschen mit allem Lebenswichtigen ausstattet, ist die Voraussetzung für solche Mitstreiterschaft. Gottes Mitstreiter zu werden bedeutet für Luther, Gott und den Mitmenschen zu dienen, gegen das Böse anzugehen und für Gerechtigkeit, Frieden und menschliches Wohlergehen einzutreten. Auf solche Verantwortung zielt die Bestimmung des Menschen zur Gottebenbildlichkeit (vgl. Gen 1,26f). Sie macht die besondere Würde des Menschen aus und beinhaltet die Fähigkeit und Pflicht zur Verantwortung für die Mitmenschen und für die Schöpfung.

---

[7] Irene Dingel (Hg.), Die Bekenntnisschriften der Evangelisch-Lutherischen Kirche, vollständige Neuedition, Göttingen 2014, 870,9-18.

Doch was ist die Wirkung der Sünde auf die Gottebenbildlichkeit? In Bezug auf diese Frage müssen wir feststellen, wie in der Entwicklung lutherischer Anthropologie die herkömmliche philosophische Terminologie einerseits und philologisch-exegetische Einsichten andererseits in Konflikt gerieten. Im Kontext aristotelischer Substanzmetaphysik wurde die Gottebenbildlichkeit als unzerstörbare Substanz des Menschen ausgelegt. Durch die Erbsünde wird zwar die Gottähnlichkeit (similitudo) des Menschen zerstört. Aber die Gottebenbildlichkeit (imago) kann als Substanz nicht zerstört werden. Sonst würde der Mensch aufhören, Mensch zu sein. Die Differenzierung zwischen Gottähnlichkeit und Gottebenbildlichkeit stützt sich dabei auf die beiden hebräischen Ausdrücke in Gen 1,26, die im lateinischen mit imago und similitudo wiedergegeben werden. Luther fand jedoch philologisch-exegetisch, dass die beiden hebräischen Termini in Gen 1,26 im Hebräischen dasselbe meinen. Daraus schloss er, dass die Erbsünde nicht nur einen Verlust der similitudo, sondern auch der imago bedeuten müsse, und das folglich die Rettung und Versöhnung Gottes auf die Wiederherstellung der Gottebenbildlichkeit ziele. Zwar bleiben nach Luthers Verständnis Menschen stets Gottes Geschöpfe, auch wenn sie sich von ihm abwenden. Doch die Abwendung von Gott bedeutet nach Luthers exegetischem Verständnis den Verlust der Gottebenbildlichkeit. Diese Sicht bereitet in anderen Hinsichten allerdings erhebliche Schwierigkeiten, nicht zuletzt für die Frage nach der Erlösungsfähigkeit des Menschen bereitet. Darum suchten die Lutheraner später nach einer differenzierten Beschreibung im Rahmen der aristotelischen Substanzontologie, bis dann zum einen die philosophische Aufklärung mit ihrer Kritik der aristotelischen Metaphysik die anthropologische Terminologie veränderte und zum anderen die theologische Aufklärung die Vorstellung eines historisches Urzustandes und der Vererbung der Erbsünde in Frage stellte.

In der modernen lutherischen Theologie wird die Gottebenbildlichkeit nicht mehr in ontologischen Kategorien beschrieben. Zudem ist die Einsicht grundlegend, dass sich die Gottebenbildlichkeit des Menschen erst in Jesus Christus als dem zweiten Adam erkennen lässt (vgl. Röm 4). Jesus Christus ist Gottes Ebenbild, indem er sein Leben voll und ganz in den Dienst der Verkündigung des Evangeliums vom kommenden Reich Gottes gestellt hat und in seinem Leben und Sterben für alle Menschen, insbesondere aber für Arme und andere Randgruppen und Außenseiter der damaligen Gesellschaft eingetreten ist. Jesus übernahm so Verantwortung für Gottes Botschaft und offenbarte in seinem Leiden und Sterben am Kreuz, was die Liebe Gottes vermag. In ihm lässt sich so die wahre Gottebenbildlichkeit erkennen, zu der der Mensch geschaffen ist. Sie erscheint dabei nicht als ontologische Qualität, über die Menschen in ihrem Sein immer schon verfügen, sondern besteht in der Bestimmung zu einer vertrauensvollen Beziehung zu Gott im Glauben. Entsprechend erscheint der Glaube als diejenige Beziehung, in der allein der Mensch der Gnade Gottes gerecht wird. Zugleich befreit er den Menschen vom Zwang der Selbstrechtfertigung und zu einer ganz am Mitmenschen orientierten Mitmenschlichkeit. In Jesus Christus ist also die wahre Gottebenbildlichkeit zu erkennen. Dabei handelt es sich nicht um eine ontologische Qualität, über die der Mensch wie über einen Besitz verfügt. Vielmehr besteht sie in der Bestimmung zu einer vertrauensvollen Beziehung mit Gott im Glauben, in der allein der Mensch Gott gerecht zu werden und seinen Nächsten zu lieben vermag.

Luthers Sicht der *conditio humana* ist realistisch, indem sie von der radikalen Macht der Sünde und der gänzlichen Abhängigkeit des Menschen von Gottes Leben und Gerechtigkeit schenkender Gnade ausgeht. Sie ist darin weder pessimistisch noch nährt sie eine defätistische Haltung. Denn Menschen sind getragen und umgeben von Gottes Fürsorge, und ihnen gilt die Zusage seiner Gnade und Gerechtigkeit. Diese Gnade ist nicht käuflich, so wie auch Menschen als Gottes Geschöpfe für Geld nicht zu haben sind. Ihr ‚Wert' als Geschöpfe ist nicht messbar oder vergleichbar – unabhängig davon, ob sie im Einklang mit ihrer gottebenbildlichen Bestimmung leben oder nicht. Wenngleich die Sünde ihrem Wesen nach die angemessene Gottesbeziehung und das rechte Verhalten gegenüber Gott korrumpiert, zerstört sie nach Luthers Verständnis nicht die intellektuelle, emotionale und moralische Kapazität zu zivilem Zusammenleben und sozialem Engagement. Menschen sind als Geschöpfe Gottes fähig zu gemeinschaftlichem Leben und friedlichem Miteinander und tragen gemäß ihrer Berufung und ihren individuellen Charismen in ihrem jeweiligen Kontext Verantwortung für eine entsprechende Lebensgestaltung. Der Glaube an Gottes Evangelium von Jesus Christus ist konstitutiv für das Heil des Menschen, aber er ist keine notwendige Voraussetzung, um ein zivil-verantwortliches Leben zu führen und die Würde des Menschen anerkennen zu können. Entsprechend ist auch die Einsicht, dass Menschen nicht für Geld zu haben sind, keine, die nur Glaubende haben. Das ist evident. Denn faktisch wird sie von vielen Menschen unterschiedlicher Religion und kultureller Prägung geteilt. Wohl aber eröffnet das Evangelium mit der Zusage der Gnade Gottes nicht nur eine Hoffnung für diese Welt, sondern zugleich ein realistischeres Verständnis der menschlichen Situation. Und das entfaltet nicht nur befreienden Charakter, sondern bestärkt auch die Einsicht, dass Menschen keine Ware sind. Obwohl sie fehlbar sind, sind sie Gottes Geschöpfe und berufen zur Gemeinschaft mit Gott und untereinander, zu wechselseitiger Verantwortung und Versöhnungsbereitschaft.

Fragen

Heutzutage erscheint die Rede von der Sünde vielfach deplatziert. Selbst lutherische Christen neigen häufig dazu, die Radikalität der Sünde, wie sie für Luthers Theologie wesentlich war, herunterzuspielen. Wie sehen Sie dies? Worin besteht aus Ihrer Sicht die Aufgabe einer verantwortlichen Rede von der Sünde?

Eine der Herausforderungen lutherischer Theologie besteht darin, ein starkes Sündenverständnis mit einem starken Verständnis von menschlicher Verantwortung zu verbinden. Denn im Licht der Gnade Gottes ist es möglich, realistisch in Bezug auf die menschlichen Möglichkeiten zu sein. Zugleich öffnet das Evangelium Gottes die Sinne für die Verantwortung den Mitmenschen gegenüber. Können Sie in ihrem Kontext Beispiele finden für diese Dialektik?

Menschenwürde wurde zu einer Grundidee im modernen politischen, philosophischen und theologischen Diskurs. Allerdings liegt keineswegs auf der Hand, dass das Christentum ein guter Advokat der Idee der Menschenwürde und der Menschenrechte war/ist. Worin könnte ein spezifisch lutherischer Beitrag zur Unterstützung der Idee der Menschenwürde in der Welt von heute bestehen?

Menschenhandel

Ebise Dibisa Ayana

Artikel 3 des Zusatzprotokolls zur Verhütung, Bekämpfung und Bestrafung des Menschenhandels, insbesondere des Frauen- und Kinderhandels, zum Übereinkommen der Vereinten Nationen gegen die grenzüberschreitende organisierte Kriminalität, das von der UN-Generalversammlung am 15. November 2000 angenommen und zur Unterzeichnung, Ratifikation und Annahme bzw. Genehmigung vorgelegt wurde, definiert Menschenhandel folgendermaßen:

> Im Sinne dieses Protokolls. bezeichnet der Ausdruck "Menschenhandel" die Anwerbung, Beförderung, Verbringung, Beherbergung oder Aufnahme von Personen durch die Androhung oder Anwendung von Gewalt oder anderen Formen der Nötigung, durch Entführung, Betrug, Täuschung, Missbrauch von Macht oder Ausnutzung besonderer Hilflosigkeit oder durch Gewährung oder Entgegennahme von Zahlungen oder Vorteilen zur Erlangung des Einverständnisses einer Person, die Gewalt über eine andere Person hat, zum Zweck der Ausbeutung. Ausbeutung umfasst mindestens die Ausnutzung der Prostitution anderer oder andere Formen sexueller Ausbeutung, Zwangsarbeit oder Zwangsdienstbarkeit, Sklaverei oder sklavereiähnliche Praktiken, Leibeigenschaft oder die Entnahme von Organen.[1]

Dieses Protokoll trat am 29. September 2003[2] in Kraft und wird von vielen Ländern eingesetzt, um den Menschenhandel zu bekämpfen. Die Ziele des Protokolls sind es, den Menschenhandel zu verhüten und zu bekämpfen, wobei Frauen und Kindern besondere Aufmerksamkeit geschenkt wird, die Opfer des Menschenhandels unter voller Achtung ihrer Menschenrechte

---

[1] Unter **www.un.org/depts/german/uebereinkommen/ar55025anlage2-oebgbl.pdf**

[2] Unter **www.unodc.org/unodc/treaties/CTOC/**

zu schützen und ihnen zu helfen, sowie die Zusammenarbeit zwischen den Vertragsstaaten zur Verwirklichung dieser Ziele zu fördern.[3] Das Protokoll ist eine Hilfe bei der Umsetzung von Gesetzen gegen den Menschenhandel und formuliert Grundsätze für nationale Gesetze gegen organisierte Kriminalität. Es erläutert zudem die verschiedensten Maßnahmen, die im Zusammenhang mit dem Menschenhandel zu treffen sind.

Es ist hier meine Absicht, die Problemlage der Opfer des Menschenhandels zu analysieren und sie auf der Grundlage einer theologischen Sichtweise zu dekonstruieren. Insbesondere sollen das Ausmaß und die Formen des Handels mit äthiopischen Frauen dargestellt und Kirchen und Gemeinschaften ein Einblick in die äthiopische Wirklichkeit vermittelt werden. Der Handel mit Frauen verbreitet sich in Äthiopien immer mehr, und es ist eine wichtige Frage für Kirchen und Theologen, wie sie darauf theologisch reagieren können und welche Maßnahmen ergriffen werden sollten, um dem Problem zu begegnen und den Opfern zu helfen.

Das Ausmass des Menschenhandels

Der Menschenhandel, insbesondere mit Frauen und Kindern, ist ein weltweit verbreitetes Phänomen. Er ist ein Verbrechen gegen die Menschlichkeit: Menschen werden rekrutiert, transportiert, anderen übergeben, untergebracht – um sie mit Gewalt, Betrug und anderen Mitteln auszubeuten. Tausende Männer, Frauen und Kinder fallen in die Hände der Menschenhändler, in ihrer Heimat oder im Ausland. Der Menschenhandel betrifft viele Länder in der ganzen Welt, seien sie Herkunftsländer, Transitländer und/oder Zielländer der Opfer.

Der Bericht über den weltweiten Menschenhandel[4] des United Nations Office on Drugs and Crime (UNODC) konstatiert, dass weltweit der Menschenhandel zunimmt. Nach Angaben des Berichts aus dem Jahr 2009, der die Jahre 2003–2009 abdeckt, sind 155 Länder vom Menschenhandel als Herkunfts-, Transit- und Zielländer betroffen.[5] Die Mehrzahl der Opfer, von denen 98% Frauen und Mädchen sind, sind zwischen 18 und 24 Jahren alt.[6] Die Internationale Organisation für Migration (IOM) stellt fest:

> Obwohl das weltweite Ausmaß des Menschenhandels schwer quantitativ abzuschätzen ist, könnten bis zu 800.000 Menschen jährlich über internationale Grenzen hinweg verschoben werden, wobei deutlich mehr innerhalb nationaler Grenzen

---

[3] A. a. O.
[4] Global Report on Trafficking in Persons.
[5] Vgl. **www.unodc.org/documents/human-trafficking/Global_Report_on_TIP.pdf.**
[6] A. a. O.

gehandelt werden. Finnland ist ein Transit- und Zielland für Dutzende und sogar Hunderte von Opfern des Menschenhandels jedes Jahr.[7]

Dies zeigt, dass es sich nicht nur um ein Problem der armen und unterentwickelten Länder handelt. Mein Heimatland Äthiopien ist z. B. ein Herkunftsland für Männer, Frauen und Kinder, die vor allem zum Zwecke der Zwangsarbeit und weniger wegen sexueller Ausbeutung gehandelt werden.

Äthiopien ist ein Herkunftsland für Männer, Frauen und Kinder, die vornehmlich zum Zwecke der Zwangsarbeit gehandelt werden und weniger zu dem der kommerziellen sexuellen Ausbeutung. Äthiopische Kinder vom Land werden zur Arbeit im Haus gezwungen und, wenn auch nicht so häufig, auch zur kommerziellen sexuellen Ausbeutung und für die Zwangsarbeit in der Landwirtschaft, in der traditionellen Webproduktion, im Goldabbau, und zum Straßenverkauf und Betteln verkauft. Junge Frauen aus allen Regionen Äthiopiens werden vornehmlich als Haussklavinnen nach dem Libanon, Saudi Arabien und die Vereinigten Arabischen Emirate verkauft [...][8]

Der Menschenhandel hat Dimensionen erreicht, die ihn mit anderen illegalen Geschäften wie dem Drogenhandel vergleichbar machen. Die Menschen werden auf unterschiedliche Weise ausgebeutet, dazu gehören sexuelle Ausbeutung, Zwangsarbeit, Niedriglöhne und Schwerstarbeit. Weltweit werden Frauen und Kinder zur Prostitution und in missbräuchliche Arbeitsverhältnisse gezwungen.

Artikel 3, 4 und 5 der Allgemeinen Erklärung der Menschenrechte stellen fest:

Artikel 3

Jeder hat das Recht auf Leben, Freiheit und Sicherheit der Person.

Artikel 4

Niemand darf in Sklaverei oder Leibeigenschaft gehalten werden; Sklaverei und Sklavenhandel in allen ihren Formen sind verboten.

Artikel 5

Niemand darf der Folter oder grausamer, unmenschlicher oder erniedrigender Behandlung oder Strafe unterworfen werden.[9]

Während verschiedene Staaten Gesetze erlassen haben, die sich mit den Hauptformen des Menschenhandels befassen und z. B. sexuelle Ausbeutung und Zwangsarbeit

---

[7] Unter **www.iom.fi/index.php?option=com_content&view=article&id=93&Itemid=109**.

[8] Unter **www.state.gov/j/tip/rls/tiprpt/2009/123136.htm**.

[9] Vgl. **www.un.org/depts/german/menschenrechte/aemr.pdf**.

verbieten, haben andererseits viele Staaten in Afrika etwa gar keine Gesetzgebung gegen den Menschenhandel oder sie haben Gesetze, die nur einige Aspekte des Menschenhandels betreffen, wie etwa den Kinderhandel.[10] In einigen Ländern ist die Problematik des Menschenhandels allerdings ein sehr neues Phänomen.

Die Auswirkungen des Menschenhandels auf die betroffenen Menschen

Der Menschenhandel wirkt sich tiefgreifend auf die Persönlichkeit des betroffenen Menschen aus und hat schwerwiegende emotionale, psychologische, körperliche und soziale Folgen.

> Menschen, die Opfer des Menschenhandels sind, werden oft missbraucht, dazu gehören Vergewaltigung, Folter, Schuldknechtschaft, rechtswidrige Haft, Bedrohung ihrer Familie oder anderer ihnen nahe stehender Personen sowie andere Formen körperlicher, sexueller und psychischer Gewalt.[11]

Das hat Auswirkungen auf die gesamte Persönlichkeit der Betroffenen und ihre Selbstwahrnehmung. Der Menschenhandel führt nicht in ein Leben in Freiheit, sondern ins Chaos und schließlich in den Tod.

Die Opfer des Menschenhandels sind auf ihrer Reise Gefahren ausgesetzt, die zu Krankheiten und dauerhaften Schädigungen führen können. Am Ziel angekommen, leiden die Frauen oft unter Kopf- und Herzproblemen und Leber- und Nierenerkrankungen.[12] Die äthiopischen Frauen haben vor allem Verletzungen wie Knochenbrüche, Schädeltraumata und andere körperliche Verletzungen, die zum Tode führen können.[13]

> Die Mehrzahl der Verletzungen und Krankheiten von Frauen waren die Folge physischer und sexueller Gewalt [...] Die Frauen wurden geschlagen, vergewaltigt, ihnen wurde der Schlaf, Nahrung und andere Lebensnotwendigkeiten verweigert, was zu Erschöpfung, Gewichtsverlust und Anfälligkeit für Infektionen führte.[14]

Im Kontext des Menschenhandels haben sexueller Missbrauch und Gewalt oft sexuell übertragbare Krankheiten und die Unfähigkeit Kinder zu

---

[10] A. a. O. (Anm. 4).
[11] Siehe **www.iom.int/jahia/webdav/site/myjahiasite/shared/shared/mainsite/projects/documents/ct_brochure_en.pdf**.
[12] A. a. O.
[13] A. a. O.
[14] A. a. O.

bekommen zur Folge. Frauen, die dem Menschenhandel zum Opfer fallen und als Sexware behandelt werden, leiden oft unter Geschlechtskrankheiten einschließlich HIV. Frauen, die aufgrund von Vergewaltigung oder erzwungenem Sex schwanger werden, müssen oftmals unqualifizierte Schwangerschaftsabbrüche über sich ergehen lassen.

In Folge dieser Zerstörung ihrer Würde entwickeln die Migrantinnen oft einen Selbsthass und ausgeprägte Schamgefühle, entwickeln unterschiedliche Phobien, ziehen sich ins Haus zurück, das sie nicht mehr verlassen und neigen zu Ohnmachtsanfällen.[15]

Frauen, die Opfer des Menschenhandels sind, leiden unter sozialer Isolierung, sowohl in ihrem Heimat- als auch in ihrem Gastland. Die fehlende emotionale und soziale Unterstützung hat enorme Folgen hinsichtlich der Fähigkeit der Frauen, mit dem durch ihre Situation verursachten Stress umzugehen und ihm zu widerstehen. Leicht entwickelt sich so ein Gefühl der eigenen sozialen Wertlosigkeit. Für viele Opfer führt der fehlende zwischenmenschliche Kontakt zu Einsamkeitsgefühlen und stärkt ihre Überzeugung, dass Abhilfe oder Flucht nicht möglich sind.

Der Modus operandi der Menschenhändler

Die Menschenhändler haben verschiedene Methoden. Die Anwerber versprechen den jungen Frauen gute Jobs mit hohen Gehältern in anderen Provinzen und Ländern. Wenn diese den falschen Versprechungen der Anwerber oder Agenten auf den Leim gegangen sind, werden sie gewöhnlich in die Prostitution getrieben.[16] Terminologisch spricht man bei Frauen, die getäuscht und zu Zwangsarbeit gezwungen werden, von „Handel" und bei Frauen, die freiwillig mit einem Agenten in ein anderes Land reisen, um dann unter ausbeuterischen Verhältnissen zu arbeiten, von „Schmuggel".[17] Geschmuggelte Frauen reisen illegal in das Zielland ein. Das „Schmuggeln von Migranten ist ein Verbrechen, dass zum Zwecke eines finanziellen oder anderen materiellen Nutzens eine illegalen Einreise einer Person in einen Staat vermittelt, dessen Angehöriger diese Person nicht ist oder wo sie keinen rechtmäßigen Wohnsitz hat."[18] Solche

---

[15] The Health Risks and Consequences of Trafficking in Women and Adolescents. Findings from a European Study, Including: Human Rights Analysis of Health and Trafficking and Principles for Promoting the Health Rights of Trafficked Women, unter **www.lshtm.ac.uk/hpu/docs/trafficking final.PDF**.

[16] Vgl. **www.oit.org/wcmsp5/groups/public/---ed_emp/documents/publication/wcms_117931.pdf**.

[17] Unter **https://www.unodc.org/unodcen/human-trafficking/smuggling-of-migrants.html**.

[18] A. a. O.

Frauen sind schutzlos. Wenn sie von der Polizei aufgegriffen werden, werden sie geschlagen, verurteilt und/oder ins Gefängnis gesperrt. Das geschieht z. B. mit vielen äthiopischen Hausangestellten im Libanon. Durch Arglist und Täuschung der Händler werden viele Frauen den Häschern ausgeliefert.

Die Ursachen des Menschenhandels

Zu den Hauptursachen für den Menschenhandel zählen u. a. sozioökonomische Gegebenheiten, Genderungleichheit und instabile Lebensverhältnisse. Die Frauen sehen oft die ihnen von Anwerbern gemachten Angebote als Chance, von ihren Familien und männlichen Partnern finanziell unabhängig zu werden und/oder ihre Familien finanziell zu unterstützen. Die meisten jungen Mädchen, die auf die Händler hereinfallen, sind Waisen oder müssen sich um ihre jüngeren Geschwister kümmern. Andere haben kranke Eltern, die ihre Familie nicht ernähren können oder leben in einem Alleinerziehendenhaushalt; in den meisten Fällen gibt es einen eklatanten Mangel an Finanzmitteln. Oft zwingen die Familien die jungen Mädchen selbst, als Hausmädchen zu arbeiten, um die eigenen familiären Lebensverhältnisse zu verbessern. Die Offenheit, mit der manche Familien mit dem Verkauf ihrer weiblichen Mitglieder umgehen, ist symptomatisch für ihre Angst zu überleben. Darüber hinaus spielt es eine Rolle, ob die Familie Sklaverei als etwas „Normales" ansieht, was in manchen Ländern eine tief verwurzelte Sichtweise ist.

Wenn wir nun den kirchlichen und geistlichen Aspekt der Problematik betrachten, so lässt sich sagen, dass die klassischen ethischen Lehren der christlichen Theologie einen tiefgreifenden Einfluss auf die Menschen insbesondere im globalen Süden haben. Selbstlosigkeit ist ein Ideal und die „Theologie des Leidens" spielt eine bedeutende Rolle in den religiösen Überzeugungen vieler Christen, die in die Hände der Menschenhändler fallen.

Die „Theologie des Leidens" bezieht sich auf das Leiden Jesu. Jesu Opfertod erlöste die Menschen von der Knechtschaft der Sünde, des Todes und Satans. Diese Theologie ist die Grundlage der Kirche. Jesus litt um der Menschen willen. Sein Leiden wurde zum Modell für das menschliche Leiden.

In vielen Kontexten der Welt kann beobachtet werden, dass Frauen sich in die Erfahrung des Leiden ergeben, weil sie glauben, Leiden habe etwas mit Erlösung zu tun. Sie akzeptieren das Leiden in diesem Fall als etwas Gutes, um jemanden zu erlösen[19], und leben nach dem Prinzip des „Lebens für andere". Sich an diesem Prinzip orientierend, fühlen sich Frau-

[19] Gemma T. Cruz, Into the Deep, A Theological Exploration of the Struggle of the Filipina Domestic Workers in Hong Kong (Manila: UST Publishing House, 2006), 70.

en verantwortlich für andere, insbesondere ihre Eltern und Familien und sogar ihre weitere Gemeinschaft. Obwohl viele Familienmitglieder dieses Gefühl der Verantwortlichkeit teilen, hat es doch insbesondere auf Frauen eine tiefgreifende Wirkung. Es hat zur Folge, dass man sein eigenes Selbst den anderen, ihren Bedürfnissen und Interessen, unterordnet und dass schließlich die Frauen ihre eigene Identität verlieren. Als Resultat „ist die Fähigkeit einer Frau, sich selbst zu verwirklichen, wie betäubt. Man hat ihr beigebracht, auf jemanden zu warten, der sich um sie kümmert [...].“[20]

Zu den moralischen Tugenden, die traditionellerweise vom Christentum vertreten werden, gehören Duldsamkeit und Gehorsam, und diese lassen sich so einsetzen, dass die Frauen sich leichter unterdrücken lassen und dem Menschenhandel fügen. Duldsamkeit ist dann gar die Bereitschaft, Folter zu akzeptieren.[21] Das führt letzten Endes dazu, dass Frauen ihre Lage hinnehmen und ihre Selbstachtung verlieren. Sie fügen sich in ihr Schicksal, als Hausangestellte verkauft zu werden, obwohl sie wissen, dass dies Unterdrückung bedeutet. Gehorsam, also die Bereitwilligkeit zu tun, was man gesagt bekommt, bedeutet Unterwerfung, und die kann leicht missbraucht werden. Die patriarchalische Herrschaft in der Kirche führt dazu, dass Frauen in allen Bereichen der Herrschaft der Männer unterworfen sind. Wenn die ethischen Lehren der Kirche nicht ausgewogen sind, ist es für die Männer sehr leicht, die Frauen zu beherrschen. Ihr Selbst kommt nicht mehr zum Ausdruck, es fehlt ihnen an Selbststeuerung, Selbstbestätigung und Selbstvertrauen.

In vielen Gegenden der Welt trägt der kirchliche Missbrauch ethischer Werte zur Diskriminierung der Frauen bei, zur sozialen Ausgrenzung, rassischen und ethnischen Diskriminierung, zu kulturellen und religiösen Gegensätzen, Ausbeutung der Arbeit und ökonomischer Gewalt, sexueller Ausbeutung und Missbrauch.

Viele Frauen glauben, dass Gott ihnen beisteht und ihnen in ihrem Leiden Stärke und Geduld schenkt. Aber tatsächlich wäre diese Stärke und Geduld nötig, um gegen die Unterdrückung Widerstand zu leisten, statt sich der Ausbeutung zu fügen. Der christliche Gott ist ein Gott der Befreiung.

Die Theologie des Widerstands als Ausweg

> Mache den Raum deines Zeltes weit und breite aus die Decken deiner Wohnstatt; spare nicht! Spann deine Seile lang und stecke deine Pflöcke fest! (Jes 54,2)

---

[20] Joanne Wolski Conn (Hrsg.), Women's Spirituality. Resources for Christian Development (Mahawi: Paulist, 1986, 1992), 11.

[21] Haddis Tiruneh, The Works of St. Yarde In the Light of the Holy Bible (Ethiopia: Addis Ababa, 1999), 8.

Die Theologie des Widerstands ist eine Theologie, die den Menschen hilft, selbstbewusst zu sein und gegen den Menschenhandel zu kämpfen: gegen das Verkaufen und Kaufen von Menschen als Objekten zum Nutzen der Händler und deren Kunden. Die Menschen müssen mehr Selbstvertrauen entwickeln – damit sie nicht mehr zögern und abwarten, dass andere für sie sprechen. Es ist Zeit, dass sie „ihre Pflöcke fest stecken" und dem Menschenhandel Widerstand leisten. Sie müssen sich ihrer Menschenwürde voll bewusst sein und auch der Lage, der sie ausgesetzt sind – im positiven wie im negativen Sinne – und sich damit auseinandersetzen, statt sie einfach nur hinzunehmen. Die Theologie des Widerstands befähigt sie, ihre volle Menschlichkeit und ihre Befreiung anzustreben und ihr Bewusstsein nicht auf die Wirklichkeit zu begrenzen, an die sie gefesselt sind.

Der Weg des Widerstands ist ein Weg von

- einem Mangel an Selbstachtung zur Selbstbestimmung: Bewusstwerden, dass man zum Objekt gemacht wurde und sich dagegen wehren, indem man Selbstwertgefühl entwickelt.

- der Ergebenheit zur Wut: Wut ist ein Gefühl, das signalisiert, dass nicht alles in Ordnung ist in unseren Beziehungen zu uns selbst, zu den anderen Menschen und der Welt um uns herum. Wut als Folge der Erkenntnis, dass wir Liebe und Mitgefühl brauchen statt Bedrängnisse. In diesem Kontext drückt sie den Willen aus, die unterdrückerischen Umstände zu verändern, unter denen zu leben man gezwungen ist.

- Scham und Schuldgefühlen zur Selbstachtung: Frauen wurden als Wesen mit einer Würde geschaffen. Indem sie Stolz auf sich selbst entwickeln, bewahren sich Frauen vor Schuld- und Schamgefühlen und überwinden die Verletzungen, Traumata und die Selbstverneinung, die infolge der Missbrauchserfahrungen entstanden sind.

Wenn die Kirchen ethische Werte so vermitteln würden, dass dadurch die Menschen mehr Selbstbewusstsein entwickeln könnten, dann wäre das ein neuer Weg des Widerstands gegen das sich Ergeben in den Menschenhandel. Frauen beziehen das Leiden Jesu auf ihre eigenen Leidenserfahrungen und akzeptieren diese aufgrund der großen Bedeutung, die dem Leiden in den ethischen Lehren der Kirche beigemessen wird. So wird das Leiden zu etwas Normalem und Natürlichen im menschlichen Leben. Der Opfertod Christi wird als ein Modell für das Opfern von Menschen, insbesondere von Frauen, interpretiert. Gottes befreiende Kraft wird nicht verkündet und Leiden wird zum letztlichen Ziel des Lebens. Dieses Bild einer christlichen Frau, die gut ist, weil sie schweigt und gehorcht, ermutigt die Frauen nicht, offen über ihre Leiden zu sprechen und die Gewalt anzuklagen, deren Opfer sie sind.

Es ist deshalb notwendig, dass

- die Theologie des Leidens überprüft und das siegreiche Bild des Göttlichen in den Lehren und der Seelsorge der Kirche angesprochen wird. Gott ist ein Gott der Befreiung. Leiden ist ein Kampf, der über die Transformation zur Befreiung führt. Leiden ist nicht die letzte Bestimmung des Menschen.

- die biblischen Lehren über die Kreuzigung einer neuen Betrachtung unterzogen werden. Dies wird die Frauen befähigen zu erkennen, dass der Tod nicht die letzte Antwort des Evangeliums ist. Die Theologie des Kreuzes kann uns auch dazu motivieren, in Jesus das Vorbild einer Überwindung des Leidens zu sehen.

- die ethischen Lehren der Kirchen überprüft werden, die die Menschen dahin bringen, den Menschenhandel hinzunehmen.

Die ethischen Lehren der Kirchen beeinflussen das Leben der Frauen. Angesichts der Tatsache, dass einige Gesellschaften dem Menschenhandel gegenüber positiv eingestellt sind, ist eine Einstellungsänderung dringend notwendig. Soziologische Untersuchungen über den Menschenhandel haben gezeigt, dass sozio-ökonomische Faktoren dazu beitragen, dass in einigen Gesellschaften sich Familien angesichts des Handels mit ihren Töchtern, Schwestern, Brüdern und Ehefrauen blind stellen.

Geschlechterstereotypen nach denen Männer im Besitz von Macht und Kontrolle und Frauen passiv und vornehmlich in die Privatsphäre verbannt sind, tragen zu den falschen Vorstellungen in vielen Gesellschaften bei, in denen Frauen für die Hausarbeit sozialisiert werden. Solche Stereotypen fördern den Frauenhandel, weil die Frauen zum Gehorsam und zum Stillschweigen gegenüber ihren Ehemännern und anderen Männern erzogen werden.

Es ist die Verantwortung der Kirche sicherzustellen, dass unsere jungen Mädchen und Jungen, Männer und Frauen eine Schul- und Ausbildung bekommen; Bildung kann viel dazu beitragen, die Geschlechterstereotypen zu überwinden, die die Frauen in einer untergeordneten Stellung halten. Bewusstseinsbildung in der Gemeinde muss begleitet sein von der Bereitstellung verfügbarer Ressourcen, organisierter Betreuung und Unterstützung von Opfern sowohl im Hinblick auf ihre physische Sicherheit (Unterkunft, Nahrung, ärztliche Versorgung und Hygiene) als auch im Hinblick auf ihr seelisches Wohlbefinden; es gilt für die Gleichbehandlung von Männern und Frauen einzutreten. Dies wird zu der Erkenntnis beitragen, dass jeder Mensch Würde hat und Gott die Menschen nicht zum Verkauf geschaffen hat.

Schlussbemerkungen

Es sollte sich von selbst verstehen, dass die Kirche als eine Gemeinschaft von Gläubigen erschüttert ist über die Tatsache des Menschenhandels und die abstoßende Weise, in der dies die Menschenrechte verletzt. Die Schädigung eines Menschen ist zugleich die Schädigung des Tempels Gottes. Wenn ein Mensch unterdrückt wird, wird die ganze menschliche Familie geschwächt. Angesichts von Menschenhandel und seiner Auswirkungen ist ein Wandel dringend notwendig. Das schließt auch den Wandel gewisser Einstellungen ein, die noch in vielen Gesellschaften und Kirchen vorherrschen, dass man z. B. den Männern gewisse Eigenschaften wie Überlegenheit und Dominanz zuschreibt und Frauen als niedrig stehend und passiv definiert. Die patriarchalische Herrschaft steht im Widerspruch zu der befreienden Botschaft von Gottes Gnade, die in Jesus Christus zu uns gekommen ist.

Im Laufe der Jahrhunderte haben die Kirchen gelegentlich ethische Auffassungen nicht-christlichen Ursprungs übernommen (wie z. B. die Ansichten Aristoteles' über die Rolle der Frauen). Kirchlichen Lehren, die das Leiden und die Unterdrückung der Frauen begünstigen, kann widerstanden werden, indem die Gleichheit von Mann und Frau als Ebenbilder Gottes und Gottes befreiende Macht betont werden. Die Schaffung von Bedingungen, unter denen die Menschen eine nachhaltige Arbeit finden und von ihren Einkommen leben können, ist ebenfalls wichtig. Wenn wir uns ernsthaft an das Prinzip der Gleichheit halten und falsche Auffassungen vermeiden, können wir ein kleines Licht am Ende des Tunnels sehen.

Fragen

Was wissen Sie über den heutigen Menschenhandel in Bezug auf ihren eigenen Kontext?

Wie könnte unser Verständnis der Schöpfung des Menschen als „Abbild“ Gottes unsere heutige Lebensweise beeinflussen?

Welchen Aufgaben sieht sich die Kirche gegenüber, wenn sie dieses Verständnis des Menschen als Abbild Gottes in die Tat umsetzen will und wie sollten wir dies im Hinblick auf den Menschenhandel verstehen?

Kirche, Politik und der Gebrauch der Macht: Einige Beispiele aus Ungarn

Tamás Fabiny

Historischer Hintergrund

Nach 1945 wurde Ungarn Teil der sowjetischen Interessensphäre. Wenige Jahre erfreuten sich die Menschen noch einer relativen Freiheit unter einer ungarischen Koalitionsregierung. Dann ergriffen 1947 die Kommunisten durch einen groß angelegten Wahlbetrug die Macht. Sie benutzten eine sog. Salamitaktik, d. h. sie brachten die Parteien erst auseinander und zerstörten sie dann, wobei sie manchmal deren linken Flügel sich einverleibten. Mit nachdrücklicher Hilfe der Sowjets verstaatlichten sie die Fabriken und kollektivierten die Landwirtschaft durch die Schaffung von Kolchosen. Zugleich wurden die kirchlichen Schulen säkularisiert. Die Kirchen hatten lange Zeit einen Teil der öffentlichen Schulen in Ungarn unterhalten. Bis auf wenige Ausnahmen wurden die kirchlichen Schulen geschlossen, wobei die Evangelisch-Lutherische Kirche keine ihrer Schulen behalten konnte. Mit einiger Verzögerung wurde auch das weltberühmte lutherische Fasori Evangélikus Gimnázium (auch als Budapester Lutheraner-Gymnasium bekannt) enteignet. Religiöse Orden und Diakonissinnenvereinigungen wurden aufgelöst und viele kirchliche Funktionsträger ins Gefängnis gesteckt. Während der Herrschaft des Einparteiensystems wurden die Medien zensiert und paralysiert. Die Zwangsideologie des sog. sozialistischen Realismus bestimmte die Kunstproduktion und die sowjetische atheistische Propaganda infiltrierte die zeitgenössischen intellektuellen Kreise. Damals kam die Bezeichnung „Klingelpanik“ auf: Unschuldige Menschen waren wie gelähmt vor Angst, wenn es spät abends an der Haustür klingelte, denn es hätte ja die Polizei sein können, um ohne Angabe von Gründen Verhaftungen vorzunehmen. Als Pastor befand man sich ebenfalls in einer gefährlichen Lage. Der bekannteste Bischof meiner Kirche, Lajos Ordass, wurde ins Gefängnis gesteckt und viele seiner Kollegen wurden versetzt oder wurden gezwungen, ihren Dienst aufzugeben und ihren Lebensunterhalt als Arbeiter zu verdienen. Es schien damals keine Perspektiven für Pastoren mehr zu geben. Aber die Berufung überwand die Umstände. Ich möchte ein Beispiel aus meiner eigenen Familie anführen. Mein Vater fühlte sich sehr stark von Gott berufen und obwohl er eine sehr gute Stellung als Rechtsanwalt hatte, wollte er Pastor werden, denn der Heilige Geist hatte ihn berührt. Es kümmerte ihn nicht, dass er bestenfalls in einem abgelegenen Dorf seinen Dienst als Pastor würde versehen können. Er war bereit zu leiden. Als Theologiestudent hatte er mit anderen Studenten an einer Evangelisationskampagne teilgenommen und kleine Hefte mit dem Johannesevangelium in den Straßen verteilt. In dem Heft war vermerkt „printed in the USA". Aufgrund dessen wurde er von der Polizei verhaftet. Er erzählte uns, dass sie die Nacht im Gebet an den Herrn verbracht hätten, wie damals Paulus und Silas. Am nächsten Morgen erhielten sie eine Verwarnung und durften wieder nach Hause gehen. Der sie verhörende Beamte sagte ihnen: „Gebt mir eins von euren Heften, meine Frau liest so was gerne."

Die Revolution bzw. der Aufstand von 1956 war ein Versuch, die totalitäre Unterdrückung zu beenden. Aber die Freiheit herrschte nur ein paar Tage, bis die Sowjets das Land besetzten und den Aufstand niederwarfen. Es folgte eine Periode der sog. „weichen Diktatur". Die Leute bezeichneten das oft als „Gulaschkommunismus" oder „die glücklichste Baracke im sozialistischen Lager", weil der Lebensstandard im Vergleich zu den anderen sozialistischen Ländern relativ hoch war. Heute erkennen wir, dass diese Jahrzehnte zu einem viel größeren Verfall im kirchlichen Leben geführt haben, als es eine offene Diktatur hätte erreichen können. In einer offenen Diktatur ist der Unterschied zwischen gut und böse klar erkennbar und gläubige Christen sind deshalb bereit zu leiden. In einer weichen Diktatur sind die Grenzen nicht so deutlich wahrnehmbar und viele Menschen, auch Kirchenführer, gingen um zu überleben prinzipienlose Kompromisse ein.

Diese Situation beeinflusste die in der Kirche dienenden Menschen: Niemand musste mehr sein Leben riskieren. Trotz der Restriktionen war es möglich, und manchmal viel zu einfach, einen *modus vivendi* zu finden. Die Beziehung zwischen dem Staat und der Kirche war wie die zwischen einem Patron und seiner Klientel: es gab größere oder kleinere Vergünstigungen je nach dem Maß der Zusammenarbeit zwischen einer loyalen Kirchenführung und dem Staatlichen Amt für kirchliche Angelegenheiten (das ursprünglich zur Verfolgung der Kirche geschaffen worden war): man erhielt eine bessere Arbeit, man durfte ins Ausland reisen, und Pastorenkinder durften studieren, vorausgesetzt alle hielten sich an die Regeln des sog. realen Sozialismus. Man kann sich vorstellen, welch verheerende Wirkung dies auf die Persönlichkeit mancher Pastoren haben musste. Wenn man als Pastor tätig war, hieß das, sich an die äußeren Rahmenbedingungen anzupassen und oftmals Entscheidungen gegen das eigene Gewissen treffen zu müssen und bestimmte Tabus nicht anzurühren (1956 waren das die Anwesenheit der Sowjets und das Einparteiensystem), um im Gegenzug seiner Berufung als gesellschaftlicher Außenseiter nachkommen zu dürfen.

Es überrascht deshalb kaum, dass zum Zeitpunkt des Regimewechsels im Jahr 1989 die Kirchen unvorbereitet waren. Während dieser Monate benutzten wir oft die Worte „die letzten vierzig Jahre". Diese Metapher, die eine Parallele zwischen der Zeit der Unterdrückung und des Eingezwängtseins in enge Grenzen und der vierzigjährigen Wanderschaft des jüdischen Volkes in der Wüste zog, schien zu dieser Zeit besonders passend. Es war ein verlockendes Bild für uns, weil wir über Sklaverei und Plagen reden konnten und darüber, dass Gottes Volk das Rote Meer überqueren musste. Man konnte die verschiedenen Formen der Götzenanbetung und Untreue erwähnen und schließlich auf eine kommende neue Generation verweisen. Aber wir sahen weder einen Mose noch einen Aaron oder einen zur neuen Generation gehörenden Josua – von Kanaan ganz zu schweigen.

Wenn eine biblische Metapher, dann schien eine Reihe von Ereignissen, die einige Jahrhunderte später geschehen waren, geeigneter, die Situation der Kirchen damals zu beschreiben: Das Ende der babylonischen Gefangenschaft des jüdischen Volkes. Im 6. Jahrhundert v. Chr. veränderte sich die von den Supermächten für völlig stabil und unantastbar gehaltene politische und gesellschaftliche Lage so radikal, dass die jüdische Bevölkerung, die einige Jahrzehnte zuvor zur Zeit von Nebukadnezar gefangen genommen worden war, wieder nach Hause zurückkehren konnte. Es gibt hier in zwei Punkten eine deutliche Parallele. Erstens handelte es sich nicht um das auserwählte Volk, das heldenhaft kämpfte und so mit seinen verzweifelten, bis ans Ende treuen Propheten und deren Anhängern seine Freiheit wieder erlangte, sondern einfach darum, dass die „Konstellation der Weltpolitik", „die Struktur der Großmächte" und „die geschichtliche Realität" sich geändert hatten. Natürlich können wir nicht leugnen, dass der Herr der Geschichte im Verborgenen wirkt; aber Gott kann das Leben des Gottesvolkes auch auf sehr weltliche Weise lenken. Und mit einigem Vertrauen können wir auch annehmen, dass das Zeugnis einiger Menschen in einem gewissen Maße zum Fall einer großen Macht zur Zeit der babylonischen Gefangenschaft beigetragen hat und ebenso zum Systemwandel, der in den Satellitenstaaten nach dem Ende der sowjetischen Besatzung stattfand.

Die andere Parallele, die wir zwischen der alten Geschichte und dem ungarischen Regimewechsel ziehen können, ist die, dass die zurückkehrenden Juden keinen geordneten Staat vorfanden: es war keine einer friedlichen Arbeit zuträgliche Situation. Vielmehr fanden sie Ruinen vor – überall Ruinen. Esra und Nehemia packten an, räumten den Schutt weg und begannen den Tempel wieder aufzubauen. Angesichts der politischen Veränderungen in den Jahren 1989-1990 waren die ungarischen Kirchen in derselben Situation: sie lagen in Ruinen und ein langer ermüdender Prozess des Wiederaufbaus musste beginnen. Es war unmöglich, an den Punkt vor der Gefangennahme von Gottes Volk oder vor dem Ende der Religionsfreiheit anzuknüpfen. Der eine biblische Metapher aufnehmende Ausspruch eines ungarischen Schriftstellers war damals oft zu hören: „Da ist eine große Menge unterwegs nach Damaskus". Das war eine reichlich bittere Bemerkung über politischen Konformismus und sollte nicht besagen, dass die Menschen nun in großer Zahl in die Kirchen strömten. Die Schwierigkeiten des Neubeginns sind sehr gut in einem vierzeiligen Gedicht der ungarischen Dichterin Ágnes Nemes Nagy beschrieben, das sie schrieb, als sie nach einer Zeit des erzwungenen Schweigens wieder publizieren konnte:

> In seiner linken Schulter, als er wieder stand,
> spürt jeder Muskel allen Lebens Pein.
> Sein Tod ward ihm entrissen, wie auch sein Verband,
> denn schmerzlich wird auch Auferstehen sein.

Die Situation heute

Zwanzig Jahre sind seitdem vergangen. Die Beziehung zwischen den gewählten Regierungen und den Kirchen erfuhr eine Reihe von Veränderungen. Es gab und gibt immer noch politische Parteien, die die Ansicht vertreten, die Kirchen sollten sich auf den geistlichen Bereich beschränken und nicht am öffentlichen Leben teilnehmen. Das nenne ich ein „Sakristei-Christentum", in dem religiöse Gruppierungen gezwungen sind, innerhalb des Rahmens der Kirche zu verbleiben. Konservative Kirchenkreise widersprechen dieser Sicht nicht, denn sie sind der Ansicht, dass die Kirchen sich nur mit geistlichen Fragen in dieser „sündigen Welt" befassen sollten.

Es gibt auf der anderen Seite politische Parteien, die die Kirchen (oder genauer, die von ihnen bevorzugten Kirchen) als „natürliche Partner" betrachten. Es sieht so aus, als wollten sie den von den Kirchen erlittenen Verlust des Kircheneigentums, ihres Ansehens und ihres intellektuellen Einflusses ausgleichen.

Ich halte beide Einstellungen für ziemlich gefährlich. In einem Radiointerview während der Zeit der sozialistischen (praktisch postkommunistischen) Regierung in Ungarn beschrieb ich meine Position folgendermaßen: „Ich kann es kaum erwarten, eine konservative Regierung zu kritisieren." Dahinter steckt ein doppelter Gedanke: einerseits war ich enttäuscht von der sozialistischen Regierung und wollte eine Veränderung; andererseits muss die Präsenz der Kirche in der Gesellschaft durch eine kritische Haltung gegenüber der Regierung gekennzeichnet sein. Die Kirche hat eine prophetische Rolle zu erfüllen, wie wir an Jesaja, Jeremia und Jesus sehen können. Die Kirche sollte der gegenwärtigen politischen Macht nicht unkritisch folgen. Seit dem Regimewechsel und noch mehr seit den Jahren 1990-1994 gibt es den Verdacht, dass die Politik die Kirchen zu beeinflussen versucht: Sie wollen uns sagen, wie wir unseren Glauben zu leben haben.

Um über frühere Konfliktfragen verhandeln zu können, schloss die ungarische Regierung im Jahr 1997 ein Abkommen zunächst mit der römisch-katholischen Kirche und dann noch mit anderen Kirchen. Das sog. normative Unterstützungssystem, das später viele Spannungen verursachte, zielte in Wirklichkeit darauf ab, die Kirchen zu domestizieren. Nachfolgende Regierungen versuchten dasselbe. Die Beziehungen waren manchmal freundlich und manchmal nicht so freundlich. Während der letzten Jahre hat es viele Themen gegeben wie das neue Kirchengesetz und die Kriminalisierung der Obdachlosen, zu denen die Kirche eine kritische Haltung einnehmen musste. Ich konnte nicht stillschweigen, als der Name Gottes in die Verfassung aufgenommen wurde und musste mich auch öffentlich gegen die wachsende Popularität der extremen Rechte wenden. Ich habe in dieser Hinsicht Erfahrungen als Bischof eines Bezirks, der sich größtenteils über Nordostungarn erstreckt, wo eine radikale rechte Partei in den letzten vier Jahren besonders stark gewesen ist.

Heutzutage sprechen wir oft über die Gefahren eines politischen Christentums, was sich auf eine Situation bezieht, in der die Machthabenden versuchen, die Kirchen auf eine paternalistische Weise als ein Werkzeug für ihre eigenen Zwecke auszunutzen. Das darf keiner Partei gestattet werden – auch nicht einem Bürgermeister, der die Kirchen als seine natürliche Partner ansieht und von ihnen politische Unterstützung verlangt. Wir können mit verschiedenen Partnern zusammenarbeiten und gemeinsame Werte schaffen, aber wir sind niemandes „natürlicher Partner". Die Kirchen haben während der Zeit der Diktatur, in der man von ihnen die kritiklose Unterstützung des Staates erwartete, genug gelitten. Glücklicherweise gab es selbst damals einige Menschen, die Widerstand leisteten. Wir dürfen nicht vergessen, dass die Kirche schwere Demütigungen und ungerechten Ausschluss erleiden musste in einer Zeit, in der die heutigen Oppositionsparteien im Amt waren.

Wir können nichtsdestotrotz nicht leugnen, dass die Kirchen selbst ab und zu mit der Macht geliebäugelt haben. Wenn das Finanzsystem in

Ungarn in Ordnung wäre – was zur Zeit nicht der Fall ist – wären die Kirchen nicht gezwungen, andauernde finanzielle Verhandlungen mit der Regierung zu führen. Ich denke hier an ein transparentes und verlässliches Finanzierungssystem für die Kirchen, das unabhängig von Regierungswechseln funktioniert und auf der Erkenntnis beruht, dass die Kirchen nicht nur Aufgaben im Bildungswesen und im sozialen Bereich haben, sondern dass ihr geistliches Wirken eine potentiell heilende Wirkung auf die Gesellschaft hat.

In der Evangelisch-Lutherischen Kirche in Ungarn versuchen wir auf verschiedenste Weise soziale Sensibilität zu fördern. In unserer Zeitschrift zu Bildungsfragen treten wir nachdrücklich für das Lehren von Toleranz und des sich gegenseitigen Akzeptierens in unseren Schulen ein, damit wir nicht nur in Worten, sondern auch in Taten tolerant sind (das bedeutet die Einbindung von Roma, Juden, Homosexuellen und Behinderten). Wir müssen mit Nachdruck sagen, dass die Kirche gegenüber Intoleranz keine Toleranz zeigt: die Direktoren unserer kirchlichen Schulen sind aufgefordert, sofort zu reagieren, wenn sie antisemitische und gegen Roma oder Homosexuelle gerichtete Kommentare hören.

Heutzutage ist die Intoleranz nicht nur für die Parteipolitik kennzeichnend, sondern es zeigt sich auch eine tendenzielle Unfähigkeit in der ungarischen Gesellschaft mit denen umzugehen, die „anders" als wir sind, ob das nun ein Blinder mit einem weißen Stock oder ein Rollstuhlfahrer ist. Vielleicht kann die Erneuerung der Gesellschaft mit kleinen Dingen anfangen, so etwa, dass man den anderen in seiner Bedürftigkeit wahrnimmt und sich nicht schämt zu helfen; dass man kleine Gemeinschaften mit sinnvollen Vorhaben organisiert; dass man altruistisch etwas gibt, ohne einen Ausgleich zu erwarten, usw. Oder indem man entdeckt, dass wahre Liebe nichts Wertvolles sucht, sondern es schafft. Ich wünsche mir, dass die Menschen solch eine Gemeinschaft in unseren Kirchen finden.

Schlussbemerkungen

Der LWB hat das Motto „Menschen – für Geld nicht zu haben" als eines der Unterthemen für das 500-jährige Reformationsjubiläum gewählt. Ich habe einige Beispiele aus meinem Leben in diesem Aufsatz angeführt und mich auf geschichtliche Zeiten bezogen, in denen die Menschen ihrer individuellen und kollektiven Freiheit beraubt waren. Die Würde von Menschen oder von bestimmten gesellschaftlichen Gruppen wurde verletzt; die Achtbarkeit einer Person war für Geld zu haben. In manchen Fällen erpresste die Geheimpolizei junge wie alte Menschen oder fügte ihnen direkten Schaden zu – und das mit Hilfe von ganz normalen Leuten oder von solchen Personen, die auf irgendeiner Leitungsebene des Einparteiensystems tätig waren. Nichtsdestotrotz gibt es auch gute Beispiele dafür, wie manche ihre innere Freiheit bewahrten, obwohl sie äußerlichen Zwängen unterworfen waren. Sie waren so, als hätten sie die Worte des Apostels Paulus geleitet: „Denn ihr habt nicht einen knechtischen Geist empfangen, dass ihr euch abermals fürchten müsstet; sondern ihr habt einen kindlichen Geist empfangen, durch den wir rufen: Abba, lieber Vater!" (Röm 8,15) Wir kennen eine Form der Sklaverei, die in Wirklichkeit Freiheit ist. So wie der Apostel Paulus im Gefängnis frei blieb und sich stolz als der „Gefangene Christi Jesu" bezeichnete, haben viele Bekennende der Versuchung widerstanden, ihre Unabhängigkeit zum Verkauf zu bieten. Luther, der bereit war, jegliche Autorität in Staat oder Kirche in Frage zu stellen, bekannte bereitwillig, dass sein Gewissen „in den Worten Gottes gefangen" sei. Deswegen konnte er wirklich frei sein!

Praktische Anwendung der Zwei-Reiche-Lehre

Neben seiner Freiheitslehre kann auch Luthers Lehre von den Zwei Reichen auf unsere Situation Anwendung finden. Unter der Herrschaft des totalitären Systems musste man wachsam sein, um zu erkennen, wenn die repressive Macht Forderungen an die Menschen stellte, ob hier auch Gottes Regierungsabsichten mit betroffen waren. Für die kirchliche Leitung (und in gewisser Weise für jeden Christen) war es eine Versuchung, die beiden Bereiche zu verwechseln. Es war in den protestantischen Kirchen in Ungarn während der Zeit des sog. realen Sozialismus eine weit verbreitete Meinung, dass Gott die Kirchen für ihre unter den Nazis begangenen Sünden und für die Kollaboration mit den damaligen Mächten strafte. Dieser Auffassung zufolge musste die Kirche Gottes Zorn akzeptieren, selbst in Form der gottwidrigsten Entscheidungen des kommunistischen Staates. Folglich enthielt sich die sog. „diakonische Theologie" jener Zeit der Kritik an der politischen Macht und machte noch nicht einmal die kleinsten Änderungsvorschläge.

Nach dem Regimewechsel fanden sich die Kirchen plötzlich auf der Seite der Nutznießer wieder, was sie damals selbst erstaunte. Einige Pastoren drängte es, das gegenwärtige System von der Kanzel herab zu preisen und sie sahen in der wieder gewonnenen politischen Freiheit Gottes direkten Willen verwirklicht. „Gott ist der Herr der Geschichte" wurde zur Rechtfertigung für die politische (manchmal sogar parteipolitische) Präsenz der Kirche. Wie sich die Kirchen manchmal in Machtpositionen einbrachten, stand nicht immer im Einklang mit der Zwei-Reiche-Lehre. Es gab Anzeichen einer Vermischung des Reiches Gottes mit der vorfindlichen Welt. Das Gebet „dein Reich komme" wurde auf die gleiche Stufe gestellt wie die Verwirklichung eines weltlichen, Freiheit gewährenden Staates. Den theologischen Irrweg begleitete der Versuch der politischen Macht, sich selbst durch den Gebrauch biblischer Metaphern zu legitimieren. Politiker, die ihre Reden *mit soli Deo gloria* beenden, oder andere, die behaupten, dass wir, die Ungarn, das auserwählte Volk seien, sind ganz einfach in der Öffentlichkeit fehl am Platze.

Die Theologie des Kreuzes

Der dritte Pfeiler der lutherischen Theologie, die Theologie des Kreuzes, kann uns Orientierung geben. Es ist ein interessantes Paradox, dass es nicht möglich war (jedenfalls öffentlich), über die Bedeutung einer „kreuzförmigen Kirche“ zu sprechen, solange die Kirche unter einer wirklichen Unterdrückung litt. Statt über das Thema zu sprechen, lebten es viele aus. Als die Zeit der Freiheit kam, fiel die Kirche in die Versuchung, sich auf die Sonnenseite zu schlagen, die Seite der Ehre und der Macht, und ein christus- und kreuzmäßiges Leben sein zu lassen. Eine wohlgenährte, bequeme Kirche, die sich an eine Konsumgesellschaft anpasst, entspricht nicht der Theologie des Kreuzes. In einer Welt, in der „alles für Geld zu haben ist“, werden die Kirchen leicht ein Teil der konsumistischen Mentalität. Deshalb muss die Kirche heute wachsam sein, damit sie nicht gefährliche Kompromisse eingeht und aufgibt, das Kreuz zu tragen.

Ich bin überzeugt, dass das Thema für die Vollversammlung 2017 – ein genuin biblisches und reformatorisches Thema – uns helfen wird, den Weg zurück zum Kreuz zu finden. Was bei der Kreuzigung Jesu Christi geschah, ist nicht mit irgendeiner menschlichen Tat oder geschäftlichen Unternehmung zu vergleichen. Es ist der handelnde Gott, der dort gegenwärtig ist. Darum bekennen wir, „durch Gottes Gnade befreit“ zu sein.

Fragen

Kennen sie ähnliche Beispiele einer Entwicklung von politischer Unterdrückung zur Freiheit?

Welche Bedeutung hat Luthers Zwei-Reiche-Lehre in verschiedenen politischen Kontexten?

Wie kann sich der Schwerpunkt zwischen den zwei Elementen einer „kritischen Solidarität“ verändern?

Leben mit dem Anderen: Migration, Vertreibung und Gendergerechtigkeit

Munib A. Younan

Wir nähern uns dem Jahr 2017 und dem 500-jährigen Jubiläum der lutherischen Reformation und ich bin dankbar für das Motto, das wir dafür gewählt haben: Nicht für Geld zu haben! Die Botschaft der Hoffnung und der Liebe, die von Beginn unserer evangelischen Tradition bis heute verkündet wurde und wird, ist wahrhaftig eine Gute Nachricht. Wie der Apostel Paulus in seinem Brief an die Römer schrieb: „Denn wenn wir mit Gott versöhnt worden sind durch den Tod seines Sohnes, als wir noch Feinde waren, um wie viel mehr werden wir selig werden durch sein Leben, nachdem wir nun versöhnt sind."(Röm 5,10) Wie Paulus uns versichert, ist die Erlösung ein kostenloses Geschenk. Sie ist nicht für Geld zu haben!

Die drei „Nicht für Geld zu haben"-Themen – Erlösung, Menschen und Schöpfung – stehen in einer Wechselbeziehung. Gott schuf den Himmel und die Erde und „Gott war in Christus und versöhnte die Welt mit sich selber" (2. Kor 5,19), deshalb ist alle Schöpfung geheiligt durch Gottes erlösende Liebe. Weil es gilt: „. aus Gnade seid ihr selig geworden durch Glauben, und das nicht aus euch: Gottes Gabe ist es. " (Eph 2,8), deshalb steht der innere Wert und die Würde jedes Menschen fest. Der Prophet Jesaja verkündete die Einladung Gottes: „alle die ihr durstig seid, kommt her zum Wasser! Und die ihr kein Geld habt, kommt her, kauft und esst! Kommt her und kauft ohne Geld und umsonst Wein und Milch! (Jes 55,1). Die Botschaft von Gottes Erlösung in Christus Jesus ist eine Botschaft der fundamentalen Gleichheit vor Gott, wo alles freie Gabe ist, wo nichts verkauft wird. Die Schöpfung ist kostenlos. Erlösung ist eine freie Gabe durch das Kreuz.

Diese Botschaft trifft auf eine Welt, in der alles – vom Menschen bis zu den Gaben dieser Erde und selbst die Verheißung der Errettung selbst – unablässig im Austausch für Geld und Güter angeboten wird. Von der Ausbeutung der natürlichen Ressourcen und den offiziellen Bemühungen, einen weiteren Klimawechsel zu verhindern, bis zum Menschenhandel, wird alles, was auf und in der Erde ist, zum Kauf angeboten. Diese Dinge geschehen jetzt in großem Maßstab, dieselbe Dynamik war aber zu Zeiten Jesu und Martin Luthers ebenfalls präsent. In den geschichtlichen Epochen, in denen sie lebten, wurden sowohl die Erde wie auch die Menschen erniedrigt. Beide bekämpften falsche religiöse Glaubensvorstellungen, wonach Gott bestimmte Opfer verlange, um den Weg zur Erlösung zu ebnen. Jeder von uns ist frei, durch Christi Opferblut am Kreuz, das uns weiterhin befreit bis auf den heutigen Tag. Die Botschaft des Evangeliums war damals so deutlich wie heute: weder die Erlösung noch die Menschen noch die Schöpfung können gekauft werden. Alle sind Ausdruck von Gottes guter und gnädiger Gabe.

Die Flüchtlingskrise

In unserer heutigen Welt führt der Konkurrenzkampf um Ressourcen zu immer größeren Konflikten. In Folge dieser Konflikte werden Menschen vertrieben und in die Verzweiflung gestürzt. Ende 2013 gab es nach Schätzung des Hochkommissars der Vereinten Nationen für Flüchtlinge (UNHCR) weltweit über 51,2 Millionen gewaltsam vertriebene Menschen. Von diesen lebten 11,7 Millionen unter dem Mandat der UNHCR, während weitere fünf Millionen palästinensische Flüchtlinge von der Hilfswerk der Vereinten Nationen für Palästina-Flüchtlinge (UNRWA) registriert wurden.

Der Lutherische Weltbund (LWB) hat eine lange Tradition der Flüchtlingshilfe. Unsere weltweite Gemeinschaft wurde gegründet mit dem Ziel der Hilfe und Unterstützung von Menschen in Europa, die unter Vertreibung und Armut nach dem Zweiten Weltkrieg litten. Nach diesem Krieg waren ein Sechstel aller Lutheraner weltweit entweder Flüchtlinge oder intern Vertriebene. Wir haben auf diesem Erbe aufgebaut und unser Zeugnis des Dienstes an den Notleidenden und Schutzlosen erweitert. Wir stellen unsere Ressourcen und Dienste allen Notleidenden zur Verfügung, ungeachtet ihrer Religion, Glaubensrichtung, Nation und ethnischen Zugehörigkeit.

Ich bin Palästinenser und Christ. Ich bin in Jerusalem zuhause. Meine Muttersprache ist Arabisch. Wir palästinensischen Christen haben im Heiligen Land seit dem ersten Pfingsten, dem Beginn des Christentums, gelebt. Heute sind wir nicht mehr so viele, wie wir einmal waren, aber wir sind nichtsdestotrotz ein integraler Teil der Kultur Palästinas. Meine

Familie gehört zu den Flüchtlingen von 1948. Ich habe immer noch einen UNWRA-Flüchtlingsausweis. Ich lebe in Beit Safafa, in der Nähe der auf beschlagnahmtem palästinenischen Land errichteten Siedlung Gilo. Mit anderen Palästinensern möchte ich die gerechte Gründung eines palästinensischen Staates in den Grenzen von 1967 und neben Israel in Frieden, Gerechtigkeit und Versöhnung leben. Dieses Ziel erfordert die Festlegung international anerkannter Grenzen, eine gerechte Lösung im Hinblick auf den Status der israelischen Siedlungen und eine gerechte Lösung der chronischen palästinensischen Flüchtlingskrise. Ich strebe dies nicht als Teil eines politischen Programms an, sondern weil ich ein würdevolles Leben für mein Volk und meine Nächsten will.

Zum ersten Mal erfuhr ich vom LWB durch eine Tasse heißer Schokolade, die man uns in der Martin-Luther-Schule in der Altstadt von Jerusalem gab. Ich weiß noch, dass ich mich fragte: „Warum lieben diese Lutheraner uns und geben uns Essen und Trinken?" Heute weiß ich, dass die weltweite lutherische Kirche mich als palästinensischen Flüchtling umarmte. Diese Liebe berührte mein Herz; ich fühlte mich verpflichtet, den Lutheranern all das Gute, das sie mir, meiner Familie und anderen Palästinensern getan hatten, wieder zurückzugeben. Später verstand ich dann, dass die lutherische Theologie der Rechtfertigung allein durch den Glauben uns als Christen dazu bewegt, unentgeltlich zu dienen, genauso wie wir dankbar empfangen. Uns ist alles durch Gottes gnädige Liebe gegeben. Es ist eine unentgeltliche Gabe, die niemals zurückbezahlt werden kann.

Der seit 1948 in Palästina tätige LWB ermöglichte schließlich, dass unsere Kirche, das Erbe des Wirkens einer deutschen Mission, sich als selbständige Kirche konstituieren konnte. Ich bewundere es, wie der LWB unsere eigenen Kräfte förderte, aber niemals die Kontrolle über uns wollte. Er befähigte die Evangelisch-Lutherische Kirche, sodass wir uns zu einer unabhängigen und nachhaltig wirtschaftenden Kirche entwickeln konnten. Wir schulden der weltweiten lutherischen Gemeinschaft Dank für ihr Mitwirken an der Mission Gottes im Nahen Osten.

Als ein Flüchtling aus dem Krieg von 1948 zwischen dem neu gegründeten Staat Israel und seinen Nachbarn weiß ich, wie es ist, in großer Unsicherheit und Angst zu leben. Ich kenne die Armut. Und vor allem weiß ich, was es bedeutet, sich in einer Lage zu befinden, in der die Umstände und manchmal die anderen Menschen darauf abzielen, einem Menschen die eigene Würde zu stehlen.

Wir werden dieser Würde nicht gerecht, wenn wir im Flüchtling nur den Empfänger von Wohltaten sehen. Flüchtlinge existieren nicht deshalb, damit wir ihnen helfen können und uns dann selbst gut fühlen. Vielmehr ist ein Nachfolger Christi aufgefordert im Flüchtling das Antlitz Gottes zu sehen, so wie wir das Antlitz Gottes in den Menschen sehen, die zu unseren

Familien und zu unseren Gemeinden gehören. Ich kann bestätigen, dass dann, wenn wir uns in der größten Not und in der größten Hoffnungslosigkeit befinden, uns am stärksten bewusst sind, vor Gott zu stehen. Mit und durch die Flüchtlinge sind wir zu Gottes Gegenwart eingeladen. Durch diese Gegenwart werden wir erneuert und in unserer Motivation bestärkt, nicht nur Essen, Kleidung und andere Dinge zu geben, sondern die Ungleichheiten und strukturellen Ungerechtigkeiten in Frage zu stellen, die so viele Menschen zu einem Leben der Schutzlosigkeit und Angst zwingen.

Der Einsatz unserer lutherischen Gemeinschaft nicht nur in der Diakonie bestimmt uns in unserem Engagement, Leiden zu lindern und die tieferen Ursachen von Unterdrückung zu bekämpfen. Über diese Verpflichtung zum Dienst hinaus praktizieren wir auch eine prophetische Diakonie. Die prophetische Natur unseres Ansatzes zeigt sich in unserem Bestreben, Flüchtlinge, Migranten und alle, die für Gerechtigkeit kämpfen, zu befähigen und zu stärken und mit ihnen die Stimme zu erheben, wenn sie ihre eigenen Lebensbedingungen und Kontexte verändern wollen. Das ist eine prophetische Diakonie, zu der unsere weltweite Gemeinschaft die besten Voraussetzungen hat.

Der LWB hat im Nahen Osten eine starke Präsenz. Der langjährige Dienst unserer Gemeinschaft geht auf das Zeugnis der Evangelisch-Lutherischen Kirche in Jordanien und im Heiligen Land (ELCJHL) zurück und auf die Diakonie des Auguste-Viktoria-Hospitals, das nun schon seit einigen Jahren von einem palästinensisch-christlichen Geschäftsführer geleitet wird. Dieses traditionsreiche Wirken ist nun auf Jordanien erweitert worden, wo der LWB hilft, das Za'atari-Flüchtlingslager für vor dem Bürgerkrieg in ihrem Land fliehende Syrer aufzubauen und zu betreiben. Der andauernde Konflikt hat uns gezwungen, unseren Wirkungsbereich noch weiter, bis in den Irak, auszudehnen.

In dieser weltweiten lutherischen Gemeinschaft habe ich stets Schwestern und Brüder in Christus gefunden, die Flüchtlingen und anderen Menschen in Not helfen, ihre Würde als Menschen und Kinder Gottes zu bewahren. Unsere menschliche Würde ist uns von Gott allein gegeben. Jedes menschliche Wesen ist gesegnet mit dem Bilde Gottes, als dessen Abbild alle Menschheit geschaffen wurde. Wir sind alle unbezahlbar wertvoll in den Augen Gottes. Kein Mensch kann jemals für Geld zu haben sein!

Christi Nachfolger heissen den Anderen willkommen

Der LWB betreut gegenwärtig etwa zwei Millionen Flüchtlinge in der ganzen Welt. Dies bedeutet, dass auf 70 Lutheraner 1 Flüchtling kommt. Wir arbeiten in Dadab, Syrien, im Iraq, in Jordanien, im Sudan, in Peru, Nepal, Mauretanien und an vielen anderen Orten. Wo immer wir sind, konzentrieren wir uns auf die praktische Nothilfe und Entwicklungsarbeit und auf die prophetische Aufgabe der Befähigung zur Selbsthilfe und Selbstbefähigung (Empowerment).

Die Hilfe für Flüchtlinge geht also weit über die Versorgung mit dem Lebensnotwendigen hinaus. Es geht nicht darum, nur wohltätig zu sein, sondern z. B. durch die Unterstützung der Ausbildung von Kindern und Erwachsenen, das Anbieten sinnvoller Tätigkeiten und die Stärkung der Kompetenz von Flüchtlingen zur Verteidigung ihrer Rechte zur Selbsthilfe zu befähigen.

2012 lud der Hohe Flüchtlingskommissar der Vereinten Nationen, António Guterres, verschiedene Religionsführerinnen und Religionsführer dazu ein, die religiösen Grundlagen für die Aufnahme von Flüchtlingen zu diskutieren. Wie, so fragte er, können wir am besten für andere sorgen, die unseren Beistand brauchen? Es war mein Vorschlag, Verhaltensrichtlinien zu entwickeln, die auf unseren vielen unterschiedlichen heiligen Schriften und Traditionen beruhen. Guterres nahm diesen Vorschlag auf und in der Folge erarbeiteten wir ein Dokument mit dem Titel „Fremde willkommen heißen – Selbstverpflichtungen von Religionsführerinnen und Religionsführern“[1], das die religiösen Grundlagen einer Sorge um Flüchtlinge darlegt. Für mich sind Christen aus zwei ganz besonderen Gründen dazu aufgerufen: 1. weil Christus selbst mit der Heiligen Familie ein Flüchtling in Ägypten war; und 2. weil Jesus in Nazareth gesagt hat: „Der Geist des Herrn ist auf mir, weil er mich gesalbt hat, zu verkündigen das Evangelium den Armen; er hat mich gesandt, zu predigen den Gefangenen, dass sie frei sein sollen, und den Blinden, dass sie sehen sollen, und den Zerschlagenen, dass sie frei und ledig sein sollen“ (Lk 4:18). Dies war Jesu Verständnis seiner eigenen Berufung.

„Fremde willkommen heißen“ beginnt und endet mit einem einfachen Bekenntnis: „Ich werde Fremde willkommen heißen“. Das Dokument stellt fest, dass diese Verpflichtung manchmal Mut erfordert. Aber für jede Glaubenstradition steht ein solches Handeln im Zentrum ihrer Verpflichtung. „Mein Glaube lehrt mich, dass Mitgefühl, Barmherzigkeit, Liebe und Gastfreundschaft allen Menschen gelten: dem Einheimischen und dem Fremden, dem Mitglied meiner Gemeinschaft und dem Neuling.“[2]

Die Würde und Gleichheit, die wir mit Flüchtlingen und anderen Menschen in Not teilen, teilen wir auch innerhalb unserer weltweiten Gemeinschaft. Gemeinsam versuchen wir ein Leben als Gleiche vor Gott zu gestalten und einander mit all unseren Stärken und Schwächen anzunehmen. Ohne Zweifel gibt es viele Formen der Ungleichheit in unserer

---

[1] Vgl. **www.lutheranworld.org/sites/default/files/Fremde_gastfreundlich_aufnehmen_0.pdf**.

[2] A. a. O.

weltweiten Gemeinschaft. Einige unserer Kirchen kommen aus sehr reichen Ländern, andere wiederum, wie meine eigene Kirche, die ELCJHL, kommen aus Gegenden, die andere nicht einmal erlauben, ein Land zu nennen!

Diese materiellen Ungleichheiten ändern nichts daran, dass wir gleiche Mitglieder der Gemeinschaft sind, sowenig wie individuelle Armut oder Reichtum etwas daran ändern, dass wir Kinder Gottes sind. Wie der verstorbene Bischof Josiah Kibira, einer meiner Vorgänger als Präsident des Lutherischen Weltbundes, gerne sagte, gibt es keine noch so kleine, arme, junge Kirche, als dass sie nicht den anderen Kirchen etwas zu geben hätte; und es ist keine Kirche so alt, reich und traditionsreich, dass sie nicht von den Gaben anderer abhinge.

Aus lutherischer Perspektive macht es keinen Sinn zu behaupten, ein bestimmter Mensch sei stärker oder besser im Glauben als irgendein anderer. Jeder von uns ist *simul iustus et peccator*, nicht mehr und nicht weniger, jeder in gleichem Maße vor Gott durch Christus Jesus. Die Gefahr bei beiden Formen der Ungleichheit liegt darin, dass unsere Gemeinschaft gespalten werden könnte. Eine konstruktive Antwort auf diese entzweienden Faktoren besteht darin, mit Nachdruck herauszustellen, dass wir als Gleiche in der Nachfolge stehen.

In der christlichen Tradition finden wir die großen Zeichen unserer profunden Gleichheit vor Gott in unseren heiligen Sakramenten. Die heilige Taufe ist die Grundlage unseres gemeinsamen Zeugnisses. Es ist unsere menschliche Tendenz – in der Kirche wie in der Politik – eher zu betonen was uns trennt, als was uns vereint. Durch Wasser und das Wort werden wir eingefügt in die Kirche, den Leib Christi. In der Taufe werden wir gemeinsam ausgesandt in diakonischer Aufgabe, um der ganzheitlichen Mission Gottes willen. 1984 stimmte unsere Gemeinschaft dem Grundsatz der Kanzel- und Altargemeinschaft zu. Das Altarsakrament entsendet uns in die Welt als getaufte, in den Leib Christi eingefügte Glieder, um die Gute Nachricht von Gottes frei gegebener Liebe durch Wort und Tat zu verkünden. Unsere sakramentale Hoffnung sendet uns in die Welt als Christi Nachfolger zur prophetischen Diakonie um unserer Nächsten willen.

Wir müssen uns alle dessen bewusst sein, dass sich unsere schutzbedürftigen und notleidenden Nächsten nicht immer nur in abgelegenen Orten finden. Flüchtlinge und verarmte Migranten kann es auch in unseren Gemeinschaften geben. Was die Migranten betrifft, gibt es ganz allgemein eine doppelte Problematik. Zunächst einmal fliehen die Migranten vor politischen Verhältnissen, die oftmals durch die postkolonialen Entwicklungen ihrer Herkunftsländer bedingt sind. Die Probleme, denen sie sich gegenübersehen, sind das Erbe der westlichen Kolonisierung. Die Situationen, vor denen viele Migranten fliehen – dazu gehören Extremismus, Besatzung, Bedrohung des Lebens und der Menschenwürde und das Fehlen jeglicher wirtschaftlicher Entwicklungsmöglichkeiten – treiben sie oft genau in die Länder, die Mitverursacher ihrer Misere sind.

Wenn die Migranten in diesen Ländern bleiben können, was oft der Fall ist, sehen sie sich einem zweiten Problem gegenüber: Ihnen fehlt jede Möglichkeit, sich auf normalem Wege in die Kultur ihrer Gastländer zu integrieren. Insbesondere in Europa gibt es Probleme hinsichtlich der Aufnahme und vollen Akzeptanz von Migrantengruppen. Diese Schwierigkeiten haben viele Ursachen. Unsere weltweite Gemeinschaft hat die Aufgabe, sich nicht nur mit den Hauptursachen der Wirtschaftsmigration zu befassen, sondern auch den Migranten und Flüchtlingen bei ihrem Lebenskampf in den Aufnahmeländern beizustehen. Erschwert wird die rechtliche, wirtschaftliche und kulturelle Integration auch dadurch, dass die Migranten sich über die ganze Welt verteilen, um für die Reichen zu arbeiten. Dies führt zur Ausbeutung von ungeschützten und rechtlosen Arbeitern. Da Menschen nicht zum Verkauf stehen, müssen sie unter allen Umständen geschützt werden. Die Ausbeutung der Arbeitskraft ist in den Augen Gottes unannehmbar.

Verwurzelt in der Taufe und gestärkt durch die Eucharistie sind wir ausgesandt zu diakonischem Dienst. Jahrhundertelang haben Christen aller Konfessionen einen wichtigen ganzheitlichen Dienst in der ganzen Welt versehen. Es ist an der Zeit zu bedenken, wie wir diese Arbeit gemeinsam leisten können. Die Berufung zum Dienst und die Berufung zur Mission können nicht voneinander getrennt werden. Wenn wir das eine gemeinsam tun, werden wir ohne Zweifel auch beides gemeinsam ausüben. Der Epheserbrief ruft uns auf: „Ertragt einer den andern in Liebe und seid darauf bedacht, zu wahren die Einigkeit im Geist durch das Band des Friedens: ›ein‹ Leib und ›ein‹ Geist, wie ihr auch berufen seid zu ›einer‹ Hoffnung eurer Berufung; ›ein‹ Herr, ›ein‹ Glaube, ›eine‹ Taufe; ›ein‹ Gott und Vater aller, der da ist über allen und durch alle und in allen." (Eph 4:2–6)

Das Luthertum betont – gemeinsam mit vielen anderen Kirchen und Gemeinschaften – dass die Gnade, die wir in unseren Sakramenten empfangen, eine unentgeltliche Gabe von einem gnädigen und liebenden Gott ist. Erlösung ist nicht für Geld zu haben, so lautet auch ein anderes Thema für unsere Feier des Reformationsjubiläums. Das freie Angebot von Gottes Gnade in den Sakramenten bestätigt unsere fundamentale Gleichheit vor Gott. Niemand unter uns ist mehr wert als irgendein anderer. Wir haben alle keinen Preis. Von keinem Menschen darf jemals gedacht werden, dass er für Geld zu haben ist.

Einsatz für Gendergerechtigkeit

Ich bin sehr stolz darauf, dass der Rat des LWB auf seiner Tagung 2013 einstimmig das Grundsatzpapier Gendergerechtigkeit im LWB angenommen hat.[3] Das ist ein bedeutender Schritt vorwärts für unsere weltweite Gemeinschaft. Das Grundsatzpapier betont den Grundsatz der lutherischen Theologie, dass wir Gleichgestellte sind in der Schöpfung und in der Erlösung. Alle Menschen jeglichen Geschlechts haben das Recht auf Gleichheit und Gerechtigkeit.

Es handelt sich hier um ein wichtiges Dokument, doch müssen wir auch fragen, was das nun praktisch bedeutet. Die Frage stellt sich, wie wir Gendergerechtigkeit in allen Mitgliedskirchen einführen und umsetzen können. Das Grundsatzpapier bietet uns dazu eine ausgezeichnete Grundlage. Es kann vielen anderen Kirchen und weltweiten Gemeinschaften als Beispiel dienen. Aber es sollte natürlich nicht ein allgemeines Statement ohne Kontextualisierung seiner Leitlinien bleiben. Um diese Kontextualisierung zu erreichen, muss es in jedem Kontext eingehend studiert werden.

Um diese Vision einer Gendergerechtigkeit in jedem Kontext auch zu verwirklichen, müssen wir einander verpflichten, uns nicht hinter Kultur, Tradition oder bestimmten Interpretationen der Bibel zu verstecken, um eine fortdauernde auf dem Geschlecht gründende Ungleichheit zu rechtfertigen. Diejenigen, die solche Argumente anführen, um weiterhin zu diskriminieren, setzen die biblische Tradition und Gottes Grundsatz der Gleichheit herab und verdrehen sie gar. Alle Kulturen sind von Menschen geschaffen, aber nie nur von Männern allein. Wer sich in Diskussionen über Gendergerechtigkeit und die Frauenordination hinter der Kultur versteckt, zeigt nur umso deutlicher seinen Chauvinismus. Ich hoffe, dass jede Kirche in unserer weltweiten Gemeinschaft, um diese Ansichten zu bekämpfen, das Grundsatzpapier zur Gendergerechtigkeit eingehend studieren und Maßnahmen ergreifen wird, es ihrem Kontext anzupassen.

Unsere Sorge um die Würde und die Gleichwertigkeit jedes Menschen findet ihren positiven Ausdruck im Engagement der Gemeinschaft für die Gendergerechtigkeit. Wir halten nicht nur schöne Reden, wir wollen unsere Verpflichtungen auch in unserem Leitungshandeln und in unseren ausführenden Organen umsetzen. Wir hoffen, dass all unsere Mitgliedskirchen dasselbe tun, um unserer gemeinsamen Menschlichkeit willen. Es ist dies eine Arbeitsaufgabe, die auch für den Nahen Osten sehr wichtig ist, wo Gendergerechtigkeit ein bedeutender Schritt zur Heilung der Gesamtheit unserer verschiedenen Gesellschaften sein würde. Der wachsende Extremismus im Nahen Osten hat unmittelbar negative Folgen für die Frauen in der gesamten Region.

Die ELCJHL ist bestrebt, die Stellung der Frauen in der Kirche und Gesellschaft zu stärken. Das Frauenreferat – dessen Mitarbeiter Frauen sind und das von einem Komitee von weiblichen Führungspersonen geleitet wird

[3] **www.lutheranworld.org/content/resource-lwf-gender-justice-policy**.

– hat vieles erreicht. Zum Beispiel hat das Komitee in Palästina und Jordanien zahlreiche Workshops durchgeführt und Versammlungen über das Thema häusliche Gewalt organisiert. Es ist ein deutlicher Anstieg häuslicher Gewalt in unserer Gesellschaft zu verzeichnen, aber das Thema wird häufig nicht offen diskutiert. Die Gruppe geht der Frage nach, wie sie Frauen dazu befähigen kann, die Problematik anzugehen, selbst wenn sie selbst häuslicher Gewalt ausgesetzt sind. Es ist ihr Ziel, eine Gemeinschaft befähigter Frauen aufzubauen, die nicht mehr stillhalten, damit sie ein Leben ohne Angst leben können. Es ist ihr aber auch bewusst, dass die Befähigung von Frauen zur Selbsthilfe nicht auf der individuellen Ebene allein zu lösen ist. Deshalb koordiniert das Frauenreferat Bestrebungen, Grundsätze der Gendergerechtigkeit in die Verfassungen von Jordanien und Palästina aufzunehmen. Es hat mehrere Workshops mit leitenden Personen der Zivilgesellschaft organisiert und leitet die Arbeit für dieses Ziel in beiden Ländern.

Auf diesen Erfolgen aufbauend, fasst das Frauenreferat nun ein drittes Ziel ins Auge. Gemeinsam mit der Referentin für Frauen in Kirche und Gesellschaft des LWB arbeitet es daran, das Grundsatzpapier des LWB zur Gendergerechtigkeit in den Kontext Palästinas und Jordaniens zu übertragen. Der erste Schritt ist eine Übersetzung des Textes ins Arabische. Diese Strategie der Kontextualisierung wird uns ermöglichen, die Leitlinien wirksam in unserem Kontext umzusetzen. Ich empfehle ein gleiches Vorgehen allen Mitgliedskirchen des LWB. Ohne seine Kontextualisierung in Palästina, Brasilien, Indonesien und anderen Regionen des LWB bleibt das Grundsatzpapier zur Gendergerechtigkeit nur ein Dokument in einer Ablage. Aber die Gendergerechtigkeit ist zu wichtig, als dass man das zulassen dürfte.

Es wird in vielen Kulturen eine lange Zeit dauern, bis die LWB-Grundsätze zur Gendergerechtigkeit eine breite Akzeptanz gefunden haben. Das gilt auch für meinen eigenen Kontext, Palästina. Das hält die ELCJL und die mit ihr verbundenen Einrichtungen und Programme nicht ab, jetzt schon Strukturen aufzubauen. Wir unternehmen wichtige Schritte zur Verwirklichung der Gendergerechtigkeit. Es ist in unserem Kontext nicht zu übersehen, dass die nachdrücklichsten Äußerungen für eine gerechte und dauerhafte Lösung der Genderfrage von Politikerinnen kommen.

Die Verwirklichung der Gendergerechtigkeit ist eine entscheidende Aufgabe für die heutigen Kirchen. Alle Menschen – Männer, Frauen, Jungen und Mädchen, ohne Ansehen ihres Geschlechts – sind vor Gott gleichgestellt. Sie sind gleichwertig. Menschen sind nicht für Geld zu haben. Wenn wir mit all unseren Mitgliedskirchen 2017 zum Jubiläum der Reformation zusammenkommen, werden diese – so meine Hoffnung – dann alle die Grundsätze der Gendergerechtigkeit kontextualisert haben, sodass wir zusammen der Welt laut zurufen können: „Menschen sind nicht für Geld zu haben.“

Schlussbemerkungen

Gegenwärtig kämpft unsere Welt um die Anerkennung der Gleichheit aller Menschen vor Gott. Gleichheit und Würde sind gottgegeben und das heißt, dass niemals hingenommen werden kann, dass ein Mensch für Geld zu haben ist. Kein System des Menschenhandels, keine sexuelle Ausbeutung, keine ungerechten Arbeitsbedingungen werden jemals dem Urteil Gottes entgehen, durch das kritische Engagement seiner Kirche. Weder Flüchtlingskrisen noch die Kriege, die zu ihnen führen, sind jemals in den Augen Gottes akzeptabel.

Wir leben in einer gefallenen und gebrochenen Welt, in der Menschen und die Bedingungen unter denen sie leben, täglich dem Kauf und Verkauf ausgesetzt sind. Unsere gemeinsame Zukunft wird verkauft für den Profit von Unternehmen, die unsere Atmosphäre vergiften und den Wandel unseres gemeinsamen Klimas beschleunigen. Die Kirche muss stark sein und die herzlosen Berechnungen, die nur auf Profit aus sind, zurückweisen.

Unsere Würde – und in der Tat auch die Würde der Schöpfung – gründet im Bilde Gottes. Weil Gottes Sohn, Jesus Christus, von der Jungfrau Maria als Mensch geboren wurde, wissen wir, dass das Abbild Gottes nicht nur in der Stärke sich findet, sondern auch in Schwäche und Verletzlichkeit. Weil Jesus am Kreuz starb und sein Blut vergoss, wissen wir, dass er uns alle – ungeachtet von Geschlecht, Ethnie, Rasse, Religion, Fähigkeiten oder sonstigen menschlichen Eigenschaften – frei und gleich geschaffen hat. Wir streben darum danach, die Würde jedes Menschen, dem wir begegnen, zu bewahren. Die Reformation ist noch nicht zu Ende. Die Kirche bedarf immer noch der Reinigung und einer stärkeren Ausrichtung auf die Gabe Gottes in Christus Jesus.

Fragen

Gibt es in Ihrer Gemeinschaft Flüchtlinge? Wie gehen Staat und kirchliche Organisation mit deren Bedürfnissen um?

Welche Bedeutung hat es für Sie, dass der Präsident unserer weltweiten lutherischen Gemeinschaft ein Flüchtling ist?

Die erste Mission des Lutherischen Weltbundes war die Fürsorge für Flüchtlinge in Folge der Kriege in Europa. Was bedeutet dies für unser Verständnis unserer gemeinsamen Mission um der Welt willen?

Führung und die Antwort auf Gottes Ruf

Gustavo Driau

In den Jahren 2010 bis 2013 begleitete das lateinamerikanisch-karibische Nachhaltigkeitsprogramm des Lutherischen Weltbundes verschiedene lutherische Kirchen in Lateinamerika und in der Karibik, die Unterstützung für ihre Bemühungen um organisatorische Nachhaltigkeit erbeten hatten. In dieser Zeit fanden etwa vierzig Begleitveranstaltungen statt, zu denen Workshops, Zusammenkünfte, Gruppentreffen, persönliche Treffen, das Erstellen von Berichten und Materialien, Erfahrungsberichte usw. gehörten.[1]

Dieser Aufsatz basiert zu einem großen Teil auf einem Vortrag, der auf dem Seminar zum Thema Management und Führung in nachhaltigen Kirchen gehalten wurde, dass im August 2014 in São Leopoldo stattfand und gemeinsam vom lateinamerikanisch-karibischen Nachhaltigkeitsprogramm des LWB und dem Nachhaltigkeitsinstitut für Lateinamerika und die Karibik organisiert wurde.

Modelle und Veränderungen

Beginnen wir mit einer Frage: Warum gibt es Organisationen, Kirchen und Glaubensgemeinschaften, die fähig sind, den Herausforderungen in ihrem Kontext zu begegnen und ihre Mission erfolgreich voranzubringen, während andere ihre Zukunft gefährden, weil es ihnen nicht gelingt, auf den Wandel zu reagieren?

---

[1] Unter **http://issuu.com/programasustentabilidad/stacks**

Kirchen und ihre Organisationen stützen sich auf eine erfahrene Führung und werden auf ihrem Weg von Weggefährten beraten und zudem von Partnerorganisationen und Partnerkirchen begleitet. Trotzdem durchleben manche von ihnen Perioden des Niedergangs und der Krise. Wir können beobachten, dass einige die Kehrtwendung schaffen, während andere sich sehr schwer damit tun.

Ein entscheidender Faktor, um auf die kontextuelle Situation angemessen reagieren zu können, ist die Fähigkeit, die Probleme überhaupt wahrzunehmen. Kontexte verändern sich, sind ungewiss, komplex, stehen in Wechselbeziehung und sind vielfältig. Dies erfordert die Fähigkeit, den lokalen Kontext wahrzunehmen, so wie es das LWB-Dokument „Mission im Kontext“ fordert:

> Eine wirksame situationsbezogene und ganzheitliche Mission erfordert, dass die Kirche die Kontexte auf lokaler und nationaler Ebene wahrnimmt, sie analysiert und dabei die Auswirkungen globaler und regionaler Faktoren auf das örtliche Umfeld berücksichtigt.[2]

Es ist folglich notwendig, Veränderungen im Kontext wahrzunehmen, zu verstehen und zu interpretieren, um Antworten im Sinne einer kontextuellen Mission geben zu können.

Im Lichte des Nachhaltigkeitsprozesses in den Kirchen müssen wir einschätzen können, ob unsere Führung fähig ist, die Herausforderungen des Kontexts wahrzunehmen oder ob im Gegenteil unsere Paradigmen, mentalen Modellvorstellungen und Vorurteile unsere Wahrnehmung blockieren und unser notwendiges Handeln erschweren.

Die uns umgebende Weite ist unermesslich, so sagen es auch die Psalmen (siehe etwa Ps 8, 96, 144) und die Menschen haben nur eine beschränkte Kapazität, alle Dinge und Ereignisse in ihrem Kontext zu verarbeiten. Wir können nicht alles wissen, wir können nicht alles wahrnehmen, und um unsere Welt als etwas Sinnvolles zu sehen, brauchen wir vereinfachte Bilder unserer Wirklichkeit. Diese vereinfachten Bilder – sog. mentale Modelle – sind tief verwurzelte Vorannahmen und Vorstellungen, die unser Verständnis der Welt und unsere Entscheidungen beeinflussen.

Diese Repräsentation der Wirklichkeit funktioniert wie die Retina des Auges, die uns zwar bestimmte Dinge unserer Umgebung wahrnehmen lässt, uns andere aber vorenthält.

Vor dem Hintergrund unserer beschränkten Fähigkeiten, das was um uns herum geschieht, wahrzunehmen und zu verarbeiten, ermöglichen es diese Repräsentationen Individuen und auch Organisationen ihre Kontexte

---

[2] **http://mission-einewelt.de/wp-content/uploads/2014/10/LWB_Mission_im_Kontext_deutsch.pdf**

als etwas Sinnvolles wahrzunehmen (sie zu verstehen), was es wiederum ermöglicht, in einer bestimmten Situation bestimmte Handlungsentscheidungen zu treffen. Es gibt daher einige „Retinas" oder mentalen Modelle, die unserer Erkenntnis förderlich sind und uns helfen, einen Überblick zu gewinnen und unseren Kontext zu verstehen, und andere, die dies gerade verhindern.

Wenn wir über Führung in nachhaltigen Kirchen nachdenken, müssen wir uns zunächst einmal diese Retinas kritisch bewusst machen und uns klar darüber sein, dass wir bestimmte mentale Modelle mitbringen.

Wenn wir uns einer bestimmten Retina, durch die wir die Realität aufnehmen, ganz klar bewusst werden, eröffnet sich uns auch die Möglichkeit, sie zu ändern.

In der biblischen Geschichte des Gottesvolkes sind es oft durch Gott gesandte Visionen, die eine Veränderung in Gang setzen. Mose auf seinem Weg ins Gelobte Land, Paulus in seiner Mission und Jesus selbst werden durch Visionen geleitet, die nicht nur menschlich, sondern von Gott inspiriert sind.

In einem Dokument aus dem Jahr 2007 heißt es:

> Die Kirche wird in ihrem Grund erhalten durch das erlösende und fortdauernde schöpferische Wirken Gottes in der Zeit. Im Vertrauen darauf haben es Männer und Frauen zu allen Zeiten gewagt, selbstverantwortlich in verschiedenen Bereichen des kirchlichen Lebens tätig zu werden, um auf diese Weise auf Gottes Ruf zu antworten, eine neue Gemeinschaft zu werden (Taufe), sie aufzubauen und als eine solche an Gottes Mission mitzuwirken und die eigenen Gaben einzubringen.[3]

Als Menschen sind wir in einer paradoxen Lage: einerseits sind wir abhängig, andererseits tragen wir Verantwortung. Manchmal neigen wir dazu, unsere Verantwortung einfach abzugeben, alles Gott zu überlassen und selbst nichts zu tun. Und manchmal neigen wir dazu, unsere Abhängigkeit zu vergessen und Verantwortung ohne Gott zu übernehmen.

Das Handeln der Kirche ist deshalb ebenso paradox: sie leistet ihren Beitrag zu Gottes Mission und ist dabei aufgerufen, sowohl auf unsere menschliche Abhängigkeit von Gott als auch auf unsere menschliche Verantwortung bei der Durchführung der anstehenden Aufgaben zu achten.

Prozesse der Veränderung, Bevollmächtigung und Versöhnung sind wesentliche Erfahrungen im Leben von Individuen, Gesellschaften und

[3] Con Confianza en el Porvenir [Mit Vertrauen in die Zukunft], Dokument zum Nachhaltigkeitsprogramm, COL, 2007. **http://www.est.edu.br/sustentabilidad/pdfs/Con-confianza-en-el-porvenir-extenso.pdf https://sustentabilidad.files.wordpress.com/2010/08/trusting-in-the-future-eng.doc**

der Kirche. Es ist Gott, der die Vision einer Veränderung gewährt und den Prozess der Transformation leitet und bevollmächtigt.

Die Veränderung, Bevollmächtigung und Versöhnung anstoßende Gnade Gottes ist nicht auf die Kirche beschränkt, sondern allen zugänglich. Als Getaufte aber haben wir die Verantwortung übertragen bekommen, als Haushalter Gottes diese Veränderungen auch zu verwirklichen. Wir lesen immer wieder in der Bibel von Menschen, die Gott mit der Aufgabe betraut, Veränderungen herbeizuführen, eine Aufgabe, die manchmal eine ganze Lebenszeit oder die mehrerer Generationen braucht. Veränderung, Bevollmächtigung und Versöhnung geschehen nicht in einem Augenblick, sondern sind langfristige und aufwendige Prozesse.

Kontexte

Kirchen befinden sich an bestimmten Orten und Orte verändern sich. Dazu gehören ebenso Veränderungen des gesellschaftlichen Lebens, der Kultur, der Wirtschaft, Wissenschaft und Politik als auch von Aspekten des Glaubens und der Spiritualität. Wir leben in einer Weltgemeinschaft, in der es wenig Solidarität gibt und in der die ärmsten Mitglieder der Gemeinschaft, die unter Ausbeutung, Unterdrückung und Kriegen und unter Ausgrenzung leiden. Einzelne Menschen und ganze gesellschaftliche Gruppen werden als entbehrlich, nicht für Arbeit zu gebrauchen und nicht den bürgerlichen Maßstäben entsprechend abgeschrieben.

In einem Weltsystem, in dem die Interessen der Finanzwelt und des Marktes alles dominieren, finden menschliches Leben, Gerechtigkeit, Würde und Menschenrechte nur schwer einen oberen Platz auf der Tagesordnung und Fragen nach dem Sinn und Zweck des Lebens wenig Gehör.

Wir leben in einer Kultur, in der sofortige Bedürfnisbefriedigung, Unterhaltung und möglichst viel Freizeit das ganze Leben der Menschen erfüllen sollen. Es ist eine Kultur des schnellen Erfolgs, in der es darum geht, an die Spitze zu gelangen – selbst wenn dazu Korruption und Verbrechen nötig sind –, eine Kultur, die Prestige, Macht und sozialen Status anbetet. Der vorherrschende Individualismus schwächt die sozialen Bande der Gemeinschaft. In den urbanen Gebieten existieren verschiedenste Formen, Werte und Lebensstile ohne Beziehung nebeneinander. Das Resultat von Urbanisierung und Armutsmigration ist die Zerstörung von Identität, Solidarität und gesunden Beziehungen.

Angesichts dieser Herausforderungen ist Gott in der Mission:

> Dieser missionarische Gott, der das Weltall schafft und erhält und doch in und durch seine eigene Schöpfung verwundbar wird, ist ein dreieiniger Gott. Trinität

beschreibt „Gott in der Mission" als einen Gott, der immer für andere da ist, d. h. für die Menschheit, die Welt, die Schöpfung.[4]

Angesichts dieser Herausforderungen ist Gott nicht untätig:

> Der Heilige Geist verwandelt menschliche Worte, die die frohe Botschaft verkündigen, das Wasser der Taufe und Brot und Wein beim Abendmahl in Zeichen der Gegenwart Christi in der Kirche und bevollmächtigt damit die Kirche zur Mission Gottes. Der Heilige Geist rüstet Christinnen und Christen und die ganze Kirche mit einer Vielfalt von Gaben aus (1. Korinther 12, Römer 12, Epheser 4). Als mit diesen geistlichen Gaben (charismata) ausgestattete Menschen verkünden sie das Evangelium und teilen mit allen Völkern an allen Orten das Leben, das im Evangelium beschrieben wird. Alle Gaben des Geistes – Predigt, Lehre, Heilung, Prophetie, Leitung und andere Gaben, die Frauen und Männern verliehen werden – sind dazu bestimmt, die jeweilige Gemeinschaft des versammelten Gottesvolks, die Gemeinde, zu stärken zu innerem Wachstum und ganzheitlicher Mission.[5]

> Durch die Taufe werden Menschen in den neuen Bund des Gottesvolkes aufgenommen und sind verändert und bevollmächtigt durch die Gaben (charismata) des Heiligen Geistes als Werkzeuge von Gottes liebevollen Absichten mit der ganzen Schöpfung. Somit verbindet Luther eindringlich seine Theologie eines allgemeinen Priestertums aller Gläubigen mit der „missio Dei", Gottes Mission, wie sie insbesondere durch das Wirken und die Verdienste Jesu Christi zum Ausdruck kommt. Durch die Taufe und vermittels der Gaben des Heiligen Geistes hat jeder Mensch teil an dieser Mission, die in Gott ihren Ursprung hat und sich in der Welt durch Christus verkörpert hat.[6]

Man nimmt auch an Gottes Mission teil, indem man daran arbeitet, die Nachhaltigkeit von Glaubensgemeinschaften und Kirchen zu verbessern. Dazu braucht es Führungskräfte, die fähig sind, die aus dem Kontext erwachsenden Aufgaben zu erkennen und jene „Retinas", die unsere Sicht behindern und begrenzen, zur Seite zu lassen. Gottes Ruf an uns erfordert eine Führung, die fähig ist, zukünftige Szenarien vorauszusehen, Probleme und lang- und mittelfristige Möglichkeiten zu analysieren, Netzwerke aufzubauen, Ressourcen zu entwickeln, Prozesse zu erleichtern und sich nicht nur im Tagesgeschäft zu erschöpfen.

---

[4] Mission im Kontext, 26.

[5] A. a. O., 29.

[6] Martin Junge, Baptism, Universal Priesthood and Ordained Ministry, 2007, unter **http://issuu.com/programasustentabilidad/docs/baptism__universal_priesthood__and_/1**

Sich verändernde Kontexte konfrontieren Gemeinschaften und Kirchen mit neuen, in Wechselbeziehung stehenden, komplexen Problemen. In einem solchen Kontext kann sich Führung nicht entwickeln, wenn die betroffenen Menschen und Gruppen sich wie in sich abgeschlossene Räume, sozusagen Silos, verhalten und nur untereinander Kontakt haben. Eine nachhaltige Führung wird entwickelt, indem die verschiedenen Bereiche und Ebenen der Kirche und ihrer Einrichtungen erkannt, sichtbar gemacht und miteinander verbunden werden. Es ist doch ganz offensichtlich unvereinbar mit der Vorstellung der Kirche als Leibe Christi (wie von Paulus in 1. Korinther 12 beschrieben), wenn sich Führung auf der Basis von Individuen, Segmenten oder Gruppen entwickelt, die wie Silos voneinander getrennt sind.

Der Begriff Silo ist hier eine Metapher: ein Silo ist ein großer zylinderförmiger Behälter zur Lagerung von Getreidekörnern. Verschiedene Sorten von Getreide werden jeweils getrennt voneinander und der Außenwelt in verschiedenen Silos gelagert. Teile der Kirche tun alles, um weiterhin abgetrennt und isoliert zu existieren. In einer unter diesem Silosyndrom leidenden Organisation interagiert jeder Teil vor allem innerhalb des Silos und nicht mit anderen Gruppen derselben Organisation, geschweige denn mit der Außenwelt oder dem weiteren Kontext.

Dieses Silosyndrom verhindert Beziehungen zwischen Gemeinden, Kreisen, Synoden, Programmen, Projekten und der Zivilgesellschaft usw. und damit die Entwicklung eines gesunden Wachstums in der Kirche. Es ist eines jener mentalen Bilder, die wir in uns tragen: jeder Teil ist isoliert vom anderen und hält sich selbst für wichtiger als das Ganze.

Ein anderes mentales inneres Bild führt dazu, dass wir Führung für etwas halten, das sich in den individuellen Eigenschaften einer bestimmten Person oder den Merkmalen einer bestimmten Position manifestiert. Das ist eine Retina, die Führung im Hinblick auf individuelle Führungspersönlichkeiten definiert. Nach dieser Vorstellung ist Führung an eine von einzelner Person oder einer Gruppe von Personen ernannte Person gebunden, die in der Kirche die Richtung angibt und die Tätigkeiten oder Dienste koordiniert. Eine solche Führungsperson genießt das Vertrauen der Kirche – bis Probleme auftauchen und ihre Arbeit kritisiert wird und Konkurrenz und Machtkämpfe die Oberhand gewinnen.

Kirchesein im heutigen herausfordernden Kontext erfordert gemeinsame Führung, Einbindung von Gruppen und Zusammenarbeit, in der alle Gruppen und Bereiche der Kirche engagiert sind und zu Veränderungsprozessen beitragen, in denen Vision, Mission und Werte miteinander geteilt werden.

Führung in nachhaltigen Kirchen ist ein ganzes Bündel von Prozessen, die viele Individuen motivieren sollen, mit ihrem Handeln dem Ruf Gottes im gegebenen Kontext zu folgen. Führung ist demnach ein interaktiver dynamischer Prozess innerhalb einer Gruppe oder Organisation oder einem

Netzwerk von Organisationen. Es geht hier also um Führung, die sich des großen Ausmaßes von Wechselbeziehungen, Perspektiven, Beschränkungen, Ermutigung, Entmutigung, Zusammenarbeit und Konflikt bewusst ist, inmitten derer die Arbeit getan werden muss.

Führung in nachhaltigen Kirchen ist eine Führung, die vor allem gemeinschaftlich und kollektiv stattfindet, mit einer großen Bandbreite von Möglichkeiten, um zu ermutigen, zu helfen und zu organisieren, Prozesse zu erleichtern, getaufte Mitglieder zu motivieren und Netzwerke innerhalb und außerhalb der Kirche zu schaffen.

Wenn wir also im Hinblick auf Nachhaltigkeit in der Kirche von Führung sprechen, denken wir nicht nur an Einzelpersonen, sondern haben die Effektivität der Führung in ihrer Gesamtheit im Blick, d. h. es geht auch um die Entwicklung von Gruppen, Teams, Gremien und regelmäßigen Treffen, wobei stets alle Mitglieder der Gemeinschaft im Blick zu behalten sind (ob es sich nun um eine Gemeinde, einen Kirchenkreis, eine Kirche oder eine weltweite Gemeinschaft handelt).

Es ist ohne Zweifel notwendig, aktuellen oder zukünftigen Führungspersönlichkeiten bei der Entwicklung ihrer Fähigkeiten zu helfen, aber es besteht die sehr reale Gefahr, Führungsschulung ausschließlich oder vornehmlich im Blick auf die individuellen Fähigkeiten von Leitungspersonen zu definieren. Im Sinne einer Nachhaltigkeit von Organisationen ist die Entwicklung von Führungsfähigkeiten in Arbeitsgruppen, Leitungsorganen, Komitees, Räten, pastoralen und theologischen Gruppen erforderlich.

Jesus und Führungsverantwortung

Bei der Führungsentwicklung für eine nachhaltige Kirche geht es um weit mehr als nur um die Ausbildung von Führungskräften oder die theologische Ausbildung. Führung als ein Prozess im Leben einer Gemeinschaft beinhaltet miteinander geteilte Aufgabenbereiche und Entscheidungsfindungen und die Ermutigung eines Engagements der Mitglieder.

Ein hierarchisches Führungskonzept führt zu einer Struktur mit unterschiedlichen Positionen. Titel wie Ältester, Prophet, Bischof, Pastor sind alles Bezeichnungen für Positionen in der Kirche. Die Vision von Führung, die im Neuen Testament zu finden ist, stellt aber die Funktion in den Mittelpunkt. Autorität kommt vom Heiligen Geist und erwächst aus den Gaben, der geistlichen Reife und dem Dienst jedes Gliedes. Der Fokus einer dienenden Führung ist auf Funktionen statt auf Positionen gerichtet, sie ist aufgabenorientiert und basiert nicht auf Titeln oder Zuständigkeiten. Der Schwerpunkt liegt auf der Tätigkeit – Unterrichten im Glauben, Seelsorgen, Predigen – und nicht auf der Person, die die Tätigkeit ausübt, dem

Katecheten, Pastor, Prediger. Das hierarchische Führungskonzept benutzt Substantive, das funktionale Führungsmodell jedoch Verben.

Nachdem Jesus gebeten worden war, den Jüngern Jakobus und Johannes einen bevorzugten Platz an seiner Seite in seinem Reich zu gewähren, antwortete er: „So soll es nicht sein unter euch."

> Aber Jesus rief sie zu sich und sprach: Ihr wisst, dass die Herrscher ihre Völker niederhalten und die Mächtigen ihnen Gewalt antun. So soll es nicht sein unter euch; sondern wer unter euch groß sein will, der sei euer Diener; und wer unter euch der Erste sein will, der sei euer Knecht, so wie der Menschensohn nicht gekommen ist, dass er sich dienen lasse, sondern dass er diene und gebe sein Leben zu einer Erlösung für viele. (Mt 20:25–28)

> Er aber sprach zu ihnen: Die Könige herrschen über ihre Völker, und ihre Machthaber lassen sich Wohltäter nennen. Ihr aber nicht so! Sondern der Größte unter euch soll sein wie der Jüngste und der Vornehmste wie ein Diener. Denn wer ist größer: der zu Tisch sitzt oder der dient? Ist's nicht der, der zu Tisch sitzt? Ich aber bin unter euch wie ein Diener. (Lk 22:25–27)

Die Worte Jesu stellen nicht nur die Herrscher der Völker als solche in Frage, sondern die hierarchische Form der Herrschaft in einem gegebenen Kontext. Jesus lehnte Führung auf der Grundlage von Macht und die Ausübung von Autorität von oben herab ab. „So soll es nicht sein unter euch", das bedeutet, dass die Gemeinschaft die Verantwortung trägt.

Die Gemeinschaft der Gläubigen, die Kirche, ist dazu aufgerufen sich selbst zu organisieren. Es gibt Ausdrücke, die im Neuen Testament immer wieder auftauchen: einander, untereinander, des anderen. „Liebt einander", „ermahnt euch untereinander", „betet für einander", „vergebt einander", „einer trage des anderen Last". „Einander", das ist wie ein Bild des dreieinigen Gottes und mit diesem Bild zeigt Jesus wie seine Kirche aufgebaut sein soll. Dieses von Jesus uns gegebene Bild verweist darauf, dass Führung eine wechselseitige, ineinandergreifende Beziehung ist.

Führungsverantwortung in einer nachhaltigen Kirche obliegt jedem getauften Mitglied und nicht nur einer bestimmten Person oder Gruppe. Führung in nachhaltigen Kirchen basiert auf einer Beziehung, die durch Gegenseitigkeit, Gemeinschaft, Teilhabe, Zugehörigkeit, Erfüllung der Pflichten, Autorität, Feiern und gegenseitiges Geben und Nehmen gekennzeichnet ist.

Führung in nachhaltigen Kirchen bedeutet, dass Laien, Amtsträger, Frauen, Jugendliche, ältere Menschen, Menschen mit wenigen und Menschen mit vielen Gaben miteinander in Beziehung treten und gemeinsam Aufgaben bewältigen – Aufgaben, die niemals perfekt erfüllt sein werden. Diese Menschen werden Übereinkommen treffen, planen, gemeinsame Tätigkeiten ausführen und zusammen feiern, einer mit dem anderen und alle miteinander.

Führung im Rahmen des lateinamerikanisch-karibischen Nachhaltigkeitsprogramms

Führung ist eine Dimension der Entwicklung und der Nachhaltigkeit von Kirchen, über die es sehr viel mehr Reflexionen und biblische, theologische und organisationswissenschaftliche Studien geben sollte. Im Rahmen des lateinamerikanisch-karibischen Nachhaltigkeitsprogramms haben wir vorläufig und auf rein praktische Weise einige Merkmale einer Führung bestimmen können, die einen wirkungsvollen Beitrag zur Nachhaltigkeit der Kirchen leisten können. Wir sind nun in der Lage, diese empirischen Erkenntnisse vorzulegen, die wir auf der Grundlage unserer Erfahrungen in den Jahren 2010–2013 gewonnen haben – in Zusammenarbeit mit denjenigen lutherische Kirchen, die um eine Begleitung durch das lateinamerikanisch-karibische Nachhaltigkeitsprogramm gebeten hatten.

Neigungen und Fähigkeiten

Im Rahmen des Nachhaltigkeitsprogramms konnten wir einige Merkmale einer Führung herausarbeiten, die positiv zu Nachhaltigkeitsprozessen in den Kirchen beiträgt. Wir haben sie in zwei Gruppen unterteilt:

- **Neigungen**: die Neigung, die Tendenz bzw. die geistliche Begabung und das (mentale) Verständnis, die verschiedenen Aspekte, die zur organisatorischen Nachhaltigkeit der eigenen Kirche beitragen, zu sehen, wahrzunehmen, zu differenzieren und zu verknüpfen.

- **Fähigkeiten**: Die Ressourcen von Individuen und der Kirche, eine Aufgabe auszuführen und bestimmte Tätigkeiten auszuüben.

Neigungen

Eine kirchliche Führung, die verschiedene Prozesse der Veränderung und Entwicklung in organisatorischer Nachhaltigkeit durchlaufen hat, entwickelt damit auch eine gewisse Neigung, Prädisposition, Haltung und Handlungsorientierung. Sie

- **entziffert ihren Kontext (sowohl den unmittelbaren als auch den ferneren) und reflektiert darüber.** Diese Form der Führung scheut sich nicht, über den sich verändernden Kontext zu reflektieren und ihn in den Blick zu nehmen mit all seiner wachsenden Komplexität und seinen Wechselbeziehungen zwischen Akteuren und Problemfeldern.

Sie reflektiert gemeinsam mit anderen über die sich ergebenden Herausforderungen, nicht nur über die im weiteren Umfeld, sondern auch über die im unmittelbaren Kontext – ihre eigene Nachbarschaft und ihre Glaubensgemeinschaft, d. h. das Gemeindeleben. Das Gegenteil dieser Haltung wäre es, nur nach innen zu blicken, eingeschlossen zu bleiben wie in einem Silo. Die Bereitschaft, den Kontext zu entziffern, trägt dazu bei, den Ruf, den Gott an uns hier und jetzt richtet, auch wahrzunehmen und zu verstehen und sich die Situation der Gemeinschaft im Blick auf die sich ergebenden Herausforderungen zu vergegenwärtigen und zu analysieren.

- **kommt zu Erkenntnissen aus einem Bewusstsein der eigenen Identität heraus.** Diese Form der Führung ist bestrebt, ihren Kontext aus ihrer konfessionellen, ökumenischen und kulturellen Identität heraus zu verstehen und trägt so zu einer gemeinsamen Vision und Entwicklung von Werten bei, die Organisationen Zusammenhalt, Richtung und Klarsicht vermittelt. Sie wird ihre Identität im Kontext sehen und mit moralischer Integrität die Entwicklung solider und verlässlicher Modelle in der Organisation inspirieren. Mit kritischem Blick auf die eigene Identität und mit einem Bewusstsein für die eigene Rolle und den gegenwärtigen Augenblick versucht sie zu erkennen, welchen Beitrag die Kirche zu Gottes Mission leisten kann.

- **hat ein Gespür für eine langfristige Kontinuität und für die Kirche als Ganzes.** Diese Form der Führung hat eine langfristige Vision und einen Sinn für Kontinuität. Sie bedenkt die Geschichte ihrer Glaubensgemeinschaft, der Kirche und der Gemeinschaft der Kirchen (in der Vergangenheit) und denkt zugleich langfristig (in die Zukunft). Sie bleibt nicht im Tagesaktuellen befangen. Sie ist gekennzeichnet durch einen umfassenden Horizont, langfristige, gemeinsame Ziele, Prozesse der Dezentralisierung und die Übergabe von Aufgaben an Nachfolger.

  Sie denkt nicht nur in Begriffen von Individuen und Gruppen (meine Gemeinde, meine pastorale Arbeit, mein Dienst etc.), sondern hofft die Kirche als solche zu beeinflussen. Sie behält nicht nur die konstituierenden Teile der Kirche im Blick, sondern die Kirche als Ganzes. Sie befähigt Menschen zusammenzuarbeiten, Informationen auszutauschen, Wissen und Kompetenzen zu verbinden und Entscheidungen im Team zu treffen, um den strategischen Herausforderungen beim Aufbau belastbarer Organisationen und einer verbesserten Nachhaltigkeit begegnen zu können. Sie konzentriert sich auf die Entwicklung von Führung in der ganzen Kirche (nicht nur ordinierte Leitungsverantwortliche oder nur bezahlte Arbeitskräfte) und ist bestrebt, gemeinsame, wechselseitige Fähigkeiten zu entwickeln (Coaching und Ausbildung). Sie ist sich dessen bewusst, dass die Konzentration auf Veränderungen, die den ganzen Leib (siehe 1. Kor 12) betreffen, in Bestrebungen und Veränderungen münden, die Bestand haben werden.

Das sind Potentiale, Ideen und Haltungen, gewonnen aufgrund früherer Erfahrungen, die Individuen in eine Situation einbringen, um diese besser zu verstehen, mit anderen Worten „Retinas“, mit denen Führungsverantwortliche ihre Situation einer sinnvollen Deutung unterziehen.

Fähigkeiten

Es gibt drei spezifische Fähigkeiten, die von besonderer Bedeutung sind für die kontextuelle Mission, die, wenn sie in der Leitung der Kirchen präsent sind und zusammenwirken, einen deutlichen Fortschritt und sichtbaren qualitativen Sprung zur Folge haben. Es sind die Fähigkeiten

- **Konnektivität zu entwickeln, Netzwerke zu verwalten und Prozesse zu erleichtern.** Dies bedeutet, andere Akteure mit ähnlichen Zielen zu erkennen, Dialoge und wirksame Zusammenarbeit zu organisieren, um Menschen, meist nur für eine befristete Zeit, zusammenzubringen zur Erreichung gemeinsamer Ziele; Arbeit in Verbindung mit Netzwerken und Einrichtungen der lutherischen Gemeinschaft, der Ökumene und der lokalen und globalen Zivilgesellschaft.

  Eine Führung, die fähig ist, mit anderen in Verbindung zu treten, ist sich dessen bewusst, dass nachhaltige Organisationen auf Zusammenarbeit in Allianzen und Netzwerken aufbauen und eine Vision erfordern, die von vielen Akteuren, Parteien und Interessengruppen geformt und ausgestaltet wird. Sie ist in der Lage zu erkennen, wie Teile von Systemen und Subsysteme verbunden sind und wie sie zusammenwirken, um ein neues Ganzes zu schaffen. Sie erleichtert partizipative Prozesse, die neue Kenntnisse vermitteln und Bevollmächtigung fördern. Die Entwicklung der Fähigkeit zur Zusammenarbeit führt zu einem Verständnis von Gottes Mission und zu ihrer Verwirklichung in der Praxis.

- **kreativ und innovativ zu arbeiten:** Unter Kreativität und Innovationsvermögen verstehen wir hier die Fähigkeit, innovativ und eigenständig Probleme zu lösen, indem die Gaben und Talente, die Klugheit, der Mut und die Besonnenheit eingesetzt werden, die Gott uns gegeben hat, um auf neue Weise zu Lösungen zu gelangen. Eine kreative und innovative Führung gestaltet auf nachhaltige Weise die Dienste neu, zu denen die Kirche beauftragt ist: *diakonia, liturgia, kerygma.*

Diese Art von Führung fördert die Entwicklung von Fähigkeiten und neuen Ideen, nicht nur im traditionellen Bereich der ordinierten Leitungsverantwortlichen, sondern auch in Leitungsteams und bei anderen Mitarbeiterinnen und Mitarbeitern. Sie initiiert lokale Managementinitiativen und zugleich Initiativen, die zur Entwicklung von Systemen beitragen, die die organisatorische Nachhaltigkeit stärken. Sie hat stets Veränderungen im Blick und wagt es, Initiativen zu ergreifen und alle verfügbaren Ressourcen voll auszunutzen. Diese Art der Führung ist anpassungsfähig und stabil zugleich.

- **zu planen, Pläne auszuführen und Rechenschaft abzulegen:** Es ist wichtig, notwendige Handlungen und ihre Durchführung vorausschauend zu bedenken, um die gesetzten Ziele erreichen zu können. Strategische, partizipative Planung, ein jährlicher Arbeitsplan, Monitoring, Nachbereitung und Evaluierung, weisen die Richtung und vervielfachen die in Glaubensgemeinschaften vorfindlichen Gaben, Fähigkeiten und Kapazitäten, führen zu einer höheren Beteiligung, nutzen begrenzte Mittel besser aus und schaffen Raum für nachfolgende Maßnahmen und ermöglichen so einen Erfolg der Planung. Sowohl interne wie auch externe Faktoren, die die Erreichung der erstrebten Ziele beeinflussen könnten, werden bei der Planung berücksichtigt. Die Pläne werden realistisch implementiert, und es werden kurzfristige Etappenziele formuliert.

  Diese Form der Führung weiß, was Rechenschaftspflicht mit sich bringt: zu informieren, zu begründen und Verantwortung für die Nutzung der zur Verfügung gestellten Ressourcen zu übernehmen, wie auch für die positiven oder negativen Auswirkungen eigener Entscheidungen und Tätigkeiten.

  Rechenschaft geben bedeutet also: Verantwortlichkeit, Transparenz, rechtmäßiges Handeln, Budgetkontrolle und Rechnungsprüfung.

Zusammenfassung

Im Rahmen des lateinamerikanisch-karibischen Nachhaltigkeitsprogramms konnten wir, wenn auch nur auf rein empirische Weise, einige der Kennzeichen und Merkmale von Führung bestimmen, die besonders wichtig für die Nachhaltigkeit der Kirchen sind. Als Ergebnis unterschieden wir zwischen a) Neigungen, d. h. einer bestimmten „Retina" als einer Erkenntnis vermittelnden mentalen Instanz, und b) Fähigkeiten bzw. Kompetenzen. Obwohl dies das Ergebnis unserer lateinamerikanisch-karibischen Erfahrungen ist, sind wir doch überzeugt, dass dieselben Fähigkeiten und Kompetenzen auch in anderen Kontexten eine wichtige Rolle spielen.

Die Qualifikationen, die eine Führung aufweisen muss, um zur Nachhaltigkeit der Kirchen beizutragen, sind u. a. richtiger Umgang mit Ressourcen und bestimmte Einstellungen, um das notwendige Management der kirchlichen Gemeinschaften und Organisationen zu bewältigen. Vielfältige Fähigkeiten sind nötig, doch sind drei von besonderer Bedeutung: die Fähigkeit Konnektivität zu entwickeln, Netzwerke zu verwalten und Prozesse zu erleichtern; kreativ und innovativ zu arbeiten; zu planen, Pläne auszuführen und Rechenschaft abzulegen. Diese drei in unserer Analyse näher betrachteten Fähigkeiten bewirken in ihrer Kombination einen deutlichen Fortschritt und sichtbaren qualitativen Sprung.

Sie setzen des weiteren bestimmte Neigungen voraus, wir haben auf drei hingewiesen: die Fähigkeit, den eigenen Kontext (sowohl den unmittelbaren als auch den ferneren) zu entziffern und darüber zu reflektieren; aus dem Bewusstsein der eigenen Identität heraus zu Erkenntnissen zu gelangen; ein Gespür für langfristige Kontinuität und für die Kirche als Ganzes zu haben.

Wir bereits erwähnt, hat unsere Analyse praktischer Erfahrungen uns ermöglicht, eine Reihe von aus dieser Praxis gewonnenen Erkenntnissen vorzulegen, d. h. Erfahrungswissen, das auf Beobachtungen basiert. Es berücksichtigt keine wissenschaftlichen Forschungsergebnisse. Deshalb ist eine weitere wissenschaftliche Analyse der Führungscharakteristika in Nachhaltigkeitsprozessen in Lateinamerika und in der Karibik notwendig.

Das nächste mittelfristige Ziel wäre es, dass die Kirchen selbst diese Führungscharakteristika in den Blick nähmen, um die Führungsqualifikationen in ihren Bereichen zu entwickeln und zu ihrer Nachhaltigkeit beizutragen. Theologische Fakultäten und Ausbildungsstätten, die Verantwortliche für die Kirchenleitung ausbilden, sollten daher Kurse zu Fragen der Führung und des Managements in ihre Curricula und Programme aufnehmen.

Fragen

Wie würden sie die Rolle von kirchlicher Führung in ihrem Kontext beschreiben?

Wie könnten Laien eine partizipatorische Führung in der Kirche unterstützen? Welche Fähigkeiten und Neigungen sollten sie dafür mitbringen?

Warum ist es nach lutherischem Verständnis wichtig, dass es in der Kirche eine synodale Leitungsstruktur gibt, die die Mitwirkung von Laien einschließt?

Konvivenz: Ein Grundwert der Diakonie

Ulla Siirto

Einleitung

Die Globalisierung und das Prinzip der Profitmaximierung stellen eine globale Herausforderung dar, auf die die weltweite lutherische Kirche eine Antwort zu geben versucht. Die Erfahrung zeigt, dass anscheinend alles – einschließlich des Menschen – für Geld zu haben ist. Was können wir tun, um gegen diese brutale Wirklichkeit zu protestieren?

Von Anfang an war die lutherische Kirche eine „protestantische" Kirche. Die lutherische Kirche ist mit anderen Worten eine Kirche, die sich nicht mit der gegebenen „Ordnung" der Welt abfindet, die von den Vertretern der jeweiligen Ordnung entweder verbal oder – wenn das nicht ausreicht – mit Gewalt verteidigt wird.

„Protestantisch" bedeutet nicht „oppositionell". Das Wort leitet sich von dem Lateinischen „protestare" ab, das „für etwas oder für jemanden Zeugnis ablegen" bedeutet. Das Neue Testament ist das Zeugnis von Gottes Liebe für die Menschen, die sich in Jesu Christi Worten und Taten kundgibt. Christi Handeln ist in großem Maße von Barmherzigkeit geprägt. Sein ganzes Dasein kann als *kenosis* verstanden werden – Christus steigt vom Himmel herab, um in seiner Barmherzigkeit an der irdischen Existenz der Menschen teilzuhaben. Er wird ein Mensch, mit allem, was dies mit sich bringt (Phil 2). In seiner Auferstehung bevollmächtigt er Menschen zu einem neuen Leben und zu erneuerten Beziehungen mit ihren Nächsten.

„Konvivenz" ist ein diakonisches Konzept, das diese erneuerte, christliche, evangelische Lebensweise bezeichnet. Im Folgenden werde ich einige

Aspekte der Konvivenz, so wie sie in der heutigen diakonischen und sozialwissenschaftlichen Forschung verstanden wird, darstellen.

Die Entwicklung von Diakonie vor dem Hintergrund unterschiedlicher Lebenswirklichkeiten

In der Diakonie Tätige aus ganz Europa nehmen an den Vorbereitungen für das 500jährige Reformationsjubiläum teil. Als Teil eines vom Lutherischen Weltbund unterstützten partizipatorischen Prozesses hat eine Gruppe von in der Diakonie tätigen Personen, die „Solidaritätsgruppe", gemeinsame Überlegungen zur diakonischen Arbeit im Kontext eines sich verändernden Europas unter dem Titel „Konvivenz schaffen – Zur Gestaltung von Gemeinwesendiakonie in Europa" veröffentlicht.[1]

In einer Bestandsaufnahme des sich verändernden europäischen Kontexts konnte die Solidaritätsgruppe feststellen, dass sich die verschiedenen gesellschaftlichen, wirtschaftlichen und politischen Veränderungen zunehmend globalisiert haben und daher in der einen oder anderen Weise alle europäischen Länder betreffen. Manche dieser Entwicklungen haben z. B. ganze Nationen an den Rand des Staatsbankrotts getrieben, neue Migrationsströme ausgelöst und zu einem steigenden Ungleichgewicht der Einkommen geführt. Zugleich sind lokale Gemeinschaften und viele Wohnviertel zur neuen Heimat für Menschen mit einem sehr unterschiedlichen kulturellen Hintergrund geworden.

Berichte aus verschiedenen Arbeitsumfeldern, Hintergrundinformationen und eigene Recherchen ermöglichten der Solidaritätsgruppe eine Einschätzung der sich verändernden Lage in Europa und regten die Gruppe an, ihre Aufgabe aus verschiedenen Perspektiven anzugehen. Zunächst widmete sich die Gruppe den wirtschaftlichen, sozialen und politischen Veränderungen und Krisen, die das Alltagsleben der Menschen am stärksten beeinflussen. Die Gruppe musste konstatieren, dass die junge und die alte Generation den höchsten Preis für die Veränderungen zahlen müssen. Weiterhin wurden der Einfluss der weltweiten Migrationsbewegungen und die extrem schlechten Lebensbedingungen vieler Menschen untersucht. Es gibt eine wachsende Zahl von Menschen, die aus der Gesellschaft ausgeschlossen werden und auf diese Weise eine „verborgene" Existenz führen, abgeschnitten von der übrigen Mehrheitsgesellschaft und den soziale Unterstützung gewährenden Organisationen.

[1] Tony Addy (Hrsg.), Seeking Conviviality – Reforming Community Diakonia in Europe (Geneva: The Lutheran World Federation, 2013), dt. „Konvivenz schaffen – Zur Gestaltung von Gemeinwesendiakonie in Europa", unter **https://www.lutheranworld.org/sites/default/files/DMD-Seeking_Conviviality_Diakonia_Europe_DE.pdf**

Im Anschluss an die gründliche Analyse verschiedener Kontexte formulierte die Solidaritätsgruppe vier grundlegende Themenkomplexe: Berufung, Gerechtigkeit, Menschenwürde und Konvivenz, in deren Licht sie Diakonie in einer sich wandelnden Gesellschaft und in unterschiedlichen Gemeinschaften in den Blick nahm. Die ersten drei Themen werden sehr oft mit Diakonie in Verbindung gebracht, während das letztere eine neue Perspektive auf die Diakonie eröffnet. Mit „Konvivenz", einem von Theo Sundermeier in die Missionstheologie eingebrachten Begriff, geben wir den englischen Terminus „conviviality" wieder, den Ivan Illich in seinem Buch „Tools for Conviviality"[2] eingeführt hat. (Der spanische Begriff „convivencia" hat dieselbe Bedeutung.) Bei Illich bezeichnet der Begriff die autonome und kreative Kommunikation zwischen Menschen und zwischen Menschen und ihrer Umwelt. Die Solidaritätsgruppe entwickelte das Konzept der Konvivenz weiter und definierte es als die Kunst und Praxis des Zusammenlebens in Solidarität. Die Kunst und Praxis des Zusammenlebens hat sich zu einer neuen Herausforderung entwickelt, insbesondere angesichts der Existenz zunehmend unterschiedlicher Gemeinschaften.

Von der Gastfreundschaft zur Konvivenz

Man hat in der Diskussion über Fremde und Einwanderung wiederholt auf das Konzept der Gastfreundschaft zurückgegriffen, aber wir können dieses Konzept natürlich ganz allgemein auf alle Beziehungen mit dem „anderen" – mit „fremden" oder „unterschiedlichen" Menschen – anwenden. Im Zusammenhang mit der Frage der Migration ist nun das Verhältnis der beiden Konzepte „Gastfreundschaft" und „Konvivenz" von besonderem Interesse. Gastfreundschaft spielt in der Bibel eine große Rolle: Gäste bzw. Fremde sollen besser behandelt werden als die eigene Familie oder Gruppe (siehe z. B. Gen 18–19; Hebr 13:2). Sie ist sozusagen ein Basiskonzept für den Umgang mit anderen Menschen.

Jacques Derrida, der selbst ein Einwanderer war, hat sich in seinem 1997 erschienenen Buch „De l'Hospitalité" mit der Thematik auseinandergesetzt.[3] Für Derrida handelt es sich bei der Gastfreundschaft um ein problematisches Konzept. Er weist darauf hin, dass die Gäste, wenn sie erst

---

2 Ivan Illich, Tools for Conviviality (New York: Harper & Row, 1973). Deutsche Übersetzung: Selbstbegrenzung: Eine politische Kritik der Technik", München 2012 (2. Aufl.).

3 Jacques Derrida, De l'hospitalité (avec Anne Dufourmantelle), Paris: Calmann-Lévy 1997. (Dt.: Von der Gastfreundschaft. Mit einer „Einladung" von Anne Dufourmantelle. Wien: Passagen-Verlag 2015).

einmal soweit integriert sind, dass sie sich der Bevölkerung angeglichen haben, gar keine Gäste mehr sind und die Gastfreundschaft sich auflöst. Andererseits verschwindet die Gastfreundschaft ebenfalls dort, wo die einheimische Bevölkerung den Neuankömmlingen keinerlei Bedingungen stellt und sie ihr Leben, wie immer sie es wollen, leben lässt.

Das Konzept der Gastfreundschaft hat noch weitere problematische Aspekte. Es setzt voraus, dass der Gast ein bloßer Besucher ist und eines Tages wieder weggehen wird. Was aber, wenn der Gast gekommen ist, um zu bleiben? Wird er dann nicht zum Mitansässigen? Ist in diesem Fall der Begriff der Gastfreundschaft noch ein gültiges Konzept?

Anstelle der Gastfreundschaft geht das Konzept der Konvivenz davon aus, dass auf die eine oder andere Weise alle Gemeinschaften unterschiedlich sind und alle in einem Gebiet Ansässigen die Kunst und Praxis des Zusammenlebens lernen und gegenseitige Unterschiede respektieren müssen. In einer Konvivenz praktizierenden Gesellschaft tolerieren die Menschen die Unterschiede nicht nur, sondern akzeptieren sie und empfinden gegenseitigen Respekt. Dabei ermöglicht ein alltägliches Miteinanderteilen das Lernen voneinander. Indem wir unsere Identität anderen Identitäten aussetzen, können wir mit denen gegenseitige Beziehungen aufbauen, die sich von uns unterscheiden.[4]

Eine Reihe von Untersuchungen hat gezeigt, dass Menschen am Liebsten mit anderen Menschen zusammen sind, die ihnen gleichen. Das wird sichtbar in der gegenseitigen Abgrenzung von Nachbarschaften, der Art wie sich Freundschaften bilden und wie Freizeit gestaltet wird. Die Kunst des Zusammenlebens jedoch erfordert einen bewussten Lernprozess. Die Mitglieder einer Gemeinschaft müssen die Grenzen überwinden, die sie zwischen unterschiedlichen Menschen und Weltanschauungen errichtet haben. Das bedeutet sehr oft, dass man den eigenen Wohlfühlbereich verlassen muss.

Auch die Auffassung, dass manche Menschen zu verschieden sind, um zusammenleben zu können, muss in Frage gestellt werden. In einer sich rasch wandelnden Gesellschaft ist die Kunst und Praxis des Zusammenlebens eine Notwendigkeit. Die Menschen können nicht weiterhin Barrieren errichten; wir haben gesehen, wohin das führt: in die Katastrophe. Konvivenz ist ein Teil des Wesens jedes Menschen. Die Menschen sind in ihrer ganzen Vielfalt zum Bilde Gottes geschaffen worden, und indem sie einander kennenlernen und zusammen agieren haben sie Anteil an Gottes schöpferischem Werk. Die Kunst und Praxis des Zusammenlebens setzt jedoch Neugier und die Bereitschaft, voneinander zu lernen, voraus. Unter-

[4] Vgl. Theo Sundermeier, Konvivenz als Grundstruktur ökumenischer Existenz heute, in: Missionswissenschaftliche Forschungen, Neue Folge 3 (1995).

suchungen haben gezeigt, dass in Nachbarschaft lebende Gemeinschaften in der Regel toleranter sind als Gemeinschaften, die solche Erfahrungen nicht machen. Dies deutet darauf hin, dass Konvivenz im Laufe der Zeit gelernt wird.[5]

Konvivenz: Solidarisches Zusammenleben

Das Wort „Solidarität" fügt dem Konzept der Konvivenz eine zusätzliche Perspektive hinzu. Solidarität bedeutet Miteinanderteilen und Aufgabe der Selbstbezogenheit. Das hat nichts mit Wohltätigkeit zu tun, die sehr leicht eine Dimension von Kontrolle annimmt. Zur Solidarität gehört die gemeinsame Anstrengung bessere Voraussetzungen für das Zusammenleben zu schaffen und im weiteren Sinne eine bessere Welt. Solidarität bedeutet gemeinsame Aktivitäten für das Gemeinwohl, wobei jeder seine eigenen Beweggründe und Hoffnungen und die der anderen besser zu verstehen versucht. Solche gemeinsamen Lernprozesse können dazu beitragen, Gemeinsamkeiten und Unterschiede deutlicher zu erkennen, damit zum Aufbau von Gemeinschaft beitragen und das Bewusstsein für aktuelle Belange schärfen.

In seinem Vortrag „Why can't we live together?"[6] unterscheidet Miles Hewstone, ein bekannter, mit Preisen bedachter Professor der Sozialpsychologie, der in Konfliktgebieten Forschungsarbeit geleistet hat, zwischen Möglichkeiten der Begegnung und sinnvollen Begegnungen. Seiner Ansicht nach schaffen Möglichkeiten der Begegnung nicht automatisch Gemeinschaftlichkeit. Vielmehr sind es die sinnvollen Begegnungen, auf die es ankommt, denn sie verhindern das Entstehen von Vorurteilen und schaffen Empathie. Bereits wenn eine Person eine einzige „andersartige" Person kennt, wird das zu einem größeren Verständnis und zu größerer Akzeptanz derjenigen beitragen, die sich „unterscheiden".

Paul Gilroy seinerseits meint, das Konzept der Konvivenz führe einen neuen Aspekt in die Diskussion über Diversität, d. h. Vielfalt, ein. Nach ihm ist Konvivenz mit dem Erleben interaktiver Prozesse verknüpft. Seiner Ansicht nach könnten viele Probleme durch gemeinsame Begegnungen gelöst werden, die dazu beitragen, ein Gefühl der „Gleichheit" entstehen zu lassen. Wenn Menschen durch ein gemeinsames Anliegen vereint sind, können

---

[5] Cf. Madeleine Bunting, If you don't think multiculturalism is working, look at your street corner, in: The Guardian, 16. März 2014, unter **http://timeli.info/item/1227726/The_Guardian_Comments/If_you_don_t_think_multiculturalism_is_working__look_at_your_street_corner___Madeleine_Bunting___**.

[6] **https://www.youtube.com/watch?v=ZunC2u7pUd4**

sie andere bestehende Differenzen überwinden. Man kann erkennen, wie sich solche gemeinsamen Anliegen in lokalen Gemeinschaften entwickeln, wenn Menschen anfangen, sich gemeinsam für eine Verbesserung ihrer Lage einzusetzen und zu kämpfen.

Darüber hinaus ist es wichtig festzuhalten, dass Konvivenz auch mit der Atmosphäre und den Gefühlen zwischen den Menschen zu tun hat.[7] Miteinander Teilen und gemeinsames Lernen ziehen unweigerlich auch gemeinsame Feiern in der Gemeinschaft nach sich.

Konvivenz in der Diakonie

Die Gesellschaft verändert sich, die Kirchen stehen vor neuen Herausforderungen, und die sozialen Probleme werden drängender. Die diakonische Arbeit (und die weiteren Arbeitsbereiche der Kirche) müssen offen sein für die sozialen Realitäten, d. h. die Armut und die Marginalisierung vieler Menschen und mitunter ganzer Gemeinschaften und Regionen. Die Mitglieder der Kirchen sollten als eine Kirche inmitten der Menschen leben und sich mit ihnen zusammen für gesellschaftliche Veränderungen einsetzen.

Veränderung kann in einer diakonischen Kirche beginnen, die Brücken zwischen lokalen Gemeinschaften und Menschen aus sehr unterschiedlichen sozialen Schichten baut. Eine diakonische Kirche kann Raum für Lernprozesse schaffen. Sie kann Erwerbslose in den Aufbau von Gemeinschaft und in die ehrenamtliche Gemeindearbeit einbinden. Die diakonische Kirche wird getragen von Motivation, Präsenz und Teilnahme, die aus Erfahrungen, zwischenmenschlichen Beziehungen und dem Glauben erwachsen.

Die Solidaritätsgruppe ist der Überzeugung, dass in der Diakonie Reflexion und Handeln auf den vier oben genannten Themen fußen sollten: Berufung, Gerechtigkeit, Menschenwürde und Konvivenz. Die Berufung erfolgt einerseits durch Gott und andererseits durch die Leidenden selbst. Die Fähigkeit, den anderen und die unterschiedlichen Bereiche der Wirklichkeit wahrzunehmen zu können, erfordert eine Achtsamkeit, die es erst ermöglicht mit Menschen vor Ort zusammenzuarbeiten, um Veränderungen zu bewirken. Solidarisches Zusammenleben gründet auf respektvoller Interaktion und Gegenseitigkeit.

---

[7] Amanda Wise, Hope and Belonging in a Multicultural Suburb, in: Journal of Intercultural Studies 26(1) (2005), 171–86. Amanda Wise & Selvaraj Velayutham, Conviviality in everyday multiculturalism: Singapore and Sydney compared, European Journal of Cultural Studies (2013), unter **www.academia.edu/4391937/Conviviality_in_everyday_multiculturalism_Singapore_and_Sydney_compared**

In der diakonischen Arbeit begegnen kirchliche Mitarbeiter und Ehrenamtliche vielen Menschen, die den Preis für die herrschende soziale Ungerechtigkeit zahlen. Die Verwirklichung von Gleichheit und Gerechtigkeit gehört zu den Zielen der Diakonie. Deshalb ist es wichtig, dass in der Diakonie Tätige Menschen in Not nicht diskriminieren und darauf achten, ihre Macht in Beziehungen und bei Entscheidungen nicht zu missbrauchen. Diakonischen Werten folgen heißt sich für ein würdevolles Leben einsetzen, für Beziehungen und Strukturen, in denen die grundlegenden Menschenrechte gelten. Diakonische Praxis äußert ihren Widerspruch zur Konsumgesellschaft und der vom Markt beherrschten Wirtschaft, indem sie ihre Werte in die Praxis umsetzt und alternative Wege der Bedarfsdeckung und Bedürfnisbefriedigung fördert. Sie steht immer auf der Seite der Schutzlosen. Damit zeigt Diakonie in aller Deutlichkeit, dass niemand für Geld zu haben ist.

Auf dem Weg zum 500jährigen Jubiläum der Reformation

Der Ausgangspunkt zur Reform einer Gemeinwesendiakonie ist die örtliche Situation. Die diakonische Berufung gründet auf der Ortskirche und dem Gemeindeleben. In der diakonischen Zusammenarbeit innerhalb des durch den Prozess „Konvivenz schaffen" entwickelten Rahmens können Gemeinschaften entstehen, die fähig sind, Ausgeschlossene zu integrieren. Die Kunst und Praxis des solidarischen Zusammenlebens bildet die Grundlage für eine diakonische Gemeinde und eine lokale diakonische Praxis. Das Eintreten für Gerechtigkeit findet Rückhalt in einer Gemeinschaft, die in ihrer Gesamtheit dasselbe Ziel verfolgt. Die Menschen sind in all ihrer Vielfalt zum Bilde Gottes geschaffen und besitzen daher eine gottgegebene Würde. Darüber hinaus ermutigt uns Christus, der auf kenotische Weise Mensch geworden ist, dazu, selbst ganz menschlich zu werden und gegen die Kommerzialisierung unserer Mitmenschen Stellung zu beziehen. „Zur Freiheit hat uns Christus befreit! So steht nun fest und lasst euch nicht wieder das Joch der Knechtschaft auflegen!" (Gal 5:1) Darum sind alle Menschen wertvoll. Die Re-formation der Diakonie erfordert ebenso die Unterstützung örtlicher Aktionen. Es ist wichtig, dass die Menschen eine Ausbildung bekommen, die es ihnen ermöglicht, in einem neuen Kontext zu handeln und zukünftig für sich selbst einzustehen.

Der Prozess der Re-formation der Diakonie dauert an, ganz auf einer Linie mit dem Hauptthema des Reformationsjubiläums: „Befreit durch Gottes Gnade". Konvivenz beschreibt nur einen Aspekt dieser Befreiung. Die europäische Solidaritätsgruppe hat sich in drei Untergruppen aufgeteilt, die ihre Arbeit zu den Unterthemen des Jubiläums, nämlich Erlösung, Menschen, Schöpfung fortführt und damit deutlich machen will, dass diese nicht für Geld zu haben ist. Eine der thematischen Gruppen bedenkt konkrete Schritte im Blick auf Konvivenz, eine andere untersucht Fragen einer Ökonomie der Konvivenz und die dritte arbeitet zum Thema einer Theologie der Konvivenz, die getragen wird von der Kenosis Christi und der Befreiung, die er den Menschen gebracht hat. In der verbleibenden Zeit bis zum Reformationsjubiläum wird die Solidaritätsgruppe ihre Arbeit auf diese drei konkreten Bereiche konzentrieren, die sicher den diakonischen Aktivitäten der Kirchen förderlich sein werden.

Fragen

Was bedeutet Konvivenz in Ihrem lokalen Kontext und was können Sie gemeinsam mit anderen zu ihrer Stärkung tun?

Welche Probleme könnten in Ihrem Kontext die Konvivenz gefährden?

Inwiefern bereichert das Konzept der Konvivenz Theologie und Spiritualität?

Gottes Reue – Menschen sind keine austauschbaren Waren

Douwe Visser

Der Herr sprach aber zu Mose: Geh, steig hinab; denn dein Volk, das du aus Ägyptenland geführt hast, hat schändlich gehandelt. Sie sind schnell von dem Wege gewichen, den ich ihnen geboten habe. Sie haben sich ein gegossenes Kalb gemacht und haben's angebetet und ihm geopfert und gesagt: Das ist dein Gott, Israel, der dich aus Ägyptenland geführt hat. Und der Herr sprach zu Mose: Ich sehe, dass es ein halsstarriges Volk ist. Und nun lass mich, dass mein Zorn über sie entbrenne und sie vertilge; dafür will ich dich zum großen Volk machen. Mose aber flehte vor dem Herrn, seinem Gott, und sprach: Ach Herr, warum will dein Zorn entbrennen über dein Volk, das du mit großer Kraft und starker Hand aus Ägyptenland geführt hast? Warum sollen die Ägypter sagen: Er hat sie zu ihrem Unglück herausgeführt, dass er sie umbrächte im Gebirge und vertilgte sie von dem Erdboden? Kehre dich ab von deinem grimmigen Zorn und lass dich des Unheils gereuen, das du über dein Volk bringen willst. Gedenke an deine Knechte Abraham, Isaak und Israel, denen du bei dir selbst geschworen und verheißen hast: Ich will eure Nachkommen mehren wie die Sterne am Himmel, und dies ganze Land, das ich verheißen habe, will ich euren Nachkommen geben, und sie sollen es besitzen für ewig. Da gereute den Herrn das Unheil, das er seinem Volk zugedacht hatte. (Ex 32:7–14)

Mose im Dialog mit Gott

In dieser Bibelpassage lesen wir von einem Gespräch zwischen Gott und Mose, das an die Grenzen dessen geht, was man von Gott und zu Gott sagen kann. Gott bereut und nimmt etwas zurück, was er gesagt hat. Das ist weit entfernt von einem theologischen Gottesbild, wonach es Gott unmöglich ist, etwas zu bedauern, weil er allmächtig und allwissend ist. Deshalb behaupten viele, diese Passage sei Ausdruck einer anthropomorphen Auffassung von Gott. Auch wenn dadurch die theologische Reflexion beiseite geschoben wird, bevorzuge ich es doch, wie andere auch, diese Passage mit einem „primitiven" Verständnis zu lesen. Wir lesen, dass Gott etwas Schreckliches sagt und Mose mit allen Mitteln verhindern will, dass Gott seinem Erlösungsversprechen untreu wird. Für Gott ist das Volk Israel austauschbar. Die Israeliten sollen nicht nur vernichtet werden (Mose ausgenommen), sondern Gott will auch ein neues und besseres Volk schaffen. Die Worte „für Geld" sind hier vielleicht nicht im wörtlichen Sinne anwendbar, aber der Gedanke, dass es hier um ein austauschbares Gut geht, schon. Gott ist auf Israel nicht angewiesen.

Gott bereut

Von der Perspektive des Bundes aus, war das, was Israel tat, nicht hinnehmbar. Die Israeliten betrachteten Gott als eine Ware; für sie war Gott für Geld zu haben. Sie hielten das Goldene Kalb für etwas Besseres. Ist also Gott dieses *quid pro quo* nicht erlaubt? Die Antwort ist nein, es ist nicht erlaubt. In Matthäus 7,11 sagt Jesus über Gott: „Wenn nun ihr, die ihr doch böse seid, dennoch euren Kindern gute Gaben geben könnt, wie viel mehr wird euer Vater im Himmel Gutes geben denen, die ihn bitten!" Gibt es Eltern, die ihre Kinder vernichten wollen? Es kann geschehen und geschieht auch, aber ist das Töten des eigenen Kindes nicht das Schrecklichste überhaupt? Kinder können es ihren Eltern manchmal wirklich schwer machen, aber Töten gehört nicht zum Vokabular von Eltern, wenn sie über ihre Kinder sprechen. Eltern sind die Quelle des Lebens ihrer Kinder. Wie könnten sie jemals willentlich dieses Leben wieder wegnehmen? Was das Kind auch tut, das ist nicht erlaubt. Ein Kind ist keine Ware, die man einfach wegwerfen kann.

Gott ist die Quelle des Lebens für die Menschen des Bundes, Israel. Gott ist die Quelle des Lebens der Erde selbst und von allem, was auf ihr lebt. Für Gott ist jeder Mensch einzigartig. Und die Worte Jesajas gelten hier voll und ganz: „Ich habe dich bei deinem Namen gerufen; du bist mein!" (Jes 43,1) Da er die Quelle ihres Lebens ist, kann Gott sie nicht wegwerfen. Das stünde im vollkommenen Widerspruch zu seinem Wesen.

Mose muss Gott „zurechtweisen", obwohl es doch offensichtlich für Menschen jenseits alles Erlaubten ist, Gott zu korrigieren. In der Bibel geschieht es gewöhnlich andersherum, ganz im Einklang mit der allgemeinen Auffassung vom Wesen der Beziehung zwischen Gott und den

Menschen. Nichtsdestotrotz ist es in dieser Passage ganz eindeutig Gott, der korrigiert werden muss, und das tut Mose auch. Und auf diese Bitte erfolgt die Reaktion, wie in Vers 14 beschrieben: „Da gereute den Herrn das Unheil, das er seinem Volk zugedacht hatte."

Das Wort „Reue" widerspricht dem Bild eines Gottes, der vollkommen und sakrosankt ist. In Artikel 1 des reformierten Niederländischen Glaubenbekenntnisses (Confessio Belgica) aus dem 16. Jahrhundert wird mit aller Eindeutigkeit gesagt, dass Gott „unveränderlich" ist. Bei Gott kann es keinen Sinneswandel geben. Der Konflikt zwischen dem theologischen Konzept eines „unveränderlichen" Gottes und der oben zitierten Passage, die ganz klar sagt, dass Gott „anderen Sinnes wird", ist jedoch letztlich weniger wichtig, als der Widerspruch zwischen Gottes Verheißung an Israel für immer sein Gott zu sein und seinem Sinneswandel, d. h. der Absicht sie zu vernichten und ein neues Volk zu erschaffen. Der Widerspruch zwischen der Veränderlichkeit und Unveränderlichkeit Gottes bleibt bestehen. Aber Paulus sagt über Gott: „sind wir untreu, so bleibt er doch treu; denn er kann sich selbst nicht verleugnen." (2 Tim 2,13) Mit der Vernichtung der Israeliten wäre Gott sich allerdings selbst untreu geworden und das kann nicht sein.

Die Bedeutung von Gottes Reue

Die Bibelpassage bleibt, wenn man es nicht vorzieht, sie mit Nietzsche als Menschlich-Allzumenschlich einfach beiseite zu schieben, eindrucks- und bedeutungsvoll. Niemand wird leugnen, dass die Reue Gottes zwar sehr schwer zu verstehen ist, sie aber auch Gott sozusagen auf die Erde bringt und dass sie dabei so einzigartig ist, dass dies schon ein Verweis auf die Besonderheit des damit Gemeinten ist. Das Wort „Reue" in Verbindung mit Gott kann nur bedeuten, dass etwas außer Frage steht.

Worte wie „bereuen" oder „bedauern" sind nicht die populärsten in einer Gesellschaft, die selbstbewusste Menschen bevorzugt. Managern ist es nicht gestattet, in aller Öffentlichkeit zu bereuen. Als zum Beispiel die schlimmsten Auswirkungen der Bankenkrise ans Tageslicht kamen, hat kaum ein Banker öffentlich Reue für das von ihm angerichtete Übel gezeigt. Der frühere Erzbischof von Canterbury, Rowan Williams, kommentierte das mit den Worten: „Es gab nirgends so etwas wie Reue oder Buße, wie ich es als Christ verstehe. Niemanden haben wir sagen hören, ‚also wirklich, wir haben Fehler gemacht und das ganze Grundprinzip unserer Arbeit war unwirklich und hohl.'"[1]

[1] **www.telegraph.co.uk**.

Aber auch im Privaten ist Reue nicht einfach. Es ist sogar sehr schwierig, vor der eigenen Ehefrau, dem Ehemann und vor allem den eigenen Kindern Reue zu zeigen. Aber es ist kein Versagen, wenn man bereut. Man versagt, wenn man die eigenen Fehler nicht bereut. Wenn das Böse nicht mehr böse genannt wird, und Sünde keine Sünde mehr ist. Die Sünde und ihre Folgen sollten wir niemals aus den Augen verlieren. In der Bibel folgt auf die Sünde Reue aber auch Vergebung. Und vor allem: ein neuer Anfang. So wie es einen neuen Anfang gab für Gott und das Volk Israel, ein neuer Anfang, der kommen musste. Denn auch für Gott sind Menschen keine Wegwerfartikel. Sie sind nicht für Geld zu haben! Sie sind niemals reif für die Vernichtung; sie sind keine austauschbaren Güter. Was Mose tat, war letztlich das, was jeder, der betet, hätte tun müssen: Gott an die Treue zu seinen Verheißungen erinnern! Unsere Gebete zu Gott sollten stark sein. Wir sollten Gott ganz nahe kommen. Wenn wir in unseren Gebeten um die Errettung der Erde und ihrer Lebewesen bitten, sollten wir nicht zu bescheiden sein. Die Psalmen können uns zu einer radikalen Direktheit in unseren Gebeten inspirieren.

Ausgehend von unserer festen Überzeugung, dass wir für Gott niemals eine Wegwerfware sein werden, müssen wir aber auch sagen, dass Gott ebenfalls „nicht für Geld zu haben“, d. h. frei disponierbar, ist. Dass Gott uns liebt, bedeutet nicht, dass das Böse nicht ans Tageslicht kommen muss. Gott wird von Mose „korrigiert“ aufgrund seiner Drohung, das Volk Israel zu vernichten, aber Gottes Zorn wird nicht korrigiert, denn den Israeliten kann das, was sie getan haben, nicht verziehen werden.

Die angeführte Bibelpassage sagt mit starken Worten, dass man Gott nicht austauschen kann. Das lässt sich aus Gottes Reaktion erschließen, nämlich der Absicht Israel zu vernichten, auch wenn er dann bereut, was er gesagt hat. Das zeigt, dass die Israeliten zu weit gegangen sind, aber es bestätigt auch, dass Menschen keine käuflichen Waren sind, denn Gott bereut seine eigenen Drohungen. Es ist vielleicht eine etwas zu anthropomorphe Redeweise von Gott, aber die Botschaft ist klar: für Gott sind Menschen keine Waren; sie sind nicht für Geld zu haben. Der Konflikt in Gott selbst mündet in dieser starken Botschaft.

Reue und Gottes souveräne Herrschaft

Die Worte, in denen Gott seine Reue äußert, waren Gegenstand zahlreicher exegetischer Diskussionen. Sicherlich ist es für diejenigen, die die Bibel auf eine traditionelle, wörtliche Weise auffassen und ein dogmatisches Gottesverständnis haben, schwierig zu verstehen, dass Gott Reue empfinden kann. Das sieht so gar nicht nach Gott aus! Andererseits kann ein traditionelles Verständnis die Tatsache, dass Gott Reue zeigt, nicht einfach als unwichtig bei Seite schieben. In der reformierten Tradition jedenfalls war das traditionelle Verständnis ganz sicher lange Zeit Standard. Nachdem man sich eingehend mit der Passage auseinandergesetzt hatte, kam man schließlich zu der Auffassung, dass sie ein sehr starker Ausdruck von Gottes Liebe für das Bundesvolk sei. Gott kann sein Volk nicht zerstören und wenn es den Anschein hat, er wolle es doch, kann Gott sogar ermahnt werden, sodass er bereut, was er Böses gesagt hat. Aber steht dies nicht andererseits im Widerspruch zu einer grundlegenden Aussage der reformierten Theologie, dass nämlich Gott souveräner Herrscher über alles Leben ist? Kann Gott nicht tun, was er will? Im reformierten Denken war der Grundsatz von Gottes souveräner Herrschaft stets verbunden mit der Vorstellung von der Erwählung durch Gott und dem Konzept der unwiderstehlichen Gnade (*gratia irresistibilis*). Zweifellos sind diese Konzepte in starkem Maße missverstanden und mitunter sogar missbraucht worden. Sie haben die Entwicklung einer gewissen fatalistischen Haltung begünstigt, des Empfindens, dass es keine Rolle spielt, was wir Menschen tun. Gott als souveräner Herrscher ist ganz weit oben über uns und macht mit uns, was er will. Aber – und das wird auch im Gespräch zwischen Gott und Mose deutlich – Gottes souveräne Herrschaft zeigt sich vor allem darin, dass er sich mit unwandelbarer Treue an sein Heilsversprechen hält. Gott wird es niemals brechen und wir können deshalb niemals den Glauben an Gott als die Urquelle des Lebens der Erde und ihrer Lebewesen verlieren. Das steht nicht zur Disposition und ist keine verhandelbare Ware.

Die Erde samt ihren Lebewesen gehört Gott. Gott will sie nicht und kann sie nicht aufgeben. Für reformierte Christen ist das eine zentrale Botschaft, die man nicht genug betonen kann. Das ist besonders wichtig in Situationen, in denen Menschen behandelt werden, als wären sie für Geld zu haben. Selbst Gott kann das nicht, geschweige denn wir – diese Botschaft müssen wir laut verkünden. Zum Bösen dürfen wir nicht schweigen. Es ist eine große Ungerechtigkeit, Menschen so zu behandeln, eine Leugnung der souveränen Herrschaft Gottes über alles Leben. Das ist der Grund, warum sich reformierte Christen so sehr für Gerechtigkeit einsetzen. Das Engagement für Gerechtigkeit liegt den reformierten Christen sozusagen in den Genen. Aber das trifft natürlich nicht nur auf reformierte Christen zu und man muss auch sagen, dass in der reformierten Tradition dieses Engagement nicht immer ohne Makel war.

Gottes Heiligung des Lebens

Dieses Engagement für Gerechtigkeit muss eingebettet sein in ein Bewusstsein von Gottes Rechtfertigungshandeln, welches die Grundlage unseres Leben vor Gott ist, in ein Bewusstsein der Heiligung des Lebens, die nur in einem Leben der Gerechtigkeit sichtbar gemacht werden kann. Menschliche Gerechtigkeit – *iustitia humana* – ist etwas Heiliges. Wenn eine Kirche oder eine Gemeinschaft von Kirchen Gerechtigkeit einfordert, dann kann dieser Ruf nach Gerechtigkeit immer nur unter der klaren Prämisse erfolgen, dass Gerechtigkeit etwas Heiliges ist. In einem Aufruf zur Gerechtigkeit sollte immer die biblische und theologische Grundlage dafür an erster Stelle stehen, um klarzumachen, dass es hier um Teilhabe an Gottes Werk geht. Gott hat uns geheiligt, damit wir nach Gerechtigkeit rufen. Nur diese biblische und theologische Grundlegung kann dem Gerechtigkeitsstreben einer Kirchengemeinschaft Gewicht verleihen. Man sollte also die ökonomische und politische Analyse nicht an die erste Stelle setzen und sich nicht auf eine solche Analyse beschränken. Eine öffentliche kirchliche Erklärung gewinnt nicht Bedeutung durch eine „säkulare“ Analyse, sondern durch eine tiefgehende biblische und theologische Begründung. Wenn sich reformierte Christen im Blick auf ihren Einsatz für Gerechtigkeit von Calvin inspirieren lassen, dann tun sie das vor dem Hintergrund dieser weiten Perspektive. Ohne diese hätten sie ein nur sehr eingeschränktes Verständnis von Calvin, das ihm nicht gerecht würde.

An dieser Stelle kann auf die oft sehr kritischen und negativen Haltungen gegenüber Calvin und seiner Theologie nicht eingegangen werden. In vielem können wir Calvin nicht unkritisch folgen und man muss ganz sicher aus ihm keinen Heiligen machen. In ihm aber nur den negativen Denker zu sehen, geht zu weit. Das letzte Ziel von Calvins Theologie ist es, dem ganzen Leben zu dienen.

Der Gerechtigkeit verpflichtet

Die Weltgemeinschaft Reformierter Kirchen (WGRK) hat ihre prophetische Stimme erhoben in der Anklage von ungerechten Verhältnissen. Man kann die Berechtigung dazu wohl kaum anzweifeln. Aber es besteht die Gefahr, dass dies zu einem sich wiederholenden Procedere wird und man muss auch nach Alternativen und anderen Lösungen Ausschau halten. Das Thema der Generalversammlung des Reformierten Weltbundes (der Vorgängerorganisation des WGRK) im Jahr 2004 war damals „Dass alle Leben in Fülle haben“. Dieses Thema bezieht sich auf Johannes 10, wo Jesus sich selbst als guten Hirten bezeichnet. Es ist klar, die Fülle des Lebens, die der gute Hirte seinen Schafen bringt, besteht darin, dass sie eine Weide finden. Sie werden kein Leben ohne Mühsal und Not leben. Der Dieb, der Mietling, der Wolf – sie werden alle kommen. Man könnte sie als Symbole der Ungerechtigkeit ansehen, der man widerstehen muss.

Die Weide hingegen symbolisiert das Leben. Die Gemeinschaft Jesu, die ihm nachfolgt, wird versuchen, der Ungerechtigkeit Widerstand zu leisten. Sie wird aber auch versuchen, die Weide zu finden. Beides gehört zum lebensspendenden Dienst der Kirche. Und auch hier sehen wir, dass alles mit der Gnade anfängt. Gott gibt das Leben. Wir haben es nicht nötig, uns voller Stress auf die Suche nach dem Leben zu machen. Die Gnade Gottes befreit uns, aber „die befreiende Gnade ist auch die Gnade, die formt."[2] Es ist wichtig, grundlegende Praktiken für einen, auch an anderer Stelle schon so genannten, lebensspendenden Dienst zu entwickeln. Und viele dieser Praktiken wird man nicht nur in der christlichen Gemeinschaft finden. In dieser Gemeinschaft jedoch können sie sich nicht ohne einen theologischen Hintergrund entfalten: „Eine Praxis muss immer ein über sich hinausweisendes Gut verfolgen und die sich selbst verströmende Dynamik von Gottes schöpferischer, erlösender und bewahrender Gnade verkörpern."[3] Andererseits bedeutet dies nicht, dass die christliche Praxis getrennt werden sollte von anderen Praktiken bzw. dass christliche Gemeinschaften nicht mit nicht-christlichen Gemeinschaften zusammenarbeiten sollten. Gott ist in der ganzen Welt gegenwärtig und nicht nur in der Kirche. Es ist offensichtlich, dass die christliche Gemeinschaft niemals ohne Gott ihren lebensspendenden Dienst verrichten kann. Der lebensspendende Dienst der christlichen Gemeinschaft ist kein politisches Programm, aber eines, das weitreichende politische Folgen haben wird.

Es ist nicht zu leugnen, Menschen als Waren zu behandeln ist ein Unrecht. Dagegen muss sich eine prophetische Stimme erheben. Der einzigartige Konflikt in Gott selbst, der sein Volk vernichten wollte und dann bereute, kann nur in der festen Überzeugung bestärken, dass Menschen niemals eine Wegwerfware sein dürfen. Wir sollten dieses Übel mit demselben Eifer anklagen, mit dem Mose damals Gott anflehte, das Volk Israel nicht als disponierbares Gut zu behandeln, denn das war ein Übel, das Gott bereute.

---

[2] Siehe Dorothy C. Bass, Ways of Life Abundant, in: Dorothy C. Bass (Hrsg.), For Life Abundant: Practical Theology, Theological Education, and Christian Ministry (Grand Rapids: Wm. B. Eerdmans Publishing Co., 2008), 28.

[3] A. a. O., 30.

Fragen

Ist es möglich zu sagen: „Gott bereute, was er zu tun angedroht hatte“?

Sollten Worte wie „Sünde, Reue und Vergebung“ öfter benutzt werden?

Ist es vor allem die Aufgabe der Kirche, dem Engagement für die Gerechtigkeit eine theologische und biblische Grundlage zu geben?

Bibelarbeit: Galater 3,25-29

Susan Johnson

Eingangsgebet

Am Anfang betet zusammen:

Gnädiger Gott, wenn wir jetzt Dein Wort lesen und ergründen, öffne unsere Augen, damit wir sehen, unsere Ohren, damit wir hören, unseren Geist, damit wir denken und unser Herz, damit wir fühlen. Hilf uns, damit wir hören, wie Du durch diesen Text und durch uns selbst im Miteinander zu uns sprichst. In Jesu Namen beten wir. Amen.

Text

Lesen Sie laut Galater 3,25-29

> Nachdem aber der Glaube gekommen ist, sind wir nicht mehr unter dem Zuchtmeister. Denn ihr seid alle durch den Glauben Gottes Kinder in Christus Jesus. Denn ihr alle, die ihr auf Christus getauft seid, habt Christus angezogen. Hier ist nicht Jude noch Grieche, hier ist nicht Sklave noch Freier, hier ist nicht Mann noch Frau; denn ihr seid allesamt einer in Christus Jesus. Gehört ihr aber Christus an, so seid ihr ja Abrahams Kinder und nach der Verheißung Erben.

Diskutieren Sie: Welche Gedanken kommen Ihnen beim Lesen des Textes zuerst in den Sinn? Welche Wörter oder Gedanken fallen Ihnen besonders auf?

Der Lutherische Weltbund und das 500jährige Reformationsjubiläum

Der Lutherische Weltbund in seiner Gesamtheit – alle 145 Mitgliedskirchen, denen über 72 Millionen Christinnen und Christen angehören – bereitet sich auf die Feier des 500jährigen Jubiläums der Reformation vor. Wir tun dies gemeinsam mit unseren ökumenischen Partnern unter dem Thema „Befreit durch Gottes Gnade". In dieser Bibelarbeit befassen wir uns mit einem der Unterthemen: „Menschen – Für Geld nicht zu haben".

Wenn wir anfangen, über das Thema „Menschen – Für Geld nicht zu haben" nachzudenken, fällt uns als erstes die Sklaverei ein. Manche denken vielleicht, es gäbe auf dieser Welt keine Sklaverei mehr, aber das ist falsch. Sklaverei gibt es immer noch, und sie tritt in verschiedenen Teilen der Welt in unterschiedlichen Formen auf.

Nach Angaben der Internationalen Arbeitsorganisation (ILO) werden 20,9 Millionen Männer, Frauen und Kinder als Sklaven gehalten. Eine Person ist ein Sklave, wenn sie durch Androhung psychischer oder körperlicher Gewalt zur Arbeit gezwungen, von einem „Arbeitgeber" in Besitz genommen und kontrolliert, entmenschlicht und als Ware oder als „Eigentum" gekauft und verkauft, und körperlich, d. h. in ihrer Bewegungsfreiheit eingeschränkt wird. Sklaverei existiert, obwohl sie in allen Ländern, wo sie praktiziert wird, illegal ist.[1]

Zu den Formen der Sklaverei gehören Schuldknechtschaft, Kindersklaverei, Kinder- und Zwangsehen, Zwangsarbeit, Sklavendasein aufgrund der Abstammung und Menschenhandel.

Diskutieren Sie: Wie steht es um Ihren Kontext? Welche Formen der Sklaverei gibt es in ihrem weiteren Umfeld?

Lesen Sie Galater 3,25-29 noch einmal:

> Nachdem aber der Glaube gekommen ist, sind wir nicht mehr unter dem Zuchtmeister. Denn ihr seid alle durch den Glauben Gottes Kinder in Christus Jesus. Denn ihr alle, die ihr auf Christus getauft seid, habt Christus angezogen. Hier ist nicht Jude noch Grieche, hier ist nicht Sklave noch Freier, hier ist nicht Mann noch Frau; denn ihr seid allesamt einer in Christus Jesus. Gehört ihr aber Christus an, so seid ihr ja Abrahams Kinder und nach der Verheißung Erben.

Diskutieren Sie: Was sagt der Text Ihnen in Ihrem Kontext und angesichts der dort vorkommenden Formen der Sklaverei?

---

[1] www.antislavery.org/english/slavery_today/what_is_modern_slavery.aspx.

Unsere Taufe definiert uns

Martin Luther hat über den Galaterbrief sowohl 1519/1523 und 1535 Auslegungen verfasst. In der Auslegung der von uns gelesenen Verse stellt er dar, wie unsere Taufe in Christus uns bestimmt. Unsere Taufe macht uns einander gleich, ungeachtet wie andere uns definieren und herabwürdigen mögen. Hier sind einige seiner Worte:

> Paulus lehrt also, dass die Taufe nicht ein Zeichen, sondern ein Kleid Christi ist, ja, dass Christus selbst unser Kleid ist. Darum ist die Taufe das Kräftigste und Wirksamste. Wenn wir aber Christum angezogen haben als das Kleid unserer Gerechtigkeit und unserer Seligkeit, dann werden wir auch Christum anziehen als das Kleid der Nachfolge.[2]

> Das ist die Art der menschlichen und gesetzlichen Gerechtigkeiten, dass sie sich in Sekten teilen und nach ihren Werken unterschieden werden, indem der eine dies, der andere das bekennt und tut, und dem nachfolgt. In Christo aber ist allen alles gemeinsam, alles ist eines, und eines ist alles. So ist also weder Reich noch Arm, weder Schön noch Hässlich, weder Bürger noch Bauer, weder Benediktiner noch Karthäuser, weder Minorit noch Augustiner.[3]

Diskutieren Sie: Wenn wir in Christus eins sind, Gleiche in den Augen Gottes, weil wir Christus als das Kleid unserer Gerechtigkeit tragen, was ändert dies an der Art und Weise, wie wir uns gegenseitig einschätzen und wie wir miteinander umgehen?

Globale Advocacy

In seinem Kleinen Katechismus (1535) erklärt Martin Luther die vierte Bitte des Vaterunsers und erweitert die Definition von „täglich Brot" auf „Alles was Not tut für Leib und Leben".

Auf ähnliche Weise können wir unser Verständnis von „Menschen -Für Geld nicht zu haben" so erweitern, dass es alles einschließt, was bewirkt, dass wir nicht bekommen, was Not tut für Leib und Leben. Je nach unserem

---

[2] Martin Luther, Auslegungen über die Epistel an die Galater, 1535 (Dr. Martin Luthers Sämmtliche Schriften, hg. von Joh. Georg Walch, St. Louis 1880-1910, 9. Bd., Sp. 466, unter **http://www.maartenluther.net/walch10.html**.

[3] Martin Luther, Kürzere Auslegung des Galaterbriefes, 1519/1523 (Dr. Martin Luthers Sämmtliche Schriften, hg. von Joh. Georg Walch, St. Louis 1880-1910, 8. Bd., Sp. 1506-1507, unter **http://www.maartenluther.net/walch8.html**.

Kontext sind dies Armut, Krieg, erzwungene Migration und Binnenvertreibung, weibliche Genitalverstümmelung, häusliche Gewalt, Vergewaltigung, Ehrenmorde, nichtbehandelte Krankheiten wie auch Schuldknechtschaft, Kindersklaverei, Kinder- und Zwangsehen, Zwangsarbeit, Sklavendasein aufgrund der Abstammung und Menschenhandel.

Hier sei nun einiges angeführt, was der LWB in Sorge für die Nöte der Menschen unternimmt. So sind z. B. die Schwerpunktthemen für eine globale Advocacy im Rahmen der LWB-Strategie 2012–2017: Religionsfreiheit und interreligiöse Beziehungen, Klimawandel und Umweltschutz, Gendergerechtigkeit, Flüchtlinge, Binnenvertriebene und andere Zwangsmigranten/innen, unterdrückte Minderheiten und indigene Völker, wirtschaftliche Gerechtigkeit, HIV und AIDS.

Diskutieren Sie: Was haben diese Schwerpunktthemen mit Galater 3,25-29 und „Menschen – für Geld nicht zu haben" zu tun?

Gendergerechtigkeit

Der LWB hat ein Grundsatzpapier zur Gendergerechtigkeit verabschiedet und ermutigt die Umsetzung seiner Leitlinien in allen Bereichen der Kirchengemeinschaft und in allen Mitgliedskirchen. Es heißt darin:

> Als Gemeinschaft von durch die Taufe Gleichgestellten ist die Kirche berufen, Inklusivität prophetisch zu verkünden und zu praktizieren. So heißt es in Galater 3,27f.: Denn ihr alle, die ihr auf Christus getauft seid, habt Christus angezogen. Hier ist nicht Jude noch Grieche, hier ist nicht Sklave noch Freier, hier ist nicht Mann noch Frau; denn ihr seid allesamt einer in Christus Jesus[4]

und

> Der Mensch wird, unabhängig vom sozialen oder biologischen Geschlecht oder anderen Eigenschaften, durch die Gnade, die Vergebung und das neue Leben Jesu verwandelt. Machtunterschiede aufgrund der ethnischen Zugehörigkeit, der sozialen Schicht oder des Geschlechts verändern und verwandeln sich durch die Taufe. Alle sind eins in Christus.[5]

[4] Unter **www.lutheranworld.org/sites/default/files/DTPW-WICAS_Gender_Justice-DE.pdf**, 4
[5] A. a. O., 26

In einem früheren LWB-Dokument, „Kirchen sagen ›Nein‹ zur Gewalt gegen Frauen" werden wir ermutigt zur „Betonung von Paulus' Empfehlung von Frauen als Mitarbeiterinnen sowie Galater 3,28, wo das Ende unserer Unterschiede und unser Einssein in Christus betont werden."[6]

Lesen Sie den Text noch einmal. Auf welche Weise könnte er sie aufrufen, sich für Gerechtigkeit und für die Menschenwürde in Ihrem Kontext einzusetzen? Diskutieren Sie darüber.

Schlussgebet

Beschließen Sie Ihre Bibelarbeit mit dem folgenden Gebet aus den USA oder mit einem anderen Gebet Ihrer Wahl.

Jesus heile uns[7]

LeiterIn: Jesus, der du die Menschheit liebst, du hast die Tochter der syrophönizischen Frau geheilt, einer Fremden, die zu dir, einem jüdischen Lehrer, kam. In dem Geschenk deines Lebens hast du uns gezeigt, dass wir ein Volk sind, dass wir alle es wert sind, geliebt zu werden. Wir kommen heute zu dir, als Mütter im Geist und bitten für die Heilung der Welt:

Alle: Jesus, heile uns.

Für unser Land, das an den selbstverschuldeten Wunden des Rassismus, der Habgier, des Völkermordes an seiner Urbevölkerung und der Unterdrückung der Armen leidet, lehre uns, dass Größe nur in Gerechtigkeit, Großzügigkeit und Mitgefühl zu finden ist. Wir bitten:

Alle: Jesus, heile uns.

Um Frieden unter allen Nationen, dass die Knochen auf den Schlachtfeldern und in den von Tyrannen gegrabenen Massengräbern als auferstandene Menschheit zum Leben gelangen, die Frieden und Wohlergehen für alle auf Erden erstrebt. Wir bitten:

Alle: Jesus, heile uns.

---

[6] **www.lutheranworld.org/sites/default/files/Kirchen%20sagen%20Nein%20zur%20Gewalt%20gegen%20Frauen.pdf**, 39.
[7] Von Irene St. Onge, San Francisco, Kalifornien, in a.a.O., 56.

Für deine Kirche, gespalten, auf Irrwegen, oft intolerant, wir reiben uns die Augen und hoffen, dass unser Blick so klarer wird und immer auf dich gerichtet bleibt. Doch wir verlieren uns im Nebel der Irrtümer, Ängste und Zweifel. Sende uns das wegweisende Licht deines weisen Geistes, die Heilung durch deine Liebe. Wir bitten:

Alle: Jesus, heile uns.

Für alle, die wir hier in dieser Versammlung namentlich nennen und die Heilung und unsere Gebete brauchen (die Versammelten nennen Namen...). Und so feiern wir heute das Fest der Erlösung, stellen alle Lebenden in dein Erbarmen und danken dir für das Leben aller unserer Lieben, die schon jetzt im Himmel deine Herrlichkeit feiern.

Alle: Amen

Autorinnen und Autoren

Ayana, Ebise, M. A., Dozentin für Theologie, Mekane-Yesus-Seminar der Äthiopischen Evangelischen Mekane-Yesus-Kirche, Äthiopien

Driau, Gustavo, Koordinator des Nachhaltigkeitsprogramms LAC, Vereinigte Evangelisch-Lutherische Kirche (IELU), Argentinien

Fabiny, Tamás, Pfr. Dr., Bischof, Norddiözese der Evangelisch-Lutherischen Kirche in Ungarn, Vizepräsidenten des LWB für die Region Mittel- und Osteuropa, Ungarn

Johnson, Susan, Pfr., Leitende Bischöfin, Evangelisch-Lutherische Kirche in Kanada, Vizepräsidentin des LWB für die Region Nordamerika, Kanada

Nüssel, Friederike, Prof. Dr., Direktorin des Ökumenischen Instituts, Universität Heidelberg, Deutschland

Siirto, Ulla, Hauptdozentin, Hochschule der Diakonie für angewandte Wissenschaften, Järvenpää, Finnland

Visser, Douwe, Pfr. Dr., Exekutivsekretär für Theologie und Kommunion, Weltgemeinschaft Reformierter Kirchen, Deutschland

Younan, Munib, A., Pfr. Dr., Bischof, Evangelisch-Lutherische Kirche in Jordanien und im Heiligen Land, Präsident des Lutherischen Weltbundes, Jordanien

Schöpfung – für Geld nicht zu haben

Herausgegeben von
Anne Burghardt

Evangelische Verlagsanstalt
Leipzig

Bibliographische Information der Deutschen Nationalbibliothek
Die Deutsche Nationalbibliothek verzeichnet diese Publikation in der Deutschen Nationalbibliographie; detaillierte bibliographische Daten sind im Internet über http://dnb.dnb.de abrufbar.

© 2016 by Evangelische Verlagsanstalt GmbH • Leipzig

Printed in Germany • H 8041

Das Werk einschließlich aller seiner Teile ist urheberrechtlich geschützt. Jede Verwertung außerhalb der Grenzen des Urheberrechtsgesetzes ist ohne Zustimmung des Verlags unzulässig und strafbar. Das gilt insbesondere für Vervielfältigungen, Übersetzungen, Mikroverfilmungen und die Einspeicherung und Verarbeitung in elektronischen Systemen.

Das Buch wurde auf FSC-zertifiziertem Papier gedruckt.

Gesamtgestaltung:	Department for Theology and Public Witness LWF-Office for Communication Services
Druck und Binden:	druckhaus köthen GmbH & Co. KG

Veröffentlicht von:
Evangelische Verlagsanstalt GmbH, Leipzig, Deutschland, für
Lutherischer Weltbund
150, rte de Ferney, Postfach 2100
CH-1211 Genf 2, Schweiz

ISBN 978-3-374-04264-7

www.eva-leipzig.de

Parallelausgaben in Englisch und Spanisch

Inhalt

Einleitung

Anne Burghardt

Das vorliegende Heft ist Teil eines schmalen Sammelbandes, den der Lutherische Weltbund anlässlich des 500-jährigen Reformationsjubiläums 2017 veröffentlicht hat. „Schöpfung – für Geld nicht zu haben" heißt eines der Unterthemen des für das Jubiläum gewählten Hauptthemas „Befreit durch Gottes Gnade". Die an ein breites Publikum gerichteten Aufsätze in diesem Heft wurden von Autoren aus allen LWB-Regionen verfasst; die Ökumene ist hier durch einen griechisch-orthodoxen Theologen vertreten.

Angesichts der heutigen massiven Ausbeutung natürlicher Ressourcen ist entscheidend, dass wir Gottes ganze Schöpfung in den Blick nehmen. Wir lesen im Buch Genesis, dass Gott seine Schöpfung als „gut" ansah und sie der menschlichen Fürsorge anvertraute. Dass in Gen 1,26 von „herrschen" die Rede ist, wurde oft missbraucht und es ist allzu oft übersehen worden, dass Gott die ganze Schöpfung für „gut" erklärt hat, ganz unabhängig von ihrem Nutzen für den Menschen. Die erneuerte Beziehung zwischen Gott und den Menschen hat also auch Auswirkungen darauf, welche Beziehung die Menschen zum Rest der Schöpfung haben, denn die Schöpfung gehört zuerst Gott und ist unseren Händen nur anvertraut. Die Aufsätze in diesem Heft behandeln verschiedene Aspekte des Themas „Schöpfung – für Geld nicht zu haben", die verschiedenste Bereiche, so etwa die Gentechnologie (wobei hier die Frage gestellt wird, „wessen" statt „wer" wir sind), Fragen des Klimawandels und der Klimagerechtigkeit, Land Grabbing (Landaneignung) usw. betreffen. Die Reihe der in den Aufsätzen angesprochenen Themen ist weit davon entfernt, erschöpfend zu sein. Nichtsdestotrotz hoffen wir, einige erste Impulse geben zu können für theologisch kundige Diskussionen über ein Verständnis des Geschaffenseins durch Gott und die Bewahrung der Schöpfung.

Und Gott sah, dass es gut war: Überlegungen zur Schöpfungstheologie

Barbara R. Rossing

Es ist die mehrfach bekundete Überzeugung der Bibel und auch der lutherischen Grundlehren, dass die Schöpfung heilig und gut ist.

Der poetische, refrainartig wiederholte Satz: „Und Gott sah, dass es gut war", ist ein festes Strukturelement der in Genesis 1 erzählten Schöpfungsgeschichte. Sechs Mal mit Variationen wiederholt, kulminiert der Refrain dann in der Aussage des sechsten Tages: „und siehe, es war sehr gut" (Gen 1,33). Die hebräische Konjunktion *ki* kann auch adverbial mit „wie" übersetzt werden: „Und Gott sah, wie (*ki*) gut es war." Das „wie gut" verweist auf Gottes Entzücken, als er dessen gewahr wird, dass alle Elemente der Welt gut sind. Gott hat Freude an der Schöpfung.

„Gut" ist das Schlüsselwort – Gott schaut auf alle Aspekte der Welt und sieht, dass sie gut sind. *Tow* drückt im Hebräischen Freude, das In-Beziehung-Stehen und ebenso Schönheit aus. Ein rabbinischer Kommentar übersetzt *tov* mit „schön".[1]

Genesis 1 ist liturgische Poesie, die uns die Schönheit aller Elemente der Schöpfung zeigt. Sonne, Erde, Atmosphäre („die Feste"), Ozeane und alle biologischen Organismen einschließlich der Menschen und aller Arten von Pflanzen und Tieren: alle haben ihre eigene ökologische Nische, und alle sind schön und gut in den Augen Gottes.

---

[1] Ellen Bernstein, Creation Theology: A Jewish Perspective, in: The Green Bible (New York: Harper Collins, 2008), 1–53.

Der Blick auf die Erde

Gottes erste Reaktion auf die Schöpfung – sein Sehen – kann auch heute für uns ein Ausgangspunkt sein. Genesis 1 positioniert den Menschen in die Unermesslichkeit des ganzen Kosmos. Aus dem Weltall aufgenommene Fotos ermöglichen es uns, die Erde wie nie zuvor zu sehen. Das Foto mit Kultstatus, das die Besatzung des Raumschiffs Apollo 1972 von der Erde gemacht hat, das bekannteste Foto aller Zeiten, zeigt die Erde, die wie eine blaue Murmel aussieht mit ihren Ozeanen und Kontinenten, in all ihrer Schönheit. Wir sehen, was die Astronauten gesehen haben: die reine aber auch verletzliche Schönheit der Erde, und bekommen ein neues Gespür dafür, welche Stellung die Menschheit auf diesem Planeten hat, alles verbunden mit einem überwältigenden Gefühl der Ehrfurcht. Der Astronaut Michael Collins beschreibt es so:

> Ich erinnere mich ganz deutlich daran, was ich sah, als ich auf mein so fragiles Zuhause zurückblickte – eine glitzernde, zart blau-weiße, einladende Leuchte, ein winziger Außenposten, aufgehängt in die schwarze Unendlichkeit. Man muss die Erde hegen und pflegen, sie ist etwas so Wertvolles, das weiter bestehen *muss*.[2]

Im selben Sinne äußerte sich der Astronaut Bill Anders über die Mondumkreisung 1968: „Wir haben den ganzen langen Weg zurückgelegt, um den Mond zu erforschen, und das Wichtigste, was wir entdeckt haben, war die Erde."

Wenn man heute auf die Erde blickt, kann man ihre Schönheit sehen aber auch ihre Verletzlichkeit – die Verheerungen, die die Menschen auf Gottes guter Schöpfung anrichten. Astronauten berichten, wie schockiert sie waren beim Anblick der Veränderungen auf der Erde wie z. B. dem Schmelzen des polaren Eises. Commander Ellen Collins, die erste Frau, die eine US-amerikanische Space-Shuttle-Mission leitete, berichtet, wie sie die Insel Madagaskar sah: „Wir konnten die entwaldeten Gebiete sehen [...] Die normalerweise blaugrünen Flüsse und Wasserläufe waren jetzt braun von der in den Ozean schwemmenden Erde."[3]

Wie dünn und verletzlich die Erdatmosphäre im Verhältnis zum Rest des Planeten ist, können Astronauten ebenfalls sehen. Vom Weltall aus hat die Erdatmosphäre den Anblick einer „dünnen blauen Linie" – dünner als die Schale eines Apfels im Verhältnis zum Rest des Apfels. Das Buch Genesis bezeichnet diese schützende Schicht als eine „Feste".

---

[2] Michael Collins, Foreword, in: Roy A. Gallant, Our Universe (Washington, D. C.: National Geographic Society, 1980), 6.

[3] Zitiert in: Wangari Maathai, Replenishing the Earth: Spiritual Values for Healing Ourselves and the World (New York: Doubleday, 2010), 57.

Kohlendioxid (CO_2) ist farblos, sodass die Ansammlung von Kohlendioxid und anderer Treibhausgase in der Atmosphäre nicht direkt vom Weltall aus beobachtet werden kann. Was aber beobachtet werden kann, sind die Folgen der zunehmenden Konzentration von Kohlendioxid auf dem Planeten – das Austrocknen großer Seen wie des Tschadsees in Afrika; Flutkatastrophen in Asien; Entwaldung in den Gebieten am Amazonas und Kongo; schrumpfende Gebirgsgletscher weltweit; der Rauch von noch nie dagewesenen Großbränden; und durch große Dürre verursachte Staubwolken. Die übermäßige Hitzeentwicklung aufgrund der Treibhausgase (vor allem CO_2) zerstört das Ökosystem, das wir Menschen zum Überleben brauchen.

Gut, sehr gut

Gott sieht alle Geschöpfe als gut an. Indem er alle Geschöpfe gut nennt, beginnt Gott eine andauernde Liebesbeziehung mit der Erde und all ihren Geschöpfen. Gott „wird *berührt* durch das, was zu sehen ist“.[4] Wie Norman Habel anmerkt, wird der Ausdruck „gut“ ganz ähnlich verwendet, um die Reaktion von Moses Mutter auf die Geburt ihres Kindes zu beschreiben. Moses Mutter „sah, dass es ein gutes Kind war“ (Ex 2,2). Ähnlich in Genesis 1: „Gott erblickt die aus dem Wasser auftauchende Erde, und sieht dass es gut ist.‘“[5] Die Erde ist Gottes lebendiges Kind.

Für Gott ist die weiter bestehende schöpferische Fähigkeit der Erde – der Prozess, den Evolutionsbiologen als die Fähigkeit zur Hervorbringung neuer Arten bezeichnen – „gut“. Mit erstaunlicher wissenschaftlicher Einsicht beschreibt das Buch Genesis die Erde als Partner Gottes in der Schöpfung weiterer Lebensformen. Natürlich unterscheidet sich das vor der Entstehung unserer wissenschaftlichen Weltsicht geschriebene Buch Genesis von unserer modernen Kosmologie. Trotzdem stimmt seine Darstellung der stetigen Schöpfungskraft der Erde mit unserem Verständnis der biologischen Prozesse der Evolution und Artenentstehung überein. Mit der Schöpfung von Pflanzen am dritten Tag wird die Erde selbst Mitschöpfer Gottes und bringt eigene Geschöpfe hervor – „Und die Erde ließ aufgehen Gras und Kraut (Gen 1,12). Das wird am sechsten Tag wiederholt mit dem Entstehen der Tiere. „Die Erde bringe hervor lebendiges Getier, ein jedes nach seiner Art (Gen 1,24). Schöpfung ist ein Prozess von unten, in dem Geschöpfe ebenfalls Mitschöpfer werden und immer mehr eigene Geschöpfe in die überbordende Fülle des Lebens und der Schöpfung entlassen. Gott nennt diesen ganzen Prozess gut.

---

[4] Terrence Fretheim, God and World in the Old Testament: A Relational Theology of Creation (Nashville: Abingdon Press, 2005), 40.

[5] Norman Habel, The Birth, the Curse and the Greening of Earth: An Ecological Reading of Genesis 1-11 (Sheffield: Phoenix Press, 2011), 42.

Was bedeuten dieses Gutsein oder die Schönheit der Schöpfung für uns heute? Es kann viel bedeuten. So sind z. B. die Geschöpfe gut als Nahrung für die Menschen, wie Martin Luther in seinem Kommentar zu Genesis unterstreicht. Dass Gott die hungrigen Menschen mit den guten Gaben der Schöpfung ernährt, wird zunehmend wichtig in einem Zeitalter des Hungers.

Nützlichkeit für Menschen ist jedoch nicht die primäre Bedeutung von „gut". „Gut für die Menschen" ist es nicht, was Gott sagt. Das ist wichtig, denn die Ausbeutung der Ressourcen der Erde mittels Bergbau, Bohrungen, Ackerbau und Industrie ist stets damit gerechtfertigt worden, dass Gott in Gen 1,26 den Menschen die „Herrschaft" über die Schöpfung gegeben habe. Wenn wir aber die Schöpfungen jedes Tages genauer betrachten, stellen wir fest, dass Gott die Geschöpfe um ihrer selbst willen für gut erklärt, ganz unabhängig von ihrer Nützlichkeit für den Menschen. Das ist eine Perspektive, die auch in Gottes Reden aus dem Wettersturm im Buch Hiob 38-41 deutlich wird.

Vielleicht am wichtigsten ist, dass gut sein auch miteinander verbunden sein bedeutet, was ja ein ökologisches Prinzip ist. Gott erklärte die Gesamtheit der Schöpfung für „sehr gut" (*tov ma'ov*; Gen 1,31). Der Superlativ am sechsten Tag ist nicht für den Menschen allein bestimmt, wie manche anthropozentrischen Interpretationen behauptet haben. Vielmehr hat Gott erst als er alles überblickte und sah, wie die ganze Schöpfung zusammenwirkt, als ein miteinander verbundenes lebendiges ökologisches System, alles für sehr, sehr gut erklärt.

Das Gute als Gemeingut

Das Gutsein oder „Gut" der Schöpfung wirft heute für uns ethische Fragen auf.

Aus dem Wort „gut" kann man die Substantive „Gut", „Güter" herleiten, als Bezeichnung für Grundbesitz oder Privateigentum, vergleichbar dem Griechischen *ta agatha*. Jesu Gleichnis von dem Mann, der sich noch größere Scheunen baute, um seine „Güter" (Lk 12,18-19) unterzubringen, enthält eine dringende Warnung vor den Gefahren des Hortens von Gütern zum ausschließlich eigenen Nutzen. In seiner verzerrten Wahrnehmung glaubt der Mann, er selbst habe seine eigenen Güter geschaffen. Er erkennt nicht, dass es die Erde war, die seine üppige Getreideernte hervorgebracht hat. Der Mann verliert seine Seele. Martin Luther bezeichnet einen solchen Sammelwütigen als einen, der dem „Mammon" dient.[6]

Wenn „gut" in erster Linie im Sinne eines privaten Nutzens verstanden wird, ohne Berücksichtigung der Folgen für unsere Nächsten, die zukünftigen Generationen oder das Ökosystem, sind wir alle gefährdet.

[6] Margot Käßmann, Covenant, Praise and Justice in Creation: Five Bible Studies, in: David G. Hallman (Hrsg.), Ecotheology: Voices from South and North (Geneva/ Maryknoll: WCC/Orbis, 1994), 42.

Gott fordert uns auf, das Gute in der Schöpfung zu sehen, indem wir vor allem die Wechselbeziehungen in ihr wertschätzen.

Das 500-jährige Reformationsjubiläum 2017 markiert einen wichtigen Moment in der Geschichte der Schöpfung. Nach Ansicht des Sozialethikers Larry Rasmussen und anderer Theologen ist es Zeit für eine neue Reformation: Was wir brauchen, ist eine ökologische Reformation, die die Kirche auf eine Heilung der Erde und das Gemeingut ausrichtet.[7] In seinem Entwurf einer Öko-Reformation betont Rasmussen die Notwendigkeit einer Ökonomie, die das Gemeingut in den Vordergrund stellt und fördert, damit „die allgemeinen Primärgüter – Erde, Luft, Feuer, Wasser, Licht – als Grundvoraussetzungen eines von allen geteilten Gutes, eines Gutes für heute und die zukünftigen Generationen der Menschheit und aller Lebewesen, sorgsam behandelt werden“[8].

Wir leben in einer Zeit, in der alles einem ökonomischen Kalkül unterworfen wird, in der die Natur und die Atmosphäre aber zu oft noch als Abfallbehälter oder Ressource ohne Wert und Preis behandelt werden. Die meisten Länder dieser Erde haben auf Kohlendioxidverschmutzung noch keinen zu zahlenden Preis festgesetzt. Die Industrie darf fossile Brennstoffe verbrennen, ohne für die Folgen ihrer Verschmutzung zu zahlen. Die Lebensgrundlage armer Menschen wird durch eine nicht-nachhaltige Entwicklung bedroht. Die Bibel lehrt eine politische Ökonomie des „genug für alle“, die auf dem gemeinsamen Teilen von allem für das Gemeinwohl Gegebenen beruht (Ex 16). Liebe zum Nächsten einschließlich der zukünftigen Generationen steht im Zentrum sowohl der Bibel als auch der lutherischen Theologie.

Luthers Theologie der Schöpfung und des Kreuzes

Gottes Gnade ist nicht für Geld zu haben, das stellte Martin Luther schon vor 500 Jahren mit Nachdruck fest. Luthers kühne Kritik der Ökonomie war nicht nur ein Aufruf zur Reform der Kirche, sondern auch der Schuldenstruktur der Gesellschaft, die Ursache der Verarmung der Menschen war.[9] Heute können wir Luthers reformatorische Einsichten über die Nichtkäuflichkeit der Gnade und des Lebens auf andere Bereiche erweitern, ja auf die ganze Schöpfung

---

[7] Larry Rasmussen, Waiting for the Lutherans, in: Currents in Theology and Mission 37 (2010), 86–98.

[8] A. a. O., 78.

[9] Guillermo Hansen, Money, Religion, and Tyranny: God and the Demonic in Luther's Antifragile Theology, in: Wanda Deifelt (Hrsg.), Market and Margins: Lutheran Perspectives (Minneapolis: Lutheran University Press, 2014), 31–68.

selbst. Die Schöpfung und die zukünftigen Generationen sind meine Nächsten, die ich angehalten bin zu lieben. Sie sind nicht für Geld zu haben.

Wir können uns hier auf die Inkarnationstheologie und die sakramentale Theologie beziehen, für die Gott in allem Leben gegenwärtig ist. In seinen Schriften über das Abendmahl gegen die Calvinisten beharrte Luther darauf, dass das Endliche das Unendliche wirklich fassen könne: *finitum capax infiniti*. „Tiefe Inkarnation" ist ein vom dänischen lutherischen Theologen Niels Gregerson geprägter Ausdruck, um auf die radikale Inkarnation Gottes in aller Materie hinzuweisen. Nach der Inkarnationstheologie und der sakramentalen Theologie ist, wie Luther sagt, Gott gegenwärtig „in einem jeglichen Körnlein ganz und gar [...] und gleichfalls Christus: „Denn wie wohl er [Christus] überall ist in allen Kreaturen und ich möchte ihn im Stein, im Feuer, im Wasser oder auch im Strick finden, wie er denn gewisslich da ist."[10] Rasmussen und andere nennen das Luthers „freudigen Panentheismus". Auch heute, wo die Schöpfung so erniedrigt wird, können wir Luthers freudigem Bekunden zustimmen, dass Gott stets gegenwärtig ist:

> Drum muss er ja in einer jeglichen Kreatur in ihrem Allerinwendigsten, Auswendigsten um und um, durch und durch, unten und oben, vorn und hinten selbst da sein, das nichts Gegenwärtiges noch Innerliches sein kann in allen Kreaturen denn Gott selbst mit seiner Gewalt.[11]

Die lutherische Theologie des Kreuzes – die Nachdruck darauf legt, dass Gott auch und sogar vornehmlich in aller Gebrochenheit und allem Schmerz gegenwärtig ist – kann uns ebenfalls eine Hilfe sein im Umgang mit der Sünde der Umweltzerstörung und der Ungerechtigkeit, dass der Klimawandel sich vor allem auf die Ärmsten der Armen auswirkt. Sie hilft uns analytisch sowohl Sünde wie auch Wiedergutmachung angesichts der Umweltkrise in den Blick zu nehmen.[12]

Die spirituellen Perspektiven ethnischer Gemeinschaften können uns ebenfalls helfen, ein Bewusstsein dafür wiederzuerlangen, dass die Schöpfung gut ist. Der samische lutherische Theologe Tor Johnson betont das auf Gemeinschaft ausgerichtete Wesen der Schöpfung, in der alle Lebewesen in einem Kreis des Lebens miteinander verbunden sind. „In der Tradition

---

[10] Vom Abendmahl Christi. Bekenntnis, WA 19,339. Sermon von dem Sakrament, WA 19,392.

[11] Martin Luther, „Daß diese Worte Christi (Dies ist mein Leib etc.) noch fest stehen gegen die Schwarmgeister", WA 23,135.

[12] Wanda Deifelt, From Cross to Tree of Life: Creation as God's Mask, in: Karla Bombach / Shauna Hannan (Hrsg.), Eco-Lutheranism: Lutheran Perspectives on Ecology (Minneapolis: Lutheran University Press, 2013), 169–76.

der Sami gibt es die Vorstellung, dass die Schöpfung eine Stimme hat, auf die man hören sollte."[13] Johnson plädiert für einen öko-theologischen Ansatz, der mit der Schöpfung beginnt und eine „Theologie des Kreislaufs des Lebens"[14] erarbeitet.

Sind fossile Brennstoffe „gut"? Energie und Gemeingut

In unserer Erörterung der Klimakrise in theologischer Perspektive müssen wir uns auch der Frage zuwenden, ob fossile Brennstoffe als Teil von Gottes Schöpfung „gut" sind und wo hier Gefahren liegen. Bei der Energie haben wir es mit dem Problem widerstreitenden Nutzens zu tun. Der erste Akt Gottes in Genesis 1 ist die Schöpfung des Lichts, das uns mit Energie zum Leben versorgt. Das Sonnenlicht gibt Energie im Überfluss, genug um alles auf der Erde zu erhalten. Jede Stunde jeden Tages sendet die Sonne mehr Energie zur Erde, als die Menschen in einem ganzen Jahr verbrauchen.[15] Die Menschen haben im Laufe ihrer Geschichte herausgefunden, wie sie altes Sonnenlicht nutzen können – indem sie die Sonnenenergie verbrennen, die tief in der Erde in der Form von Kohle, Öl und Erdgas lagert, begraben seit Millionen von Jahren unter der Erdoberfläche.

Energie ist unabdingbar, damit menschliches Leben gedeihen kann. Aber wie erreichen wir ein Gleichgewicht zwischen der Notwendigkeit zur Erschließung billiger fossiler Brennstoffquellen und den Gefahren durch die Kohlendioxidverschmutzung? Klimaforscher sagen, dass wir drei Viertel der bekannten Ölvorkommen der Erde unberührt lassen müssen, um schädliche Auswirkungen für die Erde zu verhindern. Die Übernahme von Verantwortung für das Gemeinwohl und die zukünftigen Generationen erfordert eine Abkehr von fossilen Brennstoffen und stattdessen die Nutzung erneuerbarer Energien.

Bischof Mark Narum in North Dakota regt an, die Katechismusfrage Luthers „Was ist das?" auch in Bezug auf die Energiepolitik zu stellen. Viele Einwohner im Bereich der Western North Dakota Synode der Evangelisch-Lutherischen Kirche in Amerika (engl. ELCA), wo Bischof Narum sein Amt versieht, haben von dem enormen Ölschiefer-Boom profitiert, der durch

[13] Tore Johnson, Listen to the Voice of Nature: Indigenous Perspectives, in: Karen Bloomquist (Hrsg.), God, Creation and Climate Change: Spiritual and Ethical Perspectives, LWF Studies 02/09 (Minneapolis / Geneva: Lutheran University Press / The Lutheran World Federation, 2009), 101.

[14] A. a. O., 106.

[15] James B. Martin-Schramm, Climate Justice. Ethics, Energy, and Public Policy (Minneapolis: Fortress Press, 2010), 3.

die Entwicklung der hydraulischen Frakturierung und der Horizontalbohrtechnik ermöglicht wurde. Bischof Narum hebt das Gute hervor, das das Öl für die Landbesitzer und im Blick auf die Arbeitsmarktsituation im Land bedeutet. Das Öl bringt auch eine Vielfalt pastoraler Aufgaben in den Gemeinden mit sich und erfordert das Hören auf verschiedenste Stimmen. Narum fragt: „Wenn Gott der Schöpfer von allem ist und Gott sagt, ‚Es ist gut', was ist dann mit dem Erdöl?"[16]

Als Teil von Gottes guter Schöpfung ist Erdöl sicher „gut". Aber bedeutet das, dass wir es fördern und alles als fossilen Brennstoff verbrennen sollen? Oder könnte heute Erdöl ein noch größeres „Gut" sein, wenn es in der Erde verbliebe? Vielleicht hat Gott Kohlenstoff sicher in den sedimentären Gesteinsschichten für Millionen von Jahren gebunden, um die Temperatur der Erdatmosphäre in einem für das Leben idealen Bereich zu halten. Wenn auch im 19. und 20. Jahrhundert das „Gute" der ölhaltigen Gesteinsformationen darin bestand, die Energie für das wirtschaftliche Wachstum zu liefern, so könnten sie heute ein noch viel größeres Gut als Speicher für gebundenen Kohlenstoff in der Erde sein.

Gottes Liebe zur Schöpfung in Genesis 1 lädt uns ein, komplexen ethischen Fragen nachzugehen, aufeinander zu hören und mutige prophetische Maßnahmen zu ergreifen in Fürsorge für die ganze Schöpfung, die uns das Nächste ist. Die Schöpfung ist aufgrund menschlicher Sünde in Gefahr, das haben die Astronauten sehen können. „Wie gut!", dieser Ausruf drückt Gottes Liebe für alle Teile der Schöpfung aus. Diese Liebe, die die Erde in all ihrer Gebrochenheit und Schönheit sieht, ist dieselbe Liebe, die uns heute zum Handeln zwingt. Luthers Vision einer tiefen Inkarnation ruft uns zur Sorge für die Erde und alle ihre Lebensgemeinschaften auf.

FRAGEN

Was bedeutet die Aussage, dass Gottes Schöpfung „gut, sehr gut" ist, in einer Zeit, in der alles käuflich ist?

Welche Schritte einer Öko-Reformation wären nötig und welche sind möglich in Ihrem kirchlichen Kontext?

Müssen wir für die Schöpfung und die Ökosysteme einen Preis festsetzen, um sie wertzuschätzen?

[16] Mark Narum, Prairie, Petroleum, Pondering: What Does this Mean?, in: Bombach / Hannan, A. a. O. (Anm. 12), 150.

Auf das Wort Gottes und die Schöpfung antworten – ethische Überlegungen zur Gentechnologie und zu einer responsiven Wissenschaft

Ulrik Becker Nissen

Angesichts des heranrückenden 500-jährigen Reformationsjubiläums werden wir uns unvermittelt zweier bedeutsamer Erkenntnisse bewusst. Wir sind erstaunt und beeindruckt, wie wenig sich manche Dinge ändern. Da ist einerseits die grundlegende reformatorische Einsicht, dass Erlösung allein aus Glauben geschieht und dass Rechtfertigung uns allein durch Gottes Gnade gewährt wird. Daran hat sich in den letzten 500 Jahren nichts geändert, und wir müssen auch heute daran erinnert werden. Wenn wir andererseits die Schriften Martin Luthers und der anderen Reformatoren lesen, fällt uns sofort die enorme Kluft zwischen den damals und heute zu bewältigenden Herausforderungen auf. Während einige gesellschaftliche und ethische Fragestellungen denen des 17. Jahrhunderts ähneln, haben wir es doch heute auch mit völlig neuen Sachverhalten wie z. B. der Gentechnologie zu tun, über die wir in Luthers Schriften natürlich keine konkreten Überlegungen finden werden. Aber selbst wenn in diesem Zusammenhang neue ethische Fragen auftauchen, ist für uns in der Auseinandersetzung mit diesen Dingen der Rückgriff auf die Schätze unserer lebendigen Tradition notwendig. Damit die lutherische Tradition lebendig und kraftvoll bleibt, müssen wir zu unseren Quellen zurückkehren. Auf diese Weise lebt die Reformation weiter inmitten neuer Herausforderungen, die uns zwingen, über die Implikationen unseres lutherischen Erbes angesichts neuer politischer, ideologischer, kultureller und wissenschaftlicher Entwicklungen nachzudenken. In diesem Aufsatz werde ich mich folgenden Fragen widmen:

Was bedeutet, im Lichte der lutherischen Reformation, die Schöpfungstheologie für die heutige lutherische Theologie? Wir werden diese Frage vor dem Hintergrund der grundlegenden Einsichten in Luthers Schöpfungstheologie erörtern und im Hinblick darauf, was es bedeutet, dass die Welt durch das Wort Gottes geschaffen ist. Zweitens fragen wir, was eine lutherische Schöpfungstheologie zu einem Verständnis dessen, „wessen" wir sind, beiträgt? Wenn wir Themen wie die Gentechnologie beleuchten, ist dann die entscheidende Frage „wer" sind wir, oder nicht vielmehr doch „wessen" sind wir? Drittens werden wir uns danach der Gentechnologie selbst zuwenden. Wie ist im Lichte der beiden vorherigen Fragestellungen die Gentechnologie zu bewerten? Was wären die Implikationen, wenn wir Wissenschaft als ein responsives Konzept betrachten würden?

Die lutherische Schöpfungstheologie und das Wort Gottes

Wenn wir gegenwärtige Entwicklungen wie z. B. die Gentechnologie betrachten, stehen wir vor einer Herausforderung, die sich nicht unterscheidet von den anderen fundamentalen Fragen, mit denen die Theologie schon immer konfrontiert worden ist. Wohin wenden wir uns also, wenn wir Antworten auf diese schwierigen Fragen suchen? Eine Möglichkeit wäre ein naturwissenschaftlicher oder ein breiter philosophischer Ansatz. Wir können hier sicher viel lernen, aber führt uns das zu einem richtigen theologischen Verständnis? Damit es wirklich theologisch ist, müssen wir vor allem auf echte theologische Quellen zurückgreifen. Wir müssen den Ausgangspunkt unserer Überlegungen innerhalb einer durch die Kirche und die Bibel geformten und geprägten Hermeneutik setzen. Das bedeutet nicht, andere Ressourcen außer Acht zu lassen, sondern ein Bewusstsein dafür zu haben, woher die Theologie kommt. Theologie ist ein Ausblick von einem bestimmten Ort aus.

Für Überlegungen zu den Grundlagen der Theologie ist besonders Luthers Betonung der zentralen Stellung der Bibel für den christlichen Glauben und die Theologie wichtig. *Sola scriptura* heißt, dass eine lutherische Theologie niemals die normative Rolle der Bibel ignorieren kann. Wenn eine lutherische Kirche die normative Rolle der Bibel vergisst, gibt sie damit ihr Dasein als Kirche im protestantischen Sinne auf. Wenn wir diese lutherische Einsicht als unseren Ausgangspunkt nehmen, ist für unsere Überlegungen zu einem heutigen Verständnis von Schöpfung ein Rückgriff auf Luthers Genesisvorlesungen naheliegend. In diesen Vorlesungen werden wir sofort auf zwei Dinge hingewiesen: 1. Die Schöpfung wird ins Sein gerufen durch das Wort Gottes; und 2. die Schöpfung ist ein Ausdruck von Gottes Güte.

In seinen Kommentaren zu den ersten Versen der Genesis betont Luther, dass Gott Himmel und Erde durch das Wort geschaffen hat. „Der Vater schafft durch den Sohn, welchen Moses ein Wort nennt, Himmel und Erde aus dem Nichts.“[1] Die Welt wird durch das Wort Gottes geschaffen, das Christus selbst ist. Für Luther ist von Anfang an Christus in Gottes schöpferischen Schaffen gegenwärtig und mithandelnd. Er knüpft daran an in seiner Exegese von Genesis 1,3, wo das Wort als das Mittel und Instrument von Gottes schöpferischem Handeln betont wird, was auf das johanneische Verständnis von Christus als das Wort Gottes (Joh 1,1) hinweist.[2] Die enge Verbindung zwischen der Schöpfung durch das Wort Gottes und Christus als eben diesem Wort ist entscheidend für die theologische Bedeutung von Schöpfung. Gott ruft die Welt ins Sein durch sein Wort, stellt den Menschen in eine antwortende und lebendige Beziehung und nährt ihn geistlich durch sein Wort. Darum kann Oswald Bayer sagen, dass es für Luther bei der Schöpfung grundsätzlich um die Einsetzung und Erhaltung von Gemeinschaft geht.[3] Die Schöpfung weist voraus auf die Rechtfertigung durch den Glauben, und gerade so wie der gerechtfertigte Sünder mit Dankbarkeit antwortet, versteht Luther Schöpfung als einen Ausdruck von Gottes Güte, die auf das höchste Gut vorausweist, Rechtfertigung durch Glauben in Christus.

Das andere zentrale Motiv in Luthers Schöpfungstheologie besagt, dass die Schöpfung Ausdruck von Gottes Fürsorge und Güte ist. Luther vertritt diese Sicht in seinen Überlegungen zur Genesis 1,10, wo es zum ersten Mal heißt, dass Gott die Schöpfung gut findet. Luther weist darauf hin, dass Gott damit eine gute Wohnstätte für die Menschen geschaffen hat (auch wenn diese noch gar nicht geschaffen worden sind) und von den Menschen erwartet, dass sie mit Dankbarkeit antworten.[4] Dieselbe Lesart findet auch bei den folgenden Versen der Genesis Anwendung; Luther sagt, der Mensch habe bei seiner Schöpfung einen wunderbaren Ort zum Leben vorgefunden. Gott sorgt für die Menschen und gibt ihnen alles, was sie brauchen. Es ist bedeutsam, dass Luther hier auch eine Parallele zu Gottes Güte im Hinblick auf die geistlichen Gaben zieht, von denen Gott uns ebenfalls alle die gibt, die wir brauchen. Diese „Sorgfalt, Fleiß, Mildigkeit und Gütigkeit Gottes“, die wir bereits in den ersten Seiten der Genesis finden, sollten für uns die wichtigste Botschaft sein, die wir aus diesen Versen ziehen.[5]

Bei unserem Versuch, einige theologische Eckpunkte in Luthers Schöpfungstheologie zu bestimmen, können wir deshalb mit Sicherheit sagen, dass es für Luther bei der Schöpfung nicht nur um den Ursprung der Materie

[1] Martin Luther, Sämtliche Schriften, Erster Band. Hrsg. von Joh. Georg Walch, (Groß-Oesingen: Verlag der Luth. Buchh. Harms, 1986), 13.

[2] A. a. O., 19ff.

[3] Oswald Bayer, Martin Luthers Theologie: Eine Vergegenwärtigung (Tübingen: Mohr Siebeck, 2003), 88ff.

[4] Martin Luther, Sämtliche Schriften, Erster Band, 43.

[5] A. a. O., 48.

geht. Vielmehr geht es um die Beziehung zu Gott und die Gemeinschaft mit ihm und unseren Mitgeschöpfen. Luther betont das Wort und die Güte Gottes als Ausdruck dessen, dass Gott die Schöpfung in eine lebendige und antwortende Gemeinschaft beruft. Von dieser Perspektive her können wir Dietrich Bonhoeffer beipflichten, der sagt, dass die Bedeutung der Schöpfung nur von der Perspektive der Kirche her begriffen werden könne. Wir können niemals über die Bedeutung der Schöpfung von einem neutralen Standpunkt aus urteilen, sondern immer nur der Bedeutung der Schöpfung von dem besondern Standpunkt aus nachsinnen, wo wir Gottes Güte begegnet sind. Deshalb, so Bonhoeffer, ist es zwecklos, Hypothesen über den Ursprung aufzustellen ohne das Bewusstsein, woher wir kommen. Wir können nur über den Ursprung als diejenigen etwas wissen, die von Christus leben.

> „Der hoffnungslose Versuch, hier wo es um Ursprung und Wesen des Menschen geht, mit einem gigantischen Sprung in die Welt des verlorenen Anfangs zurückzugelangen, hier selbst wissen zu wollen, was der urständliche Mensch gewesen sei, hier das eigene Ideal des Menschen mit der Schöpfungswirklichkeit Gottes in eins zu setzen, hier zu verkennen, daß wir allein von Christus her um den anfänglichen Menschen wissen können, dieser ebenso hoffnungslose wie begreifliche Versuch, hat die Kirche immer wieder an dieser gefährlichen Stelle der freien Spekulation ausgeliefert. Nur in der Mitte, als die Christus her Lebenden wissen wir um den Anfang.“[6]

Wessen sind wir? Die Antwort auf die Schöpfung und den Willen Gottes

Die Bedeutung, die sowohl Luther als auch Bonhoeffer dem Wort Gottes und dem Antworten auf dieses Wort zumessen, verschiebt den Fokus beim Versuch das Wesen des Menschen zu verstehen von „**wer** sind wir“ auf „**wessen** sind wir“? Wir gehören uns nicht selbst. Vielmehr stehen wir in einer lebendigen und Antwort gebenden Gemeinschaft mit dem dreieinigen Gott, unserem Schöpfer, der uns erlöst und heiligt. Auf diese lebendige Gemeinschaft mit Gott sind wir aufgerufen, eine Antwort zu geben und dem Wort und Willen Gottes zu gehorchen.

Die Antwortbereitschaft als ein bestimmendes Merkmal des Menschen bedeutet auch, dass wir uns nicht selbst gehören. Die modernistische Sicht auf den Menschen als ein autonomes Wesen ist unzureichend. Vielmehr ist festzuhalten, dass unsere Seinsmitte außerhalb unser selbst liegt und wir so gesehen „exzentrische Wesen“ sind. Wir leben unser Leben mit „geliehenem Atem“, wir sind nicht unsere eigenen Schöpfer. David Kelsey führt diese Gedanken in seiner theologischen Anthropologie aus, in der er den Menschen als

[6] Dietrich Bonhoeffer, Schöpfung und Fall (München: Chr. Kaiser, 1989), 58.

ein Wesen beschreibt, das nur richtig zu verstehen ist, wenn es als geschaffen, vollendet und versöhnt betrachtet wird. Als geschaffene Wesen leben wir mit „geliehenem Atem", als vollendete Wesen leben wir auf „geliehene Zeit" in Vorwegnahme der eschatologischen Hoffnung, als versöhnte Wesen leben wir durch Christi Tod.[7] Kelsey argumentiert sehr umfassend, der zentrale Gedanke in seinem Werk ist jedoch, dass eine christliche theologische Anthropologie im Lichte der christlichen Traditionen verstanden werden muss, um einen substantiellen Beitrag in diesem Kontext leisten zu können. Diese Verwurzelung in einer bestimmten Gemeinschaft schließt die Diskussion mit anderen Ansätzen nicht aus, lässt aber klarer erkennen, wie die anstehenden Fragen von einer christlichen theologischen Perspektive zu verstehen sind.

Wenn wir den Menschen als grundsätzlich exzentrisches Wesen begreifen, verschieben wir den Fokus von uns selbst hin zur Suche und Erfüllung des Willens Gottes. Wenn Bonhoeffer darauf hinweist, dass wir die Schöpfung nicht unabhängig von Christus verstehen können, weist er damit zugleich auf unsere Lebenswirklichkeit hin. Es gibt keine von Christus unabhängige Wirklichkeit und deshalb ist ein wahres Verständnis der Wirklichkeit nur in Christus möglich. Für Christen bedeutet dies, dass sie aufgerufen sind, ihr Leben in der Nachfolge Christi zu leben. Wir sind nicht aufgerufen, die Herren oder Herrinnen unseres eigenen Lebens oder anderer zu sein, sondern in unserem Leben Christus zu folgen und den Willen Gottes in all unserem Tun zu suchen. Indem wir unser Augenmerk darauf richten, **wessen** wir sind, bestätigen wir zugleich, dass wir Diener sind. Wir leben unser Leben in einer Berufung, der wir in Treue zu folgen haben. Als Christen haben wir einen Herrn und sind aufgerufen, Gottes Willen zu gehorchen. Bonhoeffer formuliert prägnant, dass der Christ zum Gehorsam aufgerufen ist, aber dies zugleich ein Gehorsam ist, der eng mit Verantwortung verbunden ist als einem antwortenden Konzept, das Gehorsam und Freiheit zusammenbindet.

> Gehorsam ohne Freiheit ist Sklaverei, Freiheit ohne Gehorsam ist Willkür. Der Gehorsam bindet die Freiheit, die Freiheit adelt den Gehorsam. Der Gehorsam bindet das Geschöpf an den Schöpfer, die Freiheit stellt das Geschöpf in seiner Ebenbildlichkeit dem Schöpfer gegenüber [...] In der Verantwortung realisiert sich beides."[8]

Der Gehorsam dem Willen Gott gegenüber erwächst aus einer an Gott gerichteten gläubigen Antwort und Dankbarkeit. Wie Luther so hervorragend zeigt, ist dies eine Antwort, die ein integraler Bestandteil des Lebens als ein Geschöpf ist, das umgeben ist von all den guten, uns von Gott mit seiner Schöpfung bereiteten

[7] David H. Kelsey, Eccentric Existence: A Theological Anthropology, Band 1 und 2 (Louisville, KY: Westminster John Knox Press, 2009).
[8] Dietrich Bonhoeffer, Ethik (München: Chr. Kaiser, 1992), 288.

Dingen, zusammen mit den uns in Christus verliehenen geistlichen Gaben. Wenn wir uns also mit einem Thema wie der Gentechnologie beschäftigen, gehen wir nicht einfach von der Perspektive der Machbarkeit aus. Vielmehr wäre ein christlicher Ansatz zu fragen, was ein verantwortlicher (im Sinne eines antwortenden Konzepts) Ansatz hinsichtlich dieser Technologie wäre. Ein verantwortlicher Ansatz bedenkt, dass wir uns letztlich nicht selbst gehören. Letztlich sind wir aufgerufen, unser Leben in antwortender Gemeinschaft mit Gott und unseren Mitgeschöpfen zu leben. Diese Antwortbereitschaft befähigt uns zur Erkenntnis unserer Geschöpflichkeit, so wie sie uns mahnt, in unserem Leben den Willen Gottes zu suchen und das Beste für unsere Mitgeschöpfe.

Gentechnologie im Lichte einer responsiven Wissenschaft

Die Auffassung des Menschen als ein antwortendes (responsives) Wesen bedarf einer näheren Bestimmung im Blick auf die Vorstellung, dass dieser auch Mitschöpfer ist. Philip Hefner definiert in seinem Buch „The Human Factor“[9] den Menschen als „geschaffenen Mitschöpfer, dessen Bestimmung es ist, als ein in Freiheit Handelnder die Zukunft hervorzubringen, die am förderlichsten für die Natur ist, die uns wiederum hervorgebracht hat“[10]. Hefner stützt seine These mit dem Hinweis auf drei grundlegende Faktoren: 1. den Menschen als von Gott geschaffenen Mitschöpfer; 2. den Evolutionsprozess als eine konditionierende Matrix; und 3. die Freiheit als den Schlüssel zu Gottes Plan. Indem er diese drei Faktoren gegeneinander aufwiegt, versucht Hefner, ein Verständnis von Gott als Schöpfer und dem Menschen als Geschöpf zu entwickeln, das die heutigen wissenschaftlichen und insbesondere evolutionswissenschaftlichen Erkenntnisse miteinbezieht.[11]

Hefners Position ist viel diskutiert worden. Ein Einwand war, er gehe zu weit mit seiner Auffassung vom Menschen als einem „Mitschöpfer“, stattdessen sei der Begriff „schöpferische Geschöpfe“ angemessener. Hefner wies diesen Vorschlag als unzureichend zurück, denn er werde der dualen Natur des Menschen nicht gerecht, dieser sei „ein Geschöpf, das durch Naturprozesse ins Dasein gebracht worden ist und dem durch diese Natur die Rolle eines freien Mitschöpfers innerhalb derselben Prozesse verliehen wurde“[12]. Zugegeben, die Sicht des Menschen als ein duales, sowohl konditioniertes wie freies Wesen

[9] Philip Hefner, The Human Factor: Evolution, Culture, and Religion (Minneapolis, MN: Fortress Press, 1993).

[10] A. a. O., 27.

[11] A. a. O., 31ff.

[12] A. a. O.,39.

wird von den meisten Theologen und Philosophen geteilt und wird ja auch von der Tradition wie durch unsere Erfahrungen bestätigt. Das schwerwiegendere Problem hinsichtlich Hefners Vorschlag betrifft sein Verständnis von Gott und Mensch und des Verhältnisses zwischen beiden. Um seine Position zu stützen, schwächt er die Implikationen seiner Thesen für das Gottesverständnis ab,[13] bezieht sich bei der Darlegung seines Konstrukts nur sehr eingeschränkt auf die Tradition[14] und positioniert seine Theorie in den Rahmen einer von den Naturwissenschaften entlehnten Methodologie.[15]

Selbst wenn man zubilligt, dass die Auffassung vom Menschen als einem geschaffenen Mitschöpfer einen Teil der wissenschaftlichen Verantwortung, die wir als Menschen für eine kontinuierliche Entwicklung der Wissenschaften und der Möglichkeiten neuer wissenschaftlicher Technologien haben, zum Ausdruck bringt, bleibt doch das fundamentale Problem bestehen, dass dieses Konzept beim Menschen zu viel voraussetzt. Es hat die Tendenz, die Mitte des menschlichen Lebens in den Menschen selbst zu verlegen und dadurch die responsive Dimension des Menschseins auszulöschen. Diese Gefahr wird sehr deutlich, wenn wir uns der Frage der Gentechnologie zuwenden, insbesondere wenn es dabei um die Manipulation bzw. genetische Verbesserung von Menschen geht.

Wenn wir uns der Frage der Gentechnologie zuwenden, müssen wir uns bewusst sein, dass es sich hier um ein sehr breit gefächertes Konzept handelt, das viele verschiedene wissenschaftliche Potentiale und ethische Fragestellungen beinhaltet. Im Wesentlichen handelt es sich bei der Gentechnologie um Verfahren, ein Stück der DNA in der Zelle eines lebenden Organismus zu ersetzen, um damit eine neue Eigenschaft zu erzeugen. Dies kann für medizinische Zwecke geschehen, etwa bei der Behandlung von Genkrankheiten durch eine Gentherapie; Tiere können zu wissenschaftlichen Forschungszwecken verändert werden; Getreide kann verbessert werden, um das Wachstum zu steigern oder mangelernährten Kindern zu helfen, usw. Es gibt viele gute und ehrenwerte Gründe für die Gentechnologie – sie nicht anzuwenden wäre in manchen Fällen ethisch fragwürdig. Wenn die Gentechnologie angewendet wird, um T-Zellen zur Behandlung von Krebs zu bilden, gibt es ethische Gründe, die Entwicklung dieser neuen Technik zu unterstützen. Wenn mit Hilfe der Gentechnologie die Möglichkeiten zur Behandlung verschiedener Krankheiten verbessert werden, wäre es ethisch nicht vertretbar, die abzulehnen, wenn nicht sehr gut begründete Einwände vorliegen. Es gibt jedoch verschiedene Anwendungen der Gentechnologie, wo Vorsicht geboten ist und vor dem Gebrauch dieser Technologie in diesem Kontext vielleicht gewarnt werden muss. Dies ist insbesondere der Fall, wenn

[13] A. a. O., 32ff.
[14] A. a. O., 17ff.
[15] A. a. O., 23ff.

Gentechnologie als eine Technologie angepriesen wird, die wir nutzen können, um bestimmte Erbmerkmale in Menschen zu gestalten und zu verbessern. Ganz allgemein sollten wir äußerst vorsichtig sein, wenn wir eine solche radikale Technologie anwenden, um dauerhafte Veränderungen im genetischen Profil eines bestimmten Organismus vorzunehmen. Bei Pflanzen wurden Bedenken hinsichtlich genetisch veränderten Getreides geäußert, es wird befürchtet, dass weitervererbte neue Gene im Samen einer Pflanze in unvorhersehbarer Weise auf Wildpflanzen übergehen könnten. Beim Menschen gibt es starke Bedenken hinsichtlich Erbgutveränderungen und Forschung an Keimzellen, die zu einer dauerhaften Veränderung des menschlichen Genoms führen. Auch hier geht es um Bedenken, ob wir die zukünftigen Implikationen der vorgenommenen tiefgreifenden und fundamentalen Veränderungen übersehen.

Statt den Menschen als geschaffenen Mitschöpfer zu sehen, sollten wir ihn als responsives Wesen verstehen. Das Konzept der Responsivität ist tief verankert in der lutherischen Tradition und sieht den Menschen vor allem als in einer responsiven, d. h. antwortenden und reagierenden Beziehung mit Gott und den Mitgeschöpfen stehend. Als geschaffene Wesen sind wir keine Halbgötter, sondern Geschöpfe, die ihr Leben im Lichte Gottes leben. Zugleich aber haben wir eine Verantwortung und eine Berufung. Wir sind dazu berufen, unser Bestes zu geben für die Entwicklung neuer Biotechnologien und die Verbesserung von Wissenschaft und Medizin. Unsere Aufgabe ist es, den Weg zwischen Scylla und Charybdis zu finden – der Scylla der Selbstüberschätzung im Blick auf unsere Bedeutung als Geschöpfe und der Charybdis einer anbiedernden Dienstbarkeit gegenüber den verderblichen in der Schöpfung wirkenden Kräfte. Wir sollten versuchen, zwar eine positive Sicht der Biotechnologie zu entwickeln, aber zugleich im Auge zu behalten, dass wir endliche Geschöpfe sind, die ihr Leben mit geliehenem Atem leben.

FRAGEN

Welche Bedeutung können 500 Jahre alte lutherische Texte für die Beurteilung aktueller wissenschaftlicher und technologischer Problemstellungen haben?

Hat das Bild vom Menschen als ein „responsives, antwortendes Wesen" mehr theologisches Gewicht als die alternative Sicht eines „geschaffenen Mitschöpfers"?

Welche Anwendungen und Entwicklungen der Gentechnologie können wir theologisch befürworten und wo sollten wir vorsichtig sein?

Naturkatastrophen und Gottes gute Schöpfung

Naoki Asano

Das Wesen Gottes

Wer ist Gott? Was ist Gott? Wo ist Gott? Zahlreiche Fragen tauchen auf, wenn man über Gott nachzudenken beginnt. Die Antworten unterscheiden sich je nach Religion und Kultur, und selbst bei Menschen mit derselben Religion wird man auf unterschiedliche Auffassungen treffen. Die Menschen neigen dazu, Gott nach ihrem eignen Bild zu „schaffen". Obwohl die Menschen ihre jeweils eigene Sichtweise von Gott haben, haben sie doch im Allgemeinen auch eine gemeinsame Auffassung über das Wesen Gottes, nämlich dass Gott gut ist. Gott ist das, was gut ist. Alles Gute kommt von Gott. Gott ist die Quelle alles Guten. Obwohl es in den meisten Sprachen etymologisch keine eindeutige Verbindung zwischen den Wörtern Gott und gut gibt, können wir doch theologisch sagen, dass alles Gute von Gott kommt.

Gottes Schöpfung

Die Schöpfung begann damit, dass Gott sagte „Es werde Licht" (Gen 1,3) und „Gott sah, dass das Licht gut war" (Gen 1,4). Gott schuf den Himmel, das Meer und die Erde. „Und Gott sah, dass es gut war". Gott schuf die Planeten, Sterne und Lebewesen und sagte, „dass es gut war". Und schließlich schuf Gott die Menschen. „Und Gott sah an alles, was er gemacht hatte, und siehe, es war sehr gut" (Gen 11.31). Schöpfung vollendet.

Die Menschen wurden mit besonderer Aufmerksamkeit und Sorgfalt geschaffen. „Und Gott schuf den Menschen zu seinem Bilde, zum Bilde Gottes schuf er ihn“ (Gen 1,27). „Und Gott segnete sie“ (Gen 1,28). Menschen sind einzigartig aufgrund ihrer Ebenbildlichkeit und des Segens, den Gott den anderen Geschöpfen nicht gegeben hat. Kein Wunder, dass Gott in Bezug auf die Menschen sagte, „es war sehr gut“ (Gen 1,31). Gott war zufrieden mit seinem eigenen Schöpfungswerk.

Es ist anzumerken, dass Gott die Menschen aus einem bestimmten Grund einzigartig geschaffen hat: Gott wollte einen Partner für sich selbst schaffen. Gott sagte zu Mann und Frau: „Seid fruchtbar und mehret euch und füllet die Erde und machet sie euch untertan und herrschet über die Fische im Meer und über die Vögel unter dem Himmel und über das Vieh und über alles Getier, das auf Erden kriecht“ (Gen 11,28). Gott beauftragte sie, für das Leben auf dem Planeten Sorge zu tragen. Die Menschen wurden angewiesen, alle Geschöpfe und die Natur zu beherrschen, damit diese Leben in Fülle hätten. Wenn man bedenkt, dass sie im Bilde Gottes geschaffen und besonders gesegnet wurden, hätten die Menschen Gottes Anordnung befolgen, Pflanzen und Tiere züchten und dabei ihre natürliche Umwelt auf der Erde, im Wasser und in der Luft schützen können. Unglücklicherweise war es nicht das, was 4,6 Milliarden Jahre später geschah. Was ging schief? Was sind im Hinblick auf die zunehmende Umweltzerstörung des Planeten die Folgen der Ursünde, die Adam und Eva begingen, indem sie die Frucht vom Baum der Erkenntnis von Gut und Böse aßen?

Zwei Schlüsselbegriffe in der Genesis, „untertan“ und „herrschet“, bezeichnen genauer, was Gott von den Menschen erwartete. Auf die rein menschliche Ebene reduziert, können diese beiden Wörter allerdings leicht missverstanden werden, denn sie bezeichnen Macht und Autorität über jemanden oder etwas. In Diskussionen über Themen wie die Zerstörung der Natur und die Ausbeutung natürlicher Ressourcen beschuldigen nicht-christliche Umweltaktivisten manchmal Christen wegen dieser Bibelinterpretation der Schöpfungsgeschichte, wonach Gott den Menschen die Erlaubnis gegeben habe, sich die Schöpfung „untertan“ zu machen und über sie zu „herrschen“. Ist ein solcher christlicher Glaube schuld an unseren globalen Problemen? Wenn nicht, hat die Bibel zur Umweltzerstörung geführt? Oder, schließlich, liegt Schuld bei Gott, der das alles geschehen lässt – Gott, der seinen gesegneten Geschöpfen befahl, die Natur sich „untertan“ zu machen und über sie zu „herrschen“? Wenn aber Gott das ewig Gute ist, macht es keinen Sinn, ihm hier die Schuld zu geben. Nichts Böses kommt je aus der Quelle alles Guten.

Vor und nach dem Sündenfall

Im Folgenden werde ich die Schöpfungsgeschichte aus einer breiteren Perspektive betrachten. Gott sah, dass die Schöpfung sehr gut war. Die Schöpfung erwies sich als perfekt. Alles ging gut. „Untertan“ machen und

„herrschen", diese beiden Ärgernis erregenden Wörter, die Gott benutzt hat, als er die Schöpfung Adam und Eva „übergab", klingen anders, wenn wir bedenken, dass unter Gottes Oberherrschaft selbst „untertan" und „herrschen" ein positives Bedeutungsspektrum haben. Wie die biblische Erzählung berichtet, beeinflusste der Sündenfall der Urahnen nicht nur deren eigenes Leben, sondern auch das der ganzen Schöpfung, da die Schöpfung ja zur Gänze in ihre Hände gelegt worden war. Der Sündenfall veränderte das ganze Szenario von Gottes fortdauernder Schöpfung. Die Menschen änderten dadurch die Bedeutung dieser zwei Wörter und die Art und Weise, wie sie umgesetzt wurden. Gottes Regentschaft und Herrschaft und die der Menschen unterscheiden sich, die ja stets der Gefahr der Korruption durch die Macht ausgesetzt sind.

Es war Gottes freie Entscheidung, die Welt zu schaffen und die Menschen die Kontrolle über sie übernehmen zu lassen. Auch die Menschen sind mit der Freiheit zu wählen gesegnet. Wir versuchen das zu wählen, von dem wir glauben, dass es richtig ist, und gebrauchen dazu unseren Gott gegebenen freien Willen, aber unglücklicherweise scheitern wir sehr oft. Der menschliche Wille, obwohl Gabe Gottes, ist geknechtet durch die Sünde, wie Luther in seiner Schrift „De servo arbitrio" („Vom unfreien Willen") ausführt.[1]

Naturkatastrophen

Naturkatastrophen sind eine Herausforderung für das theologische Denken. Immer wenn sie geschehen, können wir nicht umhin, uns zu fragen, warum Gott die Tragödie hat geschehen lassen. Es gibt keine befriedigende Antwort auf dieses Dilemma und damit auf das Problem der Theodizee.

Das Buch Ijob wird oft herangezogen, wenn es um Fragen der Theodizee geht. Darin versuchen Ijobs Freunde zu erklären, warum Ijob solche schweren Schicksalsschläge erleiden musste, trotz seiner Treue zu Gott und seiner Rechtschaffenheit. Elihu sagt ihm: „Du hast gesündigt" (Ijob 35,6). Bildad fordert ihn auf, zu bereuen, und Zofar mahnt Ijob und sagt, seine Schuld verdiene Strafe. Keiner konnte ihn trösten in seinem Leid und seiner Qual. Ijob kann nicht begreifen, warum er trotz seiner Glaubensstärke und -treue solchen Verlust und Schmerz erleiden muss. Schließlich spricht Gott zu ihm aus dem Wettersturm: „Wo warst du, als ich die Erde gründete? Sage mir's, wenn du so klug bist!" (Ijob 38,4) Das Wort Gottes überwältigt ihn als Vergegenwärtigung der höchsten Macht des Schöpfers und der

[1] Martin Luther, Vom unfreien Willen. In: Kurt Aland (Hrsg.): Luther Deutsch. Die Werke des Reformators in neuer Auswahl für die Gegenwart. Band 3 (Stuttgart / Göttingen 1961ff.), 151–334.

Herrschaftsgewalt des Allmächtigen. Ijob antwortet dem Herrn: „Siehe, ich bin zu gering. Was kann ich dir erwidern? Ich lege meine Hand auf meinen Mund“ (Ijob 40,4). Ijob erblickte Gott als das höchste Wesen, vor dem er nichts zu sagen hat und wo keine Notwendigkeit mehr bestand, Gründe für sein Leiden zu suchen. Gott war da als das höchste Gut. Gottes Güte kann vom menschlichen Verstand nicht ermessen werden. Leiden kann kein Indikator dafür sein, wie verdienstvoll ein Mensch ist oder wie viel er gesündigt hat. Die konventionelle Auffassung von Gottes Richten als einem Akt ausgleichender Gerechtigkeit, die das menschliche Leiden als Strafe betrachtet, wird zurückgewiesen.

Menschen sind immer wieder Opfer von Erdbeben und Tsunamis, Überschwemmungen, Hurrikanen und Tornados. Das sind für uns Naturkatastrophen. Sie sind das Werk der Natur, deren Teil wir sind.

Ijobs Erfahrungen zeigen uns Möglichkeiten auf, wie wir mit von Naturkatastrophen verursachtem Unglück und Leid umgehen können. Zunächst einmal handelt es sich dabei nicht um Akte ausgleichender Gerechtigkeit, mit der Gott böse Taten der Menschen bestrafen will. Sie können uns alle, wer wir auch sind, zu jeder Zeit treffen. Jesus stellte das ganz klar anlässlich der Begegnung mit dem Blindgeborenen, bei der seine Jünger fragten, wer gesündigt habe, dass er blind geboren sei. Jesus antwortete: „Es hat weder dieser gesündigt noch seine Eltern, sondern es sollen die Werke Gottes offenbar werden an ihm“ (Joh 9,3). Denken wir an das Buch Ijob. Gott offenbarte sich und seine Taten, als Ijob schwer litt. Dieser Blinde ist ein anderer Ijob, jetzt im Neuen Testament. Ausgleichende Gerechtigkeit ist in keiner Weise biblisch.

11 März 2011, 14:46 Uhr

Ein schweres Erdbeben mit Stärke 9 auf der Richterskala erschütterte Ostjapan. Es löste einen gewaltigen Tsunami aus, der eine Höhe von bis zu 40,5 Meter erreichte und die Küstengebiete von Tohoku im Nordosten Japans traf. Dieser Augenblick veränderte die Geschichte Japans. Im dreihundert Kilometer vom Epizentrum entfernten Tokio kam es aufgrund starker Erdstöße zur Explosion von Gastanks und Bodenverflüssigungen, die die Stadt ins Chaos stürzten. Am 12. und 14. März explodierten zwei Kernreaktoren im Atomkraftwerk in Fukushima und verbreiteten radioaktive Substanzen über große Gebiete Ostjapans. Das größte je in Japan registrierte Erdbeben hinterließ zahlreiche Verletzte und 18.000 Tote.

„Mein Gott, mein Gott, warum hast du mich verlassen?“ Takashi Yoshida, ein Pastor einer reformierten Kirche in dem betroffenen Gebiet, berichtete, wie dieser Schrei Jesu unter den christlichen Gemeinden der Tohoku-Region nachhallte. Sie konnten nicht anders als fragen: Warum Tohoku? Takashi Yoshida hörte Leute sagen, dass Gott die Japaner für ihre Gier strafe. Seine eigene Antwort darauf war: „Ich dachte in diesem Augenblick, das ist nicht Gott, der die Getöteten straft, sondern Gott straft mich, denn ich habe das leichte, behagliche Leben mit all dem materiellen Wohlstand, das auf der Schwerstarbeit vieler Opfer beruhte, für selbstverständlich genommen." Seine Antwort erinnert mich an Ijob, als er ganz am Ende zum Herrn sagte: „Ich hatte von dir nur vom Hörensagen vernommen; aber nun hat mein Auge dich gesehen. Darum spreche ich mich schuldig und tue Buße in Staub und Asche" (Ijob 42,5-6). Wir haben bereits gesagt, dass theologisch gesehen die Annahme eines Aktes ausgleichender Gerechtigkeit nicht hilft, die Tragödie zu verstehen und das Leid der Opfer zu lindern, aber nichtsdestotrotz ist es so, dass Menschen, die von großen (Natur-)Katastrophen betroffen sind, dazu neigen, ihr Leid auf diese Weise zu interpretieren.

Das Erdbeben ereignete sich an einem Freitag, zwei Tage nach dem Aschermittwoch 2011. Am darauffolgenden Tag gab es einen radioaktiven Niederschlag von tödlicher Asche. Als es zu Explosionen im Atomkraftwerk kam und radioaktive Substanzen in die Luft von Fukushima entwichen, dachte Pastor Yashida, diese Welt hat sich nun ganz und gar gewandelt, das wunderschöne, von Gott geschaffene Land ist jetzt ein Ort des Leids und des Schmerzes, an dem kein Mensch oder sonstige Lebewesen leben sollten. Das Erdbeben allerdings muss man aus einer anderen Perspektive betrachten. Das Erdbeben und der Tsunami sind Naturereignisse, die Explosion eines Atomkraftwerkes, das sollten wir nicht vergessen, ist eine von Menschen herbeigeführte Katastrophe. Dieses von Menschen gemachte Monster hat das Land unwiederbringlich ruiniert, hinterließ es verseucht und nutzlos, und beraubte die Einheimischen ihrer Wohnungen und Grundstücke.

Gott hat uns nach seinem Bilde geschaffen und wir bewahren dieses Bild auf verschiedene Weise in unserem Innern. Eine der Facetten einer solchen gesegneten Ebenbildlichkeit ist die menschliche Kreativität, die schöpferische Werke in den Bereichen Kunst, Design, Musik, Handwerk, Architektur, Kochen etc. hervorbringt. Eine solche menschliche Kreativität bereichert das Leben und bringt Freude. Nach dem Sündenfall von Adam und Eva jedoch war die menschliche Kreativität nicht immer nur Ausdruck der Ebenbildlichkeit des Schöpfers. Sie begann „auf eigenen Füßen" zu stehen, ohne zu wissen, wohin sie sich wenden sollte, und oft genug wandte sie Gott den Rücken zu. Die Anwendung der Kernenergie ist ein Produkt der menschlichen Kreativität, ursprünglich entwickelt, um den Zweiten Weltkrieg zu gewinnen.

Gleich nach dem Erdbeben brachten die vier lutherischen Kirchen in Japan ein gemeinsames Rettungsprogramm auf den Weg. Die Japanische Lutherische Nothilfe (engl. Japan Lutheran Emergency Relief, JLER) entsandte eine Reihe von Helfern, die den Opfern der Katastrophe beistanden, die geistlichen, seelischen und körperlichen Schaden erlitten hatten. Ihre Aufgabe war es, diesen Menschen zuzuhören, sich um sie zu kümmern und ihnen die nötige Unterstützung zu geben, damit ein zukünftiges Leben in Hoffnung und Freude für sie möglich würde. Im März 2014 lief das dreijährige Programm aus. Obwohl das Programm als solches nun beendet war, entschied die Evangelisch-Lutherische Kirche Japans, die Arbeit weiterzuführen und sich vor allem um die Opfer der radioaktiven Strahlung in Fukushima zu kümmern, ihnen zuzuhören und ihnen im Alltag beizustehen. Es ist uns bewusst, dass dies keine einmalige Unterstützung ist, sondern eine kontinuierliche, jahrzehntelange Begleitung sein wird. Auch in Zukunft wird der Dienst an unseren leidenden Nächsten zu den missionarischen Aufgaben gehören. Es ist ein Dienst, mit dem uns Gott als Teil seines schöpferischen Wirkens betraut hat.

Auch der australische Theologe Frank Rees erlebte das Erdbeben und den Tsunami, der die südliche Küste von West-Samoa am 29. September 2009 erreichte. Später dann schrieb er eine theologische Reflexion über die Katastrophe, in der er zwei bekannte Theologen, Jürgen Moltmann und Dietrich Bonhoeffer, zitierte. Beide haben ein gemeinsames theologisches Verständnis von Gottes Handeln in der leidenden Welt. Moltmann schreibt vom „begleitenden Wirken Gottes“[2], der die schmerzliche Wirklichkeit der modernen Welt zusammen mit den leidenden Menschen erleidet. Gott hat nicht nur das gesamte Universum geschaffen, sondern begleitet kontinuierlich die leidenden Menschen durch die neue Schöpfung.

Dietrich Bonhoeffer schrieb aus dem Gefängnis, „nur der leidende Gott kann helfen“. Rees zitiert Bonhoeffer und verweist darauf, dass nur Gott, der handelnd und liebend bei der leidenden Welt ist, uns helfen kann.

> Gott nimmt ganz am Leben dieser Welt teil. Hier zu leiden bedeutet, den Entscheidungen anderer unterworfen zu sein. Leiden bedeutet fähig zu sein, entgegenzunehmen und zu akzeptieren, was andere entscheiden und zugleich seine eigenen Fähigkeiten, Wünsche und Ziele zu haben.[3]

Diese beiden theologischen Aussagen über Gott sind ermutigend und inspirierend für unsere christliche Mission des Dienstes an bedürftigen und leidenden Menschen. Beide Theologen sprechen von einem leidenden Gott, der die Menschen in ihrem Leid begleitet. Und Gott begleitet die

---

[2] Gott in der Schöpfung. Ökologische Schöpfungslehre (München: Chr. Kaiser, 1985).

[3] Frank Rees, God of the tsunami: A theological reflection on the experience of disaster and some implications for how we live in the world, siehe **www.ttgst.ac.kr/upload/ttgst_resources13/20124-270.pdf**.

Menschen, die bestrebt sind zu helfen, ebenso wie die Leidenden. Zugleich sollte festgehalten werden, dass Leid und Schmerz kein Fluch sind oder etwas, das Gott leugnet. Gott akzeptiert und erleidet aus freien Stücken die Bedrängnisse mit uns und schöpft zugleich neues Leben trotz Wirrnis und Dunkelheit, die manchmal durch die menschliche Kreativität verursacht sind. Indem wir in unserem Dienst eng mit den betroffenen Menschen verbunden sind und bleiben, haben wir teil an der *missio Dei*.

Das Bild des Gebetes

„Und Gott schuf den Menschen zu seinem Bilde, zum Bilde Gottes schuf er ihn“ (Gen 1,27). Nach dem Buch Genesis sind nur die Menschen „zum Bilde Gottes“ geschaffen. Es setzt unsere Fähigkeit voraus, an unseren Schöpfer zu denken, sich auf ihn zu besinnen und an ihn zu glauben. Dadurch können die Menschen auf Gottes Ruf antworten und eine Beziehung mit ihm knüpfen. Die Antwort auf Gottes Ruf kann sich in Zeugnis und Gebet äußern. Das Gebet kann als Indikator dafür gelten, dass die Menschen nach dem Bilde Gottes geschaffen sind. Diese Ebenbildlichkeit kommt nur dem Menschen zu. Das Gebet als Mittel der Kommunikation und Verbindung mit Gott ist folglich etwas spezifisch Menschliches. Kein anderes Geschöpf ist mit der Fähigkeit zu beten begabt. Wir wissen, dass auch andere Fähigkeiten charakteristisch für den Menschen sind, wie die Sprachfähigkeit oder der Gebrauch von Werkzeugen. Aber auch Affen sind intelligent genug, um einige einfache Worte zu verstehen und mit ihren Wärtern zu kommunizieren. Sie benutzen Stöcke, um Bananen von den Bäumen zu holen. Der Gebrauch der Sprache und von Werkzeugen beweist noch nicht, dass die Menschen mit Gottes Ebenbildlichkeit begabt sind.

Gebet kann auch Klage sein; in den Psalmen des Alten Testaments begegnen wir oft Ausdrücken der Klage (Ps 22,1: „Mein Gott, mein Gott, warum hast du mich verlassen?“ – die Worte, die Jesus nach Mk 15,34 am Kreuz schrie), verzweifelte Fragen an Gott, warum geschieht mir das? Meist gibt es keine direkten und schnellen Antworten auf diese Fragen, aber sie vor Gott zu bringen, kann einen Heilungsprozess in Gang setzen. Und eines Tages bekommen wir vielleicht sogar eine Antwort auf unsere Klage.

Manchmal ist es vielleicht schwer, selbst diese Fragen und Klagen vor Gott zu bringen. Nach dem entsetzlichen Tsunami kamen einige nichtchristliche Familien in die Kirchen auf der Suche nach Hilfe. In den meisten Fällen kamen sie, weil sie Angehörige verloren hatten. Eines Tages erhielt ein Pastor einen Telefonanruf von einer Mutter, die ihn fragte: Wo ist mein Sohn jetzt? Warum musste es ausgerechnet mein Sohn sein? Ist es so, weil er etwas Schlechtes getan hat? Sag mir Pastor, wo ist er jetzt, im Himmel oder in der Hölle? Der Pastor konnte zuerst gar nichts antworten. Das Gespräch dauerte etwa eine Stunde und gegen Ende sagte der Pastor zu ihr: „Ich kann zu Gott beten und das ist das Beste, was ich jetzt für Sie tun kann. Darf ich für Sie und Ihren Sohn beten?" Die Bitte um Erlaubnis für sie zu beten beruhigte ihren aufgewühlten Geist. Sie antwortete weinend: „Ja, tun Sie das. Bitte beten Sie für uns." Es ist nichts Außergewöhnliches, dass ein Pastor für andere betet. Aber in Erinnerung an dieses Gespräch sagte der Pastor später:

> Ich habe vorher nie gedacht, dass das Gebet ein solch wirksames Mittel der Seelsorge sein kann. Ich habe gedacht, meine primäre Aufgabe sei es, der Gemeinde zu predigen und sie die Bibel zu lehren. Aber jetzt weiß ich, wie sehr das Fürbittgebet zur geistlichen Heilung beiträgt.

Fürbittgebete sind nicht nur für Pastorinnen und Pastoren gedacht, die professionell ausgebildet und theologisch bewandert sind für eine solche Trauerbegleitung. Sie sollten nicht auf Pastorinnen und Pastoren beschränkt sein – jeder Christ sollte sie sprechen, wenn seine Mitmenschen trauern. Wir alle sind mit der Gabe des Gebetes beschenkt und beauftragt, sie für unsere Nächsten zu nutzen. Es ist Gott, der uns zu seinem Ebenbild geschaffen hat. Dieses Bild wurde geschaffen, damit wir mit unserem Schöpfer in Verbindung treten können, der will, dass wir dieses Bild durch das Gebet für seine Zwecke, seine Mission, nutzen.

Fragen

Denken Sie, dass das konventionelle Verständnis der Theodizee (die Erklärung, warum ein absolut guter, allmächtiger und allwissender Gott das Böse zulässt) heute noch von Bedeutung ist für das Bezeugen Gottes in der heutigen Welt? Wenn ja, warum und wie?

Gibt es neben dem Gebet noch andere Arten und Weisen, durch die das Bild Gottes im Menschen ausgedrückt wird?

Warum ist es für uns Bewohner der Erde wichtig, Gottes gute Schöpfung zu erhalten?

Verantwortungsvolle Haushalter der Schöpfung Gottes: Eintreten für Klimagerechtigkeit

Martin Kopp[1]

Holen Sie tief Luft – ich meine das ernst – bevor Sie weiterlesen. Sie fühlen, wie die Luft Ihre Lungen füllt und dann wieder zurück in die Atmosphäre ausgeatmet wird. Es gibt vielleicht keine andere Erfahrung, die so alltäglich wie diese ist. Atmen ist so selbstverständlich, dass man im Allgemeinen gar nicht daran denkt. Man vergisst ganz einfach, dass man atmet, es ist so durch und durch selbstverständlich.

Vor einer Minute jedoch ist etwas Außergewöhnliches passiert. Sie mögen sich dessen nicht bewusst sein, aber sie gehören zu der ersten Generation von Menschen, die jemals mit jedem Atemzug 400 Teile von einer Million (ppm) CO_2 eingeatmet haben. Das heißt, dass 400 von einer Million Molekülen, die in Ihre Lungen einströmten, CO_2-Moleküle waren. Das ist etwas Neues in der Geschichte der Menschheit. Denn seit der erste Homo sapiens das Licht der Welt erblickte, hat die Konzentration von CO_2 stets zwischen 180 und 280 ppm geschwankt.

Diese Premiere ist allerdings kein Grund zu feiern. Der letzte Bericht des Weltklimarates konstatiert, der Klimawandel sei eine „unzweifelhafte" Realität. Er stellt fest, dass mit 95–100-prozentiger Wahrscheinlichkeit die Hauptursache für den Klimawandel seit der Mitte des 20. Jahrhunderts der exponential gestiegene Ausstoß von Treibhausgasen aufgrund menschlicher Aktivitäten sei. Menschliche Gesellschaften erhöhen die Emission von Treibhausgasen vor allem durch die Verbrennung fossiler Brennstoffe, die in Form von Kohlenstoff im Boden eingelagert waren, bis die Menschen

[1] Martin Kopp ist Delegierter des LWB bei der UN-Klimakonferenz.

sie in Autos, Kraftwerke und Flugzeuge steckten und sie wieder in die Atmosphäre zurückbeförderten.

Das ist keineswegs belanglos. Der Anstieg des Anteils von Treibhausgasen in der Atmosphäre erhöht den Treibhauseffekt. Es ist wahr, dass dieser Effekt normalerweise sehr positiv ist: er ermöglicht das Leben auf der Erde, so wie wir es kennen. Man kann ihn mit einem Tuch vergleichen, das über den Planeten gedeckt ist und ohne das die durchschnittliche Oberflächentemperatur minus 18 Grad Celsius anstatt plus 15 Grad betragen würde. Das Problem ist, dass wir das Tuch dicker machen. Die Atmosphäre hat sich bereits um 0,85 Grad Celsius erwärmt, und wenn es uns nicht gelingt, bis zur Mitte des 21. Jahrhunderts gesellschaftlich einen geringen Kohlenstoffverbrauch durchzusetzen, wird die Oberflächentemperatur um vier bis acht Grad Celsius steigen.

Das ist alles andere als harmlos. Ein solcher Anstieg würde gewaltige Folgen haben, darunter eine Zunahme in der Intensität und Häufigkeit von extremen Wetterereignissen (Hitzeperioden, Überschwemmungen, Dürren, Hurrikane und Taifune, Waldbrände), einen Anstieg des Meeresspiegels, Übersäuerung der Meere, veränderte Niederschlagsverhältnisse, ein Verlust an biologischer Vielfalt. Mit anderen Worten, eine komplette Umwälzung des Ökosystems, die zur Zerstörung von Lebensgrundlagen (Häuser, Felder, Vieh), Hungersnöten, Wasserknappheit, schweren wirtschaftlichen Krisen und Kosten, Tausenden wenn nicht Millionen von Toten, gewaltigen Migrationsbewegungen und gesellschaftlichen wie auch internationalen Konflikten führen wird. Der Klimawandel ist die vielleicht größte Bedrohung für die heutige Menschheit.

Aber warum ist nun Klima eigentlich eine Frage der „Gerechtigkeit“? Und warum sollten Christen sich hier angesprochen fühlen? Gibt es starke theologische Gründe, warum Gläubige und Kirchen handeln sollten? Und wenn ja, wie können sie sich für Klimagerechtigkeit einsetzen?

Klimawandel: Eine Frage der Gerechtigkeit

Klimawandel hat in dreifacher Weise mit Gerechtigkeit zu tun: Es geht dabei um Gerechtigkeit auf internationaler Ebene, Generationengerechtigkeit und soziale Gerechtigkeit. Betrachten wir diese Aspekte im Einzelnen.

Internationale Gerechtigkeit

Der zweite Teil des Berichts des Weltklimarats widmet sich den gesellschaftlichen Auswirkungen des Klimawandels, den dadurch erforderlichen Anpassungsleistungen und den Schwachstellen, die sich hier zeigen. Der jüngste Bericht unterstreicht die Tatsache, dass zwar alle Länder vom Klimawandel betroffen sein werden, der größte Schaden aber wahrscheinlich in den sogenannten „Entwicklungsländern" wie auch in den sogenannten „am wenigsten entwickelten Ländern" auftreten wird.

Im Laufe der Geschichte waren es die entwickelten Länder, die die meisten Treibhausgase produziert haben. Darum ist der Klimawandel eine Sache der internationalen Gerechtigkeit: die Länder, die am wenigsten Kohlenstoff emittiert haben, sind am stärksten davon betroffen. Dies wirft ganz offensichtlich Fragen der Verteilungs- und restaurativen Gerechtigkeit zwischen den Nationen auf, d. h. nicht nur ökologischer, sondern auch ökonomischer Gerechtigkeit. Man sollte z. B. nicht vergessen, dass in Zukunft einige Länder vielleicht vollständig vom Wasser überschwemmt und von der Erdoberfläche verschwinden werden. Der Präsident der Malediven, Mohamed Nasheed, lässt bereits nach kaufbarem Land für die Bevölkerung seines Landes suchen.

Es muss jedoch darauf hingewiesen werden, dass der Grad an Treibhausgasemissionen im globalen Süden seit 1850 dabei ist, mit dem Grad an Emissionen im globalen Norden gleichzuziehen.[2] 2010 war der globale Süden für 48 Prozent aller Emissionen verantwortlich und es wird erwartet, dass es im Jahr 2020 51 Prozent sein werden. China z. B. hat sich zum weltweit größten Emittenten entwickelt.

Dies wirft die Frage auf, ob damit das Problem der internationalen Gerechtigkeit erledigt ist. Ich denke nein, denn erstens gehören im globalen Süden viele Länder mit niedrigen Emissionen zu den Hauptopfern des Klimawandels. Und zweitens, was noch wichtiger ist, die Länder des globalen Nordens konsumieren einen beträchtlichen Teil dessen, was der Süden produziert – die umweltschädigenden Industrien sind nur ausgelagert worden. Die Frage wird wohl demnächst anders gestellt werden müssen: es geht nicht länger um „entwickelte" gegen „Entwicklungsländer" oder globaler Norden gegen globaler Süden, sondern um Emittenten gegen Opfer.

Generationengerechtigkeit

Hier ist die Sachlage völlig klar: Die vergangenen und heutigen Generationen sind für erhebliche Treibhausgasemissionen verantwortlich und die zukünftigen Generationen werden darunter am meisten zu leiden haben. Obwohl Zukunftsmodelle und -szenarien im Allgemeinen nur bis 2100 reichen, kann Andrew Dessler festhalten, dass „viele Szenarien eine erhebliche

[2] Michel G. J. den Elzen / Jos G. J. Olivier / Niklas Höhne / Greet Janssens-Maenhout, Countries' Contributions to Climate Change: Effect of Accounting for all Greenhouse Gases, Recent Trends, Basic Needs and Technological Progress, in: Climatic Change 121/2 (2013).

Erwärmung und Emissionen ausweisen, die weit bis in das 22. Jahrhundert und noch darüber hinaus wirksam sind".[3] Wenn es unserer Generation nicht gelingt, die Emissionen rechtzeitig zu begrenzen, wird der durch Menschen verursachte Klimawandel jahrhundertelang fortwirken und das Leben vieler zukünftiger Generationen beeinträchtigen. Unsere aktuelle Nutzung fossiler Brennstoffe und von Land wirft schwerwiegende Fragen einer Generationengerechtigkeit auf.

Soziale Gerechtigkeit

Der Klimawandel betrifft auch die Frage der sozialen Gerechtigkeit: Zuerst und am meisten leiden die Armen und die Schutzlosen unter uns, etwa die Arbeitslosen, Migranten, Frauen, Kinder, Alten und Behinderten. Und da sind jene, die zumeist ja gar keinen Zugang zu den Aktivitäten hatten, die die Emission von Treibhausgasen verursachten. Es gibt zwei Gründe dafür. Wie bereits gesagt, sind es einerseits die „Entwicklungsländer" und die „am wenigsten entwickelten Länder", die in den Gebieten liegen, die die schlimmsten Folgen des Klimawandels erleiden werden. Zum anderen ist es leicht verständlich, dass die armen Länder und Bevölkerungen weniger in der Lage sind, die Herausforderungen durch den Klimawandel zu bewältigen. Die Niederlande z. B. sind reich genug, um zu versuchen, ihre Küste gegen den steigenden Meeresspiegel zu schützen. Das Gleiche gilt nicht für Bangladesch, wo der steigende Meeresspiegel Millionen Menschen als „Klimaflüchtlinge" vertreiben wird.

Dieser Sachverhalt, im globalen Süden überdeutlich wahrnehmbar, gilt überall. Als die Hurrikane Rita und Katrina New Orleans verwüsteten, d. h. eine Stadt in einem der reichsten Länder der Erde, waren es die Armen, die am meisten zu leiden hatten. Die Reichen wohnten nicht in den schlecht gegen eine Flut geschützten Stadtgebieten, hatten zudem genug Geld, um dem Unglück zu entfliehen, und die Mittel, anderswo neu zu beginnen. Die Armen mussten zusehen, wie ihre Behausungen zerstört wurden, und waren gezwungen, in der verlassenen Stadt zu bleiben, unfähig ein neues Haus zu kaufen. Ich arbeitete in New Orleans für die Evangelisch-Lutherische Kirche in Amerika bei der Amerikanischen Lutherischen Nothilfe (America's Lutheran Disaster Response), einer kirchlichen Hilfsorganisation zur Bewältigung von Katastrophen. Eine Gruppe von 25 französischen Jugendlichen brauchte zwei Wochen, um drei Häuser zu räumen und zu reinigen. Ich erinnere mich gut daran, dass die Familie, der wir halfen, monatelang in einem kleinen Wohnwagen lebte, der im Garten des verrotteten Hauses

[3] Siehe Andrew Dessler, Introduction to Modern Climate Change (Cambridge: Cambridge University Press, 2011), 123.

stand. Diese Erfahrung hat sich mir unauslöschlich eingeprägt, als ein Beweis für die Schutzlosigkeit von Ländern, von denen wir gewöhnlich meinen, sie seien „zu reich um zu scheitern“. Wir dürfen die große soziale Ungleichheit in ihren Bevölkerungen nicht vergessen.

Heutzutage kann man nicht länger soziale und ökologische Gerechtigkeit voneinander trennen. Es war deshalb sehr zutreffend, dass anlässlich des 20-jährigen Jubiläums des Weltklimarates der UN-Generalsekretär Ban Ki-Moon den Klimawandel als ein ernsthaftes Hindernis für die Erreichung der Millenniums-Entwicklungsziele bezeichnete.

Grün und gerecht: Eine theologische Grundlegung für den Umgang mit dem Klimawandel

Theologisch gesehen sind die Beziehung zur Schöpfung und die hohe Bedeutung der Gerechtigkeit die zwei Säulen einer christlichen Grundhaltung in der Frage des Klimawandels. Beide Perspektiven können eingebunden werden in ein umfassendes geistliches Klima der Erkenntnis, Gnade und Liebe.

Ein erneuertes Verständnis der Schöpfungstheologie

In den letzten zwei Jahrzehnten hat die wissenschaftliche Forschung die bekanntesten Bibeltexte einer neuerlichen Untersuchung unterzogen und eine erneuerte Schöpfungstheologie formuliert. Ebenso hat die Theologie den Reichtum der Theologie der Reformatoren und der unterschätzten Tradition des Dialogs zwischen Religion und Naturwissenschaften wiederentdeckt.

Die Welt ist Gottes Schöpfung (Gen 1,1-2,25). Im ersten Artikel des Apostolischen Glaubensbekenntnisses heißt es: „Ich glaube an Gott, den Vater, den Allmächtigen, den Schöpfer des Himmels und der Erde.“[4] Alle Lebensformen sind demnach Geschöpfe. Wir sind keine Götter. Wir können in unserer Beziehung zum Rest der Schöpfung nicht so tun, als wären wir ihre Besitzer. Gott ist der wahre Besitzer der Schöpfung. Und diese Schöpfung, heißt es in der Bibel, ist „sehr gut“ (Gen 1:,31).

Wir sind für Gottes Schöpfung verantwortlich. Unsere Beziehung zu den anderen Geschöpfen ist in der Tat durch das gekennzeichnet, was in Genesis 1 und 2 mit den Worten „unterwerft“ und „herrscht“ (Gen 1,28) und „bebaue“ und „hüte“ (Gen 2,15) bezeichnet wird. Die ersten beiden Verben sind missverstanden worden als ein Befehl zur Ausbeutung der Natur. So hat z. B. der

[4] Robert Kolb / Timothy Wengert (Hrsg.), The Book of Concord. The Confessions of the Evangelical Lutheran Church (Minneapolis: Fortress Press, 2000), 21.

französische Philosoph René Descartes bekanntlich den Menschen den Herren und Besitzer der Natur genannt. In seinem Aufsatz „The Historical Roots of Our Ecological Crisis"[5] sieht der amerikanische Historiker Lynn White Jr. die westliche jüdisch-christliche Tradition sogar als Hauptverursacher der gegenwärtigen ökologischen Krise. Oft wird allerdings vergessen, dass er am Ende seines Aufsatzes auch Strömungen innerhalb dieser selben Tradition nennt, die dazu beitragen könnten, diese Herrschaftsstrukturen zu überwinden.

Was die Verben angeht, die in der Genesis verwendet werden, um unsere Beziehung zu den anderen Geschöpfen zu bezeichnen, erkennen wir heute, dass diese Begriffe in der Tat unsere Verantwortlichkeit für das Schicksal der Schöpfung ausdrücken. Das Verb „unterwerfen" bezeichnet im Hebräischen insbesondere die Beziehung eines Königs zu seinen Untertanen, und hier ist die alttestamentliche Perspektive eine der verantwortlichen Fürsorge. Was die zwei anderen Verben angeht, so sind sie ganz klar Ausdruck der Tatsache, dass wir die guten Haushalter von Gottes Schöpfung sind.

Somit zeigt sich in der Bibel ein aufgeklärter Anthropozentrismus, der begrenzt ist durch die Würde der anderen Geschöpfe. Er eröffnet nicht den Raum für eine totale Freiheit, sondern einen Raum der Verantwortlichkeit.

Die Theologie der Gerechtigkeit

Der Begriff der Gerechtigkeit durchdringt die ganze Bibel, er ist das Herz des Gesetzes, die Essenz des Evangeliums. Gerechtigkeit ist in den Augen Gottes von entscheidender Bedeutung. Guillermo Kerber zitiert in seinem Aufsatz „La justice climatique" einige relevante Stellen.[6] In der Welt des Alten Testaments sind die Witwe, die Waise und der Fremde die exemplarischen Gestalten der Verletzlichkeit, und ihnen gilt Gottes besondere Liebe und Fürsorge: „Der Herr behütet die Fremdlinge und erhält Waisen und Witwen; aber die Gottlosen führt er in die Irre" (Ps 146,9). Es kann einen wahren und nachhaltigen Frieden nur durch Gerechtigkeit geben.

> Es begegnen einander Huld und Treue; Gerechtigkeit und Friede küssen sich. Treue sprosst aus der Erde hervor; Gerechtigkeit blickt vom Himmel hernieder. Auch spendet der Herr dann Segen und unser Land gibt seinen Ertrag. Gerechtigkeit geht vor ihm her und Heil folgt der Spur seiner Schritte (Ps 85,11-13).

Im Neuen Testament wird das Wirken Jesu als Herstellung von Gerechtigkeit begriffen. Im Matthäusevangelium sagt Jesus zu Beginn seiner Bergpredigt:

---

[5] Science 3767, vol. 155 (1967).

[6] Guillermo Kerber, La justice climatique, in: Sources (Janvier/Février 2011).

„Selig sind, die da hungert und dürstet nach der Gerechtigkeit; denn sie sollen satt werden" (Mt 5,6). Ebenso ruft er am Ende seines Wirkens in einem Gleichnis dazu auf, für die Schutzlosen in dieser Welt einzutreten (Mt 25,31-46).

Von der Erkenntnis zur Gnade und Liebe

Im Blick auf den Klimawandel haben diese theologischen Überlegungen eine eindeutige ethische Einschätzung zur Folge. Der Klimawandel ist das Resultat einer korrumpierten Beziehung zur ganzen Schöpfung, die Mitmenschen eingeschlossen. Indem sie die Schöpfung als einen Vorrat von Ressourcen betrachtet, die bis zum letzten verbleibenden Molekül gefördert, ausgebeutet und verbrannt werden können, was auch der zu zahlende Preis für die Menschheit und die Schöpfung sei, hat sich eine Minderheit der Sünde anheimgegeben. Um eine Metapher Martin Luthers hier anzuwenden: die großen Emittenten haben sich in sich selbst gekrümmt (*incurvatus in se*). Jeder, der schon einmal versucht hat, durch eine Stadt zu laufen und dabei gleichzeitig auf seine Hemdknöpfe zu schauen, wird wissen, dass er so, auf sich selbst bezogen und wie nach innen gekrümmt, unweigerlich mit jemand anderem zusammenstoßen wird: wir können die anderen und unsere Umwelt nicht mehr wahrnehmen und fügen ihnen Schaden zu. Der frühere Präsident des LWB, Mark S. Hansen, hat diese allgemeine Situation mit starken Worten als geistliche Blasphemie bezeichnet.

Die Lage ist gefährlich, wenn nicht todbringend. Viele Schwestern und Brüder sind schon aufgrund extremer Witterungsbedingungen umgekommen und die Zukunft des täglichen Lebens ist gefährdet. Und das gilt auch für viele Pflanzen- und Tierarten. Der Verlust an Biodiversität wird immer größer. Nach Ansicht von Robert Barbault[7] befinden wir uns am Beginn der sechsten großen Vernichtungsperiode von Pflanzen- und Tierarten, bei der der Klimawandel eine bedeutende Rolle spielt.

Als Christen wissen wir, wie wichtig es ist, unsere Sünden zu erkennen und zu bereuen. Das hilft uns, uns einzusetzen und zu engagieren: Gott vergibt, wir sind durch Gottes Gnade befreit und können uns der Welt zuwenden und neue Wege des mutigen Handelns beschreiten. Dies ist der Kern von Luthers Auffassung von einem christlichen Engagement. Das gilt auch heute, unsere Taten entspringen der Versöhnung und dem Frieden, die durch Gottes gnädige Barmherzigkeit bewirkt werden.

Allerdings befürchte ich, dass dies nicht genügen wird, um Gesellschaften mit einem hohen Kohlenstoffverbrauch und dem entsprechenden Lebenswandel

[7] Siehe Robert Barbault, Loss of Biodiversity. Overview, in: Encyclopedia of Biodiversity (Amsterdam: Elsevier, 2013), 656–66.

auf den Weg der Nachhaltigkeit zu bringen. Wir, die wir in den sogenannten entwickelten Ländern leben, müssen unsere Weltsicht ändern, und diejenigen, die anderswo leben, sollten sich davor hüten, das westliche „Soziale Imaginäre“[8] zu übernehmen. Wir sollten lernen innezuhalten, uns zu besinnen, dankbar für das uns Gegebene zu sein und zu lieben. Ja, wir sollten die Schöpfung lieben, einschließlich unserer Mitmenschen. Wir schützen das, was wir lieben, aber vernachlässigen das, was uns gleichgültig ist. Wenn die Schöpfung auf Videos auf einem Flachbildschirm oder Zahlen in einem WWF-Bericht reduziert wird, kann es keine echte Umkehr und folglich wirksame persönliche Praxis und öffentliche Politik geben. Aber Liebe braucht Zeit. Ich glaube, dass es mehr wirklichen Fortschritt geben würde, wenn wir mehr Zeit in der Natur verbringen würden, in direktem und ehrfürchtigem Kontakt mit Gottes guter Schöpfung – das ist umso wichtiger, weil die Menschheit zunehmend in städtischen Gebieten lebt. Wir brauchen eine wirkliche Beziehung zur Schöpfung. Dieser Wechsel ist die Voraussetzung für einen Wechsel unseres ökonomischen Paradigmas hin zu einer haushälterischen und hoffentlich gerechten Gesellschaft. Und dies ist der zentrale Kern des Problems: im Hinblick auf den Klimawandel geht es um unsere Werte und unsere Weltsicht.

Schöpfung – für Geld nicht zu haben?

Unglücklicherweise kennt das herrschende Soziale Imaginäre nur einen Wert: den, der durch den Preis bestimmt ist. Wirtschaftliche Anreize zur Bekämpfung des Klimawandels scheinen noch am besten zu funktionieren. Heutzutage ist Geld das wahre Gut. Beweis dafür ist die Tatsache, dass es eines der wichtigsten politischen Mittel zur Bekämpfung des Klimawandels ist, die Kohlenstoffdioxidemissionen mittels des Emissionsrechtehandels mit einem Preis zu belegen. Ein Zeichen für die Hegemonie der Ökonomie ist die Tatsache, dass die Zivilgesellschaft gegenwärtig ihr advokatives Narrativ verändert. Bislang hat man die moralische Verpflichtung der Emittenten gegenüber den unter den Folgen ihrer Emissionen Leidenden in den Vordergrund gestellt. Diese Strategie ist gescheitert. Der Trend geht nun dahin, den Diskurs zu ändern und den Staaten und Unternehmen zu vermitteln, dass die Bekämpfung des Klimawandels in ihrem ureigenen wirtschaftlichen Interesse liegt, eine auf der Personenebene oft angewandte Strategie. So werden z. B. die Menschen eher bereit sein, ihre Häuser mit

[8] Der Begriff des „Imaginären“ wurde von dem Philosophen Cornelius Castoriadis eingeführt. Theorien über das „Soziale Imaginäre“ versuchen zu erklären, wie die Imagination und nicht die einfache Verstandestätigkeit an der Konstruktion zentraler gesellschaftlicher Institutionen, sozialer Repräsentationen und Praktiken beteiligt ist.

Wärmedämmung zu versehen, wenn das ihre Heizkostenrechnung senkt, als deshalb, weil sie damit jemanden, der weit weg lebt oder erst in der Zukunft leben wird, vor der Vertreibung bewahren.

Also, Schöpfung – für Geld nicht zu haben? Was aber wenn das beste Mittel, um die Schöpfung vor einem Klimawandel und seinen ernsten Folgen zu bewahren, es ist, die finanziellen Vorteile eines kühnen Handelns in dieser Sache hervorzuheben? Sollten wir als Christen wirtschaftliche Argumente anführen, um Menschen und Regierungen zu den richtigen ethischen Entscheidungen zu bewegen? Bleiben wir damit unserer Identität als einer Gemeinschaft von Kirchen treu? Das ist eine schwierige Frage. Zum Zeitpunkt, an dem ich diese Zeilen schreibe, ist das Thema noch nicht im LWB diskutiert worden und ich bin selbst noch unschlüssig. Nichtsdestotrotz, da die Zivilgesellschaft nun einmal ihr Narrativ verändert, muss die Frage diskutiert werden, und der LWB wird eine eigene Position formulieren müssen.

Ich sehe natürlich, dass die Zeit äußerst knapp ist: das neue Abkommen soll 2015 geschlossen werden und es wird erwartet, dass die weltweiten Emissionen 2020 ihren Höhepunkt erreicht haben werden, bevor sie dann zurückgehen, was die weltweiten Emissionen um 80–95 Prozent bis zum Jahr 2050 reduzieren würde. Das ist ein sehr ehrgeiziges Ziel. Sowohl die dringende Notwendigkeit zu handeln wie auch die bekannten katastrophalen Folgen eines außer Kontrolle geratenen Klimawandels könnten für das Effizienzargument sprechen: wir haben nicht genügend Zeit, um das Soziale Imaginäre zu revolutionieren und es empfänglicher für ethische statt wirtschaftliche Argumente zu machen – wenn das überhaupt möglich ist. Deswegen sollten wir das nutzen, was gegenwärtig einen Einfluss auf die Zielgruppen haben kann.

Andererseits ist mir natürlich bewusst, dass eine christliche Advocacy-Arbeit, die hauptsächlich mit finanziellen Anreizen operiert, als widersprüchlich wahrgenommen werden könnte: verwenden wir nicht exakt dieselben Mittel, die die Krise, in der wir uns befinden, erst geschaffen haben? Kann sich eine Gemeinschaft der Kirchen auf die Wirtschaft stützen, wenn Jesus selbst sich sehr abfällig über den Reichtum geäußert hat und beispielhaft sehr genügsam lebte? Kann die Gemeinschaft auf egoistische Impulse setzen, wenn ihre Mission es doch ist, die Stimme der Stimmlosen, der Armen und Schutzlosen zu sein?

In diesem Abschnitt sind wir nun von den Gründen, warum wir uns dem Klimawandel stellen sollten, zu der Frage übergegangen, wie wir ein veränderndes Handeln fördern sollten, was zu einer herausfordernden generellen Problematik führte. Eine der gegenwärtigen Advocacy-Initiativen ist die „Fasten für das Klima"-Kampagne[9], an der sich der LWB beteiligt. Seit der

[9] Siehe **www.fastfortheclimate.org**.

UN-Klimakonferenz COP19 in Warschau haben Tausende junger Menschen weltweit an jedem ersten Tag in jedem Monat gefastet, in Solidarität mit den Opfern des Klimawandels und um Druck auf die Regierungen auszuüben, damit ein weitreichendes Abkommen in Paris Ende 2015 zustande kommt.

Durch das Fasten hat sich mein Blick auf die Welt verändert. Ich lebe in einem „entwickelten" Land und bin nie hungrig zu Bett gegangen. Jetzt tue ich das einmal im Monat. Ich erkenne, dass dies die tägliche Erfahrung Hunderter Millionen Menschen ist, verursacht u. a. durch extreme Wetterereignisse oder durch die im Laufe der Jahrzehnte veränderten Wetterbedingungen. Das Fasten hat den Klimawandel greifbar gemacht, es öffnete mir die Augen und brachte mich meinen Nächsten näher. Das ist einer der Gründe, um ein Mal im Monat zu fasten: der Klimawandel erscheint uns hier im globalen Norden als eine ferne Realität, räumlich wie zeitlich. Durch das konkrete Hungergefühl wird die Distanz zwischen mir und den Opfern aufgehoben. Mein leerer Magen lässt mich den ganzen Tag an sie denken und wirkliches Mitgefühl empfinden.

Um auf die ökonomische Frage und die Perspektive unserer Advocacy-Arbeit zurückzukommen: Fasten ist hier eine symbolische Geste der Mäßigung. Wir in den sogenannten „entwickelten" Ländern leben in Gesellschaften, die Wachstum brauchen, um zu funktionieren. Es sind Gesellschaften, deren Grundlage eine stetig wachsende Produktion und Konsumption ist. Durch Fasten zeigen wir symbolisch, dass der Weg zu einer nachhaltigen und gerechten Zukunft von uns den Wandel des gesellschaftlichen Paradigmas erfordert – „Systemwandel nicht Klimawandel" lautet der bekannte Slogan. Kurz gesagt, wie Gandhi sehr wahr meinte: „Wir müssen lernen, einfacher zu leben, damit andere einfach leben können. Die Welt hat genug für jedermanns Bedürfnisse, aber nicht für jedermanns Gier."

Fragen

Spürt Ihr Land bereits die Folgen des Klimawandels?

Ist Ihre Kirche in dieser Frage engagiert? Wie könnte sie noch mit dem Klimawandel umgehen?

Was ist Ihre Meinung zu dem im letzten Abschnitt aufgeworfenen Problem? Wenn Sie mit Regierungen und Unternehmen zu tun hätten, würde Ihr lutherisches Engagement sich mehr auf ökonomische oder mehr auf ethische Argumente stützen?

Die Schöpfung ist unverkäuflich: Landverteilung – Problematik des Landbesitzes in Tansania

Stephen I. Munga

Es ist offensichtlich, dass die Schöpfung nicht zum Verkauf bestimmt ist und es niemals sein wird. Wenn es so wäre, müsste es einen Verkäufer und einen Käufer geben. Wer ist Eigentümer der Schöpfung? Wer möchte sie gerne besitzen und darum kaufen? Die Schöpfung ist Gottes freies Geschenk an alle. Zur Schöpfung gehört das Land, auf dem die meisten Menschen dieser Erde ihren Lebensunterhalt verdienen. Wir wissen alle, dass die meisten Menschen, vor allem im globalen Süden, in ihrer Existenz vom Land abhängig sind. Wir leben auf dem Land und hier fühlen wir, dass wir zu dieser Welt gehören und Teil der Schöpfung sind. Wir wissen auch, dass es Menschen gibt, die das Land besitzen wollen und zwar einen großen Teil davon. Das verwehrt anderen einen Lebensort und die Mittel, um sich ihren Lebensunterhalt zu verdienen. Gott hat die Schöpfung uns allen anvertraut und die 148.940.000 km^2 Landoberfläche auf der Erde sind ein Ort, wo alle von uns leben können.

Die Bedeutung von Land

In der biblischen Schöpfungsgeschichte begegnen wir Gott, der der Menschheit die Sorge um die Schöpfung anvertraut. Gott tut dies zum Wohle aller Menschen, sie sollen für die Schöpfung sorgen und sie zugleich gebrauchen, um ihr Leben zu erhalten. Wir sehen hier die gegenseitige Abhängigkeit von Menschheit und Schöpfung – wir sind nicht die Eigentümer der Schöpfung, sondern einfach nur ihre Betreuer und Haushalter. Gott der Schöpfer bleibt der Urheber und Besitzer der Schöpfung bis zum Ende aller Zeiten. Unsere Beziehung zu Gott im Hinblick auf die Schöpfung beruht auf einem Bund – ein Abkommen zwischen ungleichen Partnern. Gott der Schöpfer wird immer die Oberhand haben und wir sollen uns um die Schöpfung sorgen, so wie es Gott befiehlt.

Neben der Schöpfungsgeschichte gibt es noch einen anderen Bibeltext, Leviticus 25, der sich mit Landfragen befasst, insbesondere mit dem Sabbatjahr, dem Jahr der Ruhe. Das fünfzigste Sabbatjahr ist das Jubeljahr. Dieses Kapitel ist auch bedeutsam im Hinblick auf das 500-jährige Reformationsjubiläum, das der Lutherische Weltbund (LWB) im Jahr 2017 begeht. Der LWB wird dieses historische Ereignis mit der Erklärung feiern, dass wir „durch Gottes Gnade befreit" sind. Der Text im Buch Leviticus lässt uns nicht nur den Jubel der Befreiung spüren, sondern zeigt auch, dass es ganz zentral das Land ist, das im Jubeljahr befreit werden soll. Land bedeutet die Möglichkeit, leben zu können – das gilt besonders für die Armen. Das Land wurde ihnen vom Schöpfer gegeben und alle Transaktionen mit dem Land müssen gerecht sein, damit sie Gott gefallen, der die Gerechtigkeit selbst ist. Das Jubeljahr ist gekennzeichnet durch die Befreiung der Menschen und des Eigentums und ist auch der Bezugspunkt zur Festsetzung von Kaufpreisen, zur Regulierung des Kaufens und Verkaufens von Land und Eigentum. Das Gesetz enthält Bestimmungen, dass das Land nicht verkauft, sondern nur bis zum Jubeljahr verpachtet werden soll, in dem es an die Familie oder den Erben zurückfällt, dem es gehört.

> Wenn du deinem Stammesgenossen etwas verkaufst oder von ihm etwas kaufst, sollt ihr einander nicht übervorteilen. Kaufst du von deinem Stammesgenossen, so berücksichtige die Zahl der Jahre nach dem Jubeljahr; verkauft er dir, dann soll er die noch ausstehenden Ertragsjahre berücksichtigen. Je höher die Anzahl der Jahre, desto höher berechne den Kaufpreis; je geringer die Anzahl der Jahre, desto weniger verlang von ihm; denn es ist die Zahl von Ernteerträgen, die er dir verkauft. Ihr sollt einander nicht übervorteilen. Fürchte deinen Gott; denn ich bin der Herr, euer Gott. (Lev 25,14-17)

Im Jubeljahr kehren die Menschen zu ihrem Besitz zurück, es ist ein Jahr der Freiheit und der Versöhnung, in dem der Besitz, zu dem das Land gehört, befreit wird und die Bande der Sklaverei und der Armut gelöst werden. Besitz und Eigentümer werden wieder zusammengebracht. Dieses Gesetz ermöglichte es den Menschen, ihre Stämme und Familien zusammenzuhalten, während sie auf das Kommen des Messias warteten. Die Freiheit, in der jeder Mensch geboren wurde, ob er nun verkauft wurde oder seine Rechte verloren hatte, sollte während des Jubeljahres wiederhergestellt werden. Es gibt hier eine Analogie mit der Erlösung durch Jesus Christus von der Sklaverei der Sünde und der Wiedereinsetzung in den Zustand der Freiheit der Kinder Gottes. Die Erklärung des LWB zur Befreiung durch Gottes Gnade fügt sich ganz in diesen Rahmen ein.

Die Problematik des Landbesitzes in Tansania

In einem Land, dessen wirtschaftliches Rückgrat die Landwirtschaft bildet, ist Land von zentraler Bedeutung für den Lebensunterhalt von Millionen von Menschen. Tansania gehört zu den vielen afrikanischen Ländern, deren Bevölkerung hauptsächlich aus Kleinbauern besteht, die die Hauptproduzenten von Nahrungsmitteln für den Eigenverbrauch und den Markt sind. Mehr als 80 Prozent der Bevölkerung Tansanias lebt in ländlichen Gebieten und bestreitet ihren Lebensunterhalt hauptsächlich mit Landbau und Viehzucht in Subsistenzwirtschaft. Land ist deshalb das wichtigste Wirtschaftsgut. Und es ist ja auch zugleich das rarste Gut von allen. Wir können es nicht vermehren, vielmehr verlieren wir sogar produktives Land auf Grund verschiedener Formen der Umweltzerstörung. Angesichts dieser Lage sollte das Land gerecht verteilt und produktiv genutzt werden, damit die Menschen davon leben können.

Die Aneignung von Land (*land grabbing*), *poraji ardhi* auf Kisuaheli, ist eine in Tansania weitverbreitete Praxis und ist auch kein neues Phänomen in Tansania oder in anderen Teilen des globalen Südens. Die Ausbeutung von Land und der natürlichen Ressourcen hatte tiefgreifende Auswirkungen auf den Landbesitz. Im 19. Jahrhundert kamen europäische Siedler nach Afrika, teilten den Kontinent auf und plünderten das Land und die natürlichen Ressourcen. Sie hinterließen ein schreckliches Erbe, es kam zu einer ganzen Serie von Konflikten wegen des Landes und der Ressourcen und zu Rechtsstreitigkeiten, wodurch die Menschen die Kontrolle über das Land und die natürlichen Ressourcen verloren und sich fremdartige Grundbesitzverhältnisse und Managementmethoden durchsetzten. Im Zuge der auch heute andauernden Auseinandersetzungen um den Landbesitz entstand in Tansania ein modernes neokolonialistisches System, das die Macht der wenigen Reichen und der Unternehmen auf Kosten der entwurzelten und enteigneten Kleinbauern und einheimischen Gemeinschaften begünstigte. Das Ausmaß der gegenwärtigen Landaneignung in Tansania ist einzigartig in der Geschichte und erfordert schnelles Handeln.

Es sind weltweit vermehrt geschäftliche Transaktionen zur Aneignung von Land zu beobachten. Die Einschätzung von Seiten der Wissenschaft, Politik, der Ökonomen und Investoren ist natürlich interessengeleitet oftmals positiv. Die betroffenen Regierungen sehen das ebenso, während die armen Leute ihrer Gewohnheitsrechte beraubt werden, die ihnen den Schutz ihres Erbes und ihr Überleben garantierten. In Tansania ist das Land Staatseigentum und die Menschen erhalten dem Gesetz entsprechend ihren Teil zur Nutzung. Wenn im öffentlichen Interesse jemanden das Land weggenommen wird, muss diese Person gerecht entschädigt werden. Das scheint aber bislang nicht gängige Praxis gewesen zu sein.

Es gibt verschiedene empirische Untersuchungen über internationale Landkäufe und ihre positiven und negativen Folgen, und der Bericht der Weltbank 2008–2009 öffnet in dieser Hinsicht die Augen. 60 Millionen Hektar Land wurden weltweit gehandelt, wobei zwei Drittel des erworbenen Landes in Afrika lagen. Einige dieser Geschäfte betrafen sehr große Gebiete. So hat z. B. Liberia kürzlich eine Konzession für 220.000 Hektar unterzeichnet, während nach anderen Angaben Tansania 2010 Landgeschäfte über eine Gebiet von 1,8 Millionen Hektar abgeschlossen hat. Das ist für ein einziges Land ein schockierend großes Gebiet. Es stellt sich die Frage, wie transparent diese Abschlüsse waren. Wie sind die in diesen riesigen Gebieten lebenden Menschen eingebunden? Wie transparent ist der ganze Vorgang? Hat die Öffentlichkeit Zugang zu Informationen zu diesen Landabtretungen? Diese Fragen nach Gerechtigkeit und Transparenz erfordern einen Blick auf die Rechtsverhältnisse und ihre Praxis.

1923 verabschiedete der britische Kolonialstaat in Tanganyika eine Rechtsverordnung zum Landbesitz, nach der das ganze zu diesem Zeitpunkt besetzte und nicht besetzte Gebiet zum Staatsbesitz erklärt wurde. Es unterstand dem Gouverneur, der es zum Wohle der einheimischen Bevölkerung treuhänderisch verwalten sollte. Auf Grundlage dieser Landverordnung verabschiedete dann der unabhängige Staat Tansania seine eigenen Landgesetze, die detailliertere Regelungen als die kolonialen Verordnungen enthielten und das ganze Land dem Präsidenten des Landes anvertrauten. Es geht hier aber nicht nur um die Gesetze, sondern auch um die Institutionen, die für ihre Umsetzung verantwortlich sind. So hatten die neuen im Jahr 1999 eingeführten Landgesetze zum Ziel, die Landkonflikte zu beenden und Probleme zu lösen, die aufgrund der alten Gesetze entstanden waren. Unleugbar haben die neuen Landgesetze einige wichtige Veränderungen im Blick auf die früheren Landkonflikte ermöglicht. Es bleibt jedoch die Frage, ob die neuen Gesetze wirklich realitätskonform sind und die erstrebten Ziele erreicht haben.

Dass gute (d. h. gerechte) Gesetze notwendig sind, steht außer Frage. Ebenso entscheidend ist die Existenz guter und effizienter Institutionen, die diese Gesetze ausführen. Warum haben wir die Gesetze und trotzdem immer mehr Landkonflikte? Sind diese Konflikte so neuartig, dass sie von der aktuellen Rechtssprechung nicht erfasst werden? Ist die Lage wirklich so neu oder funktioniert da irgendwo etwas nicht richtig? Und schließlich, wie informiert sind die örtlichen Gemeinschaften über diese Gesetze? Diese Fragen sollten Gegenstand von Diskussionen sein, die zu einer gemeinsamen Lösung führen könnten, die Gerechtigkeit und nachhaltigen Frieden gewährleistet. Diese hat die Evangelisch-Lutherische Kirche in Tansania bewegt, in Zusammenarbeit mit der Sebastian Kolowa Memorial University eine Konsultation zum Thema Landgerechtigkeit abzuhalten.

Außer von der rechtlichen Seite muss man die Problematik auch im Hinblick auf die existentielle Situation der Betroffenen betrachten. Seit den letzten Jahren ist die Landproblematik national und international immer häufiger Gegenstand der Diskussion. Die Medien und verschiedene Landforen haben die Welt auf das Ausmaß der Landtransaktionen in verschiedenen Gebieten des globalen Südens aufmerksam gemacht. Es wurden Untersuchungen über Landnutzung und Landbeschaffenheit durchgeführt und über *land grabbing*, d. h. Landaneignung, berichtet. Hier geht es vor allem um die unterschiedliche Interessenlage von Investoren und lokalen Gemeinschaften. Es gibt da einen deutlichen Unterschied hinsichtlich der positiven oder negativen Einschätzung der Folgen der Landtransaktionen, die häufig als Landaneignung empfunden werden. Betroffen sind sowohl Wald- und andere unbewohnte Gebiete als auch Gebiete, die von Dorfbewohnern zum Anbau, zur Viehzucht und zum Kleinbergbau genutzt werden und für den Lebensunterhalt entscheidend sind.

Obwohl der Tanzania Village Land Act von 1999 eine Entschädigung im Falle des Landverlusts vorsieht, war der Umsetzungsprozess und vor allem die Festlegung der Höhe und der Form der Entschädigungszahlung konfliktreich. Ein Großteil der Entschädigungen wird vom Investor über staatliche Stellen an die Betroffenen gezahlt und nicht direkt. Es dauert auch übermäßig lange Zeit bis die Entschädigung nach Festsetzung der Höhe ausgezahlt wird. Außerdem berücksichtigen die Entschädigungen nicht zukünftige finanzielle Entwicklungen, sondern nur statische Daten zum Zeitpunkt der Bewertung. Wenn die Entschädigungen nicht ordnungsgemäß gezahlt werden, führt das bei den Betroffenen zu tiefen Frustrationen und kann sie in bittere Armut stürzen. Das alles hat seine Ursache vor allem in der mangelnden Transparenz der abgeschlossenen Geschäfte. Diese Probleme sind potentielle Gefährdungen eines nachhaltigen Friedens, die dringend der Aufmerksamkeit bedürfen.

In diesem Kontext hat die Evangelisch-Lutherische Kirche in Tansania die Sebastian Kolowa Memorial University (SEKOMU) beauftragt, durch das Institut für Gerechtigkeit und Frieden (Institute of Justice and Peace; IJP) eine dreitägige Konferenz zum Thema der Landgerechtigkeit für einen nachhaltigen Frieden zu organisieren und durchzuführen. Die Konferenz fand in Daressalaam vom 10. bis 13. September 2013 statt. Es war eine internationale Konsultation unter Beteiligung der Regierung, kirchlicher

Organisationen, zivilgesellschaftlicher Organisationen, der diplomatischen Gemeinschaft, internationaler Organisationen, der Geschäftswelt, von Parlamentsmitgliedern, Wissenschaftlern und den Medien. Das Hauptziel der Konsultation war die Bestandsaufnahme auf der Basis vorliegender Untersuchungsergebnisse und die Erarbeitung einer zukunftsweisenden Perspektive.

Mit diesem Ziel vor Augen hatte die Konferenz verschiedene Schwerpunkte, darunter die Landgesetze in Tansania und die sie begleitenden Konflikte. Es gibt zu diesem Bereich eine ganze Anzahl von Berichten und empirischen Untersuchungen. Im Kontext einer Politik der verantwortungsbewussten Regierungsführung sollten sowohl die Gesetze als auch die sie ausführenden Institutionen die positiven Auswirkungen auf die Gesellschaft in den Vordergrund stellen. Mit andern Worten, die neuen Gesetze sollten wirksamer als die vorigen für die Verteilung finanzieller Zuwendungen und Gerechtigkeit sorgen.

Nach drei Tagen eingehender Diskussionen wurde von den Teilnehmern der Konferenz als eine Plattform für alle wichtigen Interessenvertreter das Tanzania Land Forum gegründet. Nachdem man die Größe des Problems erkannt hatte, ging es für die Konferenz nun darum, einen strategischen Ansatz zu initiieren. Viel wurde getan, damit das Forum seine Arbeit beginnen konnte. Die Organisationsstruktur wurde geklärt und die Arbeitsrichtlinien formuliert, wobei sich das involvierte Institut für Gerechtigkeit und Frieden der Sebastian Kolowa University vordringlich den drängenden Problemen vor Ort widmen soll.

Schlussbemerkungen

Es hat weltweit immer wieder Widerstand gegen entmenschlichende Praktiken gegeben. Während der Zeit der Apartheid in Südafrika waren viele Länder solidarisch mit den Unterdrückten und hielten den Machthabern ihre unrechtmäßige Unterdrückung anderer Menschen aufgrund ihrer Hautfarbe vor. Heute hören wir die Schreie vieler, die unter verschiedenen Formen der ökonomischen Ungerechtigkeit, Bürgerkriegen, Terrorismus, Hunger, Diskriminierung, Korruption und neuen Formen der Sklaverei in ihren Ländern und in der ganzen Welt leiden. Vor diesem Hintergrund fragen wir uns, woher diese Ungerechtigkeit kommt? Es gibt Unterschiede in der Art und Weise, wie Menschen von ihren Regierungen zu Opfern gemacht werden: Da gibt es die Vertriebenen, denen das Land weggenommen wurde, um Platz für – oftmals ausländische – Investitionen zu machen. In anderen Fällen führten Investitionen zu Umweltzerstörung und zur Verschmutzung von Wasserquellen. Wir hören von Menschen, die aufgrund der giftigen

Chemikalien in den Bergbaugebieten an unheilbaren Krankheiten leiden. Ihre Schreie des Schmerzes und der Qual stoßen auf taube Ohren, weil sich ihre Regierungen und die Machthaber mehr um ihren Profit als um das Leben derjenigen sorgen, die ihre Macht ermöglicht haben. Diese Menschen schreien auf, weil sie ungerecht behandelt worden sind, weil sie Verluste erlitten haben – den Verlust ihres Eigentums, ihres Landes, ihres Lebens, ihrer Würde und Menschlichkeit. Sie schreien auf, weil ihnen die Freiheit geraubt worden ist und man sie in ihrem eigenen Land zu Sklaven gemacht hat. Diese Menschen warten auf das Jubeljahr, den Zeitpunkt (*kairos*), an dem sie Gott freilässt. Ihr Schrei ist zugleich Gottes Aufruf, ihre Freiheit, ihr Eigentum und ihre Würde wiederherzustellen. Lasst ihren Schrei Gottes Ruf an den LWB sein, sich ihrem Schmerz zuzuwenden und für ihre Freiheit und Wiedereinsetzung einzutreten. Wenn der LWB erklärt, dass wir „befreit" sind, dann sollte er sich als Gemeinschaft von Kirchen den Leidenden zuwenden. Möge dies als Gottes Ruf gehört werden, als Sendung zu einer besonderen Mission im Sinne des Erlassjahres – zur Befreiung derer, die unter den Schmerzen der Ungerechtigkeit leiden.

Fragen

Sind Sie der Meinung, dass wir so viel Land in den Entwicklungsländern haben, dass dieses einfach weggegeben werden kann?

Brauchen wir internationale Rechtsinstrumente, die auf transparente Weise und global die Zurverfügungstellung von Land regeln, insbesondere angesichts stark wachsender Landinvestitionen?

Kann der LWB eine Rolle spielen in dem zur Zeit stattfindenden Gerangel um Land in verschiedenen Teilen der Welt, insbesondere in den Entwicklungsländern?

Die Schöpfung ist nicht für Geld zu haben, aber wie steht es mit unserem theologischen Gewissen?

Cibele Kuss

> Ihr verdorrten Gebeine, höret des Herrn Wort! [...] ich will Odem in euch bringen, dass ihr wieder lebendig werdet. Ich will euch Sehnen geben und lasse Fleisch über euch wachsen und überziehe euch mit Haut und will euch Odem geben, dass ihr wieder lebendig werdet [...] (Ez 37,4-6)

Diesen Symbolismus der verdorrten Gebeine, die die Hoffnung auf Veränderung haben, mag ich sehr. Die Dürre hat die ganze Schöpfung Gottes ergriffen. Es gehört zur christlichen Vision von Einheit und Vielfalt, dass die ganze Schöpfung die Auferstehung des ganzen Körpers erwartet und dass dies die Fülle des Lebens und der Würde für alle Geschöpfe mit sich bringt. Wir sind Teil der Orte und der Länder, wo wir geboren wurden und leben. Ich schreibe diesen Artikel in meinem *oikos* in Brasilien. Und hier in Brasilien wie in vielen anderen Ländern sind wir Zeugen der unverhohlenen Zerstörung der Wälder und der Ausbreitung der Agrarindustrie mit ihren verheerenden Folgen.

Angesichts unserer wechselseitigen Abhängigkeit von der Umwelt trägt die Zerstörung der „Gebeine“ der Wälder durch den durch erhöhte Emissionen von Treibhausgasen ausgelösten Klimawandel mit großen Überschwemmungen, Dürren und Stürmen, die die zyklischen Abläufe auf der Erde beeinflussen, dazu bei, unsere Menschenrechte zu verletzen. Wie sollen wir damit umgehen? Wie darauf reagieren? Die strategische Frage stellt sich: Was müssen wir tun, um dieser fortdauernden Dürre der Gebeine der Schöpfung etwas entgegenzusetzen? Wir dürfen nicht vergessen, dass es auch Gebeine gibt, denen der Geist Gottes, der Atem der göttlichen *Ruach* nicht innewohnt und die das auch so wollen. In diesen Gebeinen wohnt die dunkle Seite des Geistes des Kapitalismus, repräsentiert durch die Waffenindustrie, die Agrarindustrie und eine konsumorientierte, frauenfeindliche, homophobe Gesellschaft, die alle guten Dinge dieser Erde raubt.

Was hat uns die Theologie nach 500 Jahren seit Beginn der Reformation zu sagen? Die brasilianische feministische Theologin Nancy Cardoso stellt eine sehr aktuelle und provokative Frage hinsichtlich der Rolle der Theologie:

> Und was ist mit der Theologie? Nun [...] Sie schwankt zwischen dem Frieden in der Kirche, der Komfortzone der Universität und der Rastlosigkeit der kämpfenden Menschen. Es ist höchste Zeit, sich zu erinnern! Und nicht zu vergessen, wo wir herkommen und mit wem wir voranschreiten wollen. Es sind schwierige Zeiten, und eine Theologie, die den Protest lediglich aus der Ferne beobachtet oder sich nur mit vergangenen Kämpfen befasst, die zwar noch fortwirken, aber nicht die Kämpfe von heute sind – solch eine Kirche kennt die Härte und die revolutionäre Leidenschaft des 21. Jahrhunderts nicht.[1]

Indem wir nur zuschauen und beobachten, erfahren wir nicht wirklich, wer wir sind und mit wem wir uns auf den Weg machen sollten. Es reicht ganz offensichtlich nicht, in unseren Gottesdiensten zu verkünden, dass wir Land und Brot miteinander teilen müssen, wenn wir ansonsten immer nur die Kämpfe der Menschen aus der Ferne beobachten. Lange Zeit schon gilt Pacha Mama, Mutter Erde, nicht mehr als heilig, sie ist ein weites Tal verdorrter Gebeine geworden, eine Schöpfung, die im Begriff ist, zerstört zu werden, um die gestritten wird und die verkauft wird, und die weit davon entfernt ist, verehrt und in Ehren gehalten zu werden wegen ihrer Vielfalt und Schönheit.

Im Kapitalismus hat Gottes Schöpfung einen Preis, einen Besitzer und einen Käufer. Eine Minderheit von Personen und organisierten Gruppen, aus deren Gebeinen der Geist eines gemeinschaftlichen Lebens entwichen ist, hat die Herrschaft und kauft Land und Wasserquellen, die lebenswichtig sind für unseren Planeten. Sie streitet sich um die Fauna und Flora, die so vielfältig ist. Die kleinen Geschöpfe interessieren sie nicht, sie bemerkt sie nicht einmal.

Eine Agrarwirtschaft in großem Maßstab bewertet das Land und kalkuliert den Profit des Monoanbaus von gentechnisch verändertem Soja oder der Schlachtung von Millionen Rindern, die dann auf dem Markt verkauft werden, wo die Menschen hohe Preise für schlechte Qualität zahlen. Sie bemerken nicht, dass auch die Vögel und die Bäume wichtig sind. Sie verstehen nicht und zitieren nie die poetischen Worte des brasilianischen

---

[1] Unter **https://www.facebook.com/notes/757117881043910/** (Stand 01.07.2015)

Dichters Manoel de Barros: „Ich höre die Farben des Vogelsangs."[2] Und sie haben nie diese Worte der Bibel gehört: „Wenn du unterwegs ein Vogelnest findest auf einem Baum oder auf der Erde mit Jungen oder mit Eiern und die Mutter sitzt auf den Jungen oder auf den Eiern, so sollst du nicht die Mutter mit den Jungen nehmen" (Deut 22,6). Millionen von Arten und Lebewesen werden dezimiert durch in der Agrarindustrie weltweit eingesetzte giftige Pestizide.

Im Dezember 2014 war es dreißig Jahre her, dass in der indischen Stadt Bhopal eine Pestizide herstellende Fabrik der Firma Union Carbide, heute Dow Chemicals, explodierte, wobei 16.000 Menschen starben und mindestens 560.000 Menschen schwere Vergiftungen erlitten. Solche Unfälle ereignen sich da, wo das Leben der Arbeiter nicht viel wert zu sein scheint und sichere und gesunde Arbeitsbedingungen nicht zu den Prioritäten der Unternehmen gehören. Das Argument, dass Nahrungsmittel für die Bevölkerung nur mit Hilfe des Einsatzes von Gift produziert werden können, hatte in diesem Falle fatale Folgen für die Bevölkerung. Im Jahr 2013 erzielte der Markt für Pestizide einen Gesamtgewinn von 11,5 Milliarden USD, den sich sechs große internationale Unternehmen teilten: Monsanto, BASF, Syngenta, Dupont, Bayer (die Firma, die das tödliche Gas für die Nazis produzierte) und Dow Chemicals.

Dieser sündhafte Einsatz von Pestiziden auch in Brasilien vergiftet unsere Bevölkerung. Das Gift ist in den Flüssen, dem Boden und der Nahrung. Jeden Tag kommen wir in Kontakt mit diesen Giften. Am bedenklichsten ist der hoch organisierte Einfluss der Vertreter der Agrarindustrie auf die brasilianische Gesetzgebung, die sogenannte Bancada Ruralista (Landlobby), die mit der Bancada Evangélica (Evangelikale Lobby) verbündet ist, auch bekannt als die 3B (Bala, Boi e Biblia – Kugel, Vieh und Bibel). Ihr Hauptziel ist es, die Agrarindustrie um jeden Preis zu schützen – Sklavenarbeit, Entwaldung, Enteignung des Landes der indigenen Bevölkerung und früherer Sklaven. Diese Gruppe mit den verdorrten Gebeinen ist so gut organisiert, dass sie 2014 für die Verabschiedung eines Gesetzes sorgen konnte, dass die Verwendung von vorher wegen ihrer hohen Schädlichkeit verbotenen Pestiziden erlaubt.

Der Geist Gottes atmet auf die Gebeine der ökologischen Landwirtschaft

Die Frauen und Männer, die ökologische Landwirtschaft in kleinem Maßstab betreiben, bringen saubere Nahrung auf unseren Tisch. Ökologische

[2] Manoel de Barros, O livro das ignorãças, (Rio de Janeiro: Civilização Brasileira, [3]1993).

Landwirtschaft in kleinem Maßstab ist ein Modell für bäuerliche Familienbetriebe, das die Nahrungsmittelproduktion mit der Bewahrung des Ökosystems und seiner Biome verbindet. Ökologische Landwirtschaft kommt ohne Pestizide, Kunstdünger und genverändertes Saatgut aus.

Es gibt Gruppen und Organisationen in unserer Kirche, die sich nicht von den Kämpfen der Menschen fernhalten. Ein Beispiel hier in Brasilien ist das Unterstützungszentrum für Kleinbauern (Centro de Apoio e Promoção da Agroecologia – CAPA), das vor über dreißig Jahren von der Evangelischen Kirche lutherischen Bekenntnisses in Brasilien (IECLB) gegründet worden ist. Es hat fünf Vertretungen in drei Bundesstaaten und erhält institutionelle Unterstützung von der Lutherischen Stiftung für Diakonie.

Im Oktober 2014 widmeten Vertreter aus elf Ländern, die als Mitglieder der Arbeitsgruppe der Weltgesundheitsorganisation (WHO) zusammengekommen waren, um über die Artikel 17 und 18 des Rahmenübereinkommens der WHO zur Eindämmung des Tabakgebrauchs[3] zu diskutieren, drei Arbeitstage der Begutachtung der Arbeit des Unterstützungszentrums für Kleinbauern, und entschieden dann, es als mögliche Alternative zur Übernahme in anderen Ländern zu empfehlen.

Brasilien ist einer der größten Tabakproduzenten der Welt. Der größte Teil der Produktion von Tabakblättern (insgesamt 96,4 Prozent) konzentriert sich auf den Süden Brasiliens, wo es annähernd 150.000 Tabakproduzenten gibt, 90.000 davon allein im südlichsten Bundesstaat Rio Grande do Sul.

Das Gruppentreffen der WHO fand in der in diesem Bundesstaat gelegenen Stadt Pelotas vom 1. bis 3. Oktober 2014 statt und wurde vom Außenministerium, dem Gesundheitsministerium und dem Ministerium für landwirtschaftliche Entwicklung (MDA) organisiert. Die Wahl dieses besonderen Ortes verdankte sich der als exzellent eingeschätzten Arbeit des CAPA im Nationalen Programm für die Diversifikation in Tabakanbaugebieten.

Der Geist der ökologischen Landwirtschaft hat neues Leben in die vergifteten Leben vieler Menschen eingehaucht, die jahrzehntelang unter den Folgen des Pestizidgebrauchs im Monoanbau von Tabak gelitten haben. Gebeine mit Fleisch, Sehnen und gesunder Haut haben das Leben von Gottes Schöpfung in dieser Region verändert. Das CAPA steht einem Giganten namens Agrarindustrie gegenüber. Der Geist Gottes atmet auf die Leben kleiner in der ökologischen Landwirtschaft engagierter Familien. Das CAPA wird von dem deutschen Hilfswerk „Brot für die Welt“ unterstützt

[3] Das Rahmenübereinkommen der WHO zur Eindämmung des Tabakgebrauchs ist ein 2003 geschlossener internationaler Vertrag, dem fast 180 Länder zugestimmt haben mit dem Ziel, Maßnahmen zur Eingrenzung des Tabakkonsums und von Tabakerzeugnissen zu ergreifen. Brasilien hat das Übereinkommen 2005 unterzeichnet.

und ist ein Partner der Lutherischen Stiftung für Diakonie (beide sind IELCB-Organisationen) und Mitglied der ACT Alliance (Action by Churches Together). Es konnte 2013 den dreißigsten Jahrestag seines Bestehens feiern.

In diesen Kämpfen sind wir Zeugen der Präsenz der durch die Reformation geprägten Kirche und nehmen sie als ein Werkzeug der Freiheit und der Liebe wahr. Diese Präsenz äußert sich in der diakonischen Tätigkeit einer auf Veränderung abzielenden Theologie. Die Diakonie hat erkannt, dass die Ökonomie z. B. nur dann gerecht sein kann, wenn sie auf Solidarität, Gerechtigkeit und gerechten Genderbeziehungen gründet. In einer gerechten Wirtschaft haben alle Menschen Zugang zu Gerechtigkeit und einem würdevollen Leben (Joh 10,10).

Das Ziel ist nicht die Anhäufung von Gütern, sondern eine faire Verteilung für alle (Mt 6,19-21) und die Bewahrung der Umwelt. Ein Leben nach den Prinzipien der Diakonia beinhaltet die Verpflichtung zur Barmherzigkeit und zu einem anderen Leben. Darüber hinaus führt es in einen Gegensatz zum heutigen, oftmals repressiven Wirtschaftsystem, dessen soziale Kosten nicht gottgemäß sind. Eine demokratische, ökumenische, inklusive und umweltorientierte Perspektive erfordert, dass die wirtschaftliche Entwicklung von sozialer Gerechtigkeit und einer allgemeinen Anhebung des Lebensstandards begleitet ist. Unglücklicherweise leben die Menschen nach der Logik der Funktionsweise des Kapitalismus, mit der Akkumulation von Reichtum und Einkommen und der Zerstörung der Schöpfung.

Die Schöpfung ist nicht für Geld zu haben und unser theologisches Gewissen erst recht nicht. Die größte Herausforderung ist es, die Zeichen der Zeit richtig zu deuten. Der Lebenskampf ist der Kampf für die ganze Schöpfung, für die Freiheit der Menschen und für das Recht auf Verschiedenheit, das Recht anders zu sein, das Recht auf das Wohlergehen der Erde und für den Gesang der Vögel. Das heißt „ja" sagen zum Gott der Geschichte, der uns immer wieder nachdrücklich ruft, damit wir uns weiter an den Kämpfen der Armen für eine Veränderung beteiligen.

Die Frauen und Männer des CAPA in Brasilien sind ein Beispiel für Menschen, die versuchen, ihr Gewissen nicht zu verkaufen und ihren Glauben an Gott den Schöpfer nicht zu verraten. Zusammen mit vielen anderen diakonischen Initiativen, die sich für Veränderungen in der Welt einsetzen, repräsentieren sie eine radikale Wiederentdeckung des Evangeliums Jesu Christi und von Gottes Gnade und Liebe für die ganze Schöpfung. Die Schöpfung ist nicht nur ein passives Objekt und eine leblose Ressource, die wir frei nach unserer Willkür benutzen können, sondern etwas Lebendiges. Es ist eine Erkenntnis der Ökologie, dass im Ökosystem der Erde alle Lebewesen voneinander abhängen. Mögen uns die Folgen dieser wechselseitigen Abhängigkeit noch bewusster werden und möge der Geist der Gnade und der Freiheit neues Leben in unsere Gebeine einatmen und in unser Zeugnis in dieser so vielfältigen Welt, so dass wir in der Tiefe unseres Seins die Härte und revolutionäre Leidenschaft des 21. Jahrhunderts erfahren können.

Fragen

Dort, wo Sie wohnen, in Ihrem oikos, was gibt es da an politischer, wirtschaftlicher, umweltbezogener und kultureller Ausbeutung?

Wie kann eine transformatorische Diakonie einen Beitrag zur Bekämpfung der kapitalistischen Ausbeutung der natürlichen Ressourcen leisten?

Welche Erfahrungen der Hoffnung gibt es in unseren Kirchen, die konkret bestätigen, dass die Schöpfung nicht zu verkaufen ist und unser theologisches Gewissen schon gar nicht?

Ein neuer Himmel und eine neue Erde: Orthodoxe Theologie und eine ökologische Weltsicht

John Chryssavgis

Die Welt ist ein brennender Dornbusch der Energien Gottes
– St. Gregorios Palamas (14. Jh.)

Die Welt ist geladen mit Gottes Herrlichkeit!
– Gerard Manley Hopkins (19. Jh.)

Einleitung

Wir sind zu der Einsicht gelangt, dass die Krise, in der wir uns befinden, nicht primär eine ökologische ist; in der Tat hat sie weniger mit der natürlichen Umwelt als mit der Art und Weise zu tun, wie wir die Welt verkennen und misshandeln. Unsere Sorge um die Umwelt ist trotzdem keine Folge eines oberflächlichen oder sentimentalen Romantizismus. Sie ist im Wesentlichen Ausdruck unseres Strebens, Gottes Schöpfung zu ehren und würdigen. Sie besteht, weil wir auf die Worte hören: „darum wird das Land dürre stehen" (Hos 4,3) und „wir wissen, dass die ganze Schöpfung. seufzt und sich ängstigt" (Röm 8,22).

Tragischerweise scheinen wir jedoch gefangen zu sein in einem selbstsüchtigen Lebensstil, der die Beschränkungen der Natur immer wieder ignoriert, die – das wissen wir heute – weder verhandelbar noch zu leugnen sind. Unglücklicherweise werden wir einiges über die Überlebensfähigkeiten unseres Planeten erst lernen, wenn wir über den Punkt hinaus sind, von dem an es kein Zurück mehr gibt. Das Merkmal aller menschlichen Bemühungen um die Erhaltung der Umwelt sollte also eher Demut als Erfolgsstreben sein.

Es ist der Sinn für einen bescheidenen Realismus, der letztlich mit der Schöpfung verbindet. Auf ihre eigene Weise vereint die Erde uns alle: jenseits aller individuellen oder kollektiven Anstrengungen und jenseits aller dogmatischen und ethnischen Unterschiede. Wir mögen dieselben religiösen Überzeugungen oder politischen Grundsätze teilen oder nicht, was wir teilen, ist eine Erfahrung der Umwelt: wir teilen die Luft, die wir atmen, das Wasser, das wir trinken, den Boden, auf den wir treten – wenn auch nicht immer in gleicher und gerechter Weise. Aber vermittels einer geheimnisvollen Verbindung, die wir nicht immer verstehen (und manchmal willentlich ignorieren) erinnert uns die Erde selbst an unsere wechselseitige Verbundenheit.

Das ist sicher die tiefere Verbindung zwischen Religion und Umwelt. Denn die Heilung einer schwer geschädigten Umwelt ist eine Frage der Wahrhaftigkeit gegenüber Gott, der Menschheit und der Schöpfungsordnung. Darum kommt der Religion im Blick auf dieses globale Problem eine Schlüsselrolle zu. Eine Spiritualität aber, die sich von der äußeren Gestalt der Schöpfung fernhält, bleibt letztlich auch dem inneren Mysterium fern. Letzten Endes ist die Umwelt keine primär politische, ökonomische, oder technologische, sondern eine zutiefst religiöse und spirituelle Angelegenheit.

DREI WEGE, UM DIE WELT WAHRZUNEHMEN

Wie können wir denn nun den Prozess der Besudelung und Verschmutzung umkehren? Wie können wir Buße tun für den Schaden, den wir unserem Planeten zugefügt haben? Wie kehren wir zu der Vision zurück, die uns der Schöpfungsbericht der Genesis zeigt? Die orthodoxe Theologie und Spiritualität bietet uns drei Wege[1], um in uns selbst das Gespür des Wunderbaren im Angesicht der Schöpfung Gottes wiederherzustellen:

- Ikonen (als ein Weg, die Schöpfung wahrzunehmen)
- Liturgie (als ein Weg, die Schöpfung zu feiern)
- Askese (als ein Weg, die Schöpfung zu respektieren)

[1] Der vorliegende Aufsatz stützt sich auf: John Chryssavgis, Light Through Darkness: Orthodox Spirituality (Maryknoll NY: Orbis Books, 2004).

Die ikonische Sicht der Natur

Wer einen Sinn für das Heilige in der Natur hat, spürt, dass alles, was atmet, Gott preist (Ps 150,6). Wenn sich unser Herz dieser Wahrheit öffnet, dann „sind unsere Augen offen und sehen die Schönheit der geschaffenen Dinge“ (Abba Isaak der Syrer). Deutlich zu sehen ist genau das, was uns die Ikonen lehren. Die Welt der Ikonen verhilft zu neuen Einsichten; sie offenbart die Dimension der Ewigkeit in allem, was wir wahrnehmen. Unsere Generation ist gekennzeichnet, so könnte man sagen, durch ihre Selbstbezogenheit im Verhältnis zur natürlichen Welt, durch einen Mangel an Bewusstsein für das Jenseits. Wir scheinen unentrinnbar gefangen in den Grenzen unserer individuellen Belange. Wir haben den heiligen Bund zwischen uns selbst und unserer Welt gebrochen.

Nun, die Ikone stellt wieder her und versöhnt. Die Ikone erinnert uns an eine andere Lebensweise und bietet ein Korrektiv für die von uns geschaffene Kultur, für die nur das Hier und Heute etwas wert ist. Die Ikone offenbart die innere Schau von allem, die Welt als eine von Gott geschaffene und gewollte Welt. Indem wir die Welt vom Himmel getrennt haben, haben wir beide entheiligt. Die Ikone artikuliert mit theologischer Überzeugungskraft unseren Glauben an das Himmelreich. Sie hebt jeglichen objektiven Abstand zwischen dem Materiellen und dem Spirituellen, Zeit und Ewigkeit, Schöpfung und Gottheit, auf.

Darum ist die Lehre von der göttlichen Inkarnation das Herzstück der Ikonographie. In der Ikone von Jesus Christus nimmt der ungeschaffene Gott ein kreatürliches Gesicht an, wird „der Schönste von allen Menschen“ (Ps 45,3), eine „Schönheit, die die Welt retten kann“ (Fjodor Dostojewski). So gesehen ist die ganze Welt eine Ikone; „nichts ist ein Vakuum im Angesicht Gottes“, schrieb St. Irenäus von Lyon im 2. Jahrhundert. Darum haben Flüsse in Ikonen eine menschliche Gestalt, ebenso wie die Sonne, der Mond, die Sterne und die Gewässer. Alle nehmen ein menschliches Gesicht an; alle bekommen eine personale Dimension – wie Menschen, wie Gott.

Die Liturgie der Natur

Das, was die Ikone mit der Materie macht, macht die Liturgie mit der Zeit. Wenn wir schuld sind an einer rücksichtslosen Verschwendung in der Welt, dann vielleicht, weil wir den Geist der Anbetung verloren haben. Wir sind nicht länger ehrerbietige Pilger auf dieser Erde; wir sind heruntergekommen zu bloßen Touristen. Unsere Hauptsünde ist vielleicht unsere hochmütige Ablehnung, die Welt als ein Sakrament der Kommunion zu empfangen. Die Wahrheit ist aber, dass wir auf die Welt mit derselben

Empfindlichkeit, derselben Empfänglichkeit reagieren wie auf Menschen. Darüber hinaus spiegelt die Art und Weise, wie wir mit anderen Menschen auf dieser Erde in Beziehung stehen, die Art und Weise unseres Gebetes zu „unserem Vater im Himmel" wider. Es gibt eine tiefgreifende Verbindung zwischen Himmel und Erde.

Die Liturgie ist nun gerade ein Gedenken an diese ursprüngliche Verbindung zwischen Gott, den Menschen und den Dingen. Wenn wir diese Wechselbeziehung zwischen allen Menschen und Dingen erkennen – wenn wir die „kosmische Liturgie" feiern, so wie sie St. Maximus der Bekenner im 7. Jahrhundert beschrieben hat – dann können wir anfangen, die Umweltkrise zu bewältigen. Denn dann haben wir, wie St. Isaak der Syrer im selben Jahrhundert schrieb,

> ein barmherziges Herz [erworben], das brennt vor Liebe für die ganze Schöpfung – für Menschen, Vögel, wilde Tiere und Dämonen – für alle Geschöpfe Gottes.

Die Welt in ihrer Ganzheit ist ein integraler Teil der Liturgie. Gott wird gepriesen von den Bäumen und Vögeln, verherrlicht von den Sternen und Monden (Ps 19,1), angebetet von Meer und Sand. Es gibt da eine Dimension von Kunst und Musik in der Welt. Wenn wir unsere Spiritualität auf uns selbst und unsere eigenen Interessen reduzieren, vergessen wir, dass die Liturgie Gott inständig um die Erneuerung des ganzen verschmutzten Kosmos bittet. Wann immer wir das Leben auf unsere eigenen Belange und Bedürfnisse begrenzen, vergessen wir unsere Berufung, die Schöpfung in sein Reich zu erheben.

Der Weg der Askese

Natürlich sieht und fühlt sich die Welt nicht immer wie der Himmel an; ein kurzer Blick auf das allein durch Kriege verursachte Leid genügt, um uns zur Vernunft zu bringen. Trotzdem schreibt Paulus:

> Denn es hat Gott wohlgefallen, dass in ihm alle Fülle wohnen sollte und er durch ihn alles mit sich versöhnte, es sei auf Erden oder im Himmel, indem er Frieden machte durch sein Blut am Kreuz. (Kol 1,19-20).

Die Erwähnung von „Blut am Kreuz" ist ein deutlicher Hinweis auf die damit verbundenen Kosten. Für unsere Verschwendung ist ein Preis zu zahlen. Und hier liegt die Bedeutung der *ascesis*, denn die echte Askese bringt mit sich einen Geist der Dankbarkeit und die Wiederentdeckung des Wunderbaren in unseren Beziehungen zu dieser Welt. Der Asket ist frei, er steht nicht unter der Herrschaft schädlicher Einstellungen und Gewohnheiten und übt Selbstbeherrschung, er ist fähig „nein" und „genug" zu sagen. Ohne Askese ist niemand wirklich menschlich.

In seinem inzwischen zum Klassiker avancierten Aufsatz „The Roots of our Ecological Crisis" hat Lynn White bereits die Wahrheit des Asketismus erahnt - ohne das ausführlich zu behandeln - indem er schrieb:

> Der griechische Heilige kontempliert, der westliche Heilige handelt. Die lateinische Welt [...] sah Sünde als ein moralisches Übel an und war der Ansicht, dass Erlösung durch rechtes Verhalten zu erlangen war. [...] Ein impliziter Beitrag des Christentums zur Eroberung der Natur war am ehesten in dieser westlichen Atmosphäre möglich.[2]

Wie es scheint, wirkt sich der kontemplative Ansatz auf die Schöpfung sanfter und schonender aus. Paradoxerweise könnte also eine ökologische Umkehr tatsächlich mit einem umweltbezogenen Nicht-Handeln beginnen. Darum geht es bei der Disziplin der Askese: sie ist ein Weg der Stille, Wachsamkeit und Loslösung. Sie ist ein Weg der Demut, des Lernens, wie man leichteren Schrittes auf diesem Planeten geht.

Nehmen wir ein Beispiel für Askese, nämlich Fasten. Wir Orthodoxen essen das halbe Jahr über keine Fleisch- und Milchprodukte, fast so, als wollten wir die eine Hälfte des Jahres mit der anderen versöhnen, die weltliche Zeit mit der Zeit des Reiches Gottes. Fasten heißt lernen, nicht einfach etwas aufzugeben, sondern zu geben. Es geht nicht darum zu verweigern, sondern anzubieten, lernen zu teilen, sich wieder mit den Menschen und der natürlichen Welt zu verbinden. Fasten bedeutet, Barrieren niederzureißen zwischen meinem Nächsten und meiner Welt; in anderen Gesichtern Ikonen zu erblicken; und in der Erde das Antlitz Gottes. Letztlich ist Fasten lieben; sich wegbewegen von dem, was ich will, zu dem, was die Welt braucht. Erfüllt sein von einem Gespür für das Gute und der Ehrfurcht vor Gott; alle Dinge in Gott und Gott in allen Dingen sehen.

Drei Modelle der Fürsorge für die Schöpfung

Wenn es nun darum geht, dass unser ökologisches Gebet von der Peripherie der abstrakten Theologie in den zentralen Bereich des praktischen Lebens treten soll, damit unsere Spiritualität sich „inkarniert", dann hat die orthodoxe Tradition drei einander ergänzende Modelle anzubieten.

---

[2] Science, 155 (März 1967), 1203-1207.

Das biblische Modell

Im Sinne dieses Modells ist die Kirche aufgerufen, solidarisch mit dem schwächsten Teil des Leibes Christi zu sein. Sie muss für die schutzlosesten, hilflosen und sprachlosen Elementen dieser Welt einstehen, „denn auch die Schöpfung wird frei werden von der Knechtschaft der Vergänglichkeit zu der herrlichen Freiheit der Kinder Gottes. Denn wir wissen, dass die ganze Schöpfung bis zu diesem Augenblick mit uns seufzt und sich ängstet" (Röm 8,21-22).

Darüber hinaus ist die Erde Glied unseres Körpers, untrennbar von unserem Fleisch und Leben. Genauso wie der Gott Israels einst den Schrei der Armen und Unterdrückten (Ex 3 und Joh 4) gehört hat, hört Gott auch den stillen Schrei der Erde. Das ist der biblische Bund, Gottes Verheißung an Israel: dass Gott auf die Welt hören wird, sich der Welt annehmen wird, sich um die kleinsten Dinge dieser Erde sorgen wird.

Das asketische Modell

Das zweite Modell umfasst drei Komponenten des geistlichen Lebens: Verzicht, Umkehr und Verantwortlichkeit.

- **Verzicht** ist eine uralte Verhaltensreaktion (auch schon vorchristlich) und ebenso eine weltweit verbreitete (auch in nicht-christlichen Bereichen). Wie wir bereits gesagt haben, ist Verzicht ein Weg, um zu lernen miteinander zu teilen. Er hat darum soziale Folgen, er gemahnt uns, materielle Güter mit Respekt zu behandeln. Beim Verzicht geht es um ein einfaches Leben und darum, einfach zu leben.

- **Buße** ist eine Umkehr zu einem gottgegebenen „naturgemäßen" Leben, wie die Wüstenväter und -mütter sagen würden. In der Buße bekennen wir, dass wir gesündigt haben. Darüber hinaus bekennen wir, dass wir nicht teilen, dass wir egozentrisch sind, dass wir die Ressourcen der Erde missbrauchen. Durch die Buße erkennen wir, dass wir unserer Berufung nicht gerecht geworden sind, die Erde „zu bebauen und zu bewahren" (Gen 2,15) bzw. ihr „zu dienen und sie zu bewahren", wie es wörtlicher in der griechischen Übersetzung heißt.

- **Verantwortlichkeit** ist eine Herausforderung, eine Wahl. Nachdem wir auf alles verzichtet haben, was unseren Geist und unser Leben überhäuft, und nachdem wir unsere Verschwendung bereut haben, können wir unser Leben der Schöpfung und ihrem Schöpfer zuwenden.

Das sakramentale Modell

Orthodoxe Christen erreichen all dies durch die Sakramente. Unglücklicherweise werden die Sakramente in vielen kirchlichen Kreisen oft auf die Befolgung von Riten reduziert. Das sakramentale Leben ist jedoch sehr viel mehr als eine Form frommer Ergriffenheit oder positiven individuellen Erlebens. Es ist von entscheidender Bedeutung, dass wir die sakramentale Dimension der ganzen Welt wieder in den Blick nehmen und erkennen, dass nichts aber auch gar nichts säkular oder profan ist. Gott ist das Gefüge unserer Welt selbst. Wenn Gott von der Welt abgezogen würde, würde die Welt in sich zusammenfallen. Hier haben wir die sakramentale Weltsicht in ihrer ganzen Tiefe.

Orthodoxe Christen betrachten jeden Augenblick und jeden Aspekt des Lebens als sakramental – von der Geburt bis zum Tod. Die Sakramente wirken also nicht auf eine sozusagen magische Weise; sie funktionieren auf „mystische“ Weise und durchdringen still die Herzen und Leben derjenigen, die entschieden haben, sich der Möglichkeit einer Begegnung mit Gott zu öffnen – in etwa so wie das Blut im menschlichen Körper fließt oder das Wasser in Flüssen und Meeren.

Schlussbemerkungen

Wir sprechen üblicherweise von einer „ökologischen“ Krise, was nur insofern zutreffend ist, als ihre Auswirkungen im ökologischen Bereich erkennbar sind. Die Krise ist jedoch nicht in erster Linie eine ökologische. Wir sind in der Krise; es handelt sich um eine Krise unserer Weltsicht. Es geht um einen spirituellen Kampf gegen – um einen Mystiker der Ostkirche zu zitieren – „Bewegungen und Mächte in uns, die chaotisch, widernatürlich und Gottes Schöpfung feindlich gesinnt sind“ (Maximus der Bekenner in „To Thalassius“, Kap. 51). Wir vergessen, dass wir ohne Gott, ohne einander und ohne die Schöpfung nicht wirklich Menschen sind.

Was wir darum letztendlich brauchen, ist eine Disziplin der Demut. Stolz ist eine rein menschliche Eigenschaft, ein Kennzeichen Adams. Wohingegen Demut durch Einfachheit eine Welt versöhnen kann, die ansonsten durch Stolz geteilt ist. Genügsamkeit und Gemeinschaft können den Planeten bewahren, der ansonsten in Gier ausgebeutet wird. Wenn wir uns in unserer Welt der rücksichtslosen Verschwendung schuldig machen, dann mag das sehr gut deshalb sein, weil wir den Geist der Einfachheit und die Spiritualität der Barmherzigkeit verloren haben.

Ökologische Sünde: Die Arroganz der Herrschaftsgewalt

Es ist darum kein Wunder, dass der Ökumenische Patriarch Bartholomäus die theologische und säkulare Welt gleichermaßen überrascht hat, indem er Nachlässigkeit oder Gleichgültigkeit gegenüber der natürlichen Umwelt als gleichbedeutend mit Sünde bezeichnet hat. Es ist schlichtweg falsch, Sünde nur als negative Einwirkung unseres Verhaltens auf andere Menschen, sei es auf der individuellen oder gemeinschaftlichen Ebene, zu begreifen und die ökologischen und kosmologischen Folgen unseres Verhaltens außer Acht zu lassen. Wie seine Allheiligkeit in Santa Barbara 1997 anmerkte:

> Wenn Menschen verursachen, dass Arten aussterben, und die biologische Vielfalt von Gottes Schöpfung zerstört wird; wenn Menschen die ganze Erde schädigen, indem sie einen Klimawandel verursachen, wenn sie die Wälder der Erde abholzen oder die Feuchtgebiete zerstören [...] wenn Menschen die Gewässer, das Land und die Luft der Erde und das Leben auf ihr mit giftigen Substanzen verseuchen – dann ist das Sünde.

Der Mensch ist berufen und verpflichtet, die Schöpfung zu hegen und zu pflegen. Das ist der Hauptgrund, warum Gott Adam und Eva in den Garten Eden gesetzt hat (Gen 2,15), nämlich um „zu bebauen und zu bewahren" – was ich lieber mit „zu dienen und zu bewahren" übersetzen würde (nach der getreueren und wörtlicheren griechischen Übersetzung der Septuaginta). Es hat natürlich keineswegs geholfen, dass wir den biblischen Begriff „Herrschaft" (Gen 1,28; Ps 8,5-8) in einer schamlos egoistischen und eigennützigen Weise als „Herrschaftsgewalt" fehlgedeutet haben, denn letztendlich gehört die Herrschaft dem Herrn (Ps 22,29). Der Anthropozentrismus ist eine starke Versuchung, der wir alle hin und wieder schuldigerweise erliegen und die auf schädliche Weise unsere Weltsicht und Praxis belastet.

Verantwortlichkeit: Was kann ich tun?

Es gibt natürlich heutzutage viele praktische, schnell umsetzbare Ideen und Vorschläge für Gemeinden und Menschen, die ihre ökologische Verantwortung für den Planeten wahrnehmen möchten. Einige Kirchen und Gemeinden haben in dieser Hinsicht schon viel unternommen und Fortschritte erzielt. Die Gemeinden und Gemeindemitglieder können schon dadurch etwas bewirken, dass sie darauf achten, was sie benutzen (Energiesparbirnen und energieeffiziente Heiz- und Kühlsysteme), was sie wiederbenutzen (Recyclingpapier, Tragetaschen, Druckerpatronen, Glas und Essbesteck), was sie verschwenden (Elektrizität, Wasser, Heizung, Energie, und sogar Tassen und Teller), und was sie tun (Car-Sharing, Unterstützung regionaler Produzenten).

Am wichtigsten ist jedoch, dass wir alle lernen können, mit weniger auszukommen und zu leben. Um unser Selbstbild zu ändern, braucht es nicht weniger als eine radikale Umkehr unserer Perspektive und Praxis. Nur so können wir einen „neuen Himmel und eine neue Erde" (Offb 21,1) in den Blick nehmen. Das Gleichgewicht der Welt ist zerstört. Die ökologische Krise wird nicht mit gefühlsseligen Schlagwörtern oder Smiley-Ansteckern gelöst werden, sondern indem man für Verzicht wirbt als ein Mittel gegen die Selbstbezogenheit, indem man Selbstkontrolle und Selbstbeschränkung praktiziert.

Und hier liegt meiner Ansicht nach der Kern des Problems. Wir sind unwillig, ein einfacheres Leben zu führen – vielmehr wehren wir uns heftig gegen jeden Appell in diese Richtung. Wir ignorieren die Spiritualität der Einfachheit und der Genügsamkeit. Dabei stehen wir vor folgender Herausforderung: Wie sollten wir leben, um Harmonie und nicht Spaltung zu fördern? Wie können wir täglich bekennen: „dem Herrn gehört die Erde" (Ps 24,1).

Rechenschaftspflicht: Verantwortung für Gottes Schöpfung

Es gibt zahlreiche Passagen im Alten und Neuen Testament, die die Grundsätze und Praxis eines bewussten und pfleglichen Umgangs mit der Schöpfung aufzeigen, aber es gibt auch eine zunehmend dringlichere Botschaft im Lichte unserer letztendlichen Rechenschaftspflicht am Jüngsten Tag. Das wird sehr deutlich im Gleichnis Jesu über den treuen und klugen Verwalter in Lukas 12, das mit der folgenden Warnung schließt: „Denn wem viel gegeben ist, bei dem wird man viel suchen; und wem viel anvertraut ist, von dem wird man umso mehr fordern" (Lk 12,48). Das ist ein Vers, der auf der politischen Ebene vielleicht keine allgemeine Zustimmung finden wird, aber er enthält eine Aussage, die auf der spirituellen Ebene größte Aufmerksamkeit verdient: „Selig ist der Knecht, den sein Herr, wenn er kommt, das tun sieht" (Lk 12,43).

Wie der Knecht im Gleichnis werden auch wir vom Herrn zur Rechenschaft gezogen werden: „Was höre ich da von dir? Gib Rechenschaft über deine Verwaltung" (Lk 16,2). Wir werden ganz sicher gerichtet werden wegen unseres Missbrauchs der Erde, die uns anvertraut wurde, um sie zu „bewahren", und ebenso für unsere ungerechte Verteilung ihrer Ressourcen an Menschen, die eigentlich dazu berufen waren, ihr „zu dienen"; und für die Zerstörung von Gottes Schöpfung durch Menschen, die ungerechterweise das Recht, sie zu beherrschen, an sich gerissen haben und hochmütig das Recht für sich reklamieren, sich unbeschränkt an ihr gütlich zu tun, und auch für die Ausbeutung der Armen (und armen Länder) durch die Reichen (und reichen Länder).

Nichtsdestotrotz, wenn wir die Chance ergreifen und uns einfühlsam allen Menschen und der ganzen Schöpfung gegenüber öffnen, werden wir erkennen, dass unsere Geschichte untrennbar mit dem Geschick der ganzen Welt verknüpft ist. Wir werden auch beginnen, das Universum in seiner unauslotbaren Verflochtenheit wahrzunehmen. Und wir werden den Geist Gottes als eine sanfte Brise fühlen und den Herzschlag des Siegels als den Puls unseres eigenen Lebens hören.

Fragen

Welche Gemeinsamkeiten gibt es in Ihrer Tradition mit der spirituellen Tradition der Orthodoxen Kirche im Blick auf das Erfahren und Bekennen der Heiligkeit der Schöpfung Gottes?

Welche Merkmale Ihrer Tradition sind einzigartig, wenn es darum geht, unsere Beziehung zu unserem Planeten und unsere Verantwortung für ihn wahrzunehmen?

Wie können Sie/Ihre Gemeinde/Ihre Gemeinschaft festgefahrene Anschauungen, Gewohnheiten und Praktiken in Bezug auf die natürliche Umwelt verändern?

Bibelarbeit: Römer 8,19-21

Elena Bondarenko

> Denn das ängstliche Harren der Kreatur wartet darauf, dass die Kinder Gottes offenbar werden. Die Schöpfung ist ja unterworfen der Vergänglichkeit – ohne ihren Willen, sondern durch den, der sie unterworfen hat –, doch auf Hoffnung; denn auch die Schöpfung wird frei werden von der Knechtschaft der Vergänglichkeit zu der herrlichen Freiheit der Kinder Gottes. (Röm 8,19-21)

Mit diesem Bibeltext kehren wir zur Schöpfungsgeschichte des Alten Testaments zurück und zu den traurigen Folgen von Adams Fall. Am Anfang schuf Gott eine wunderbare Schöpfung, die dazu bestimmt ist, weitere lebendige Geschöpfe hervorzubringen.

> Und Gott sprach: Es wimmele das Wasser von lebendigem Getier [...] (Gen 1,20)
> Und Gott sprach: Die Erde bringe hervor lebendiges Getier [...] (Gen 1,24)

Gott schuf die Schöpfung so, dass diese eigenes Leben hervorbringen konnte. Am Ende schuf Gott die Menschen „als sein Abbild" (Gen 1,27) – ein besonderes Geschöpf, das dazu berufen ist, Sorge für Gottes übrige Schöpfung zu tragen und Gottes Gesprächspartner zu sein. Doch die Geschichte geht weiter: Die ersten Menschen, Adam und Eva, fielen; sie waren ungehorsam und wurden leichtsinnig. Gedankenlos zerstörten sie tatsächlich den Baum „mitten im Garten" (Gen 3,3), der für sie verboten war. Die Folgen dieser Leichtsinnigkeit und Gedankenlosigkeit betrafen nicht nur die schuldigen Menschen, sondern auch andere Bereiche der Schöpfung:

> Und zum Manne [Adam] sprach er [Gott]: [...] verflucht ist der Acker um deinetwillen [...] (Gen 3,17)

Der Fluch galt beiden – den als Abbild Gottes geschaffenen Menschen und der sie umgebenden Natur. Konfrontiert mit der massiven Ausbeutung von unter schrecklichen Bedingungen gehaltenen Tieren, der ausufernden Naturzerstörung um wirtschaftlichem Profit willen (z. B. der tropischen Regenwälder), der Verschmutzung ganzer Landstriche durch die gedankenlose Ausbeutung von Mineralien, hochgiftigen Industrieproduktionen und oftmals unzureichender Abfallwirtschaft, können vernünftige Menschen den auf der Schöpfung liegenden Fluch fast greifbar spüren. Versuche, mit dem Finger auf das Problem zu zeigen, werden gewöhnlich als naiv und rückwärtsgewandt abgetan. Kritiker laufen immer Gefahr, lächerlich gemacht zu werden, und müssen manchmal sogar um ihr Leben fürchten. Es scheint, dass sich der Fluch in Gier und der Unfähigkeit, zwischen gut und böse zu unterscheiden, äußert. Und es sind nicht immer nur die Zerstörer und Verkäufer der Schöpfung, die sich rücksichtslos verhalten. Oft genug scheint es keine Alternative zu geben oder den Menschen fehlt die notwendige Bildung, um die Folgen ihres Handelns zu begreifen. Nichtsdestotrotz versichert uns der Apostel Paulus, dass nicht nur der Fluch, sondern auch das Evangelium der Erlösung an die Menschen und die Natur gerichtet ist.

Paulus schreibt, dass die Schöpfung ängstlich auf die Offenbarung wartet. Die Hohlheit und Vergänglichkeit der Schöpfung sind die Folgen der menschlichen Sünde. Die Verkommenheit und Verdorbenheit der Schöpfung wissen nichts von Freiheit und dienen oftmals der Sünde; und so wie Knechtschaft der Verkommenheit zugehört, ist Freiheit eines der Merkmale der Herrlichkeit. So wie die Verkommenheit die ganze Schöpfung umfasst, wird das Evangelium der Befreiung die Menschen und die Natur umfassen, wie wir aus der oben zitierten Stelle aus dem Römerbrief ersehen.

Der Apostel Paulus hat ein eigenes Verständnis des Evangeliums, das sich von dem der synoptischen Evangelien unterscheidet. Paulus versteht das Evangelium nicht in der Tradition des kommenden Reiches Gottes (in Fortsetzung der alttestamentarischen Tradition), sondern für ihn entfaltet sich das Evangelium auf vielfältige Weise:

- christologisch: „das Evangelium von seinem Sohn, der dem Fleisch nach geboren ist als Nachkomme Davids“ (Röm 1,3).

- ekklesiologisch: „[...] das Wort des Glaubens, das wir verkündigen“ (Röm 10,8, das Zeugnis der Alten Kirche)

- soteriologisch: „Denn ich schäme mich des Evangeliums nicht; denn es ist eine Kraft Gottes, die selig macht alle, die daran glauben, die Juden zuerst und ebenso die Griechen“ (Röm 1,16).

Zentral für Paulus' Auffassung des Evangeliums ist Gottes Versöhnung mit den Menschen und der Schöpfung durch Jesus Christus allein. Diese Versöhnung verwandelt die Menschen, veranlasst sie zu tätigem Bezeugen: das Wort des Evangeliums wird Fleisch in den Sakramenten der Taufe und des Heiligen Abendmahls (1 Kor 10,1-5; die „Sakramente" werden hier zum ersten Mal erwähnt) und das Zeugnis der christlichen Gemeinde verwirklicht sich im Leben (2 Kor 6,4-10).

So ist uns als Christen bewusst, dass wir verantwortlich für unser Zeugnis sind. Wir wissen, dass nicht nur wir, sondern die ganze Schöpfung auf ihre Erlösung von der Verderbnis wartet. Wir wissen, dass die Schöpfung uns nicht gehört, auch wenn sie uns umgibt und wir die Fähigkeit haben, die auszubeuten. Die Schöpfung gehört Gott.

In unserer Welt haben wir uns daran gewöhnt, in der Schöpfung ein käufliches Objekt zu sehen oder schlimmer noch, etwas, was man für zerstörerische Zwecke benutzen kann. Wir haben hochkomplexe Waffen und gefährliche Technologien entwickelt. In den letzten 100 bis 150 Jahren schritt die Entwicklung in allen Wissenschaften rasant voran, wenn man es mit der langsamen Entwicklung in den Tausenden von Jahren zuvor vergleicht. Die progressive Entwicklung bestimmter Technologien hat oft auf direkte oder indirekte Weise zu einer erhöhten Möglichkeit der Zerstörung der Umwelt geführt. Das heißt nicht, dass technischer Fortschritt an sich schlecht ist. Man sollte sich aber stets des möglichen Missbrauchs bestimmter Technologien bewusst sein.

Die Schöpfung ist nicht dazu bestimmt, verkauft zu werden, genauso wenig wie Menschen und ihre Errungenschaften. Die Schöpfung ist bestimmt für ein Leben zur Ehre Gottes. Die Menschen sind bestimmt für ein tiefgründiges und heiligmäßiges Leben im Dialog mit dem Schöpfer. Eine achtlose Haltung gegenüber der Schöpfung und insbesondere gegenüber dem Schöpfer wurde der Ausgangspunkt eines Weges der Zerstörung und Gier.

„Ihr Heuchler, was versucht ihr mich?" (Mt 22,18) „Weh euch, Schriftgelehrte und Pharisäer, ihr Heuchler, die ihr den Zehnten gebt von Minze, Dill und Kümmel und lasst das Wichtigste im Gesetz beiseite, nämlich das Recht, die Barmherzigkeit und den Glauben! Doch dies sollte man tun und jenes nicht lassen" (Mt 23,23). Mit diesen harten Worten verdammte Jesus die Heuchelei und die Kommerzialisierung des Glaubens der damaligen religiösen Führer.

Die Aussage, dass die Schöpfung nicht für Geld zu haben ist, steht im engen Zusammenhang mit der Kernbotschaft der Reformation – der Rechtfertigung durch den Glauben und die Gnade Gottes. Das ist besonders wichtig, weil in den heutigen Konsumgesellschaften wie damals im Mittelalter manchmal gedacht wird, der Segen könne gekauft und verkauft werden. Wir brauchen ein erneuertes Bewusstsein dieser reformatorischen

Kernbotschaft, besonders in Ländern wie Russland, wo es keine umfassende reformatorische Bewegung gab, sondern nur vereinzelte Begegnungen der Kulturen (seit Beginn der Herrschaft der Romanows im Russischen Reich). Lutherische Gemeinden gab es in allen großen Städten und wir finden heute noch Spuren ihres Einflusses in St. Petersburg und zum Teil in Moskau.

Unglücklicherweise ist in der jüngeren russischen Geschichte die Reformation immer als ein fremdes, westliches Konzept angesehen worden, mit dem die russische Bevölkerung zu westlichem Denken und Leben verführt und versklavt werden solle. Aus diesem Grund ist sie immer wieder von den zaristischen Machthabern und später von den kommunistischen Herrschern angegriffen worden. Es gab also keine allgemeine reformatorische Bewegung in Russland, und die Lehre von der Rechtfertigung durch den Glauben allein aus Gottes Gnade ist immer noch neu und anziehend. Trotz heftiger Widerstände finden Menschen glücklicherweise Unterstützung in der Kirche für ihren Protest gegen eine Kultur, in der alles für Geld zu haben ist. Diejenigen, die erkennen, dass auf lange Sicht die Schöpfung für Geld nicht zu haben ist, können vielleicht das lutherische Erbe entdecken mit seiner gewichtigen Botschaft von Gottes befreiender Gnade. Vor dem Hintergrund des 500-jährigen Jubiläums der Reformation übermittelt uns der LWB eine überzeugende Botschaft: Erlösung, Menschen und die Schöpfung sind nicht für Geld zu haben. Sie sind keine Waren und dürfen nicht als solche behandelt werden. Sie sind Gottes gute Schöpfung und entsprechend muss man mit ihnen umgehen.

FRAGEN

Inwiefern ist die Botschaft, dass die Schöpfung nicht für Geld zu haben ist, in Ihrem Land und kulturellen Kontext von Bedeutung?

Gibt es eine Möglichkeit, die Aussage von der Nicht-Verkäuflichkeit der Schöpfung mit der Entwicklung sozialer und diakonischer Institutionen zu verbinden?

Wie können wir die Botschaft, dass die Schöpfung nicht für Geld zu haben ist, in unserem Leben umsetzen? (Nennen Sie bitte konkrete Beispiele)

Autorinnen und Autoren

Asano, Naoki, Pfr., Pastor, Lutherische Ichigaya-Kirche, Japan

Becker Nissen, Ulrik, PhD, Dr. Theol., Associate Professor, Theologische Fakultät, Universität Aarhus, Dänemark

Bondarenko, Elena, Pfr. Dr., Dekanin des Dekanats Moskau, Evangelisch-Lutherische Kirche Europäisches Russland, Russische Föderation

Chryssavgis, John, Pfr. Dr., Erzdiakon des Ökumenischen Throns, Griechisch-Orthodoxe Erzdiözese von Amerika, USA

Kopp, Martin, Doktorand, Universität Straßburg, Klimabeauftragter des Lutherischen Weltbundes, Frankreich

Kuss, Cibele, Pfr., Exekutivdirektorin, Lutherische Diakoniestiftung, Brasilien

Munga, Stephen, Bischof Dr., Evangelisch-Lutherische Kirche in Tansania, Rektor, Sebastian-Kolowa-Gedächtnis-Universität, Lushoto, Tansania

Rossing, Barbara R., Pfr. Prof. Dr., Professorin für Neues Testament, Lutherisches theologisches Seminar in Chicago, USA

Befreit durch Gottes Gnade

Herausgegeben von
Anne Burghardt

EVANGELISCHE VERLAGSANSTALT
Leipzig

Bibliographische Information der Deutschen Nationalbibliothek
Die Deutsche Nationalbibliothek verzeichnet diese Publikation in der Deutschen Nationalbibliographie; detaillierte bibliographische Daten sind im Internet über http://dnb.dnb.de abrufbar.

© 2016 by Evangelische Verlagsanstalt GmbH • Leipzig

Printed in Germany • H 8041

Das Werk einschließlich aller seiner Teile ist urheberrechtlich geschützt. Jede Verwertung außerhalb der Grenzen des Urheberrechtsgesetzes ist ohne Zustimmung des Verlags unzulässig und strafbar. Das gilt insbesondere für Vervielfältigungen, Übersetzungen, Mikroverfilmungen und die Einspeicherung und Verarbeitung in elektronischen Systemen.

Das Buch wurde auf FSC-zertifiziertem Papier gedruckt.

Gesamtgestaltung: Department for Theology and Public Witness
LWF-Office for Communication Services
Druck und Binden: druckhaus köthen GmbH & Co. KG

Veröffentlicht von:
Evangelische Verlagsanstalt GmbH, Leipzig, Deutschland, für
Lutherischer Weltbund
150, rte de Ferney, Postfach 2100
CH-1211 Genf 2, Schweiz

ISBN 978-3-374-04264-7

www.eva-leipzig.de

Parallelausgaben in Englisch und Spanisch

Inhalt

Vorwort

Martin Junge

Im Jahr 2017 feiern wir das 500-jährige Reformationsjubiläum. Für die in der lutherischen Tradition stehenden Kirchen markiert der 31. Oktober 1517 den Beginn der Reformation. An diesem Tag soll Martin Luther seine 95 Thesen an die Tür der Schlosskirche in Wittenberg genagelt haben, in denen er sich gegen den Ablasshandel und die in seinen Augen damit einhergehenden kirchlichen Missbräuche wandte. Seitdem hat die Reformation eine beeindruckende Reise vollbracht. Heute finden wir lutherische Kirchen in allen vier Weltgegenden, wobei eine stetig wachsende Zahl von Lutheranern im globalen Süden lebt. Der Lutherische Weltbund, eine weltweite Gemeinschaft mit 145 Mitgliedskirchen, repräsentiert heute über 72 Millionen Lutheraner in 79 Ländern.

Aufgrund der unterschiedlichen prägenden Erfahrungen der Kirchen sowie ihrer unterschiedlichen gesellschaftlichen und kulturellen Hintergründe ist es nahezu unmöglich, von „der" lutherischen Identität zu sprechen. Für einige Kirchen ist das Jahr 1517 nicht unbedingt von besonderer Bedeutung, denn sie verknüpfen andere Zeitpunkte mit dem Beginn der Reformation. Für einige Mitgliedskirchen des LWB ist z. B. der Zeitpunkt der Einführung des Christentums in ihren lokalen Kontext das konstitutive Schlüsseldatum, das man als grundlegend für das Selbstverständnis und die eigene Identität ansieht. Der 500. Jahrestag der Reformation bietet jedoch für alle lutherischen Kirchen eine ausgezeichnete Gelegenheit, über die bleibende Relevanz der die Reformation auslösenden Fragen und ihre gesellschaftliche Bedeutung nachzudenken.

Die vier Hefte dieses Sammelbandes möchten zu einer solchen in die Tiefe gehenden Reflexion beitragen. Die Diskussion wird geführt im Blick auf das übergreifende Thema des 500-jährigen Reformationsjubiläums und der Zwölften LWB-Vollversammlung „Befreit durch Gottes Gnade", dessen drei Unterthemen, „Erlösung – für Geld nicht zu haben", „Menschen – für Geld nicht zu haben" und „Schöpfung – für Geld nicht zu haben", zur Entfaltung unterschiedlicher Aspekte des Hauptthemas beitragen. Die Hefte enthalten Aufsätze von Bischöfen, Pastoren, Theologen, Mitgliedern des Rates des LWB, Vertretern verschiedener LWB-Netzwerke und ökumenischen Partnern aus allen LWB-Regionen. Das breite Spektrum von Autoren und Themen gibt der und dem Lesenden einen Einblick in die große Vielfalt innerhalb der Gemeinschaft und in verschiedene Aspekte der programmatischen Arbeit des LWB. Die drei Fragen am Ende jedes Aufsatzes wollen zu weiterer Reflexion und Diskussion anregen.

Wir hoffen, dass diese Hefte im bilateralen Dialog zwischen Partnerkirchen Verwendung finden, um einen Dialog über die Botschaft und die Rolle der Kirchen in verschiedenen Kontexten anzustoßen. Darüber hinaus geben sie hoffentlich wichtige Impulse für die Vorbereitung der Zwölften Vollversammlung, die 2017 in Windhuk, Namibia, stattfinden soll.

Zu guter Letzt möchte ich allen danken, die mit einem Aufsatz zu dieser Veröffentlichung und damit zu ihrer Reichhaltigkeit und Vielfalt beigetragen haben. Ich möchte die Leserinnen und Leser ermuntern, diese Hefte eingehend zu lesen, und hoffe, dass sie gehaltvolle und interessante Diskussionen nach sich ziehen.

Einleitung

Anne Burghardt

„Befreit durch Gottes Gnade" – das Motto des Lutherischen Weltbundes für das 500-jährige Reformationsjubiläum ist eng verbunden mit der Lehre von der Rechtfertigung allein aus Gnaden durch den Glauben, die in der lutherischen Tradition auch als „der Artikel, mit dem die Kirche steht und fällt" (*articulus stantis et cadentis ecclesiae*) bezeichnet worden ist. Die zentrale Erkenntnis dieser Lehre, dass nämlich in Christus Gottes Gnade uns als ein freies und bedingungsloses Geschenk gegeben ist, ruft Dankbarkeit hervor, die sich im liebenden und fürsorgenden Engagement für die Menschen und die ganze Schöpfung äußert. Das gilt heute genauso wie zu Luthers Zeiten und ist eine Erkenntnis, die weiterhin für alle Aspekte der Theologie von Belang ist. Die Aufsätze in diesem Heft beleuchten die Aktualität und den Einfluss dieser reformatorischen Erkenntnis aus verschiedenen Perspektiven.

In seinem Aufsatz „Befreit durch Gottes Gnade – von was, zu was?" weist Gottfried Brakemeier darauf hin, dass in der heutigen Welt Begriffe wie Gnade und Barmherzigkeit zunehmend suspekt werden. Eine Welt ohne Gnade aber wäre am Ende eine unmenschliche Welt. Eine Theologie jedoch, in deren Zentrum die Rechtfertigung allein aus Gnaden durch den Glauben steht, hält an dem Begriff der Gnade fest, denn die Rechtfertigung ist – in biblischer Begrifflichkeit – die Zusage von Gottes bedingungsloser Annahme der Menschen. Selbst Liebe zu schenken ist die Antwort auf Gottes überreiche Liebe zu den Menschen und kein Versuch, sich Gottes Liebe durch „gute Werke" zu verdienen. Brakemeier zeigt, inwiefern die beiden Sätze aus Luthers Schrift „Von der Freiheit eines Christenmenschen" von 1520, „Ein Christenmensch ist ein freier Herr über alle Dinge und niemand untertan" und „Ein Christenmensch ist ein dienstbarer Knecht aller Dinge und jedermann untertan" eng zusammengehören.[1]

[1] Martin Luther: Von der Freiheit eines Christenmenschen. (Luther Deutsch. Die Werke Martin Luthers, hrsg. von Kurt Aland, Göttingen 1981, Bd. 2, 251; Martin

> „Ein Christ ist ein freier Herr über alle Dinge und niemand untertan."[2] Das ist sein [Luthers] erster Satz. Jeder, der Gott als Herrn hat, kann keinem anderen Herrn dienen (vgl. Mt 6,24). Gott zu dienen befreit uns vom Dienst an den Menschen. Jeglicher Druck fällt ab, sobald der Mensch sich im Glauben Gottes Gnade anvertraut. Diese Freiheit wird jedoch gründlich missverstanden, wenn sie mit Willkür gleichgesetzt wird. Darum fügt Luther hinzu: „Ein Christenmensch ist ein dienstbarer Knecht aller Dinge und jedermann untertan."[3] Das ist sein zweiter Satz. Die zwei Sätze gehören zusammen. Freiheit zerstört sich selbst, wenn sie nicht in der Lage ist, Verpflichtungen zu übernehmen. Vor allem aber ist dies ein Verrat an der Liebe. Denn die ist ja wesentlich ein „Dienst am Nächsten". Ohne Diakonie wird auch der Glaube falsch, denn es gilt den „Glauben zu haben, der in der Liebe wirksam ist" (Gal 5,6).[4]

Die Wiederentdeckung der befreienden Botschaft des Evangeliums, die sich Luther durch sein gründliches Studium der Bibel erschloss, bildete das Zentrum der Reformation. Es ist notwendig, dass diese starke und befreiende Botschaft zu verschiedenen Zeiten und in verschiedenen Kontexten aufs Neue gehört wird. In seinem Beitrag weist Hans-Peter Großhans, Mitglied des Hermeneutik-Netzwerks des LWB, auf die Vielfalt des menschlichen Lebens hin und auf die Tatsache, dass Gott sich durch das Medium der Bibel an die Menschen und Gemeinschaften in ihren konkreten Lebensumständen wendet.

> Auf das Hören von Gottes Wort folgt nicht etwa eine Art herrschaftlicher Prozess der Anti-Individuation, sondern ein Lied, das die vielfältige Gnade Gottes preist (1 Petr 4,10), wie sie sich in der Verschiedenheit und Vielfarbigkeit des Lebens der Christen und der Kirchen ausdrückt – in „der herrlichen Freiheit der Kinder Gottes" (Röm 8,21).[5]

Dass auf das Hören und Verstehen des Wortes Gottes seit Anbeginn der Reformation so viel Wert gelegt wurde, hat zur Entstehung zahlreicher neuer Bibelübersetzungen geführt, die in verschiedenen Fällen einen nachhaltigen Einfluss auf die weitere Entwicklung der Nationalsprachen gehabt haben. Ein Verständnis des tatsächlichen Sinngehalts eines Textes hängt in großem Maße von dem verwendeten hermeneutischen Schlüssel ab. Elżbieta Byrtek beschreibt, welche Bedeutung durch die Jahrhunderte hindurch in den lutherischen Kirchen Bildung und Erziehung hatten. Grund dafür war das Bedürfnis nach einem umfassenderen und tieferen Verständnis der

---

Luther. Ausgewählte Schriften, hrsg. von Karin Bornkamm und Gerhard Ebeling, Frankfurt am Main 1982, Bd. 1, 239).

[2] A. a. O.

[3] A. a. O.

[4] Siehe Gottfried Brakemeier in diesem Band, 22.

[5] Siehe Hans-Peter Großhans in diesem Band, 60.

biblischen Schriften. Eine ernsthafte und aufrichtige Beschäftigung mit der Bibel zieht es nach sich, dass man Fragen stellt, verschiedene Lesarten zur Kenntnis nimmt und seine eigenen Anliegen und Zweifel zur Sprache bringt.

> Ein Glaube, der sich nicht scheut, Fragen zu stellen, Antworten zu suchen und im Dialog zu bleiben mit denjenigen, die nicht derselben Meinung sind, ist ein lebendiger Glaube, eine der fähig sein wird, in der heutigen multilateralen und komplexen Welt zu überleben. Einer Welt, wo „richtige" Antworten von Seiten der Fachleute nicht unbedingt die Menschen erreichen, wo aber Christen, befreit durch Gottes Gnade, die Verantwortung haben, über diese Gnade mit anderen zu sprechen, und bereit sein müssen, sich auf schwierige Gespräche einzulassen.[6]

Die Reformation wirkte als ein Katalysator für ein erneuertes Verständnis der Rolle der Kirche in der Gesellschaft. Für Luther hatte die ganz normale Arbeit sowohl im Haus als auch außerhalb des Hauses einen hohen Wert. So erhielt die alltägliche Arbeit eine neue Würde, und er betrachtete sie ausdrücklich als einen wesentlichen Teil des Dienstes an Gott und dem Nächsten. Diese Sichtweise war eine fruchtbare Grundlage für spätere Konzepte einer aktiven Bürgerschaft. In seinem Aufsatz über die Rolle und die Aufgaben der Kirche in der Gesellschaft, weist Kjell Nordstokke darauf hin, dass nach Luther die Kirche durch Gott dazu berufen ist, ein „lebendiges Wort" in der Welt zu sein.

> Die Aufforderung, ein „lebendiges Wort" zu sein, ist eine Ermahnung zu aktiver Bürgerschaft. Luther veränderte radikal das Verständnis von christlicher Berufung, er verlagerte den Schwerpunkt vom inneren Leben der Kirche auf den Dienst an der Welt – auf ein Dasein als christliche Bürger, die ihren Nächsten Liebe und Fürsorge angedeihen lassen.[7]

Mit Blick auf Norwegen nennt Nordstokke vier diakonische Tätigkeitsfelder: Nächstenliebe, die Schaffung inklusiver Gemeinschaften, sorgsamer Umgang mit der Schöpfung und Kampf für Gerechtigkeit.

2013 verabschiedete der LWB ein Grundsatzpapier zur Verwirklichung von Gendergerechtigkeit im LWB (Gender Justice Policy – GJP), das zur Bewusstseinsbildung im Blick auf die Themen Inklusivität und Geschlechterrollen in den Kirchen beitragen soll. Am Beispiel des Volkes der Murut, die im malaysischen Bundesstaat Sabah leben, beschreibt Au Sze Ngui, wie die befreiende Kraft des Evangeliums die Wahrnehmung der Geschlechterrollen bei den Murut verändert hat. Sie stützt sich dabei auf die Argumentation und Methodik der GJP. Ngui legt dar, wie das christliche

---

[6] Siehe Elżbieta Byrtek in diesem Band, 81.
[7] Siehe Kjell Nordstokke in diesem Band, 31.

Verständnis der Gleichheit aller Menschen vor Gott Murut-Frauen befähigt hat, in der Kirche Aufgaben zu übernehmen, die traditionell den Männern vorbehalten waren. Sie verweist auf die befreiende Kraft des Evangeliums, wenn es darum geht, bestimmte Traditionen in den Blick zu nehmen, die trotz aller manchmal vorgebrachten Argumente nicht mit der wirklichen Botschaft des Evangeliums übereinstimmen.

> Befreiung von der Knechtschaft der Sünde ist der Anfang unseres Strebens nach Gerechtigkeit: wir sind frei; wir haben Vergebung erlangt; wir empfangen die Gnade Gottes. Wir sind frei, uns und die Welt zu verändern. Es gibt viele Beispiele dafür, wie das Christentum durch seine Unterstützung der Neubewertung „traditioneller" Praktiken als Kraft des Wandels gewirkt hat.[8]

„Befreit durch Gottes Gnade, um die Welt zu verändern" ist das Motto des Globalen Netzwerks Junger Reformerinnen und Reformer des LWB, das im Rahmen der Vorbereitungen auf das 500. Reformationsjubiläum gegründet worden ist. Durch dieses Motto inspiriert, greift Monica Villarreal die Frage nach der befreienden Kraft des Glaubens von einer Jugendperspektive her auf. Befreit sein, durch Gott befreit sein, das führt auch immer zugleich zu der Frage, wovon wir denn nun befreit sind und wofür. Villarreal zitiert Worte von Carolina Huth aus Argentinien, einem Mitglied der Leitungsgruppe des Globalen Netzwerks Junger Reformerinnen und Reformer, die die Vorstellung von der andauernden Reformation konkretisiert, indem sie erläutert, wie ihr Glaube sie zur Schaffung neuer Räume befreit hat.

> Als Lutheraner glauben wir, dass Traditionen zwar nicht notwendig sind für die Erlösung, dass sie aber manchmal nützlich sind für die Aufrechterhaltung von Ordnung, Ruhe und der gängigen Praxis. Wenn sie aber ihren Zweck nicht erfüllen, wenn die Menschen sich unwohl fühlen und die Kirche nicht länger einladend ist und Gottes Botschaft nicht alle erreicht, dann sollten wir darüber nachdenken, die Kirchenstühle umzustellen.[9]

Ein Beitrag aus der Ökumene ist der Aufsatz von Timothy J. Harris, der sowohl den zutiefst persönlichen als auch den aufs Globale abzielenden Charakter von Martin Luthers Entdeckung der Gnade Gottes bedenkt. Bei dieser Wiederentdeckung

> ging es nicht nur um sein eigenes Streben nach persönlicher Gewissheit angesichts seiner geistlichen Angst, sie war vielmehr Auslöser für eine Bewegung der

[8] Siehe Au Sze Ngui in diesem Band, 69.
[9] Monica Villarreal in diesem Band, 86.

> andauernden Reform, deren Herzstück eine vertieftes Verständnis der großen evangelischen Botschaft von Gnade und Frieden war und ist, zu der wir stets aufs Neue wieder hingeführt werden.[10]

Die Wiederentdeckung der Größe des Evangeliums erinnert uns auch an unsere eigenen Beschränkungen beim Versuch das Evangelium zu verstehen, denn unsere kulturellen Scheuklappen und blinden Flecke bringen uns manchmal dazu, das Evangelium kleiner zu machen, als es ist. „Das Evangelium ist größer als jede Kultur und keine ethnische Gruppierung, kein Volk und keine Kultur können einen Vorrang für ihre besondere Ausdruckform des Evangeliums beanspruchen."[11] Im Geiste einer andauernden Reform besteht daher immer die Notwendigkeit der „Übersetzung" des Evangeliums „in die vielen unterschiedlichen Formen von Sprache, Verkündigung und Lebenswelt als wesentlichen Elementen des menschlichen Lebens"[12], wobei stets unsere eigenen Verständnisgrenzen zu bedenken sind.

In seiner kontextuellen Bibelstudie zu Jesaja 55,1-2 spricht Zephania Kameeta die drängenden Probleme von Armut und Hunger in Afrika und insbesondere in Namibia an und entfaltet in diesem Kontext die befreiende Botschaft von Jesaja.

> Der Text dieser Bibelarbeit sagt nicht, kommt her, sodass ihr gezählt und registriert werden könnt oder eine wissenschaftliche Untersuchung, warum ihr durstig seid, an euch durchgeführt werden kann; sondern er sagt einfach: kommt her zum Wasser! Das ist es, was nötig ist, in dieser Stunde der Not. Die Notleidenden wollen Hilfe, bevor sie verschmachten. Jetzt ist eure Stunde und euer Moment. Etats und Geld sind nicht die Frage: Kommt, esst und trinkt, sodass ihr leben könnt.[13]

Die drei Unterthemen: Erlösung – für Geld nicht zu haben; Menschen – für Geld nicht zu haben; Schöpfung – für Geld nicht zu haben

Die drei Unterthemen konkretisieren die unterschiedlichen Dimensionen des „für Geld nicht zu haben" des Hauptthemas „Befreit durch Gottes Gnade" und stellen Praktiken und theologische Konzepte in Frage, die

---

[10] Timothy J. Harris in diesem Band, 103f.
[11] A. a. O., 96.
[12] A. a. O.
[13] Zephania Kameeta in diesem Band, 111.

der befreienden Botschaft des Evangeliums entgegenstehen. Die Versuche, die Erlösung zu kommerzialisieren sind vielgestaltig und reichen von der Propagierung eines Wohlstandsevangeliums (Prosperity Gospel) bis zu Bestrebungen, die Erlösung durch die Einhaltung gewisser Praktiken und Rituale usw. zu „garantieren". Die Aspekte von Heilserwartung, die in konsumistischem Verhalten aufscheinen, wie auch Fragen, wo und unter welchen Umständen „Erlösung" in einem säkularen Kontext erwartet wird, sind ebenfalls von Bedeutung.

Die erneuerte Beziehung zwischen Gott und den Menschen führt notwendigerweise zu einem tieferen Verständnis von der Schöpfung des Menschen als Ebenbild Gottes und zu der Erkenntnis, dass die Menschen durch Gottes Gnade erneuert werden. Menschen können deshalb nicht als Waren angesehen werden, deren Wert nur nach dem Gewinn bestimmt werden kann.

Heutzutage ist es im Lichte der massiven Ausbeutung von natürlichen Ressourcen von entscheidender Bedeutung, dass wir auch Gottes Schöpfung jenseits des Menschen unsere Aufmerksamkeit widmen. In der Genesis lesen wir, dass Gott die Schöpfung als „gut" ansah und sie der menschlichen Fürsorge anvertraute. Der Begriff der „Herrschaft" in Genesis 1,26 ist oft missbraucht worden und es ist übersehen worden, dass Gott alle Schöpfung für „gut" erklärte, ganz unabhängig von ihrer Nützlichkeit für den Menschen. Die erneuerte Beziehung zwischen Gott und den Menschen hat deshalb auch Auswirkungen auf das Verhältnis des Menschen zu der übrigen Schöpfung, denn die Schöpfung gehört zuerst Gott und ist unseren Händen nur anvertraut.

Verschiedene Reflexionen zu unterschiedlichen Aspekten der Unterthemen finden sich in den jeweiligen Heften dieses Sammelbandes. Sie werden hoffentlich zu Gesprächen über die befreiende Botschaft des Evangeliums anregen, während wir uns gemeinsam dem 500. Reformationsjubiläum nähern.

Befreit durch Gottes Gnade – von was, zu was?

Gottfried Brakemeier

Die Krise eines Begriffs

Gnade ist zu einem Fremdwort geworden. Es kommt nur noch in Ausnahmefällen vor, etwa in dem Wort „Gnadengesuch". Zum Tode Verurteilte bitten um Gnade. Oder man spricht davon, dass die Sonne gnadenlos vom Himmel brennt, das Land ausdörrt und die Ernte vernichtet. Gnadenlos geht es vor allem im Kriege zu. Da gibt es kein Pardon. Man hat die Rache der Feinde zu fürchten. Die wütet, ohne nach Schuld und Unschuld zu fragen, und meint, sich um Recht und Unrecht nicht kümmern zu müssen. Es wird zerstört, vergewaltigt, gemordet. Das wiederholt sich im „Gesetz der Straße". Viele jugendliche Gewalttäter haben das Wort „Gnade" nie gehört oder längst vergessen. Auch wenn das Opfer bereits am Boden liegt, wird weiter getreten und zugeschlagen – „gnadenlos".

Es ist bezeichnend, dass man auf Gnade erst dann aufmerksam wird, wenn sie abhandengekommen ist. Nur in der negativen Bedeutung von „gnadenlos" hat das Wort noch Gewicht. Wer keine Gnade kennt, also „ungnädig" ist, gilt als rücksichtslos, skrupellos, brutal. Ansonsten ist der Begriff aus der Alltagssprache verschwunden. Vorbei sind die Zeiten, als die Herrschenden ihre Autorität als „von Gottes Gnaden" verstanden und sie auf diese Weise legitimierten. In einer Demokratie geht alle Macht vom Volke aus. Der Stimmzettel entscheidet über die Regierungsbildung. Parlamentarier sind „Volksvertreter". Mit Gnade hat das nichts zu tun. Auch Gott ist überflüssig geworden. Viele verzichten sogar auf die Formel „So wahr mir Gott helfe" bei der Amtseinführung. Eine säkulare Welt tut sich schwer mit dem Begriff „Gnade". Wofür braucht man ihn?

Hinzukommt, dass das Wort suspekt ist. Niemand will von der Gnade Anderer abhängig sein. Wer Gnade braucht, ist ein Schwächling. Man will auf eigenen Beinen stehen, sich den Lebensunterhalt selbst verdienen, niemandem etwas schuldig sein. Das Bemühen der Menschen geht dahin, von Gnade unabhängig zu werden. Das ist nicht zuletzt eine Frage des Prestiges. Kinder wollen den Eltern nicht dauernd auf der Tasche liegen und von ihnen ausgehalten werden. Sobald sie können, besorgen sie sich eine eigene Wohnung und nehmen ihr Leben in die Hand. Es ist beschämend, wenn das nicht gelingt. Ähnliches gilt für das Verhältnis zum Staat. Langzeitarbeitslose leiden unter dem Gefühl, überflüssig zu sein und auf Kosten der Allgemeinheit zu leben. Sie werden von vielen als Schmarotzer betrachtet. Man will kein Bettler sein und sein Leben von Almosen fristen. Wer könnte das verurteilen? Es ist besser, wenn man ohne Gnade auskommt.

Denn Gnade versklavt. Es gibt unzählige Beispiele dafür. Die Großzügigkeit der Herren schafft eine Schar von ergebenen Dienern, die es nicht wagen, Einspruch gegen Zumutungen zu erheben. Günstlinge und Lakaien sind unfrei. „Wes Brot ich ess, des Lied ich sing", sagt das Sprichwort. Das ist von jeher die Methode gewesen, mit der Diktatoren ihre Macht gefestigt haben. Sie gewährten Privilegien und garantierten damit Loyalität. Auch unter „demokratischen" Bedingungen ist das nicht anders. Denn allzu oft sind die Wähler käuflich. Mit Wahlgeschenken kann man ihren politischen Willen steuern und Anhänger gewinnen. Geschenke verpflichten, auch wenn es sich nur um die zu Weihnachten handelt. Der Begriff „Gnade" ist unsympathisch, weil er hierarchisches Denken suggeriert. Mit ihm, so scheint es, werden Abhängigkeiten festgeschrieben. Es bleibt bei der Gegenüberstellung von Gebern und Nehmern, von „denen da oben" und „wir hier unten", wobei „die da oben" als Wohltäter und Gönner stets den Ton angeben.

Offenbar steht Gnade dem Freiheitsbestreben des Menschen im Wege. So ist es leider auch in der Kirche häufig verstanden worden. Nicht immer erhielten Bewegungen, die sich Befreiung von unwürdiger Knechtschaft auf ihre Fahnen geschrieben hatten, die erforderliche Unterstützung. In dieser Hinsicht setzt die „Theologie der Befreiung" zwar nicht neue, aber doch ungewohnte Akzente. Gott steht auf der Seite der Unterdrückten und führt sie heraus aus dem Hause der Sklaverei, so wie er es seinerzeit mit dem Volk Israel in Ägypten getan hat. Gott solidarisiert sich mit den Armen und ergreift ihre Partei im Kampf um Gerechtigkeit. Viele begegnen dieser Theologie mit Argwohn und werfen ihr eine unzulässige Politisierung des Evangeliums vor. Wie immer man auf diesen Vorwurf reagiert, Tatsache ist, dass mit der lateinamerikanischen Befreiungstheologie und ihren verwandten Strömungen in anderen Kontinenten die Frage nach dem Verhältnis von Gnade und Freiheit erneut und in aller Schärfe gestellt ist. Wie kann von der befreienden Gnade Gottes geredet werden ohne den Menschen zu entmündigen und in neue Abhängigkeiten zu stürzen? Und wie kann man die Autonomie des Menschen vertreten, ohne die Rede von Gnade überflüssig zu machen?

Welt ohne Gnade?

Es braucht nicht viel Phantasie, um sich eine Welt ohne Gnade vorzustellen. Sie ist bereits auf weite Strecken Wirklichkeit. Die Horrornachrichten aus unmittelbarer Nachbarschaft oder aus fernen Ländern geben davon ebenso Zeugnis wie die soziale Ungleichheit in der Gesellschaft. Kein Tier kann grausamer sein als der Mensch. Bestialische Morde, blinde Zerstörung oder das millionenfache Flüchtlingselend in Hunger- und Krisengebieten sind dafür erschreckende Beispiele. Der Holocaust ist von einem Volk zu verantworten, das stets auf seine Kultur stolz war. Zivilisation bietet keinen Schutz vor Völkermord, wie dies auch andere Beispiele aus Vergangenheit und Gegenwart belegen. In Amerika muss an die Leidensgeschichte der Urbevölkerung erinnert werden. Die Indianer wurden brutal dezimiert und bis auf wenige Reste ausgerottet. Genauso tragisch ist das Unrecht, das den aus Afrika importierten Sklaven angetan wurde. Die Liste der Verbrechen des Menschengeschlechtes ist lang. Sie beginnt bei Kain und Abel und hat nicht zuletzt in der Kreuzigung Jesu erschütternden Ausdruck gefunden. Gewalt war von jeher das Signum der Menschheit. „Das Dichten und Trachten des menschlichen Herzens ist böse von Jugend auf". So lesen wir es in Genesis 8,21. Eine Welt ohne Gnade ist kalt, unmenschlich, mörderisch.

Daneben gibt es weniger spektakuläre Arten von Brutalität wie die wirtschaftliche Ausbeutung. Wer einmal in die Schuldenfalle geraten ist, kommt nur schwer wieder heraus. Banken kennen keine Gnade. Es geht um Gewinne, Boni und Rendite. Durch Spekulation und falsche Versprechen sind viele Menschen um Hab und Gut gebracht worden. In einem konsequent kapitalistischen System wird das gesamte Leben vermarktet. Alles wird zur Ware, die gekauft oder verkauft werden muss, mit Einschluss der religiösen Güter. Die Börsenkurse bestimmen das wirtschaftliche Geschehen. Wiederum bleibt für Gnade kein Raum. Mit ihr schwindet das soziale Denken, die Barmherzigkeit, die Güte. Die Gier verdrängt die Rücksicht auf den Nachbarn. Egoismus wird zur Tugend. Es beginnt der Kampf um den Arbeitsplatz, bei dem auch Mobbing und ähnliche Methoden zur Anwendung kommen. Man muss halt „clever" sein und zusehen, auf der Seite der Gewinner zu stehen. Ein brasilianisches Sprichwort fängt diesen Geist in die knappe Formel: „Jeder für sich, und Gott für alle". Die sozialen Belange werden in die Alleinzuständigkeit Gottes abgeschoben. Das ist bequem und gleichzeitig grausam. Solche Haltung kann sich in viele Gewänder kleiden, und doch sind alle in gleicher Weise unmenschlich.

Außerdem wird verkannt, dass sich eine Welt ohne Gnade tödlichen Gefahren aussetzt. Der Untergang der Nächstenliebe bleibt nicht ohne Folgen. Er provoziert den Hass derer, die sich im allgemeinen Wettbewerb nicht durchsetzen konnten, die ausgeschlossen oder unterdrückt wurden. Das von der Natur her bekannte „Gesetz des Stärkeren" ist für die menschliche Gemeinschaft untauglich. Denn in dieser sind die Unterlegenen immer noch in der Lage, sich an ihren Gegnern furchtbar zu rächen. Es genügt ein Streichholz, um einen Flächenbrand zu entfachen. Gleichgültigkeit oder gar Feindseligkeit gegenüber den sozial Schwachen, gegenüber religiösen und ethnischen Minderheiten sowie anderen Volksgruppen riskiert schwere soziale Konflikte. Es darf nicht verwundern, wenn Kinder, die stets am Rande der Gesellschaft vegetierten und nie Zuwendung erfahren haben, eine zynische Lebenseinstellung entwickeln und kriminell werden.

Nicht „Exklusion", sondern „Inklusion" ist Voraussetzung für Frieden. Die aber hat den wohlwollenden Blick auf den Nachbarn zur Voraussetzung. Ich muss ihm einen Platz in der Gesellschaft einräumen, auch wenn er oder sie anders ist und meinen Idealvorstellungen nicht entspricht. Man braucht mit dem Partner nicht unbedingt einer Meinung zu sein, um ihm freundschaftlich die Hand zu reichen. Gnade ist zu Toleranz fähig, die Existenzrecht anerkennt, solange sie nicht in Beliebigkeit abgleitet. Das Verbrechen kann sich nicht auf das Toleranzgebot berufen. Doch recht verstandene Gnade schränkt den Lebensraum der Menschen nicht ein. Im Gegenteil, sie schützt und weitet ihn. Nur wer zu Mitmenschlichkeit fähig ist, gehört zu den Friedensstiftern, die von Jesus selig gepriesen werden (Mt 5,9). Ohne Gnade droht die Menschheit an ihren Konflikten zu zerbrechen.

Schließlich und endlich ist zuzugeben, dass eine Welt ohne Gnade eine grobe Täuschung ist. Alles, wofür der Begriff „Gnade" steht, also Freundlichkeit, Akzeptanz, Gratuität, Vergebungsbereitschaft und Ähnliches kann unterdrückt und verraten werden. Dennoch bleibt Gnade Teil der Wirklichkeit. Ohne Gnade ist der Mensch nicht denkbar. Wer das bestreitet, ist blind. Das ist von Martin Luther in seiner Erklärung des ersten Glaubensartikels im kleinen Katechismus meisterhaft formuliert worden: „Ich glaube", sagt er, „dass mich Gott geschaffen hat samt allen Kreaturen, mir Leib und Seele, Augen, Ohren und alle Glieder, Vernunft und alle Sinne gegeben hat und noch erhält". Der Mensch verdankt sich nicht sich selbst. Er ist auch nicht Produkt eines genetischen Zufalls oder einer biologischen Manipulation. Das alles mag mitgespielt haben. Aber es reicht nicht, um das Geheimnis der Person zu erklären. Menschen werden nicht fabriziert, sondern geschaffen und haben gerade so eine unverlierbare Würde. Ihr Leben ist Geschenk, so wie jeder neue Tag es ist. Gnade steht am Beginn des Lebens. Auch im weiteren Verlauf desselben bleibt sie ein Grundbedürfnis. Jeder Mensch muss auf seine Weise getragen werden mit seinen Fehlern, seinen Schwächen, seiner Schuld. Er braucht Nachsicht, Vergebung, Liebe. Wer könnte darauf verzichten?

Man hat das spezifisch Menschliche in der Vernunft gesehen, die den Menschen auszeichnet. Er unterscheidet sich von anderen Lebewesen dadurch, dass er denken, sprechen, planen und die Welt gestalten kann. Auch für Martin

Luther ist die Vernunft das „Beste im Vergleich mit den übrigen Dingen dieses Lebens und geradezu etwas Göttliches". Sie ist kulturschaffende Kraft. So sagt er es in seiner „Disputation über den Menschen". Obwohl sie nicht davor geschützt ist, sich in den Dienst des Bösen zu stellen, erhebt sie den Menschen über alle Geschöpfe. Trotzdem wäre es verfehlt, die Vernunft zum ausschließlichen Kriterium des Menschlichen zu machen. Zum Rationalen gehören das Irrationale, das Seelische, das Emotionale. Und das ist nicht berechenbar. Es ist bewiesen, dass Entscheidungen häufiger emotional als rational gefällt werden. Der Mensch ist ein komplexes Wesen, das sich einer einfachen Entschlüsselung entzieht.

Eben deshalb wird der christliche Glaube darauf bestehen, dass zum Menschsein die Barmherzigkeit gehört. Das hat auch Martin Luther gewusst und immer wieder betont. Erst Empathie macht den Menschen zum Menschen. Ohne die Fähigkeit zum Mitgefühl, zum Mitleid, zur Liebe bleibt der Mensch eine Maschine. Am deutlichsten hat dies der Apostel Paulus gesagt. „[...] und hätte der Liebe nicht", werden alle meine Fähigkeiten, so groß sie sein mögen, zu nichts (1 Kor 13,1f). Schon Jesus erinnert daran, dass Gott Barmherzigkeit den Brandopfern vorzieht (Mt 9,13f). Religiöser Rummel ist genauso wertlos wie intellektuelle Brillanz, sofern sie am Mitmenschen und seinen Bedürfnissen vorüber gehen. Fasst man das alles in den Begriff der Gnade zusammen, kommt man zu dem Schluss, dass der Adel des Menschen wesentlich darin besteht, gnädig sein zu können. Alles andere ist zweitrangig.

Die Menschlichkeit Gottes

Der Gott, in dessen Namen sich Jesus gesendet weiß, ist Liebe in Person (1 Joh 4,16). Damit unterscheidet er sich von allen Gottheiten, die Mord und Totschlag legitimieren und Gewalt in seinem Namen erlauben oder sogar fordern. Gott ist nicht gleich Gott. Man muss schon genau hinschauen und zwischen den Göttern unterscheiden. Sie werden an ihren Forderungen erkannt, an ihren Geboten, an ihren Werken. Es gibt unter ihnen wahrhafte Tyrannen, die ihren Verehrern Lasten aufbürden und sie um ihren Verstand bringen. Sie säen Hass und Zwietracht, fordern Kreuzzüge und heilige Kriege. Religion kann ebenso barbarisch sein wie jeder einzelne Mensch. In ihrem Namen wurden und werden entsetzliche Verbrechen begangen. Nicht selten hat Religion Fortschritt und Entwicklung blockiert und die Gläubigen auf überholte Verhaltensmuster fixiert. Religiöse Menschen sind oft rückständig, veraltet, verdächtig. Religion ist darum bei vielen Zeitgenossen in Misskredit geraten. Manche träumen von ihrer Abschaffung. Sie sei nicht nur überflüssig, sondern geradezu schädlich. Religiöser Fanatismus mit seiner typischen Gewaltbereitschaft ist in der Tat zu einer der größten Gefahrenquellen der globalen Welt geworden. Wer zügelt den religiösen Wahnsinn?

In einer Zeit, in der die Rede von Gott Plausibilität verliert, muss der Glaube von seinem Diskurs Rechenschaft ablegen. Die Christenheit bekennt sich zu dem Gott, den Jesus als seinen Vater angerufen hat und an den sich auch seine Gemeinde mit „Vater Unser" wenden darf. Die Bezeichnung steht für ein Vertrauensverhältnis. Genauso gut könnte von Gott als Mutter geredet werden, so wie es einige Indizien in der Bibel nahelegen. Anders als frühere Propheten bis hin zu Johannes dem Täufer predigt Jesus nicht den zornigen Gott, dessen strafende Gerechtigkeit in Bälde über die Welt hereinbricht, sondern den barmherzigen Gott, der sich den Geringen, Ausgestoßenen und Schuldigen zuwendet.

Damit hat er Anstoß erregt bei denen, die sich für gerecht hielten und deshalb Privilegien beanspruchten. Die Tischgemeinschaft, die Jesus mit Zöllnern und Sündern pflegt (Lk 15,1f), ist für sie ein Skandal. Sie stellt ihr „Weltbild" auf den Kopf, das den Kategorien von Verdienst und Leistung verhaftet bleibt. Wenn Gott so ist, wie Jesus ihn verkündet, müssen sie sich ändern. Dazu aber sind sie nicht bereit. Die Nachsicht des Rabbi aus Nazareth mit den Unwürdigen empfinden sie als Aggression. Jesus hat Augen für die Schwachen und Kranken, für die, die am Rande leben, für die Armen und Verachteten. Gerade sie versucht er in die Gemeinschaft der Kinder Gottes zurückzuholen. Seine Zuwendung geschieht ohne Auflage. Gratuität ist das Merkmal seines Handelns. Das heißt, Jesus versteht sich als Anwalt des gnädigen Gottes, der den Sünder nicht verstößt und den Verlorenen eine Chance gibt.

Es ist bekannt, dass am Anfang der Reformation ein Wandel des Gottesbildes steht. Martin Luther entdeckt den barmherzigen Gott, der den Menschen annimmt, ohne auf Verdienst und Würdigkeit zu schauen. Rechtfertigung meint biblisch eben dies: Zuspruch von Lebensrecht auch ohne Nachweis von Leistung, bedingungslose Annahme, Erweis von Liebe. Die Skrupel, die Martin Luther quälten wegen seiner immer neuen Niederlagen im Kampf gegen das Böse in sich selbst, wurden schlagartig überwunden, als er entdeckte, dass Gott den Sünder rechtfertigt „allein aus Gnade und Glaube". Seine bange Frage „Wie bekomme ich einen gnädigen Gott?" war damit beantwortet. Es wäre verkehrt, sie als zeitgebundenen Ausdruck eines verstörten Gewissens zu interpretieren. Es ist die Frage des Menschen schlechthin. Wo gibt es Barmherzigkeit in dieser Welt? Ein unbarmherziger Gott ist eher ein Moloch als ein Vater. Er droht mit Höllenstrafen und verbreitet Furcht und Schrecken. Trost ist bei einem solchen Gott nicht zu haben. Auch die Leugnung Gottes verspricht keine Lösung. Der Atheismus ist genauso „trostlos" wie eine zynische Religion. Das ist beim Vater Jesu Christi anders. Er bietet Geborgenheit, Zuflucht, Schutz vor Sinnlosigkeit. „Gott will [...] dass wir glauben sollen, er sei unser rechter Vater und wir seine rechten Kinder, damit wir getrost und in aller Zuversicht ihn bitten sollen wie die lieben Kinder ihren lieben Vater" (Martin Luther in der Erklärung des „Vater Unser" im Kleinen Katechismus).

Fragt man, woher diese Überzeugung kommt, ist die Antwort schnell gefunden. Ihr Ursprung liegt in Jesus Christus. In seiner Person ist Gott den Menschen so nahe gekommen wie nie zuvor. „Niemand hat Gott je gesehen" (Joh 1,18), aber in Jesus gibt er sich zu erkennen. Die Gemeinde bekennt ihn als die Offenbarung schlechthin. Wohl gibt es Zeichen Gottes in Natur und Geschichte, aber sie sind nicht eindeutig. Wer von der Liebe Gottes redet, kommt an Jesus von Nazareth nicht vorbei. Sie äußert sich sowohl in seinen Worten und Taten wie auch in seinem Leiden. Jesus stirbt am Kreuz als Opfer seiner Feinde. Alle Bosheit der Welt stürzt auf ihn ein. Aber auch in dieser Hölle bleibt Jesus seiner Sendung treu. Anstatt seine Peiniger zu verfluchen, bittet er für sie um Vergebung (Lk 23,34). Er zieht es vor, selbst zu sterben als Anderen den Tod zu wünschen. Jesus verzichtet konsequent auf Vergeltung. Für die christliche Gemeinde ist diese Geschichte transparent für das Verhalten des Vaters im Himmel. Gott verzichtet auf Rache an seinen Feinden (Röm 5,10). Stattdessen vergibt er ihre Schuld. So stiftet er Versöhnung (2 Kor 5,18ff). Aus Rache kann kein Friede wachsen.

Jesus bezeugt den Gott, der das Heil des Menschen will, einschließlich das der Gottlosen und „Ungläubigen". Das Neue Testament spricht von seiner Menschenliebe (Tit 3,4). In Jesus Christus wird er solidarisch mit der geschundenen Kreatur, um sie aus allem Elend zu reißen. Der Gott Jesu Christi ist „human". Er kennt „Mitleid" und beweist damit seine Barmherzigkeit. Die kommt Ostern an ihr Ziel. Sünde, Leid und Tod behalten nicht den Sieg. Der Gekreuzigte wird als der Lebendige erfahren, der im Besitz der Schlüssel ist zu Tod und Hölle (Offb 1,15). Die Auferstehung Jesu Christi befreit die Menschheit aus dem Kerker der Vergänglichkeit und schenkt ihr Zukunft auch angesichts des Todes. Am Ende aller Dinge steht nicht das Nichts, die Sinnlosigkeit, die absolute Vernichtung, sondern ein neuer Anfang. (Offb 21,1ff). Das Reich Gottes wird zur alles bestimmenden Wirklichkeit.

Der evangelische Imperativ

Unter solchen Umständen ist es nicht verwunderlich, dass der Wille Gottes seinen wesentlichen Ausdruck im Gebot der Liebe findet. Gott selbst setzt den Maßstab mit seinem Handeln und mit seinem Sein. Wiederum ist auf Jesus Christus zu verweisen, in dem diese Liebe in Erscheinung getreten ist (Röm 8,39). „Seid barmherzig, wie euer himmlischer Vater barmherzig ist", sagt Jesus (Lk 6,36). Und als er nach dem höchsten Gebot gefragt wird, antwortet er „Du sollst den Herrn, deinen Gott, lieben mit ganzem Herzen [...] und deinen Nächsten lieben wie dich selbst. Kein anderes Gebot ist wichtiger als diese beiden" (Mk 12,29ff). Es handelt sich um zwei Gebote in einem einzigen. Gott lieben und den Nächsten lieben ist nicht dasselbe.

Nächstenliebe ist nicht Gottesliebe oder umgekehrt. Es verbietet sich, beides zu verwechseln. Die Liebe zu Gott zeigt sich darin, dass man ihm die Anbetung vorbehält. Ihm allein gehört die *Liturgie* (Mt 4,10). Jeder menschliche „Personenkult" ist verwerflich. Dem Nächsten dagegen gebührt die *Diakonie*. Er und sie brauchen Hilfe, Solidarität, Aufmerksamkeit. Es gilt das Prinzip: „Einer trage des Anderen Last" (Gal 6,2). Es ist also zu differenzieren. Liebe hat viele Gesichter. Und doch handelt es sich letztlich um ein einziges Gebot. Es geht um Liebe, also um eine Einstellung, die nur das Gute wollen kann.

Dieses Gebot ist nicht eines unter anderen, sondern Kriterium der Ethik überhaupt. An ihm „hängt das ganze Gesetz und die Propheten" (Mt 22,40). Und Paulus wird sagen: „So ist nun die Liebe die Erfüllung des Gesetzes" (Röm 13,10). Wenn eine Anweisung dem Liebesgebot widerspricht, ist sie neu zu formulieren oder abzuschaffen. Man kann das an der Diskussion zwischen Jesus und den Pharisäern über die Sabbatruhe beobachten. Aber das ist nur ein Beispiel unter anderen. Jedenfalls gilt: Gott will eine humane Welt. Und die ist ohne ein Minimum an „Liebe" nicht zu haben. Obwohl „Liebe" ein abgenutztes Wort ist, kann darauf nicht verzichtet werden. Vielmehr muss es gegen den Missbrauch geschützt werden. Liebe meint biblisch gesprochen nicht zuerst ein Gefühl, sondern eine Willensrichtung. Ob ich den Nächsten liebe oder nicht, hängt entscheidend von den Absichten ab, die ich ihm oder ihr gegenüber hege. Auch für meinen Feind kann ich das Beste wollen, ohne ihn sympathisch zu finden. Der Feindesliebe Gottes verdanken wir das Heil. Seine Gnade wendet sich unterschiedslos allen Menschen zu. Sie ruft die Sünder zurück in Gottes Gemeinde.

Das geschieht ohne Druck und Zwang. Liebe, sofern sie authentisch ist, schafft keine Abhängigkeiten. Sie gewährt Freiheit. Es muss schon fast befremden, dass der Vater im Gleichnis vom verlorenen Sohn keinen Einspruch erhebt, als der beschließt, das Vaterhaus zu verlassen und seinen Anteil am Erbe einfordert (Lk 15,11f). Der Vater lässt ihn ziehen. Genauso wenig bindet Jesus seine Jünger an sich. Er stellt es ihnen frei, fortzugehen, falls sie sich an ihm ärgern (Joh 6,66f). Freiwilligkeit ist die Basis echter Nachfolge. Gnade ohne Liebe dient eigenen Zwecken und ist daher demütigend für den Empfänger. Anders die Gnade, die aus der Liebe kommt. Sie will den Nächsten als Partner, nicht als Untergebenen. Sie verzichtet darauf, ihn zu bevormunden und vorzuschreiben, was er oder sie zu tun hat. „Gesetzlichkeit" widerspricht dem Gebot der Liebe. Sie etabliert die religiöse Diktatur und verwandelt Gnade in Zwang. Liebe hingegen wertet den Menschen auf und mutet ihm Verantwortung zu. Dazu muss sie denken können und sich in der Kunst üben, zu erkennen, „was wahrhaftig ist, was ehrbar, was gerecht, was rein, was liebenswert und erfreulich ist [...]" (Phil 4,8). Liebe braucht Orientierung, aber keine Paragraphen. Zwang macht sie kaputt.

Vor allen Dingen aber braucht sie Motivation. Liebe entsteht nicht auf Befehl. Deshalb begründet das Neue Testament den Imperativ zum Handeln mit der Tat Gottes. Wir sollen lieben, weil wir von Gott geliebt worden sind. „Lasst uns lieben, denn er hat uns zuerst geliebt" heißt es im ersten Johannesbrief (4,19). Ähnlich formuliert es schon Jesus im Gleichnis vom Schalksknecht (Mt 18,21f). Die Pflicht zu gegenseitiger Vergebung ergibt sich aus dem Schuldenerlass Gottes. Das gilt für die Ethik insgesamt: Jedes Mal geht dem Gebot die Erinnerung an Gottes gnädiges Tun voraus. Erfahrene Gnade wird zur Inspiration für das Tun des Guten. Hier ist die Quelle, aus der sich der Imperativ speist. „Du Schurke!", sagt der Herr im Gleichnis, „Diese deine ganze Schuld habe ich dir erlassen, weil du mich darum gebeten hattest; hättest du dich da nicht auch über deinen Mitknecht erbarmen sollen, wie ich mich über Dich erbarmt habe?" (Mt 18,32f). Jeder Wohltäter muss sich als Trottel fühlen, wenn die Empfänger hartherzig bleiben. Eben deshalb fragt der Apostel Paulus: „Oder verachtest du den Reichtum seiner Güte, Geduld und Langmut? Weißt du nicht, dass dich Gottes Güte zur Umkehr treibt?" (Röm 2,4). Es geht darum, aus dieser Güte die rechten Konsequenzen zu ziehen.

Wer sich dem verweigert, erleidet empfindliche Verluste. Natürlich kann man bestreiten, dass man Gott etwas schuldig ist. Wer oder was ist das überhaupt „Gott". Ein moderner Trend will Religion ohne Gott. Offenbar ist der Begriff nicht mehr zeitgemäß. Man will zwar glauben, aber anders als bislang. Freilich wird man zusehen müssen, dass man mit Gott nicht gleichzeitig die Gnade aus der Welt katapultiert. An wen oder was will man denn glauben, wenn Gott aus dem Leben verschwindet? Die Gefahr ist groß, dass man sich in diesem Fall mit der Sinnlosigkeit der Welt abfinden muss, ebenso wie mit der allgemeinen Lieblosigkeit und der Tragik eines endlichen Lebens. Gott, das ist die entscheidende Kraft, die es gestattet, der Negativität des Lebens standzuhalten und der Macht des Bösen zu widerstehen. Die Erfahrung der Bewahrung in schwierigen Situationen, ja selbst angesichts von Todesgefahr wird unter den Bedingungen moderner Gottesfinsternis unmöglich. Aus all dem folgt, dass die Bestreitung der Wirklichkeit Gottes als „Risikofaktor" ersten Ranges für ein gelingendes Leben angesehen werden muss.

Hinzukommt, dass die Leugnung der Gnade Gottes Gefahr läuft, das Gespür für das Wunder und das Außergewöhnliche zu verlieren. Sie sieht daher normalerweise keinen Grund zu Dankbarkeit. Alles droht in Selbstverständlichkeiten unterzugehen und gleichsam automatisch nach bekannten Gesetzen abzulaufen. Wer ist für die Wunder der Schöpfung verantwortlich? Der „Evolution" braucht man nicht zu danken. Schon ein solcher Gedanke ist absurd. Abstumpfung gegenüber der Gnade Gottes führt zu Blindheit gegenüber Dimensionen, ohne die das Leben fade wird. Insofern kann die Erinnerung daran eine gewaltige Befreiung in Gang setzen. Sie öffnet die Augen für die Berechtigung eines Gebetes wie das „Vater Unser". Man muss sich schon darüber klar werden, was man tut, wenn man für Gottes Gnade die Löschtaste drückt.

Freiheit

Die Reformation verstand sich als Freiheitsbewegung. „Zur Freiheit hat uns Christus befreit“ schreibt der Apostel Paulus (Gal 5,1). Das hat der Bewegung Dynamik verliehen. Sie wagte es, gegen Fremdherrschaft aufzustehen und sich auf das Evangelium als alleinige Norm zu berufen. So hat Martin Luther auf dem Reichstag zu Worms im Jahre 1521 Papst, Kaiser und der geballten Macht der Kirche getrotzt. Er hatte das Thema bereits in seiner Schrift von der Freiheit eines Christenmenschen (1520) ausführlich entfaltet. „Ein Christen ist ein freier Herr über alle Dinge und niemand untertan.“ Das ist sein erster Satz. Wer Gott zum Herrn hat, kann nicht anderen Herren dienen (vgl. Mt 6,24). Gottesdienst befreit von Menschendienst. Alle Zwänge fallen ab, sobald sich der Mensch im Glauben der Gnade Gottes anvertraut. Allerdings wäre diese Freiheit als Beliebigkeit gründlich missverstanden. Deshalb fügt Luther sofort hinzu: „Ein Christenmensch ist ein dienstbarer Knecht aller Dinge und jedermann untertan.“ Das ist sein zweiter Satz. Beide Sätze gehören zusammen. Freiheit zerstört sich selbst, wenn sie nicht in der Lage ist, Verpflichtungen zu übernehmen. Vor allem aber wird die Liebe verraten. Sie ist wesentlich „Nächstendienst“. Ohne Diakonie wird auch der Glaube falsch. Denn es gibt keinen „christlichen“ Glauben, der nicht in der Liebe tätig wird (Gal 5,6). Sie bedeutet für den Glauben den Gültigkeitstest.

Es lohnt sich, beiden Sätzen des Reformators nachzudenken und ihre Reichweite auszuloten. Martin Luther weckte den Zorn der Papstkirche, weil er ihr die Mittlerrolle im Heilsprozess absprach. Zur Rechtfertigung genügt allein der Glaube. Die Kirche ist Zeugin des Evangeliums und erfüllt damit eine unverzichtbare Aufgabe. Aber das Heil kommt ausschließlich von Jesus Christus. Der Mensch braucht sein Heil nicht mehr zu erarbeiten und sich um verdienstliche Werke zu bemühen. Stattdessen wird er eingeladen, es vertrauensvoll in Empfang zu nehmen. Luther konnte sich dafür auf Paulus berufen, „[...] denn durch Gesetzeswerke wird kein Mensch gerecht“, hatte der gesagt (Gal 2,16). Was das bedeutet, hatte Luther am eigenen Leib erfahren. Eine Last war von ihm abgefallen, als er sich bewusst wurde, dass seine Sünde ihn nicht vom Reiche Gottes ausschloss. Er konnte wieder erhobenen Hauptes durchs Leben gehen. Gottes Gnade hatte ihn vom religiösem Leistungsdruck befreit. Der war nicht nur in der mittelalterlichen Kirche stark. Er ist auch heute noch vorhanden, nicht zuletzt in nichtchristlichen Religionen. Wer sich den Verordnungen nicht fügt, bleibt außen vor, gilt als „ungläubig“ und wird angefeindet.

Auch unter veränderten Bedingungen behält die Rechtfertigungsbotschaft unverminderte Relevanz. Jeder braucht die Erfahrung des Angenommenseins. Sie ist Bedingung von seelischer Gesundheit und Identitätsfindung. Ein ungewolltes Kind hat es schwer im Leben. Ohne den Schutz und die Fürsorge der Mutter sowie des Vaters kann es nicht erwachsen werden. Auch später ist Anerkennung lebensnotwendig, wenn schon nicht von der Allgemeinheit, so doch im kleinen Kreis. Alle Streben nach Lob, nach Beifall, nach Zustimmung. Der Mensch muss das Gefühl haben, jemand zu sein, etwas zu gelten, einen Platz zu haben. Aber was geschieht, wenn die Gesellschaft mit Einschluss der eigenen Eltern ihre Glieder verstößt? Ich selbst kann zu dieser Gesellschaft gehören, wenn ich anfange, mich zu hassen und Minderwertigkeitskomplexe zu entwickeln. Dann bilde ich mir ein, nichts zu taugen, ein Versager zu sein, einen Makel zu tragen. Das ist eine gefährliche Entwicklung, die in Selbstmord oder Gewaltausbrüchen enden kann.

Gottes Gnade sagt es anders. Und wenn alle dich hänseln, dich demütigen und dich fertig machen, Gott hält zu dir. Du bleibst sein Geschöpf, dem seine Liebe gilt. Du bist nicht weniger wichtig als Andere. Lass dich von deren Erfolg nicht beeindrucken. Rechtfertigung bedeutet Emanzipation von gesellschaftlicher Verurteilung. „Wer will die Auserwählten Gottes beschuldigen? Gott ist hier, der gerecht macht" (Röm 8,33). So fragt der Apostel Paulus. Der Mensch ist immer mehr als die Summe seiner Taten und Untaten. Was Andere über mich denken, ist zwar nach wie vor wichtig. Das Image, das sie verbreiten, kann mir nicht gleichgültig sein. Niemand ist immun gegen Verunglimpfung und Aggression, und Rufmord gilt mit Recht als Straftat. Und doch haben menschliche Urteile ihre absolute Gültigkeit verloren. Sie sind „relativ" geworden. Entscheidend ist, was das Evangelium über mich sagt. Dann komme ich auch mit meinen Unzulänglichkeiten besser zurecht. Ich lerne es, mich selbst mit meinen Fehlern und Schwächen anzunehmen, ohne mich mit ihnen zu entschuldigen. Die Rechtfertigungszusage hat außerordentliche psychologische Wirkungen. Sie lehrt Schuld anzuerkennen, ohne in Verzweiflung zu stürzen.

Dem Hochmut freilich widersetzt sie sich. Sie durchkreuzt den Machbarkeitswahn und fordert ein realistisches Menschenbild. Der Apostel Paulus straft die Überheblichkeit der Korinther mit schneidenden Worten. Er will wissen: „Wer gibt dir einen Vorrang? Was hast Du, das du nicht empfangen hast? Wenn du es aber empfangen hast, was rühmst du dich dann, als ob du es nicht empfangen hättest?" (1 Kor 4,7). Für alle Selbstherrlichkeit bedeutet die Botschaft von der Rechtfertigung eine herbe Ernüchterung. Sie holt den Menschen auf den Boden der Tatsachen zurück und lehrt ihn Bescheidenheit. Gottes Gnade ist ein Ärgernis für die Stolzen, die Starken, die Gerechten, für die, die meinen, für nichts dankbar sein zu müssen. Doch ohne Gottes Gnade wären auch sie ein Nichts. Es ist angeraten, sich darüber nicht zu täuschen. Auch der Gesellschaft als Ganzes setzt die Gnade Gottes Grenzen. Denn wenn das letzte Urteil über eine Person in die Zuständigkeit Gottes gehört, steht alles menschliche Richten unter einem Vorbehalt. Damit wird der Gesellschaft das endgültige Verfügungsrecht über ihre Glieder entzogen. Der Mensch ist Gottes Eigentum und genießt als solches seinen Schutz. Niemand ist davon ausgenommen. Alle sind eingeladen, Gottes Gnade im Glauben anzunehmen. Trotzdem geht die Gabe der Antwort des Menschen voraus. Im weiteren Sinne gehört daher die Rechtfertigungsbotschaft zu den Begründungen der Menschenrechte. Das Gottesrecht hat den Respekt der menschlichen Würde und die Integrität der Person zum Ziel.

Schon daraus wird ersichtlich, dass Gottes Gnade den Menschen nicht in einen leeren Raum versetzt. Sie stellt ihn in die Gemeinschaft mit Anderen. Deshalb gehört der zweite Satz aus Luthers Freiheitsschrift unbedingt zum ersten hinzu. Es besteht kein Widerspruch. Man kann das bei Jesus Christus lernen. Er, der frei war und sich ausschließlich seinem Vater im Himmel verantwortlich fühlte, erniedrigte sich selbst und nahm Knechtsgestalt an (Phil 2,7). Er tat dies freiwillig, nicht gezwungen. Nach seinen eigenen Worten ist er nicht gekommen, um sich dienen zu lassen, sondern um zu dienen und sein Leben zu lassen für die Vielen (Mk 10,45). Darum gilt: „Wer unter euch der Erste sein will, der soll aller Knecht sein" (Mk 10,44). Nur wer dienen kann, ist wirklich frei. Der *„Freiheit von-"* muss die *„Freiheit zu-"* entsprechen. Erst dann erhält sie das Gütesiegel. Bloße Unabhängigkeit kann genauso despotisch sein wie reine Willkür. Sie braucht die Bindung an das Gute.

Es ist daher ein tragisches Missverständnis, wenn man meint, dass ein evangelischer Christ keine guten Werke zu tun braucht. Während der Katholik Verdienste sammeln müsse, könne der Protestant die Hände in den Schoß legen. Wer so argumentiert, hat das Bekenntnis, das die Lutheraner seinerzeit in Augsburg im Jahre 1530 der Öffentlichkeit vorlegten und das bis heute in Geltung steht, nicht gelesen. Da steht im sechsten Artikel: „Und es wird gelehrt, dass dieser Glaube gute Frucht und gute Werke bringen soll, und dass man allerlei gute Werke tun müsse, die Gott geboten hat [...]" Allerdings unterscheidet die Lutherische Tradition zwischen den *Werken der Liebe* und den *Werken des Gesetzes.* Diese geschehen nicht um des Nächsten willen, sondern weil das Gesetz es so will. Das aber heißt, dass der Mensch eine Leistung vollbringt, die er sich als Verdienst anrechnen kann. Das widerspricht dem Geist der Liebe, der es nicht um den eigenen Ruhm, sondern um das Wohl des Nächsten geht. Jesus selbst hat immer wieder unter Beweis gestellt, dass es auf die Praxis der Liebe, nicht auf die formale Erfüllung der Gebote ankommt. Die Liebe brüstet sich nicht mit guten Werken. Sie tut sie ohne an den eigenen Vorteil zu denken.

Weil sie Dienst ist, kann sich ein Christenmensch durchaus unterordnen. Er weiß, dass jede Gemeinschaft Regeln braucht und darauf angewiesen ist, dass ihre Glieder sie achten. Deshalb gibt es Ordnungen, Ämter, „Obrigkeit". Das Neue Testament erkennt den Staat als gute Einrichtung Gottes an und verlangt ihm gegenüber Gehorsam (Röm 13,1f; 1 Petr 2,17). Jede Kirche ist der Verfassung ihres Landes verpflichtet. Sozialer Friede ist ohne einen gesellschaftlichen Gundkonsens nicht möglich. Die Kirche selbst braucht Verwaltungs- und Leitungsstrukturen. Ein Christ ist kein Anarchist. Allerdings ist der geforderte Gehorsam durch das übergeordnete Prinzip begrenzt, das sagt: „Man muss Gott mehr gehorchen als den Menschen“ (Apg 5,29). Also kann auch ein Christenmensch in die Opposition gehen. Das wird immer dann der Fall sein, wenn die Gesetze nicht „stimmen“. Die Befreiungstheologie hat richtig erkannt, dass sich Sünde nicht zuletzt in ungerechten Gesellschaftsstrukturen niederschlagen kann, eine Einsicht, die nicht wieder preisgegeben werden darf. Es gehört zum Auftrag der Kirche, das Unrecht beim Namen zu nennen und anzuprangern. Das ist beispielsweise im Jahre 1977 auf der 6. Vollversammlung des Lutherischen Weltbundes in Daressalaam, Tansania geschehen. Die Delegierten erklärten, das System der Apartheid sei mit dem lutherischen Bekenntnis unvereinbar. Wer trotzdem daran festhalte, stelle sich abseits der Gemeinschaft. Rassismus ist Sünde. Aber es gibt auch andere, weniger dramatische Fälle von Strukturkritik. Wo notwendig, wird die Kirche auf Änderung der herrschenden Gesetze drängen. Denn die Liebe „freut sich nicht über das Unrecht“ (1 Kor 13,6). Auch Widerstand kann vom Christen um des Gewissens willen gefordert sein. Jedenfalls schließt der Dienst am leidenden Menschen die Bereitschaft zum politischen Handeln mit ein.

Martin Luther selbst ist dafür ein beeindruckendes Beispiel. Er war keineswegs ein „unpolitischer“ Mensch. Die Missstände seiner Zeit provozierten seinen Unmut und gaben Anlass für kritische Stellungnahmen. Der Reformator appelliert an die Verantwortlichen seiner Zeit und fordert Maßnahmen zur Sanierung der sozialen Verhältnisse. So vor allem in seiner Schrift „An den christlichen Adel deutscher Nation – von des christlichen Standes Besserung“ aus dem Jahre 1520. Aber auch sonst hat er sich sehr dezidiert zu Wort gemeldet. Eine unpolitische Kirche gibt es nicht. Solange Christen in dieser Welt leben, sind sie Teil der Gesellschaft, das heißt der „Polis“, und mitverantwortlich für deren Wohl und Wehe. Gewiss, Staat und Kirche haben ihre je spezifischen Aufgaben. Während der Staat für Recht und Frieden sorgen soll, ist der Kirche der Einsatz für Gottes Willen und für sein Recht aufgetragen. Eben deshalb kann es der Kirche nicht gleichgültig sein, ob und wie der Staat seinem Mandat nachkommt. Sie hat die mahnende Stimme zu erheben und Protest anzumelden, sofern Ungerechtigkeit und Gewalt zu endemischen Übeln werden. Wenn ethische Fragen zur Diskussion stehen, darf sich die Kirche nicht in Schweigen hüllen. Umgekehrt sollte der Staat ein Interesse daran haben, dass die Kirche in rechter Weise Glaube, Liebe und Hoffnung sät und unter den Bürgern für ihre Verbreitung sorgt. Er hat ihr dafür die entsprechende Infrastruktur zu garantieren.

Die Unterscheidung von Staat und Kirche bedeutet eine unmissverständliche Absage an die Idee der Theokratie. Schon Jesus hat dazu klare Worte gesprochen. Man soll weder dem Kaiser geben, was Gottes ist, noch umgekehrt (Mk 12,17). Weltliche Gewalt hat ihr eigenes Recht, wenngleich auch sie nie aus der Verantwortung vor Gott entlassen ist. Folglich will lutherische Theologie nicht den Gottesstaat, sondern den Rechtsstaat. Ein Gottesstaat ist seinem Wesen nach autoritär und im Grunde freiheitsfeindlich. Er lässt nur eine Glaubensrichtung zu und unterbindet legitime Vielfalt. Stattdessen muss erwartet werden, dass sich die Gesellschaft über ein Rechtssystem verständigen kann, das ihren Gliedern ein Maximum an Freiheit, Frieden und Wohlstand sichert. Auch mit Nichtchristen ist ein solcher Konsens möglich. Gerechtigkeit ist ein allgemein menschliches Postulat und hat in religiösen wie säkularen Zeiten Verbindlichkeit. Der Rechtsstaat ist keine christliche Erfindung und doch ein von der Kirche zu förderndes Projekt.

Natürlich muss sich die Kirche Jesu Christi davor hüten, parteipolitisch vereinnahmt zu werden. Sie würde ihre Freiheit einbüßen und zu kritischer Distanz unfähig sein. Während der einzelne Christ nicht umhinkommt, seine politische Option zu treffen und einer Partei sein Votum zu geben, ist der Kirche als Institution eben dies verboten. Sie hat alle Parteien gleichermaßen auf die Förderung des Allgemeinwohls zu verpflichten und darauf zu drängen, dass von den jeweiligen Programmen öffentlich Rechenschaft abgelegt wird. Die Kirche sollte der Versuchung widerstehen, den Staat kontrollieren zu wollen. Aber sie hat die Pflicht, die staatlichen Organe an ihre Verantwortung zu erinnern. Dies ist Teil ihrer „politischen Diakonie“ und Ausweis ihrer von Gott geschenkten Freiheit.

Fragen

In der globalen Welt des 21. Jahrhunderts wird Toleranz zu einer zentralen Bedingung des Friedens. Ist es richtig, zu behaupten, dass das Evangelium nicht zuletzt von Intoleranz befreit? Wie weit darf christliche Toleranz gehen, ohne zur Beliebigkeit zu werden?

Die Kirche solle sich nicht in politische Angelegenheiten einmischen. Das ist eine oft gehörte Forderung. Sie wird damit begründet, dass man sagt, die Kirche habe sich um das Heil des Menschen zu sorgen, der Staat um das Wohl. Kann man Heil und Wohl so sauber trennen?

Warum muss man eigentlich von Gottes Gnade reden? Ist nicht eine humane Welt auch ohne Gott möglich? Viele sagen, man müsse die Religion abschaffen, um Frieden in der Welt zu schaffen. Was ist dazu zu sagen?

Die Kirche und der öffentliche Raum – eine lutherische Interpretation

Kjell Nordstokke

Die Reformation und das Kirchenverständnis

Es ist die zentrale Botschaft der lutherischen Reformation, dass mit der Lehre von der Rechtfertigung durch den Glauben die Kirche steht oder fällt. Dieser Standpunkt gründet auf Luthers Lesung der Bibel und seine Interpretation des Wirkens Jesu. Man hat diese oft in Form der fünf sogenannten *solae* oder Grundsätze der lutherischen Theologie dargestellt: allein durch die Schrift (*sola scriptura*); allein durch den Glauben (*sola fide*); allein durch Gnade (*sola gratia*); allein durch Christus (*solo Christo*); und Gott allein die Ehre (*soli Deo gloria*).

Auf den ersten Blick haben diese Prinzipien keinen Bezug zur Kirche. Man könnte den Eindruck gewinnen, dass die Ekklesiologie (die Theologie der Kirche) für Luther und seine Anhänger kein wichtiges Thema war. Das aber war ganz sicher nicht der Fall; die Reformation begann als eine Reaktion auf die spätmittelalterliche Gestalt der Kirche und ihre Ausrichtung auf wirtschaftliche und politische Macht. Nach Luthers Auffassung führte eine solche Kirche dazu, dass die Verkündigung des Evangeliums verkümmerte. Es war deshalb dringend nötig, die Kirche zu reformieren. Die Verkündigung des Evangeliums ist es, die das Dasein der Kirche und ihre Aussendung in die Welt begründet und nicht umgekehrt. Die Kirche und ihr Auftrag bestehen allein durch die Schrift, allein durch den Glauben, allein durch Gnade, allein durch Christus und allein zur Ehre Gottes.

Der Zustand der Kirche im 15. Jahrhundert war so, dass sich viele nach einer Reformation sehnten. Der Papst war ein politischer Führer mit einem eigenen Heer geworden; die Bischöfe waren örtliche Herrscher und verfügten über enorme wirtschaftliche Mittel. Problematisch war jedoch nicht nur, wie die Kirche ihre politische Macht ausübte. Die Reformatoren kritisierten auch die Art und Weise, wie der Papst und die Bischöfe die religiöse Macht ausnutzten, um ihre Stellung als weltliche Herrscher zu legitimieren. So exkommunizierten sie z. B. politische Gegner und sprachen in einigen Fällen ein Interdikt über ein Land aus. Das heißt, sie verwehrten einem ganzen Volk den Zugang zu den Sakramenten und den Vollzug christlicher Begräbnisse. Der Kampf um die politische Macht hatte also für eine Vielzahl von Menschen und ihr religiöses Leben schwerwiegende Folgen. Sie fürchteten um ihr Heil, da sie die Messe nicht besuchen und die Sakramente, wie von der kirchlichen Obrigkeit vorgeschrieben, empfangen konnten. In der gleichen Geisteshaltung übernahmen die Menschen Praktiken, die die Kirchen eingeführt hatten, um ihre Einnahmen zu erhöhen, so etwa den Ablasshandel. Luther hatte beobachten können, wie die armen Leute von Angst getrieben ihr Geld für den Kauf von Ablässen vergeudeten, um den Qualen des Fegefeuers zu entrinnen, und wandte sich 1517 mit seinen 95 Thesen über die „Kraft der Ablässe" gegen diese Praxis. Wie wir wissen, war dies das Startsignal der Reformation. Sie war also zum einen zunächst einmal eine Reaktion gegen die Kirche, die ihre Macht missbrauchte, um die Armen auszubeuten; zum anderen stellte sie eine Kirche in Frage, die anstatt das Evangelium zu verkünden den Gläubigen sagte, sie sollten Vertrauen in ein Stück Papier haben, das für Geld zu kaufen war. Erlösung ist keine Ware, die dem Kommerz unterworfen ist; Erlösung ist für Geld nicht zu haben.

Luther kritisierte nicht nur solche Praktiken. Aus theologischer Überzeugung stellte er die Gestalt der gegenwärtigen Kirche radikal in Frage und forderte die politischen Herrscher seiner Zeit auf, die Macht wieder an sich zu nehmen, die seiner Überzeugung nach die Kirche unrechtmäßig usurpiert hatte. Es sei nicht der Auftrag der Kirche, als politischer Herrscher Macht auszuüben. Das „Schwertamt", so Luthers Ansicht, gehört denen, die Gott rechtmäßig als Könige und andere weltliche Herrscher eingesetzt hat. Alle Bürger, auch die Kirche, sollten deren Autorität in Gehorsam anerkennen. Die Kirche hat einen anderen Auftrag: Gott hat sie berufen, das „Wortamt" auszuüben, die öffentliche Verkündigung des Evangeliums in Wort und Tat.

Das Wort als ein mächtiges, öffentliches Wort

Die Unterscheidung zwischen dem Schwertamt und dem Wortamt hat in der lutherischen Theologie zur Formulierung der Zwei-Reiche-Lehre geführt und eine intensive Diskussion darüber hervorgerufen, wie diese Lehre in

Zeiten zu interpretieren sei, die sich politisch und gesellschaftlich von der Lutherzeit sehr unterschieden.

Zunächst einmal ist es wichtig festzuhalten, dass es hier um Unterscheidung und nicht um Trennung geht. Luther betont, dass beide Reiche (er spricht eigentlich von Regimenten) Gottes Willen und Urteil unterworfen sind. Alle Herrscher sind deshalb Gott verantwortlich und sollten als gute Christen ihre Tätigkeit als göttliche Berufung betrachten und Wort und Sakrament fleißig nutzen, damit sie durch diese in ihrer Pflichtausübung als Regierende gestärkt werden. Das war in Zeiten sinnvoll, in denen alle Bürger der Kirche angehörten. Man erwartete, dass Könige und andere Herrscher gute Christen waren und regelmäßig in die Kirche gingen und dort die „Macht des Wortes" erfuhren.

Es ist offensichtlich, dass diese Lehre heute anders angewandt werden muss, angesichts einer Situation, in der die Kirche vielerorts nur einen Teil der Gesellschaft repräsentiert und vielleicht nur eine Minderheit die Kirchenmitglieder oder Kirchenbesucher sind. Außerdem würden heutzutage wohl nur sehr wenige politische Führungsverantwortliche ihre Position als eine von Gott anbefohlene ansehen. Ihr Mandat und ihre Macht sind säkularen Prozessen unterworfen, die die Zuweisung und Durchführung von Führungstätigkeit regeln. Wie kann die Kirche mit dieser Herausforderung umgehen und einen Beitrag zur Förderung verantwortlichen Regierungshandelns und einer gesellschaftlichen und politischen Ordnung leisten, die Gottes Willen für die Schöpfung und das menschliche Leben entspricht?

Es gibt einen weiteren Punkt, wenn es um die Interpretation der Zwei-Reiche-Lehre geht: damals hatte die Kirche im Unterschied zu heute politische und wirtschaftliche Macht in einem skandalösen Ausmaß angehäuft. Die Tatsache, dass dieser Machtmissbrauch vielleicht ein Anstoß für die Formulierung dieser Lehre gewesen ist, könnte auch zu einer Interpretation beigetragen haben, die vor jeglicher Vermischung von Kirche und Politik warnte. Dies war jedenfalls die Haltung, die viele Kirchenleitende während der Zeit des Nationalsozialismus einnahmen. Ihrer Ansicht nach sollte die weltliche Regierung gemäß ihrer eigenen Rechtsverfassung handeln und als von Gott eingesetzte gesellschaftliche Ordnung anerkannt werden, der man darum gehorchen müsse. Im gleichen Sinne lehnten nicht wenige die Vorstellung ab, die Kirche solle sich im Kampf gegen die Apartheid engagieren, sie behaupteten, dies sei eine politische Frage und gehöre damit nicht zum Auftrag der Kirche. Manche argumentierten, eine Beschäftigung mit solchen politischen Fragen würde zu Spaltungen innerhalb der Kirche führen, als ob das eine größere Sünde wäre als die Spaltung, die durch die Apartheid in der südafrikanischen Gesellschaft verursacht worden war.

Es ist ganz offensichtlich, dass die Zwei-Reiche-Lehre keinen Rückzug der Kirche aus der Welt vorsieht. Vielmehr fordert sie die Kirche auf, die

Basis ihres öffentlichen Auftrags zu erkennen. Heute häuft die Kirche nicht länger politische und wirtschaftliche Macht an – zumindest in den meisten Teilen der Welt. Es geht also weniger darum, die Kirche vor den Gefahren des Strebens nach dem „Schwertamt" zu warnen, als vor dem Rückzug aus der Welt und der Beschränkung auf geistliche Anliegen.

Luther interpretierte das „Wortamt" nicht als einen Rückzug aus der Welt. Er verstand es im Gegenteil als ein öffentliches Wort. Für ihn war die Kanzel eine öffentliche Plattform, von der aus die ganze Gemeinschaft und nicht nur der innere Kreis der Gläubigen angesprochen werden sollte. Dank der neu entwickelten Drucktechnik wurden ja auch seine Worte in ganz Europa verbreitet. Wir können feststellen, dass Luther in Predigt und Schrift nicht nur geistliche Dinge ansprach, sondern sehr oft auch politische und wirtschaftliche Fragen. Er sprach sich für die Einrichtung von Schulen für alle Kinder aus, für Hilfseinrichtungen für die Armen und Bedürftigen und wandte sich scharf gegen den von ihm als unethisch erklärten Zinswucher. Wenn wir heute diese Texte lesen, beeindruckt uns seine Fähigkeit, die Zeichen der Zeit zu erkennen, vor allem auch sein Mut, öffentliche Belange anzusprechen, auch wenn wir zugeben müssen, dass einige seiner Äußerungen, z. B. die über die Juden und seine Aufforderung, den Bauernaufstand niederzuschlagen, sehr unglücklich waren.

Der dritte Punkt, auf den es aufmerksam zu machen gilt, betrifft Luthers Vertrauen in die Macht es Wortes. Dieses folgt aus seiner theologischen Interpretation des Evangeliums als ein lebendiges Wort (*vox viva evangelii*) und der Kirche als eine Realität, die durch das Wort geschaffen ist (*creatura verbi*). Gott schöpft durch Worte. „Denn wenn er spricht, so geschieht's; wenn er gebietet, so steht's da" (Ps 33,9). Auf gleiche Weise hat das Evangelium die Macht zu schöpfen, was es mit Namen nennt. Die Wirksamkeit einer solchen Macht ist nicht abhängig von einer politischen Stellung oder dem Gebrauch von Waffen. Nichtsdestotrotz erfährt die Macht des Wortes scharfe Ablehnung von den „Mächten und Gewalten", eine Begrifflichkeit, die nicht nur auf die weltliche Macht anspielt, sondern noch mehr auf die Macht des Bösen, über die Christus am Kreuz triumphiert hat (Kol 2,15).

Luther glaubte, dass Gott die Kirche dazu berufen habe, ein „lebendiges Wort" in der Welt zu sein. Die Verkündigung des Wortes beinhaltet einerseits den Glauben an Gottes Fürsorge und Erbarmen in unserem täglichen Leben und Vertrauen in Gottes Herrschaft und Vorsehung bei allem was uns, als Personen und als Gesellschaft, geschieht. Zum anderen ruft sie uns auf, Haushalter der Gaben zu sein, die Gott uns anvertraut hat, und als verantwortungsbewusste Bürger Sorge für das Wohlbefinden der anderen zu tragen.

Im Folgenden werden wir die verschiedenen Formen eines Daseins als „lebendiges Wort" in der Welt näher betrachten. Die erste Perspektive wird die auf das Individuum sein, wonach jeder Christ dazu berufen ist, Gott und seinem Nächsten zu dienen. Man hat hier oft von Luthers Ethik der Berufung gesprochen und fasst dies heute oft als Berufung zu einer aktiven Bürgerschaft auf. Eine weitere Perspektive bezieht sich auf die Kirche als kollektives Organ – vor allem im Blick auf die Ortsgemeinde –, das in der Öffentlichkeit eine Rolle spielt. Wir werden die Diakonie als eine Grundaufgabe im Rahmen dieses Auftrags der Kirche zur öffentlichen Wirksamkeit darstellen, mit Advocacy-Arbeit als einem Schwerpunkt dieses Auftrags. Abschließend folgen dann noch einige Überlegungen zu der neuen und herausfordernden Rolle der Kirche als ein Zufluchtsort in der heutigen postmodernen Welt, deren Ursprünge allerdings bis in die ersten Jahrhunderte christlichen Lebens und Dienstes an der Gemeinschaft zurückgehen.

Die Berufung zu aktiver Bürgerschaft

Die Aufforderung, ein „lebendiges Wort" zu sein, ist eine Ermahnung zu aktiver Bürgerschaft. Luther veränderte radikal das Verständnis von christlicher Berufung, er verlagerte den Schwerpunkt vom inneren Leben der Kirche auf den Dienst an der Welt – auf ein Dasein als christliche Bürger, die ihren Nächsten Liebe und Fürsorge angedeihen lassen. Er kritisierte vehement die damaligen religiösen Orden und die Idealisierung der Berufung zu einem Leben als Mönch oder Nonne, welche sich vom Alltagsleben zurückzogen und stattdessen ein abgeschiedenes Leben in einem Kloster lebten und sich dort religiösen Handlungen widmeten. Luther wusste aus eigener Erfahrung, dass ein solches Berufungsverständnis oft genug rein selbstbezogen war. Vor allem aber ignorierte es den Aufruf zum Dienst am Nächsten.

Luther sah die christliche Berufung aus einer Perspektive des In-Christus-Seins mit zwei grundlegenden Ausrichtungen, die diese organische Beziehung nach sich zieht. Zunächst einmal, in Beziehung zu Gott, sind wir in Christus von der Macht der Sünde und des Todes befreit. Durch Gottes Gnade sind wir befreit und freigelassen, auch vom Gesetz und der Furcht, dass Gott uns zurückweisen und von seiner Liebe und Fürsorge ausschließen könnte. Dies ist die eine Dimension des In-Christus-Seins: die Annahme der Kindesrolle in unserer Gottesbeziehung, in der wir uns mit Christus eines ungehinderten Zugangs zu unserem himmlischen Vater erfreuen. Es gibt jedoch noch eine weitere Dimension unseres In-Christus-Seins: so wie Christus in die Welt gesandt wurde, sind auch wir gesandt um unseres Nächsten willen. Das ist die zentrale Botschaft einer von Luthers wichtigsten Schriften: „Von der Freiheit eines Christenmenschen" aus dem Jahr 1520 mit ihrer berühmten Feststellung: „Ein Christ ist ein freier Herr über alle Dinge und niemand untertan. Ein Christenmensch ist ein dienstbarer Knecht aller Dinge und jedermann untertan.“[1]

Die simultane Beziehung zu Gott und zum Nächsten ist hier grundlegend, so wie es auch im Höchsten Gebot Jesu der Gottes- und Nächstenliebe zum Ausdruck kommt. Für das Luther'sche Verständnis ist hier entscheidend, dass wir aus eigener Kraft nicht fähig sind, Gott und unsere Nächsten so zu lieben, wie wir es unserer Berufung nach tun müssten, aber es uns in Christus, und befähigt durch Gottes Geist, nicht nur möglich ist, sondern gerade unser Christsein ausmacht. Luther fasst seine Überlegungen über die Freiheit eines Christenmenschen wie folgt zusammen:

> „Aus dem allem ergibt sich die Folgerung, dass ein Christenmensch nicht in sich selbst lebt, sondern in Christus und in seinem Nächsten; in Christus durch den Glauben, im Nächsten durch die Liebe. Durch den Glauben fährt er über sich in Gott, aus Gott fährt er wieder unter sich durch die Liebe und bleibt doch immer in Gott und göttlicher Liebe [...]“[2]

Luther formulierte seine Ansichten über die Aufgaben eines Bürgers nach Maßgabe der gesellschaftlichen Vorstellungen seiner Zeit. Diese gingen davon aus, dass jeder Bürger seiner gesellschaftlichen Rolle – als Bauer, Schneider oder Händler etwa – treu zu bleiben habe, ohne jeglichen Ehrgeiz auf Änderung der gesellschaftlichen Strukturen. Wenn Luther über eine aktive Bürgerschaft gesprochen hätte, dann innerhalb der Grenzen der für ihn natürlichen und zu respektierenden Ordnung der Gesellschaft, in der die Möglichkeiten des Dienstes am Nächsten aufzuspüren waren. Er hätte also wohl kaum den Frauen eine Rolle außerhalb des Hauses zugebilligt. Nichtsdestotrotz, neu und radikal ist seine Wertschätzung der Arbeit – innerhalb und außerhalb des Hauses. Ehrliche und gute Arbeit ist wahrhaftiger Gottesdienst, mehr noch als die Ausübung religiöser Handlungen. Sähen und Ernten des Feldes, der Bau von Wohnhäusern, die Herstellung von Kleidern und die Essensbereitung für arme Leute – aus christlicher Sicht sind solche Tätigkeiten aller Achtung wert, sie sind Wege, Gott und dem Nächsten zu dienen.

Es ist wichtig, dies auch heute im Gedächtnis zu behalten. Unser christliches Leben ist nicht auf unser Tun am Sonntag und unser Verhältnis zu geistlichen Dingen beschränkt. Viel mehr kommt es darauf an, wie wir die Woche über leben, und nicht zuletzt, wie wir unsere täglichen Aufgaben be-

---

[1] Martin Luther: Von der Freiheit eines Christenmenschen. (Luther Deutsch. Die Werke Martin Luthers, hrsg. von Kurt Aland, Göttingen 1981, Bd. 2, 251; Martin Luther. Ausgewählte Schriften, hrsg. von Karin Bornkamm und Gerhard Ebeling, Frankfurt am Main 1982, Bd. 1, 239).

[2] Martin Luther, Ausgewählte Schriften, 263.

wältigen, als fürsorgende Familienmitglieder, ehrliche Berufsausübende und verantwortungsbewusste Mitglieder einer größeren Gemeinschaft. In einer Zeit, in der Arbeit als Mittel zum Erwerb von möglichst viel Geld betrachtet wird, kann uns die lutherische Ethik der Berufung Richtschnur sein, damit wir Arbeit im Einklang mit der Perspektive des Dienstes an Gott und dem Nächsten sehen können, mit der Förderung von Gerechtigkeit und Wohlergehen. In der heutigen Situation, in der unser Lebensstil das ökologische Gleichgewicht gefährdet, wird dies zu einer Aufgabe neuer Größenordnung. Der Begriff einer christlichen Berufung ist auch weiterhin von Bedeutung und sollte als ein Kernstück des lutherischen Erbes herausgestellt werden. Er kann uns helfen zu verstehen, was aktive Bürgerschaft bedeutet.

Das „lebendige Wort" als diakonische Tätigkeit

Für Luther war das „lebendige Wort" in erster Linie das – vor allem von der Kanzel – gepredigte Wort. Damit ist jedoch nicht gesagt, dass er die Bedeutung des Begriffs „Wort" auf die mündliche Rede beschränkte. Als Bibelgelehrter war Luther sehr wohl vertraut mit dem biblischen Begriffsverständnis von „Wort" (hebräisch *dabar*, griechisch *logos*, die sowohl im Hebräischen als auch Griechischen eine lebendige Wirklichkeit bezeichnen). Am deutlichsten wird dies in der Botschaft vom inkarnierten Wort ausgedrückt, so in 1 Joh 1,1: „Was von Anfang an war, was wir gehört haben, was wir gesehen haben mit unsern Augen, was wir betrachtet haben und unsre Hände betastet haben, vom Wort des Lebens." Auf einzigartige Weise kündigte Jesus das Evangelium nicht nur an, sondern verkörperte es auch. Sein Wirken als das Wort des Lebens umfasste sowohl die Lehre als auch die Sorge für notleidende Menschen. Es wäre sinnlos, zwischen seinen Worten und seinen Taten einen Unterschied zu machen, sie sind beide integraler Bestandteil seiner Mission.

Das oben angesprochene Konzept einer christlichen Berufung kann als eine dem Beispiel Jesu folgende Mission verstanden werden. In-Christus-Sein bedeutet gesendet sein, wie er gesendet wurde, so wie Jesus der Welt in Wort und Tat dienen: „Wer mir dienen will, der folge mir nach; und wo ich bin, da soll mein Diener auch sein" (Joh 12,26). Das griechische Verb in diesem Vers für „dienen" ist *diakkonein*. Es bezeichnet hier den Dienst der Jünger; an anderer Stelle benutzt es Jesus, um die besondere Bedeutung seiner Mission zu erklären: „Denn auch der Menschensohn ist nicht gekommen, dass er sich dienen lasse, sondern dass er diene und sein Leben gebe als Lösegeld für viele" (Mk 10,45).

Bei der Übertragung des Neuen Testaments ins Lateinische wurde das griechische Wort *diakonia* mit dem Begriff *ministerium* übersetzt, ein

Wort, das sich z. B. im englischen *ministry* (Amt, Dienst) erhalten hat. Dies weist darauf hin, dass Diakonie im Grunde bedeutet, gesendet zu werden, eine Mission aufgetragen zu bekommen, eine Aufgabe, oder berufen zu werden. Der Sendende bestimmt den Inhalt der Mission; dies kommt zum Ausdruck in den Worten Jesu: „Da sprach Jesus abermals zu ihnen: Friede sei mit euch! Wie mich der Vater gesandt hat, so sende ich euch" (Joh 20,21). Die Diakonie der Kirche bedeutet mit anderen Worten, dass die Kirche in ihrer Jüngerschaft Jesu Christi dem Beispiel folgen soll, dass er in Worten und Taten gab.

Ein solches Verständnis von Diakonie ist unter den heutigen Kirchen weit verbreitet. In ihrer Diakoniekonzeption definiert die Kirche von Norwegen Diakonie als

> den Dienst der Fürsorge der Kirche. Sie ist das in die Tat umgesetzte Evangelium und äußert sich in der Nächstenliebe, der Schaffung inklusiver Gemeinschaften, der Sorge um die Schöpfung und dem Einsatz für Gerechtigkeit.[3]

Diese Definition sagt ganz deutlich, dass Diakonie mehr ist als nur eine aus dem Evangelium gezogene mögliche Konsequenz, eine rein optionale Tätigkeit aufgrund äußerer Umstände. Diakonie ist ein integraler Bestandteil des Evangeliums. Es ist unabdingbare Notwendigkeit, das lebendige und befreiende Wort Gottes tätig sichtbar werden zu lassen und es als solches zu einem integralen Teil zu machen von dem, was die Kirche als Leib Christi in Gottes Namen zu sein und zu tun berufen ist. Dies geschieht nicht durch eigenes Verstehen oder eigene Kraft, sondern, wie Luther im „Kleinen Katechismus" sagt: „[...] der Heilige Geist hat mich durch das Evangelium berufen, mit seinen Gaben erleuchtet, im rechten Glauben geheiligt und erhalten; gleichwie er die ganze Christenheit auf Erden beruft, sammelt, erleuchtet, heiligt [...]."[4]

Natürlich hatte Luther nicht das heutige Verständnis von Diakonie. Er kannte Diakone, die gemäß der römisch-katholischen Tradition dann später als Priester ordiniert wurden und vor allem liturgische Aufgaben hatten. Luther sah keine Veranlassung, diese Tradition aufrechtzuerhalten, und bald verschwand das Amt des Diakons in den Kirchen der Reformation. Einmal schrieb Luther, dass die Gemeinden ganz dringend wirkliche Diakone bräuchten, die sich um die Kranken und Armen kümmern würden, aber dies wurde zu seiner Zeit nie zu einer dringenden Angelegenheit.

---

[3] Vgl. **www.gammel.kirken.no/?event=dolink&famID=247**.

[4] Der kleine Katechismus. Das zweite Hauptstück. Der dritte Artikel. Von der Heiligung.

Die reine Verkündigung des Evangeliums und die rechte Verwaltung der Sakramente blieben die vordringlichste Aufgabe.

Diese Prioritäten veranlassten Luther, in der Frage der sozialen Fürsorge an die politisch Verantwortlichen zu appellieren. Sie sollten für die entsprechenden Dienstleistungen sorgen, etwa durch die Einrichtung von Wohltätigkeitsfonds für die Armen und von Waisenhäusern. Luther hielt es für wirksamer, diese Aufgaben der weltlichen Macht aufzuerlegen, auch eingedenk der Tatsache, dass ja alle Bürger damals der Kirche angehörten und deshalb davon auszugehen war, dass sie diese Aufgabe als gute Christen erledigen würden. Zweifellos hat diese Entscheidung das Verständnis von politischer Führungsverantwortung in den Ländern der Reformation stark beeinflusst und führte dann zur Entwicklung von Einrichtungen der öffentlichen Wohlfahrt in diesen Ländern.

Andererseits hatte diese Entwicklung auch zur Folge, dass das Bewusstsein für Diakonie und ihre Praxis in vielen Kirchen abnahm. Man kann sich fragen, ob diese Fokussierung auf Wort und Sakrament nicht die Entwicklung einer Pastor-zentrierten Haltung innerhalb des Luthertums gefördert hat, bei der die Gemeinde nur als passiver Empfänger von Wort und Sakrament angesehen wurde, anstatt als lebendige Gemeinschaft, die mit Gaben und Aufgaben betraut ist. Luther selbst vertrat keineswegs eine Ekklesiologie, in der die Laien zum Objekt kirchlicher Dienste reduziert sind. Im Gegenteil, nach seiner Lehre vom „Priestertum aller Gläubigen" sind alle Getauften dazu befähigt, „Priester" zu sein, d. h. sie haben Zugang zu Gott und sind an Gottes Mission in dieser Welt beteiligt. In diesem Sinne kann man das „Priestertum aller Gläubigen" auch als die Diakonie aller Getauften verstehen.

Angesichts der heutigen gesellschaftlichen und religiösen Umstände ist das Modell einer „Ausgliederung" des diakonischen Auftrags an staatliche Stellen nicht länger angebracht, weder aus theologischer noch aus soziopolitischer Sicht. In einer säkularisierten Gesellschaft kann die Kirche nicht auf die politische Führung bauen, wenn es darum geht, ihre diakonischen Aufgaben zu verwirklichen. Die Kirche muss ihre diakonische Arbeit selbst organisieren – vor Ort auf der Gemeindeebene oder vermittels bestehender Einrichtungen oder auf der nationalen und internationalen Ebene mit Hilfe entsprechender diakonischer Werke.

Als der Dienst der Fürsorge der Kirche kann die Diakonie eine Vielzahl von Tätigkeitsfeldern umfassen. Die oben erwähnte Diakoniekonzeption der Norwegischen Kirche führt vier solcher Felder auf: Nächstenliebe, Schaffung inklusiver Gemeinschaften, Sorge um die Schöpfung und Einsatz für Gerechtigkeit. Sie weisen darauf hin, wie wichtig es ist, diese Themen auf die kirchliche Agenda zu setzen, etwa durch Gemeindeinitiativen zum Besuch von Kranken und zur Begegnung mit Menschen in schwierigen

Lebensumständen, aber auch wenn möglich durch die Einrichtung von Diensten z. B. im Bereich des Gesundheitswesens und der Sozialfürsorge. In manchen Fällen arbeiten solche Dienste in Partnerschaft mit öffentlichen Stellen oder anderen zivilgesellschaftlichen Einrichtungen. Dies ist auch ein Zeichen dafür, dass diakonisches Handeln das Wohl aller und die Förderung von Menschenwürde, Gerechtigkeit und Frieden im Blick hat.

Der Glaube und die Menschenrechte bilden die Grundlage des diakonischen Handelns. In ihm drückt sich unsere ganz besondere Wesensart aus – wir sind eine sorgende und inklusive Gemeinschaft – und auch unsere gemeinsame Berufung: der Einsatz für die Menschenrechte, für Gerechtigkeit und Frieden in der Welt. Wir haben gesehen, dass Diakonie aus einem theologischen Verständnis des Evangeliums und des Wesens der Kirche erwächst und dabei die öffentliche Sichtbarkeit der Kirche und ihre Berufung, zum Wohl der ganzen Gesellschaft beizutragen, im Blick behält. Dieses Verständnis spiegelt sich auch in der Vision des Ökumenischen Rates der Kirchen, die dieser auf seiner Vollversammlung in Busan 2013 formuliert hat: aufzubrechen zu einem Pilgerweg der Gerechtigkeit und des Friedens. Und es steht im Einklang mit der LWB-Veröffentlichung „Diakonie im Kontext", die auf Verwandlung, Versöhnung und Bevollmächtigung als grundlegende Zielbestimmungen des diakonischen Handelns verweist.

Viele Kirchen, einschließlich die der lutherischen Gemeinschaft angehörigen, befinden sich in einem Prozess der erneuten Reflexion darüber, was es heute heißt, Kirche zu sein, und wie die „Macht des Wortes" zu verstehen und zu praktizieren sei. Zur Zeit Luthers zielte der Begriff der Berufung vor allem auf das christliche Individuum und seinen Dienst in der Welt. Heute erkennen wir die Notwendigkeit, die Gemeinde als Ganzes in den Blick zu nehmen und zu bedenken, wie sie ihre gesellschaftliche Verpflichtung, als „lebendiges Wort" in der Welt sichtbar zu sein und dieser zu dienen, wahrnehmen kann. Das steht ganz zweifellos im Einklang mit der Vision einer *ecclesia semper reformanda*, von Reformation als einer andauernden Selbstbefragung und Erneuerung der Kirche.

Advocacy – Fürsprache

Die Veröffentlichung der 95 Thesen im Jahr 1517 kann auch aus der Perspektive der Advocacy-Arbeit interpretiert werden. Als Pfarrer in Wittenberg hatte Luther beobachtet, dass die Menschen ihr Geld für Ablassbriefe verschwendeten. Seine Thesen stellen eine vehemente Kritik am Missbrauch religiöser Macht dar, die die einfachen Leute ausnutzte und ihren Glauben manipulierte. Zugleich wollen sie für die Würde der Gläubigen eintreten und ihr Recht auf das Hören von Gottes Wort verteidigen.

Es gibt eine eindeutige Verbindung zwischen diesem historischen Augenblick und der Situation in der heutigen Welt, die die Kirchen herausfordert, ihre Stimme gegen vergleichbare Machtmissbräuche, seien sie religiöser oder politischer Natur, zu erheben. Advocacy, d. h. Fürsprache und Eintreten, die öffentliche Stimme der Kirche zur Verteidigung der Opfer von Ungerechtigkeit, ist ein integraler Bestandteil der Mission der Kirche zur Heilung der Welt, so wie es in dem LWB-Dokument *Mission im Kontext* heißt:

> Mission als Eintreten für Gerechtigkeit meint ein Handeln der Kirche in der Öffentlichkeit, durch das die Würde menschlichen Lebens, und zwar im Blick auf den/die Einzelne/n wie die Gemeinschaft, sowie ein umfassendes Gerechtigkeitskonzept für Wirtschaft, Gesellschaft und Umwelt immer wieder neu bezeugt wird.[5]

Advocacy-Arbeit unterscheidet sich von Lobby-Arbeit, die versucht, Regierungen oder andere Leitungsorgane zum Nutzen oder im Interesse der eigenen Organisation zu beeinflussen. Bei der Advocacy-Arbeit geht es um die Lage, in der sich andere, vor allem marginalisierte Gruppen in Kirche und Gesellschaft, befinden: diejenigen, die unfähig sind, ihre eigenen Interessen selbst zu vertreten, oder aus verschiedenen Gründen in der Gesellschaft zum Schweigen gebracht werden. Dies bedeutet nicht, dass Advocacy eine stellvertretende Fürsprache ist, die die Stimme derjenigen, für die sie eintritt, ignoriert. Im Gegenteil, Advocacy setzt Zuhören und Solidarität voraus. Ein gutes Beispiel hierfür ist die Stimme, die viele Kirchen den Menschen gegeben haben, die durch die HIV- und AIDS-Pandemie betroffen sind. Seitdem die Kirche angefangen hat, den Menschen, die mit HIV und AIDS leben, einen Raum zu gewähren – ihren Lebensgeschichten und ihrem Kampf für Gerechtigkeit – hat ihre Advocacy-Arbeit stetig an Bedeutung gewonnen.

Advocacy kann als Ausdruck des prophetischen Dienstes der Kirche verstanden werden. Es ist dies ein Dienst nach dem Vorbild der Propheten des Alten Testaments, die die religiösen und politischen Führer ihrer Zeit kritisierten, insbesondere weil sie ihre Pflicht, die Rechte der Armen zu schützen, vernachlässigten. Auch der Dienst Jesu zeigt diese prophetischen Züge, vor allem durch die Art und Weise, wie er die Würde der an den Rand gedrängten Menschen seiner Zeit verteidigt, sie von den Fesseln der Stigmatisierung und der Scham befreit und sie in die neue Gemeinschaft seiner Jünger einbindet. Die Geschichte von der Heilung des Blindgeborenen in Johannes 9 illustriert diese Dimension des diakonischen Dienstes Jesu.

---

[5] Vgl. **https://mission-einewelt.de/wp-content/uploads/2014/10/LWB_Mission_im_Kontext_deutsch.pdf**.

In der Nachfolge Jesu Christi ist die Kirche dazu aufgerufen, mit prophetischer Stimme zu sprechen. So haben es auch viele wahrgenommen, als viele Kirchen die Apartheid zur Häresie erklärten. Aber nicht alle Kirchen erhoben ihre Stimme gegen die Apartheid. In der lutherischen Kirchenfamilie waren manche Kirchen der Ansicht, das sei eine rein politische Angelegenheit, die nach ihrer Interpretation der Zwei-Reiche-Lehre in den Bereich der weltlichen Herrschaft gehöre. Nachdem die Apartheid abgeschafft worden war, gaben manche Kirchen zu, dass sie es versäumt hatten, in diesem Konflikt Stellung zu beziehen, oder dass sie unrechter Weise die rassistische Staatsführung unterstützt hatten. Das wirft die Frage auf, warum es so viel leichter ist, die Sünden der Vergangenheit zu bekennen, als sich den gesellschaftlichen und politischen Herausforderungen der Gegenwart zu stellen. Ein Grund dafür ist, dass die Kirchen und auch ihre Mitglieder fortwährend der Versuchung ausgesetzt sind, in ihrem Wohlfühlbereich zu bleiben und eine Sicht des Evangeliums zu pflegen, die uns aus unserer Ruhe nicht aufschreckt.

So gesehen ist Advocacy auch ein Mittel, um die Kirche wachzuhalten, damit sie die Zeichen der Zeit erkennen kann. Advocacy wird häufig in Zusammenhang gebracht mit dem Widerstand gegen die Macht der Mächtigen und ihre Ideologien. In bestimmten Fällen kann es auch Aufgabe sein, sich an das kirchliche Establishment mit der Frage zu wenden, ob wir nicht etwa „dieser Welt gleich" (Röm 12,2) sind in unserem Umgang mit den drängenden Problemen unserer Zeit. Kann man sagen, dass die Kirche manchmal Strukturen von Herrschaft und Ausgrenzung nachgeahmt hat? Prägen religiöses Konsumdenken und ethische Gleichgültigkeit den Lebensstil der Kirche, oder lässt sie sich durch die Zeichen wachsender Armut und Ungerechtigkeit in der Welt tief innerlich herausfordern?

Konformismus ist mit dem lutherischen Erbe nicht vereinbar. Für dieses gilt vielmehr das Prinzip der *reformatio continua*, d. h. der Notwendigkeit einer andauernden Reformation im Leben und der Mission der Kirche.

Zufluchtsort

Luthers Lied „Ein feste Burg ist unser Gott" gehört auch heute noch zu den am häufigsten in den reformatorischen – und nicht nur den lutherischen – Kirchen gesungenen Liedern. Angelehnt an Psalm 46 drückt es das Vertrauen in Gottes Fürsorge und Schutz gegen alle Formen des Bösen aus. Gott bietet Schutz, einen sicheren Hafen.

In ihrer Geschichte war für die Kirche diese biblische Botschaft immer auch ein Gebot, demgemäß zu handeln und Menschen in Not Zuflucht zu gewähren. Flüchtlinge erhielten Asyl, ebenso Hilflose und Obdachlose.

Die ersten Hospitäler entstanden in dieser Tradition christlicher Gastfreundschaft. Die Reformation hatte jahrzehntelange religiöse Konflikte zur Folge, die viele zwang, ihre Heimat zu verlassen. Viele protestantische Flüchtlinge fanden Zuflucht in Wittenberg, Straßburg und Genf. Dies hat auf vielerlei Weise, selbst bis heute, Einfluss auf die Bereitschaft und das Engagement von Christen gehabt, z. B. Flüchtlinge durch humanitäre Hilfe zu unterstützen und für Religionsfreiheit einzutreten.

Das Gewähren von Zuflucht kann unterschiedliche Formen annehmen. Zwei Beispiele der jüngsten Vergangenheit aus Norwegen mögen dies illustrieren:

Das erste Beispiel bezieht sich auf die Lage im Jahr 1993, als Hunderten von Asylsuchenden aus dem ehemaligen Jugoslawien eine dauernde Aufenthaltsgenehmigung verweigert wurde und sie Norwegen verlassen sollten. Viele suchten damals Zuflucht in Kirchengebäuden, und da der Staat diese Räume als heilige Orte respektierte, wurden die Asylsuchenden nicht von der Polizei festgenommen. Manche harrten dort monatelang aus, andere sogar Jahre, viele Fälle wurden neu begutachtet und vielen wurde dann in der Tat vom Staat Asyl gewährt. Andere wiederum kehrten freiwillig in ihr Herkunftsland zurück. Es ist bemerkenswert, dass die weltliche Regierung die kirchliche Zufluchtsstätte respektierte, obwohl dieselben staatlichen Stellen die Kirchen wegen ihrer Unterstützung des zivilen Ungehorsams und der Verhinderung von Rechtsverfahren auch kritisierten. Es ist auch erwähnenswert, dass viele Menschen sich engagierten und den Asylsuchenden in den Kirchen mit der Bereitstellung von Essen, Kleidern und nicht zuletzt mit ihrer Freundschaft halfen.

Das zweite Beispiel bezieht sich auf den terroristischen Anschlag im Juli 2011, bei dem 77 Menschen in Oslo und auf der Insel Utøya getötet wurden. In den Tagen danach waren viele Kirchen, insbesondere die Kathedrale in Oslo, voller Menschen. Manche brachten Blumen, andere zündeten eine Kerze an, manche saßen einfach schweigend da. Nicht viele unter ihnen waren aktive Christen, einige waren Muslime, und manche sagten, sie seien noch nie in einer Kirche gewesen. Sie suchten ganz offensichtlich eine Zufluchtsstätte, einen heiligen Raum, wo sie ihre Trauer, ihre Wut und das schreckliche Bewusstsein der Verwundbarkeit ausdrücken konnten. Die säkulare und postmoderne Gesellschaft bietet einen solchen Raum nicht, und selbst ganz weltlich eingestellte Menschen spürten jetzt dessen Bedeutung.

Die Gewährung von Zuflucht bedeutet nicht absolute Sicherheit vor den Mächten des Bösen. Alle 600 Menschen, die in der Lutherischen St. Peterkirche in Monrovia, Liberia, Zuflucht gesucht hatten, wurden in der Nacht des 29. Juli 1990 von Rebellen getötet. Vielleicht hatten sie „ein feste Burg ist unser Gott" gesungen, als sie sich an diesem Abend in der Kirche versammelten, so wie es auch Luther und sein Freund getan hatten, als sie am 16. April 1521 die Stadtgrenze von Worms überschritten, wohin der Reichstag einberufen worden war.

Zufluchtsstätte bedeutet nicht Unverwundbarkeit, sondern Fürsorge und Solidarität; sie verheißt nicht ungetrübtes Glück, sondern ewigen Segen. „Der Herr der Heerscharen ist mit uns, der Gott Jakobs ist unsere Burg. Sela" (Ps 46,8) und, wie Luther singt, „Das Wort sie sollen lassen stahn und kein' Dank dazu haben; er ist bei uns wohl auf dem Plan mit seinem Geist und Gaben. Nehmen sie den Leib, Gut, Ehr, Kind und Weib: lass fahren dahin, sie haben's kein' Gewinn, das Reich muss uns doch bleiben."[6]

Öffentliche Kirche

Wie wir gesehen haben, hatte Luther die Kirche fest im öffentlichen Raum verortet. Es ist dort, wo das Wort verkündet und als ein lebendiges und sichtbares Wort praktiziert wird. Dies steht im Einklang mit dem, was Jesus selbst über seinen öffentlichen Dienst sagt: „Ich habe frei und offen vor aller Welt geredet. Ich habe allezeit gelehrt in der Synagoge und im Tempel, wo alle Juden zusammenkommen, und habe nichts im Verborgenen geredet" (Joh 18,20). Auch die Heilungen Jesu geschahen in aller Öffentlichkeit, im Zusammenhang des alltäglichen Lebens.

Es werden unterschiedliche Argumente für eine öffentliche Kirche vorgebracht und folglich gibt es auch unterschiedliche Modelle, wie eine öffentliche Kirche auszusehen habe. Ein Modell könnte man als kirchenzentriert bezeichnen; ihm geht es darum, die Kenntnis des Christentums und die christlichen Werte zu verbreiten, mit dem Ziel der Christianisierung des öffentlichen Raums. Eine Strategie, die auch darauf abzielen mag, neue Kirchenmitglieder zu gewinnen.

Ein anderes Modell könnte man als universalistisch bezeichnen; sein Ausgangspunkt ist die Gesellschaft und das allgemeine Wohl der Menschen. Das Konzept einer Zivilgesellschaft hat diesem Modell neue Facetten hinzugefügt, weil es verschiedenen gesellschaftlichen Akteuren, und auch den Kirchen, einen Raum eröffnet, zu dem beizutragen, was richtig, gut und wahr für alle Bürger ist. Darüber hinaus bietet dieser Raum auch eine neue Möglichkeit für ökumenische und interreligiöse Zusammenarbeit im Streben nach einer gerechten und friedlichen Gesellschaft.

Es gibt gewichtige Merkmale des Luthertums, die in Richtung des zweiten Modells weisen. Die Lehre von der Ethik des Berufes mit ihrer

---

[6] Luthers *Ein feste Burg ist unser Gott*, 4. Vers.

Aufforderung zu einer aktiven Bürgerschaft weist in diese Richtung. Dasselbe gilt für ein Verständnis von Diakonie als Dienst im öffentlichen Raum, und auch für die Aufgabe der Advocacy und die Gewährung von Zuflucht. Immer geht es dabei um die Nächstenliebe.

Von daher betont das Luthertum die Bedeutung der Schöpfungstheologie, die uns den öffentlichen Raum als die Wirkungssphäre von Gottes fortwährendem Handeln auf eine Weise erkennen lässt, die alle Menschen einlädt, an Gottes Mission der Verwirklichung von Menschenwürde, Gerechtigkeit und Frieden teilzuhaben. Ebenso stark ist das Luthertum von der Theologie der Erlösung beeinflusst, von Christus, Mensch geworden inmitten alltäglichen menschlichen Lebens; und nicht zuletzt wird es gestärkt durch die Theologie der Heiligung, die verkündet, dass Gottes Geist alle Getauften zur Nächstenliebe zurüstet und befähigt.

Alle drei Theologien stützen die Auffassung, dass die öffentliche Berufung der Kirche darin besteht, Verwandlung, Versöhnung und Bevollmächtigung zu bewirken, und zwar auf eine Weise, die die Menschenwürde befördert und zum Aufbau einer gerechten, partizipatorischen und nachhaltigen Gesellschaft beiträgt. Zugleich werden manche die Handlungen, die aus dieser Berufung erwachsen, als Zeichen von Gottes Liebe und gnädiger Zuwendung deuten und Gott dafür danken, und, eventuell, wenn Gottes Geist sie bewegt, Wege suchen, um in Glauben, Hoffnung und Liebe zu wachsen.

Fragen

Wie wird aktive Bürgerschaft, dort wo Sie leben, verstanden und praktiziert? Welche Aufgaben und Herausforderungen gibt es? Auf welche Weise könnte die lutherische Ethik der Berufung aktiv dazu beitragen, das Konzept einer aktiven Bürgerschaft zu stärken? Wie könnte diese Thematik besser in Lehre und Predigt integriert werden?

Welche Formen der diakonischen Arbeit gibt es in Ihrer Kirche und Ortsgemeinde? Wie kommt in dieser Arbeit das Thema des Reformationsjubiläums „Befreit durch Gottes Gnade“ zum Ausdruck? Stimmen Sie der Aussage zu, dass Diakonie eine integrale Dimension der Kirche, ihres Wesens und ihrer Mission, ist?

Ist „Advocacy“ in Ihrem Kontext bekannt und von Bedeutung? Nennen Sie Beispiele, wie Ihre Kirche/Gemeinde in Advocacy-Arbeit eingebunden ist und diskutieren Sie darüber, wie dieser Dienst gestärkt werden könnte. Im Hinblick auf die Gedenkfeier der Reformation stellt der LWB fest, dass die Erlösung, die Menschen und die Schöpfung für Geld nicht zu haben sind. Wie können uns diese Aussagen dazu motivieren, uns unserer Rolle als öffentliche Kirchen bewusster zu sein?

Befreiendes Wort Gottes – zum lutherischen Verständnis der Heiligen Schrift

Hans-Peter Großhans

Gott spricht den Menschen an. Dies ist keineswegs selbstverständlich. Wir selbst sprechen keineswegs jeden beliebigen Menschen an. Wer jemanden anspricht, nimmt eine Beziehung auf und pflegt eine Beziehung. Wer mit anderen kommuniziert, teilt sich immer auch selbst mit über die Informationen hinaus, die kommuniziert werden. Wer sich selbst so mitteilt, zeigt sich einem Anderen. Deshalb sind wir oft vorsichtig, wen wir ansprechen und was wir dabei kommunizieren. Wir wollen uns vielleicht nur ein wenig und keinesfalls ganz zeigen; und wir wollen uns nicht jedermann zeigen; wir wollen nicht jedem und jeder einen Blick in unsere Seele, in unseren Geist und unser Leben bieten. Wenn Gott mit dem Menschen kommuniziert, teilt er sich dem Menschen mit, zeigt er sich und gibt so Menschen von sich Teil. Es ist schon unter uns Menschen eine großartige Sache, wenn wir einander ansprechen und uns im Gespräch einander zeigen und uns wechselseitig einen Blick in unsere Seele, in unseren Geist und in unser Leben gewähren. Deshalb ist es auch eine großartige Sache, dass Gott sich uns ebenso zeigt, indem er uns anspricht und mit uns kommuniziert und uns an sich teilhaben lässt. Gott hat sich an sein Wort gebunden. Darauf hat er sich festgelegt. Er hält daran fest, was er einmal gesagt hat. Gott ist so, wie er Menschen in seinem ansprechenden Wort nahe kommt und sich ihnen zeigt.

Das ganz Besondere an den Worten, mit denen Gott Menschen anspricht, ist, dass sie vor allem und in erster Linie ein Versprechen sind. Es gehört zur Gottheit Gottes, dass er hält, was er verspricht. Deshalb gilt: „das Wort unseres Gottes bleibt ewiglich“ (Jes 40,8 und 1 Petr 1,25). So zeigt sich Gott nicht nur in seinen Worten, sondern er legt sich selbst auf diese Worte auch noch fest: dies verspreche ich dir! Dies verspreche ich euch! Deshalb wird im christlichen Glauben das Wort Gottes betont, weil es das Versprechen Gottes an seine geliebten Geschöpfe für immer festhält: das Versprechen, ihr Gott zu sein.

Es ist dabei klar, dass das Wort Gottes von Gott selbst kommt. Gott selbst ist die ursprüngliche und eigentliche Quelle all seiner Worte, in denen er sich uns gegenüber festlegt. Gott selbst ist die Quelle all dessen, was er von sich gezeigt hat, was wir von ihm wissen und was wir von ihm erwarten können.

Nun hat sich Gott jedoch nicht nur in Worten mitgeteilt und gezeigt und festgelegt, sondern auch in seiner Schöpfung, in der Geschichte Israels und im Leben und Wirken Jesu Christi. Zu all diesen Ereignissen haben wir keinen direkten Zugang mehr, sondern nur einen vermittelten: vermittelt durch Texte. Dies ist nicht zufällig so. Es ist nicht so, dass die genannten Ereignisse die eigentliche Kommunikation Gottes mit dem Menschen sind und die Texte zufällig diese ereignishafte Gegenwart Gottes ergänzen und insofern auch auf sie verzichtet werden könnte. Es ist vielmehr von Bedeutung, dass das Wirken Gottes in der Schöpfung und in der Geschichte Israels, aber auch seine Gegenwart in Jesus Christus in Worten und Texten festgehalten und bezeugt ist. Gott wollte sich festlegen in Worten und Texten. Es sind die Worte und Texte, in denen Gott sich mitteilt und zeigt.

Zentrales Medium für unser Verhältnis zu Gott sind im Christentum also Texte. Dies macht das Christentum zu einer Schriftreligion. In den Texten der Heiligen Schrift werden die Offenbarungsereignisse Gottes (in der Schöpfung, in der Geschichte Israels, in Jesus Christus, in der christlichen Kirche) bezeugt und so auch die sich darin artikulierende Offenbarung Gottes.

Natürlich gilt das zentrale Interesse evangelischer Christen dem „Wort Gottes". Im Zentrum des Glaubens geht es um eine lebendige Kommunikation eines jeden Christen und der Gemeinschaft der Christen mit dem dreieinigen Gott. Dieser lebendigen Kommunikation zwischen Gott und Mensch dient auch die Heilige Schrift, die jedoch auch wie ein ganz normales Buch oder wie ein historischer religiöser Text gebraucht werden kann. Es kommt dann für Christen darauf an, die Heilige Schrift so zu lesen und zu interpretieren und zu verstehen, dass sie ihr Potential, ansprechendes Wort Gottes zu sein, entfalten kann. Es gehört zu Gottes Worten, mit denen er den Menschen anredet und sich selbst dem Menschen verspricht, dass er seine Worte in die Heilige Schrift gefasst hat. Auf diese festgehaltenen, in Schrift gefassten Worte will sich Gott festlegen; will sich vom Menschen auf sein Versprechen ansprechen lassen.

Der enge Zusammenhang der Heiligen Schrift mit dem Wort Gottes, mit der lebendigen und heilvollen Kommunikation Gottes mit dem Menschen, ist immer im Blick zu behalten, wenn wir uns im Folgenden auf die Heilige Schrift konzentrieren.

Allein die Heilige Schrift (Sola Scriptura)

Das Ausgangsinteresse

Obwohl das zentrale Interesse evangelischer Christen sehr viel mehr dem „Wort Gottes“ als der Heiligen Schrift gilt, ist aus verschiedenen Gründen die Heilige Schrift von der reformatorischen, evangelischen Theologie besonders stark betont worden.[1] In der Reformation im 16. Jahrhundert wurde das sogenannte Schriftprinzip etabliert und in der exklusiven lateinischen Formel „sola scriptura“ (allein die Heilige Schrift) zum Ausdruck gebracht.

In der Schrift aus dem Jahr 1520 „Wahrheitsbekräftigung aller Artikel Martin Luthers, die von der jüngsten Bulle Leos X. verdammt worden sind“ formulierte Martin Luther als Zusammenfassung verschiedener Überlegungen zum Prinzip in Theologie und Kirche:

> Also sollen die ersten Prinzipien der Christen nichts als die göttlichen Worte sein, aller Menschen Worte aber daraus gezogene Schlussfolgerungen, die auch wieder darauf zurückgeführt und daran erwiesen werden müssen.[2]

Die göttlichen Worte finden sich allein in der Heiligen Schrift. In seiner Entgegnung auf die ihn verdammende päpstliche Bulle insistierte Luther auf einem Lesen und Studieren der Bibel wie es die alte Kirche praktizierte, die sich dabei noch nicht an den Auslegungen theologischer und kirchlicher Autoritäten orientieren konnte und die – wie Luther formulierte – weder Augustinus noch Thomas gelesen habe. So fragte Luther:

---

[1] Bei den folgenden Ausführungen habe ich frühere Publikationen von mir verwendet; vgl. dazu: Hans-Peter Großhans, Sola Scriptura – Kirchenreform aus der Treue zum Evangelium, in: Reform oder Reformation. Kirchen in der Pflicht, hrsg. von Peter Klasvogt und Burghard Neumann, Leipzig/Paderborn 2014, 118–144; Hans-Peter Großhans, Lutheran Hermeneutics: An Outline, in: “You have the Words of Eternal Life” – Transformative Readings of the Gospel of John from a Lutheran Perspective, hrsg. v. Kenneth Mtata, Minneapolis 2012, 23–46; Hans-Peter Großhans, „Verstehst du auch, was du liest?“ (Apg 8,30). Lutherische Hermeneutik im Überblick, in: „Du hast Worte des ewigen Lebens“. Transformative Auslegungen des Johannesevangeliums aus lutherischer Sicht, hrsg. von Kenneth Mtata, Leipzig 2013, 27–53.

[2] Martin Luther, Assertio omnium articulorum Martini Lutheri per bullam Leonis X. novissimam damnatorum / Wahrheitsbekräftigung aller Artikel Martin Luthers, die von der jüngsten Bulle Leos X. verdammt worden sind, in: Martin Luther, Lateinisch-Deutsche Studienausgabe (LDStA), unter Mitarbeit von Michael Beyer hrsg. und eingeleitet von Wilfried Härle, Leipzig 2006, Bd. 1, 80f (71–217). Der ursprünglich lateinische Text wird in deutscher Übersetzung zitiert.

> Warum beziehen sich Augustinus und die Heiligen Väter, so oft sie entweder streiten oder lehren, auf die Heiligen Schriften als die ersten Prinzipien der Wahrheit zurück und erhellen und bekräftigen ihr eigenes Dunkles oder Schwaches durch deren Licht und Kraft? Mit diesem Beispiel lehren sie ja, dass die göttlichen Worte klarer und gewisser sind als die aller Menschen, auch ihre eigenen Worte, so dass die [Schriften] nicht durch die Worte der Menschen, sondern die Worte der Menschen durch diese belehrt, erwiesen, erschlossen und bekräftigt werden müssen. [...] Was also ist unsere so gottlose Verkehrtheit, dass wir die Heiligen Schriften nicht durch sich selbst und ihren eigenen Geist, sondern durch die Glossen der Menschen lernen wollen, im Unterschied zum Beispiel aller Väter.[3]

Mit der Hervorhebung der Heiligen Schrift kritisierte Martin Luther nicht, dass in den Jahrhunderten zuvor die Heilige Schrift nicht benutzt und ausgelegt worden wäre. So hat sich ja auch Luther selbst ab Beginn seiner Lehrtätigkeit in seinen exegetischen Vorlesungen intensiv mit den biblischen Texten auseinandergesetzt. Diese intensive Beschäftigung mit der Heiligen Schrift teilte Luther mit vielen Theologen in den Jahrhunderten vor ihm, aber auch mit der Würdigung der Heiligen Schrift durch die Kirche insgesamt. Die Pointe in Luthers Stellungnahme gegen die ihn verurteilende päpstliche Bulle liegt vielmehr darin, dass er die Heilige Schrift nicht von ihrer kirchlichen Rezeptionsgeschichte her lesen und auslegen wollte. So brachte er die Heilige Schrift und ihr gegenwärtiges Lesen und Auslegen in Konflikt mit einer kirchlichen Lehrbildung und Praxis, die sich gerade auf diese jahrhundertelange Rezeptionsgeschichte stützte. Luthers Lehrbildung war dagegen eher „konsequente Exegese“[4] – um einen Ausdruck Eberhard Jüngels zu verwenden.

Dass Martin Luther und die anderen Reformatoren die Heilige Schrift nicht nur im Anschluss an die bisherige kirchliche Auslegungs- und Rezeptionsgeschichte, sondern gegen diese lesen und auslegen wollten und konnten, hatte seinen Grund in ganz konkreten Problemen und Konfliktpunkten. Damit wurde eine Methode etabliert, mit strittigen Themen in Lehre und Praxis der Kirche umzugehen.

Dies lässt sich gut am bekanntesten Beispiel Luthers verdeutlichen: In der päpstlichen Bulle „Exsurge Domine“ wird Luthers Auffassung als Irrtum

---

[3] A. a. O., 81ff. Alle folgenden Textstellen aus Luthers Werken werden z. T. mit eigener Übersetzung zitiert nach: D. Martin Luthers Werke. Kritische Gesamtausgabe (WA), Weimar 1883ff.

[4] Mit dieser programmatischen Formulierung charakterisierte Eberhard Jüngel sowohl die Theologie Karl Barths als auch Rudolf Bultmanns; vgl. Eberhard Jüngel, Einführung in Leben und Werk Karl Barths, in: Ders., Barth-Studien, ÖTh 9, Gütersloh 1982, 46 (22–60); ders., Glauben und Verstehen. Zum Theologiebegriff Rudolf Bultmanns, in: Ders., Wertlose Wahrheit. Zur Identität und Relevanz des christlichen Glaubens, Theologische Erörterungen III, BeEvTh 107, München 1990, 22 (16–77).

verworfen, „der römische Bischof, der Nachfolger Petri, ist nicht der von Christus selbst im seligen Petrus eingesetzte Statthalter Christi über alle Kirchen der ganzen Welt".[5] Wie soll über den kirchenleitenden Anspruch des Bischofs von Rom und die Begründung dieses Anspruchs entschieden werden? Ein Führungsanspruch des Bischofs von Rom in der Weltchristenheit könnte rein historisch begründet werden: er habe sich geschichtlich so entwickelt – zumindest im Bereich des früheren weströmischen Reiches. Doch die Verwerfung von Luthers Lehre zu diesem Thema macht deutlich, dass von den römischen Theologen und dem Papst eine solche historische Begründung nicht gesucht wurde, sondern eine theologische, die in einer Rückführung des universalen Leitungsanspruchs des Bischofs von Rom auf eine Einsetzung durch Christus bestand. Diese Begründung des universalen Leitungsamtes des Bischofs von Rom in der Kirche lässt sich nach Luthers Einsicht in einem „direct reading" der Heiligen Schrift nicht zeigen. Deshalb ist deutlich, dass die römische Theologie vielmehr im Lichte historischer Entwicklungen eine Legitimierung des Führungsanspruchs des Bischofs von Rom in einer entsprechenden Auslegung biblischer Texte suchte. Wir können im Rückblick hinzufügen, dass auch damals schon der universale Führungsanspruch des römischen Bischofs auch historisch nur unter Ausblendung all der altorientalischen Kirchen möglich war, die sich außerhalb des römischen Reiches gebildet hatten.

Luthers Rückkehr zu einer direkten Einkehr in die Heilige Schrift hatte zuerst einmal eine bis heute anhaltende purifizierende Wirkung: Die Heiligen Schriften konnten und können nicht für alles Mögliche, was sich in Lehre und Praxis der Kirche über die Jahrhunderte gebildet und etabliert hat, als Begründung verwendet werden. Wie überhaupt durch die reformatorische Einkehr in die Heiligen Schriften die Einsicht begründet wird, dass die Kirche durch ein „Zuviel" vom Evangelium abgewichen ist. Es gibt auch ein Zuviel des angeblich „Guten", durch das Kirchen ihrem Haupt Jesus Christus untreu werden können.

Wenn eine stichhaltige biblische Begründung fehlt, so stellt sich die Frage, warum eine entsprechende Lehre oder Praxis der Kirche noch aufrechterhalten werden sollte; bzw. ob eine Alternative vorstellbar ist, die der Heiligen Schrift besser gerecht wird. Und dann stellt sich auch die Frage, ob nicht einfach die im gegenwärtigen Kontext pragmatisch beste Lösung für das entsprechende Problem gesucht werden sollte, die dann jedoch auch mit den Prinzipien des Wortes Gottes vereinbar sein müsste.

---

[5] Heinrich Denzinger, Enchiridion symbolorum definitionum et declarationum de rebus fidei et morum / Kompendium der Glaubensbekenntnisse und kirchlichen Lehrentscheidungen (DH), hrsg. von Peter Hünermann, Freiburg im Brisgau [43]2010, 1475.

Es gibt genügend Probleme, die sich in den Kirchen stellen, für die sich keine Lösungen in der Heiligen Schrift finden. Dann sind Lösungen zu finden, in denen vom Wort Gottes her gedacht wird. Allerdings sind dies dann trotzdem nur schlicht und einfach menschliche Lösungen in Lehre und Praxis der Kirche, die dann auch ihre Zeit und ihren begrenzten Kontext haben.

Das Beispiel verdeutlicht, dass das evangelische Schriftprinzip („allein die Schrift / sola scriptura") ein Verfahren der Kirche für die Bearbeitung konkreter Fragen und Probleme ist, die sich in Lehre und Praxis der Kirche stellen. Es wendet sich - deshalb das exklusive „allein" - gegen Problemlösungen, die ausschließlich oder vor allem aus der Tradition und der Auslegungs- und Rezeptionsgeschichte der Heiligen Schrift und eben nicht aus der Heiligen Schrift selbst begründet werden.

Bereits Martin Luther hat sich mit den Standardeinwänden auseinandergesetzt, die gegenüber dieser exklusiven Rolle der Heiligen Schrift zur Behandlung von Fragen und Problemen in Lehre und Praxis der Kirche erhoben wurden und werden.

Einwände gegen das „sola scriptura"

Gegen das evangelische Schriftprinzip sind schon zu Martin Luthers Zeiten einige Einwände bzw. Fragen formuliert worden, die bis heute immer wieder vorgetragen werden. Drei davon sollen hier behandelt werden.

Erstens: So wird an das evangelische Schriftprinzip die Frage gerichtet, woher denn die Heilige Schrift ihre Autorität habe und wer für ihre Wahrheit bürge - wenn nicht von der Kirche, die die biblischen Texte zu einem Kanon zusammenstellte und so die Autorität der Heiligen Schrift verbürgt. Wie kann man dann die Heilige Schrift in Gegensatz zur Tradition der Kirche bringen, wo sie doch selbst Teil der Tradition ist?

Gegen diesen Einwand hat Luther die These von der *Autopistie* oder *Selbstbeglaubigung der Heiligen Schrift* vertreten. Diese besagt: Die Heilige Schrift hat für ihre Autorität keinen anderen Bürgen als sich selbst. Der 2. Timotheusbrief hat dies mit der Auffassung von der Inspiration der Texte zu stützen versucht.[6] Nach Luthers Auffassung hat die Heilige Schrift ihre Autorität jedoch nicht durch einen solchen Selbstanspruch, sondern durch ihren Inhalt. Der Inhalt der Heiligen Schrift lässt sich zusammenfassen in

[6] „Denn alle Schrift, von Gott eingegeben, ist nütze zur Lehre, zur Zurechtweisung, zur Besserung, zur Erziehung in der Gerechtigkeit" (2 Tim 3,16, zitiert nach: Die Bibel. Nach der Übersetzung Martin Luthers. Mit Apokryphen, revidierte Fassung von 1984, hrsg. von der Evangelischen Kirche in Deutschland, Stuttgart 1999).

Jesus Christus, so dass es der mit Jesus Christus verbundene Wahrheitsanspruch ist, der die Autorität der Heiligen Schrift verbürgt. Durch die mit Jesus Christus verbundenen Inhalte muss sich die Autorität der Heiligen Schrift erweisen. Nichts und niemand sonst vermag die Heilige Schrift zu autorisieren als die ihr wesentlichen Inhalte selbst. „Das Evangelium wird nicht darum geglaubt, weil die Kirche es bestätigt, sondern weil man spürt, es sei Gottes Wort."[7] Autorität und damit Verbindlichkeit für die Glaubenden hat die Heilige Schrift nicht deshalb, weil die Kirche als eine Gemeinschaft von Menschen in Kenntnis der Wahrheit die biblischen Texte zu einer Heiligen Schrift zusammengestellt und vereint hat. Das Verhältnis von Heiliger Schrift und Kirche ist für Luther gerade umgekehrt: nicht die Kirche verleiht der Heiligen Schrift Autorität, sondern die Heilige Schrift verleiht der Kirche Autorität. Die Kirche hat von der Heiligen Schrift ihre Autorität, weil sie der Ort und die Institution ist, in der sich die Wahrheit der Heiligen Schrift Gehör und Raum verschafft.

Zweitens: Aber gibt es nicht so viele Unklarheiten in der Heiligen Schrift, dass es ohne verbindliche Interpretationsentscheidungen der Kirche zu keiner sinnvollen Auslegung biblischer Texte kommen kann?

Für Luther hat die These von der Selbstbeglaubigung der Heiligen Schrift ihre Entsprechung im Grundsatz, dass die Heilige Schrift sich selbst auslegt: Die Heilige Schrift ist „durch sich selbst ganz gewiss, ganz leicht verständlich, ganz offenbar, ihr eigener Interpret"[8] – schrieb er in seiner Entgegnung auf die päpstliche Bulle. Luther nahm an, dass eine Auslegung von biblischen Texten in den meisten Fällen leicht möglich ist,

[7] Martin Luther, De potestate leges ferendi in ecclesia. 1530, WA 30/II, 687, 32f (677–690); das ursprüngliche lateinische Zitat lautet: „Non enim ideo creditur, quia Ecclesia approbat, Sed quia verbum Dei esse sentitur".

[8] Martin Luther, Assertio. 1520, WA 7, 97, 23 (91–151) „ipsa per sese certissima, facillima, apertissima, sui ipsius interpres". Diese Auffassung folgt schon daraus, dass nach Luther jedes Buch im Geiste des Autors zu interpretieren ist. „Also ist die Schrift ihr selbst ein eigen Licht. Das ist dann fein, wenn sich die Schrift selbst auslegt" (M. Luther, Predigt am Jakobstage. 25. Juli 1522, WA 10/III, 238, 10f [235–241]). Dieser Grundsatz wurde von Luther gegen alle Auffassungen zur Geltung gebracht, die einzelnen Menschen oder Amtsträgern die Autorität rechter Schriftauslegung zusprechen, sei es aufgrund des Amtscharismas oder einer extraordinären Geistbegabung. Nun hat auch Luther die Bedeutung des Heiligen Geistes für die Schriftauslegung betont. Doch der Geist, in dem Menschen die Heilige Schrift auszulegen vermögen, hat keinen anderen Ursprung als die Schrift selbst. Darin liegt auch der Grund, warum Luther gegenüber einer allegorischen, bildlichen Auslegung der biblischen Texte misstrauisch war und stattdessen betont, dass die biblischen Texte nach dem Wortsinn auszulegen seien.

weil die Heilige Schrift in sich selbst klar ist und überall einen einfachen Sinn hat,[9] der sich durch ihren wesentlichen Inhalt Jesus Christus ergibt.

Drittens: Wenn die Heilige Schrift leicht verständlich ist, dann müssten doch alle Menschen von ihrer Wahrheit leicht zu überzeugen sein?

Natürlich war sich Luther bewusst, dass viele Menschen die biblischen Texte kaum, oberflächlich oder falsch verstehen, und viele Menschen schon gar nicht zur Erkenntnis und Anerkennung der Wahrheit der biblischen Texte kommen. Luther unterschied deshalb zwischen der äußeren und der inneren Klarheit der Schrift. Von der äußeren Klarheit der Heiligen Schrift, die klar ist, so wie sie da liegt – insbesondere für den, der sie in den Originalsprachen lesen kann –, ist die Klarheit „inwendig im Herzen" zu unterscheiden, die darin besteht, dass ein Mensch den Anspruch und den Zuspruch Gottes in diesen Texten hört, versteht und anerkennt. Martin Luther hat dies 1525 in einer umfangreichen Schrift „Über den unfreien Willen" so formuliert:

> „Und um es kurz zu sagen: Doppelt ist die Klarheit der Schrift, wie auch die Dunkelheit doppelt ist: Eine ist äußerlich im Amt des Wortes gesetzt, die andere in der Kenntnis des Herzens gelegen. Wenn du von der inneren Klarheit sprichst, sieht kein Mensch auch nur ein Jota in den Schriften, es sei denn, er hätte den Geist Gottes. Alle haben ein verdunkeltes Herz, so dass sie auch dann, wenn sie alles von der Schrift vorzubringen behaupten und verstehen, dennoch für nichts davon Gespür haben oder wahrhaft erkennen [...] Denn der Geist wird erfordert zum Verständnis der ganzen Schrift und jedes ihrer Teile. Wenn du von der äußeren [Klarheit] sprichst, ist ganz und gar nichts Dunkles oder Zweideutiges übrig."[10]

Luther wandte sich dabei gegen die These von Erasmus von Rotterdam, einem der prominentesten Gelehrten seiner Zeit, die Schrift enthalte dunkle, unklare Passagen, die eine Auslegung durch die kirchlichen Autoritäten oder gemäß der Auslegungstradition der Kirche erforderlich machten. Luther schlug demgegenüber vor, zwischen der inneren Klarheit (oder Dunkelheit) der Botschaft der biblischen Texte einerseits, die im Verstehen des menschlichen Herzens verortet ist, und ihrer äußerlichen Klarheit (oder Dunkelheit) andererseits im Sinne des Verstehens der in den Texten enthaltenen Zeichen und Bedeutungen durch die Vernunft des Menschen zu unterscheiden. Liest man biblische Texte mit offenem Geist, findet die menschliche Vernunft nichts

[9] Vgl. Martin Luther, Ad librum eximii Magistri Nostri Magistri Ambrosii Catharini, defensoris Silvestri Prieratis acerrimi, responsio. 1521, WA 7, 711, 5f (698–778).

[10] M. Luther, De Servo Arbitrio / Vom unfreien Willensvermögen (1525), in: M. Luther, Lateinisch Deutsche Studienausgabe, Bd. 1: Der Mensch vor Gott, Leipzig 2006, 239.

Dunkles oder Zweideutiges. Gleichwohl kann die Botschaft des Textes aber für das Herz der einzelnen Person dunkel und unklar bleiben.

Luther hat der Heiligen Schrift die zentrale Stellung für die Erkenntnis Gottes, aber auch für das Leben, die Lehre und Praxis der Kirche eingeräumt – er hat dafür theoretisch argumentiert und er hat dies in der Ausarbeitung seiner Lehren anhand der biblischen Texte praktiziert. Luthers Theologie beruhte auf dem radikalen und unbedingten Ernstnehmen der biblischen Aussagen, sofern sie Christus und das in ihm gegründete Evangelium zum Inhalt haben. Solche Aussagen der Heiligen Schrift gelten unbedingt und hatten für Luther den Vorrang vor der empirischen Erfahrung der Menschen, vor ihren intellektuell oder philosophisch gewonnenen Überzeugungen und vor ihren Traditionen.

Das evangelische Schriftprinzip

Zum Verständnis des „sola scriptura" muss nun über Luther hinaus auch noch auf die weitere Entwicklung des „Schriftprinzips" in der nachreformatorischen evangelischen Theologie eingegangen werden.

Zum Prinzip der Theologie und insofern auch der Urteilsbildung der Kirche in Lehre und Praxis wurde die Heilige Schrift in der nachreformatorischen sogenannten altprotestantischen Orthodoxie. Dabei wurde im Schema des aristotelischen Wissenschaftsverständnisses die Heilige Schrift als das erste Prinzip – als das Erste, woraus etwas erkannt wird – verstanden. Die Heilige Schrift wird zu *der* grundsätzlichen Voraussetzung theologischer und kirchlicher Erkenntnis. In der evangelischen Theologie, der es letztlich um das geistliche Heilwerden von Menschen und ihre Befreiung von Sünde und Tod geht, wurde so die Heilige Schrift zum alleinigen Prinzip und Kriterium.

So formulierte im 17. Jahrhundert beispielsweise Johann Friedrich König (1619–1664) in seinem Standard-Lehrbuch der damaligen Zeit: „Die Erkenntnisquelle, aus der alles in der Theologie zuerst abgeleitet wird und in die am Ende alles (wieder) zurückgeführt bzw. aufgelöst wird, ist einzig und allein das, was die Heilige Schrift lehrt."[11]

An diesem Zitat lässt sich einiges verdeutlichen. Gerne wird das „Prinzip" als „Quelle" verstanden. Eine Quelle ist die Heilige Schrift nun jedoch in mehr-

---

[11] Johann Friedrich König, Theologia positiva acroamatica, Rostock 1664, § 46; das lateinische Original lautet: „Principium cognoscendi, e quo omnia in theologia primo deducuntur, et in quod ultimo omnia resolvuntur, hoc unicum est: quicquid scriptura sacra docet" – zitiert nach: Carl Heinz von Ratschow, Lutherische Dogmatik zwischen Reformation und Aufklärung, Teil 1, Gütersloh 1964, 29.

facher Hinsicht. Zuerst einmal ist die Heilige Schrift Quelle der Erkenntnis. Erkenntnis ist jedoch im Zusammenhang mit der Heiligen Schrift und dem Wort Gottes niemals nur Vermehrung von Wissen. Lebt der Mensch nicht vom Brot allein, sondern vor allem von einem jeglichen Wort, das durch den Mund Gottes geht (Dtn 8,3; Mt 4,4), dann impliziert die Erkenntnis des Wortes Gottes das, was im biblischen Sinne *Leben* heißt: nämlich Dasein aus Gott und für Gott. Die Heilige Schrift ist als *Erkenntnisquelle* zugleich *Lebensquelle*. Versteht man die christliche Kirche als die Gemeinschaft derer, die glaubend aus Gott und für Gott da sind und also – im biblischen Sinne – leben, dann ist die Heilige Schrift die Lebensquelle der Kirche. Wer diese Erkenntnisquelle verstellen oder gar verstopfen würde, der würde die Lebensquelle der Kirche verfehlen und zum Versiegen bringen; und wer in sie gar fremde Gewässer einleiten würde, der würde diese Lebensquelle verderben.

Die Rede von der Quelle ist allerdings noch weiter zu präzisieren. Die ursprüngliche Bedeutung einer sprudelnden Quelle könnte zu der naiven Auffassung führen, dass die Bibel die Sätze für Lehre und Praxis der Kirche schon enthalte. Dann hätte die Theologie nur noch die Aufgabe, diese Sätze aus der Quelle zu schöpfen, zu ordnen und ihrem dogmatischen, ethischen und kirchenpraktischen Gewicht gemäß systematisch zu bewerten. Dass die Theologen der nachreformatorischen altprotestantischen Orthodoxie sich der entsprechenden Problematik bewusst waren, kann man in dem Zitat von König erkennen, wenn er davon spricht, dass die christliche Lehre, die aus der Heiligen Schrift abgeleitet und zusammengefasst wurde, auch wieder in die Heilige Schrift zurückführen solle. Die Heilige Schrift als Erkenntnisquelle steht entsprechend im Dienst der Heiligen Schrift als Lebensquelle.

Das Bild von der Quelle hat im Blick auf die Heilige Schrift nun auch noch eine weitere Dimension, die erst in den dann folgenden Jahrhunderten richtig zu Bewusstsein kam. Die Heilige Schrift ist auch eine *Quelle* für das historische Bewusstsein. „Die Quelle im historischen Sinne“ fordert – so Gerhard Ebeling – „dazu heraus, nicht einfach zu empfangen, was sie von sich aus hergibt, sondern ihr Auskünfte abzunötigen, die ihre eigene Herkunft betreffen“, so dass „für den historischen Umgang mit Quellen bis zu einem gewissen Grade das Misstrauen bestimmend“ ist, „dass die Quelle trügt, jedenfalls möglicherweise verschweigt, was man von ihr historisch erfahren möchte. Die Quelle wird [...] benutzt, [...] weil man Aufschluss über die historische Wirklichkeit sucht, die hinter dem Text steht und der er entstammt.“[12]

Die Heilige Schrift kann damit in der Neuzeit und Moderne als Erkenntnis- und Lebensquelle in Theologie und Kirche nur in Auseinandersetzung mit der historisch-kritischen Erkenntnis gebraucht werden. Dies stellt die

[12] Gerhard Ebeling, Dogmatik des christlichen Glaubens, Bd. 1, durchgesehene und mit einem Nachwort von Albrecht Beutel versehene Auflage, Tübingen ^{4}2012, 39.

Wahrheit und die Autorität der Heiligen Schrift in gar keiner Weise in Frage. Es ist vielmehr umgekehrt: die historisch-kritische Auslegung der Bibel stärkt die Wahrheit und die Autorität der Heiligen Schrift. Was durch die historisch-kritische Methode von der Bibel als Ursprungsquelle her heute als Wahrheit interpretiert werden kann, das verdient in gesteigertem Maße Vertrauen. Denn es ist dem methodisch gebotenen Misstrauen historischer Erkenntnis ausgesetzt gewesen – statt vor ihm zu fliehen – und hat sich so bewährt.

Die Heilige Schrift als Prinzip der Theologie und insofern auch aller kirchlichen Lehre und Praxis ist Quelle und Ursprung also in mindestens dreifachem Sinn: als Ursprung der Erkenntnis (über Lehre und Praxis der Kirche), des Lebens und als historische Quelle. Entsprechend differenziert haben Kirche und Theologie es mit der Bibel, der Heiligen Schrift und dem Wort Gottes zu tun. Es ist jeweils ein unterschiedlicher Gebrauch derselben Textmenge und eine unterschiedliche Erwartung an diese Texte. Als *Bibel* sind diese Texte ein religiöses Buch und eine historische Quelle. Als *Heilige Schrift* ist die Bibel im geistlichen Gebrauch der Kirche Quelle und Prinzip der Erkenntnis ihrer Lehre und Praxis. Als *Wort Gottes* sind die biblischen Texte das Mittel, durch das sich Gott selbst Menschen mitteilt und ihnen so (als Lebensquelle) Leben und Heil kommuniziert. Allein das Wort Gottes vermag Leben und Heil zu geben, indem es als Gesetz Menschen mit den Anforderungen Gottes an ein wahres und perfektes Leben konfrontiert und indem es als Evangelium alle Mühseligen und Beladenen einlädt, Erleichterung bei Jesus Christus zu finden und alle Menschen mit der verbindlichen Zusage tröstet, dass sie als Kinder Gottes am Tisch ihres Vaters im Himmel einen festen Platz haben werden.

Die 1577 entstandene Konkordienformel hat deshalb die Heilige Schrift nicht nur zur Quelle, sondern auch zur Norm aller kirchlichen Lehre erklärt: also zu dem Maßstab, an dem sich alles Lehren der christlichen Wahrheit und jedes Leben in der Wahrheit des christlichen Glaubens messen lassen muss. Es heißt dort:

> Wir glauben, lehren und bekennen, dass die einige Regel und Richtschnur [regulam et normam], nach welcher zugleich alle Lehren und Lehrer gerichtet und geurteilet werden sollen, seind allein die prophetischen und apostolischen Schriften Altes und Neues Testament.[13]

In der Folge wird dann ausgeführt, dass andere Schriften von alten und neuen Lehrern der Heiligen Schrift nicht gleichgestellt, sondern dieser unterworfen werden sollen. Dies gilt natürlich auch für die Reformatoren

[13] Bekenntnisschriften der evangelisch-lutherischen Kirche (BSLK), hrsg. im Gedenkjahr der Augsburgischen Konfession 1930, Göttingen [12]1998, 767, 14–19.

selbst. Diese anderen Schriften sind als „Zeugen" zu betrachten. Die Konkordienformel betont ausdrücklich, dass die evangelischen Kirchen die altkirchlichen Glaubensbekenntnisse (Apostolicum, Nicaenum, Athanasianum), die Augsburger Konfession einschließlich ihrer Apologie und die Schmalkaldischen Artikel, sowie Luthers *Kleinen* und *Großen Katechismus* als authentischen und autoritativen Ausdruck des christlichen Glaubens anerkennen. Hervorgehoben wird dann jedoch, dass diese Bekenntnistexte „nicht Richter wie die Heilige Schrift" sind, „sondern allein Zeugnis und Erklärung des Glaubens" und dies auch im historischen Zusammenhang: „wie jederzeit die Heilige Schrift in streitigen Artikeln in der Kirche Gottes von den damals Lebenden vorstanden und ausgelegt" worden ist.[14] Die Konkordienformel räumt also den in den evangelischen Kirchen anerkannten Bekenntnistexten im Blick auf ihre Erklärungsleistung für den christlichen Glauben keinen Vorrang für die Gegenwart, geschweige denn eine normative Bedeutung ein. Deshalb kann (variierend) wiederholt werden: die Heilige Schrift „bleibet allein [...] der einig Richter, Regel und Richtschnur [iudex, norma et regula], nach welcher als dem einigen Probierstein sollen und müssen alle Lehren erkannt und geurteilt werden, ob sie gut oder bös, recht oder unrecht sein."[15]

Bei der Interpretation dieser Texte aus der Konkordienformel stellen sich Fragen, die immer wieder rege diskutiert wurden und werden, wie beispielsweise die Frage nach dem Kanon der Heiligen Schriften (was ist genau mit der Heiligen Schrift gemeint) oder die Frage nach den Prinzipien der Auslegung. In den evangelischen Kirchen hat sich beim Lesen und Auslegen der einzelnen Texte der Heiligen Schrift das Interesse vor allem darauf konzentriert, was „Christum treibet". Die evangelische Schriftauslegung war dabei schon früh in der Reformationszeit von einer Skepsis gegenüber einer vorrangig geistlichen Interpretation biblischer Texte geprägt, in der es beispielsweise um eine allegorische Auslegung der biblischen Texte ging. Demgegenüber haben die Reformatoren den literalen Sinn der biblischen Texte in den Vordergrund gerückt. So hat gerade die evangelische Theologie die Ausbildung einer modernen, an der materiellen Textgestalt orientierten Hermeneutik wesentlich betrieben. Das alles hat zur Formierung des evangelischen Schriftprinzips beigetragen.

Ein Wahrheitsmoment des Schriftprinzips liegt sicherlich im Streit um die Autorität in Kirche und Theologie. Als alleinige Quelle und Norm für Lehre und Praxis der Kirche und des christlichen Lebens werden mit dem Schriftprinzip alle anderen möglichen „Autoritäten", die sich für die Gestaltung des kirchlichen Lebens und das Leben der Glaubenden

---

[14] A. a. O., 769, 29–34.

[15] A. a. O., 769, 22–27.

denken lassen, relativiert. Die zentrale und wichtigste Bedeutung des Schriftprinzips liegt jedoch darin, dem befreienden, rettenden und Leben gebenden Wort Gottes in einer verlorenen Welt Sprache und Geltung zu verschaffen. Wird dagegen das Schriftprinzip auf seine prinzipielle und normative Stellung für Lehre und Praxis der Kirche reduziert, dann wird es falsch und steril. Damit dies nicht der Fall ist, kommt alles darauf an, dass die Texte der Heiligen Schrift ihrem literalen Sinn nach konkret ins Leben der Glaubenden hinein ausgelegt werden.

Auslegung der Heiligen Schrift

Die Reformation hat der Heiligen Schrift wieder ihre Autorität für das Leben der Kirche und das Leben jedes und jeder einzelnen Gläubigen zurückgegeben. Martin Luther hat dazu ein sehr reflektiertes und differenziertes Verständnis der Heiligen Schrift, ihrer Rolle innerhalb der Kirche und der Regeln und Verfahren ihrer Auslegung präsentiert. Von diesem Ausgangspunkt aus hat die lutherische Theologie immer wieder neu die Fragen und die Prozesse der Auslegung und des Verstehens biblischer Texte diskutiert. Welche Schwerpunkte für eine evangelische Schriftauslegung und eine evangelisch-lutherische Hermeneutik werden dabei sichtbar?

Erstens: Die Reformatoren haben den literalen Sinn biblischer Texte hervorgehoben. Damit erhielt die menschliche Vernunft eine wichtige Rolle bei der Auslegung der Heiligen Schrift. Die Bedeutung der Vernunft bei der Auslegung der Bibel wurde dann 1567 von Matthias Flacius Illyricus (1520–1575), einem kroatischen Lutheraner der zweiten Generation, in seinem hermeneutischen Werk „Schlüssel zur Heiligen Schrift" (*Clavis scripturae sacrae*) weiter entwickelt. Flacius stimmte mit Luther darin überein, dass diejenigen, die einen biblischen Text lesen, selbst zu einem plausiblen und bibelgemäßen Verständnis gelangen können, wenn sie allgemein anerkannten Regeln folgen – Regeln für das Lesen und die Auslegung von Texten, die sich aus den Einsichten der Vernunft ins Lesen von Texten, insbesondere einer Heiligen Schrift, ergeben. Freilich werden bei der Beschäftigung mit biblischen Texten auch die Grenzen der Vernunft deutlich. Die Vernunft kann die sprachliche Bedeutung und die inhaltlichen Einsichten dieser Texte erfassen, sie hat aber keinen Zugang zu deren innerer Klarheit und sie kann das Herz nicht überzeugen, der Botschaft und dem Evangelium im Alten und Neuen Testament zu trauen und zu folgen. Diese eigentliche Aufgabe und dieser letzte Zweck der biblischen Texte, Vertrauen auf Gott in einem Menschen zu wecken und zu erhalten, kann nur von Gott selbst gewirkt werden. Gott weckt das Vertrauen in ihn, wenn er durch die biblischen Texte Menschen anspricht.

Doch dazu muss vorher geistig verstanden worden sein, was in den Texten zu lesen ist. Als der Kämmerer aus Äthiopien auf der Rückreise von Jerusalem in seine Heimat im Propheten Jesaja las, fragte ihn Philippus: „Verstehst du auch, was du liest?“ (Apg 8,30). Wenn die Aussage und der Sinn eines biblischen Textes nicht wirklich verstanden worden sind, kann seiner Botschaft auch nicht vertraut werden. Dies gilt auch im Blick auf ein falsches Verständnis eines biblischen Textes, denn dann ist eben geistig nicht klar, für was Gott unser Vertrauen und unsere Nachfolge möchte. Deshalb ist aus evangelischer Sicht ein Lesen und Auslegen biblischer Texte ganz nach den (vernünftigen) Regeln der Kunst des Lesens und Auslegens unbedingt erforderlich. Diesen Einsichten folgte Matthias Flacius in seiner Hermeneutik, seinem „Schlüssel zur Heiligen Schrift“. Flacius war ganz von der göttlichen Würde der Heiligen Schrift überzeugt, berücksichtigte jedoch gleichzeitig die Einsichten anderer Wissenschaften der damaligen Zeit (insbesondere der humanistischen Philosophie und ihrer Interpretationsregeln). Im Jahr 1546, beim Konzil von Trient, hatte die römisch-katholische Kirche das protestantische Prinzip der Selbstauslegung der Heiligen Schrift angegriffen und die Lehre vertreten, die Schrift sei hermeneutisch unvollständig und müsse durch die Autorität der Tradition ergänzt werden. Die evangelische Seite musste nun belegen, dass die Schrift sich selbst genug und aus sich selbst verständlich sei. Zu diesem Zweck mussten, unter Annahme der Vollständigkeit und der Verständlichkeit der Heiligen Schrift, die hermeneutische Methode und die für die Auslegung biblischer Texte notwendigen Mittel geklärt werden. Flacius' umfangreiches Werk leistete genau dies. In seiner Antwort an die römisch-katholischen Kritiker betonte Flacius, dass der Grund, warum die Heilige Schrift (oder Teile davon) nicht verstanden würden, nicht an ihrer Unverständlichkeit liege, sondern vielmehr an der fehlenden sprachlichen Ausbildung der Interpreten und an ihren fragwürdigen Auslegungsmethoden. Ausgehend von der Kohärenz der Heiligen Schrift betonte Flacius ihre normative Autonomie, indem er sämtliche Elemente der Exegese und der Interpretation darstellte. Mit Hilfe von Philologie, Exegese, Rhetorik, Logik und weiteren wissenschaftlichen Erkenntnissen kann jeder biblische Text in Kohärenz mit der ganzen Bibel verständlich ausgelegt werden. Neben der Kohärenz der gesamten Heiligen Schrift hat Flacius vor allem die Gesamt- bzw. Zielperspektive aller Texte der Heiligen Schrift – ihren Skopus – betont. Der Skopus der Heiligen Schrift ist das von der Bibel insgesamt verfolgte Ziel und der rote Faden, der sich durch all ihre Texte zieht. Dieser Skopus steht nicht von vornherein fest, sondern ist selbst das Ergebnis der Auslegung der gesamten Heiligen Schrift.

Zweitens: Im Laufe der Jahrhunderte nach der Reformation kamen neue grundlegende Einsichten über die Auslegung der Heiligen Schrift hinzu.

In der Zeit der europäischen Religionskriege im 17. Jahrhundert setzte sich im europäischen Bewusstsein die Überzeugung durch, dass es nicht nur eine einzige richtige Interpretation biblischer Texte gibt. Gerade eine methodisch entwickelte Auslegung der Heiligen Schrift brachte nicht nur eine, sondern häufig mehrere plausible Interpretationen biblischer Texte hervor, während die verschiedenen christlichen Kirchen zuvor angenommen hatten, es gebe nur eine absolute Bedeutung der Heiligen Schrift und ihrer Gesetze, zu deren Durchsetzung Menschen dann auch zu den Waffen griffen. Die Entwicklung einer methodischen Auslegung der Heiligen Schrift ermöglichte dann auch den gelehrten Streit um das richtige, angemessene Verständnis biblischer Texte. Die konfessionell motivierten Kämpfe auf dem Schlachtfeld konnten so sinnvollerweise durch die Diskussionen der Gelehrten ersetzt werden.

Drittens: Nach evangelischem Verständnis kommt die Auslegung biblischer Texte erst dann wirklich zu ihrem Ziel und ist erst dann geglückt, wenn Menschen durch diese Texte Gott zu sich sprechen hören und davon in ihrer Existenz berührt werden. Folglich stellte sich der evangelischen Theologie immer wieder die Frage, was denn genau im Menschen dabei angesprochen und berührt wird. So war beispielsweise der Pietismus innerhalb der lutherischen Kirchen der Auffassung, dass die Interpretation biblischer Texte nicht nur den akademischen Maßstäben der Gelehrten und Gebildeten genügen, sondern auch zur Vertiefung der Frömmigkeit derjenigen beitragen sollte, die schlicht und einfach die Bibel lasen oder einer Predigt zuhörten. Dabei wurden für die Auslegung biblischer Texte die menschlichen Emotionen, Affekte und Leidenschaften wichtig, die zu beachten sind, wenn einerseits die geistliche Bewegung der Emotionen der Autoren biblischer Texte verstanden werden und andererseits die Leser biblischer Texte und Zuhörer von Predigten wirklich in ihrer Existenz angesprochen werden sollen. In der pietistischen Schriftauslegung gewannen so der Kontext und das Leben des Lesenden und der Hörenden Bedeutung. Biblische Texte vollkommen zu verstehen bedeutet, dass die Lesenden und Hörenden in ihren Gefühlen, Affekten und Leidenschaften – also in ihrer konkreten Existenz – berührt werden.

Viertens: Für das evangelische Christentum insgesamt ist die Heilige Schrift eines der Mittel, mit denen Gott sich in dieser Welt den Menschen mitteilt, ja, sie ist das zentrale Medium dieser Kommunikation. Für die lutherische Theologie war dies nicht zufällig so. Vielmehr war und ist sie davon überzeugt, dass Gott sich absichtlich durch die Heilige Schrift mitteilen will und sich absichtlich an dieses Medium gebunden hat. Damit wurden andere Möglichkeiten, wie Gott sich Menschen mitteilen könnte, unwichtig, ja, als Fehlorientierung verstanden. Dies betraf kirchliche Traditionen, die von der Heiligen Schrift nicht abgedeckt waren, ebenso wie das freie Wirken des göttlichen Geistes in den Glaubenden, in dem sich Gott gewissermaßen direkt ins Herz von Menschen mitteilte. Mit der Konzentration auf die Heilige Schrift als zentrales Medium Gottes wurde die Bibel in der lutherischen Theologie zunehmend zum Gegenstand historischen Interesses. Wie genau kommunizierte Gott sich und seinen Willen in diesen Texten? Was erfahren wir über Gott, wenn wir wahrnehmen, wie er sich in unser Verstehen und unsere Kommunikation hinein mitteilt?

Dabei kam und kommt es immer wieder zu Spannungen in der Auslegung biblischer Texte. Die historisch-kritische Methode der Schriftauslegung war und ist die zentrale Herausforderung an das Lesen und Hören der Bibel in der Kirche. Manchmal scheinen die Unterschiede zwischen der historisch-kritischen Exegese und der reformatorischen Auslegung der Bibel radikal zu sein. So setzte sich die Überzeugung durch, dass die Texte des Alten und Neuen Testaments kein zeitloses Wort Gottes sind, sondern historische Ereignisse widerspiegeln. Die einzelnen Autoren biblischer Texte schrieben immer in ihrer jeweiligen Perspektive. Und auch die Ausleger biblischer Texte interpretieren diese in ihrer jeweiligen eigenen, spezifischen Perspektive. In ihren Auslegungen geht es dann nicht nur um die biblischen Texte, sondern immer auch um sie selbst und ihre historische Situation. Alle diese Einsichten in den Vorgang der Schriftauslegung machten mehr und mehr deutlich, dass der in der Bibel bezeugte Gott sich nicht nur in einen Text (die Bibel) hinein mitteilte, sondern auch in die Geschichte hinein, also in eine konkrete Zeit und einen konkreten Ort, die in der Interpretation verstanden werden müssen, damit Gottes Botschaft für unsere eigene Zeit verstanden werden kann. Dies ist der Ausgangspunkt der historisch-kritischen Methode in der Bibelauslegung. Dabei ist es kurzschlüssig, wenn mit dieser Methode an den biblischen Texten nur die historischen Elemente von der quasi zeitlosen Bedeutung und Botschaft dieser Texte unterschieden werden. Oft wurde in der Vergangenheit dann genau das an der biblischen Botschaft als zeitlos identifiziert, was in der jeweiligen Zeit und im jeweiligen Kontext gerade „in" und bereits allgemein anerkannt war. Gegenüber einem solchen schlichten Modell ist das evangelische Verhältnis zwischen Geschichte und Auslegung der Heiligen Schrift mehrdimensionaler.

Erstens sind biblische Texte als historische Texte wahrzunehmen, die an einem bestimmten Zeitpunkt der Geschichte und an einem bestimmten Ort der Welt verfasst wurden. Man muss also die historischen Bedingungen verstehen, unter denen die Texte entstanden. Zweitens liegt der Text einer interpretierenden Person vor, die in einer bestimmten Auslegungstradition steht und damit schon eine Vorstellung hat, wie ein bestimmter biblischer

Text wohl zu verstehen ist. Drittens ist er bzw. sie an einem bestimmten Zeitpunkt und geographischen Ort verortet, die beeinflussen, was er bzw. sie sich vorstellen kann und was ihn bzw. sie überhaupt an dem Text interessiert. Die Interpretation wird beeinflusst von den Gegebenheiten des Kontexts, in dem er bzw. sie lebt. So kommt es darauf an, herauszuarbeiten, was im jeweiligen Kontext von Menschen als Wahrheit erfahren wird. Schriftauslegung in evangelischem Verständnis ist immer mehr als nur ein methodisches Lesen und Erklären eines biblischen Textes. In ihr geht es letztlich immer um den Menschen als Ganzes, um die Entdeckung der von Gott zugespielten Möglichkeiten eigener Existenz und um sein bzw. ihr Leben in der Wahrheit.

Fünftens: Eine Auslegung biblischer Texte gelingt, wenn der bzw. die Auslegende nicht nur herausfindet, was ein biblischer Text wirklich ausdrücken will, sondern wenn dieser Text Lesenden und Auslegenden die menschliche Existenz in ihren unterschiedlichen Spielarten offenbart und sie dahingehend hinterfragt, ob die darin zum Ausdruck kommenden Möglichkeiten des Lebens ihre eigenen sein könnten. Der lutherische Neutestamentler Rudolf Bultmann (1884–1976) war der Auffassung,[16] dass wir eine wirkliche Auslegung und ein wirkliches Verständnis biblischer Texte erst dann erreichen, wenn wir die Frage hören, die diese Texte stellen, und wenn wir entdecken, was die Texte von uns fordern. Dann eröffnen uns die Texte neue Möglichkeiten im je eigenen und gemeinsamen Leben, indem sie uns von uns selbst wegrufen und uns die Augen für die Gegenwart Gottes in unserem Leben öffnen. Nach Bultmanns Ansicht ist der gesamte Auslegungsprozess ein kritischer: Wir sollen einen biblischen Text kritisch analysieren und auslegen, um uns selbst und unser je eigenes und unser gemeinsames Leben kritisch zu prüfen. Hauptinteresse einer modernen lutherischen Hermeneutik ist die Auslegung biblischer Texte nicht mit dem Ziel, sich selbst zu bestätigen und selbst zu vergewissern, sondern auf den biblischen Text als Wort Gottes kritisch zu hören in Bezug zu unserem Leben in seinem jeweiligen Kontext und seiner jeweiligen Situation.

Sechstens: Es gehört zum gesamten Vorgang der Schriftauslegung, dass sich Glaubende aus unterschiedlichen Kontexten und Situationen dann auch über ihre Einsichten aus dem eigenen und gemeinsamen Hören auf das Wort Gottes austauschen. Die dabei sichtbar werdende Vielfalt des Verstehens der Heiligen Schrift belegt die Lebendigkeit und Konkretheit

[16] Vgl. dazu Rudolf Bultmann, Das Problem der Hermeneutik, in: ZThK 47, 1950, 47–69; wieder abgedruckt in: Rudolf Bultmann, Glauben und Verstehen. Gesammelte Aufsätze, Tübingen 1952, 211–235.

der Kommunikation Gottes mit seinem Volk. Der dreieinige Gott gleicht keinem imperialistischen Herrscher, der aus gebührender Ferne seine Botschaften an alle Menschen weltweit gleichermaßen richtet und von allen erwartet, dass sie alle ihr Leben auf die gleiche Weise homogen gestalten. Das menschliche Leben ist vielfältig und Gott spricht im Medium der Heiligen Schrift das besondere konkrete Leben der einzelnen Person und Gemeinschaft an. Aus dem Hören auf Gottes Wort folgt also ganz und gar keine imperiale Gleichmacherei, sondern ein Lobpreis der vielfältigen, ja, bunten Gnade Gottes (1 Petr 4,10), die dann auch in einem vielfältigen, bunten Leben von Christen und Kirchen – in „der herrlichen Freiheit der Kinder Gottes“ (Röm 8,21) – zum Ausdruck kommt.

Fragen

Welche Erwartungen haben Sie, wenn Sie einen biblischen Text lesen oder hören? Erwarten Sie, dass dieser biblische Text Ihnen etwas Bedeutungsvolles für Ihr persönlichen Leben und ihr Weltverständnis mitteilt?

Welche Rolle sollten die Texte der Heiligen Schrift für die Gestaltung der Kirche und bei den Entscheidungen ihrer Leitungsorgane heute spielen? Wie verstehen Sie dabei das Verhältnis der Heiligen Schrift zu anderen, kontextuellen und wissenschaftlichen, Einsichten?

Was ist für Sie entscheidende bei der Auslegung eines biblischen Textes, z.B. in Predigten oder Bibelarbeiten? Sollte die Auslegung biblischer Texte an gegenwärtige Sichtweisen angepasst werden? Wie sollten wir in evangelischen Kirchen mit voneinander abweichenden Auslegungen desselben biblischen Textes umgehen?

Gendergerechtigkeit verwirklichen – eine asiatische Perspektive

Au Sze Ngui

Zeugnis von Gottes befreiender Gnade

In Jesus Christus sind wir „durch Gnade befreit“. Wie es in Römer 5,1-2 heißt: „Da wir nun gerecht geworden sind durch den Glauben, haben wir Frieden mit Gott durch unsern Herrn Jesus Christus; durch ihn haben wir auch den Zugang im Glauben zu dieser Gnade, in der wir stehen, und rühmen uns der Hoffnung der zukünftigen Herrlichkeit, die Gott geben wird.“

Die Murut, ein indigenes Volk im malaysischen Bundesstaat Sabah, waren früher Animisten. Als das Evangelium von Jesus Christus zu ihnen kam, wurden sie von ihren Glaubensvorstellungen befreit. Sie waren verschiedensten Ängsten ausgeliefert gewesen und mussten stets auf Omen in ihrem täglichen Leben achten: wenn z. B. jemand eine Bootsreise unternehmen wollte – die Murut leben an den Ufern der großen Flüsse im Inneren von Sabah – mussten sie auf ein günstiges Zeichen warten. Wenn eine Schlange im Fluss gesehen wurde, war das ein schlechtes Zeichen, das bedeutete, dass die Reise voller Gefahren sein und das Boot vielleicht kentern oder ihnen ein anderes Unglück zustoßen würde. Wenn sie einen Vogelschwarm in eine bestimmte Richtung fliegen sahen, war das ein gutes Omen und die Reise würde glatt und sicher verlaufen. Sie hatten Angst vor Geistern und gingen niemals nach Einbruch der Dunkelheit hinaus, weil ihnen dann böse Geister hätten begegnen können, die ihnen Schaden zufügen oder sie verfluchen könnten. Alles was im Alltagsleben irgendwie ungewöhnlich war, erregte ihre Furcht, denn das Außergewöhnliche, ob Tier, Insekt oder Gegenstand, kündigte der Person, der es begegnete, Unglück an.

Durch das Evangelium wurden die Murut von ihrer Furcht befreit, die ihren früheren Glauben durchsetzt hatte und ihr Leben änderte sich. Die neue Freiheit befreite sie nicht nur von der Versklavung durch die alten Ängste, sondern auch von ihren althergebrachten Vorstellungen und Praktiken. Bei den Murut gab es eine strikte Rollenteilung zwischen Männern, Frauen und Kindern: die Männer waren Jäger und Sammler. Sie jagten und fischten und sammelten Obst und Gemüse, um ihre Familien zu versorgen. Die Frauen blieben zuhause, kümmerten sich um die Kinder und die Behausungen, kochten, bauten Gemüse auf den Feldern an und suchten ergänzende Nahrung im nahe gelegenen Dschungel. Die Kinder hatten wenig Pflichten, obwohl sie im Haushalt und bei einfachen bäuerlichen Arbeiten mithelfen mussten. Wenn sie größer waren, lernten sie Jagen und Kochen, je nach Geschlecht.

Nachdem die Murut die christliche Botschaft von Gottes befreiender Gnade kennengelernt hatten, veränderte sich die traditionelle Rollenverteilung von Männern, Frauen und Kindern. Obwohl die Murut-Männer immer noch für ihre Familien jagten und fischten und die Frauen immer noch vor allem mit Haushaltspflichten beschäftigt waren, fingen nun die Frauen an, ihre Meinungen zu äußern, auch wenn die Männer den größeren Einfluss bei Entscheidungen behielten. Zwar sind die Frauen immer noch die Köchinnen und Hausfrauen, doch haben sie nun dank der Kirche angefangen, am gesellschaftlichen Leben auf die verschiedenste nicht-traditionelle Weise teilzunehmen. Die Frauen wurden in verschiedenen Bereichen der Kirche aktiv. Sie begannen an der Gestaltung der Gottesdienste mitzuarbeiten, indem sie etwa den Kirchengesang anleiteten; sie unterrichteten die Kinder in der Sonntagsschule und übernahmen so eine Schlüsselrolle in der Schulerziehung.

Die größte Veränderung in den Geschlechterrollen fand im Bereich der Kirchenleitung statt. Heutzutage werden auch Frauen als Leitungsverantwortliche gewählt und ihre Schlüsselrolle in der Kirche wird anerkannt. Selbst die Murut-Männer erkennen an, dass innerhalb der Kirche die Frauen eine Kraft sind, „mit der man rechnen muss", und in der Murut-Gesellschaft im Ganzen sind die Stimmen der Frauen nun ebenfalls zu hören. Zum Beispiel ist in der kleinen Gemeinde Mansaso in der Tenom-Region in Sabah eine Frau Vorsitzende des Kirchenvorstandes. Überlieferte Geschlechterrollen, die Frauen und Männer in begrenzte Handlungsfelder einschlossen, wurden durch die inklusive und befreiende Botschaft des Evangeliums verändert.

Das Grundsatzpapier Gendergerechtigkeit im LWB und seine Relevanz in spezifischen asiatischen Kontexten

Inklusivität ist einer der Grundwerte des LWB. Seit der zweiten Vollversammlung des LWB im Jahr 1952 sind Frauen an den Leitungsstrukturen des LWB als Ratsmitglieder beteiligt und in allen Versammlungen wurden Entscheidungen getroffen, um Inklusivität sicherzustellen. Heutzutage erfordern die Leitlinien des LWB, dass jeweils 40 Prozent Frauen und Männer sowie 20 Prozent Jugendliche in Räten, Symposien und Versammlungen vertreten sind. Darüber hinaus gilt:

> Die Quoten einzuhalten allein reicht nicht aus. [...] Um den von bisherigen Vollversammlungen eingegangenen Selbstverpflichtungen zu entsprechen und das Ziel einer vollen Inklusivität zu verwirklichen, ist es dringend erforderlich, dass sich die Kirchen und die weltweite Gemeinschaft verwandeln lassen durch die Kraft, die Frauen und junge Menschen einzubringen.[1]

Dass auf diesem Weg eingeräumt wurde, dass Gewalt in den Kirchen existiert und dass Maßnahmen ergriffen werden müssen, um die Gewalt, besonders gegen Frauen, zu bekämpfen, kommt einem Sündenbekenntnis gleich. Die Kirchengemeinschaft erkannte, dass Ungerechtigkeit nicht toleriert werden darf und ihr entgegengetreten werden muss. Darum wurde 1997 auf der Neunten LWB-Vollversammlung in Hongkong

> „die Verpflichtung zur Gleichstellung der Geschlechter als eine Kernaufgabe der Kirchengemeinschaft formuliert: Gender und Macht seien aus einer theologisch und biblisch fundierten, im Glauben begründeten Perspektive zu beleuchten als Frage von Gerechtigkeit und Beziehung, und zu behandeln als Fragen der Leitungsverantwortung."[2]

Das Grundsatzpapier zur Gendergerechtigkeit (Gender Justice Policy – GJP) wurde 2013 vom LWB-Rat verabschiedet und bildet die Grundlage für die Kirchengemeinschaft auf dem Weg hin zur Gendergerechtigkeit. Es tritt für den Schutz und die Stärkung der Würde von Frauen und Männern ein, denen als nach dem Bilde Gottes Geschaffenen gemeinsam die verantwortliche Haushalterschaft über die Schöpfung obliegt. Das Ziel der Politik der Gendergerechtigkeit ist das Streben nach der Verwirklichung der durch

[1] Vgl. **https://youngreformers.lutheranworld.org/sites/default/files/documents/DTPW-WICAS_Gender_Justice-DE.pdf**, 18.
[2] A. a. O., 18.

Gottes Gnade bewirkten Befreiung. Es geht darum, die institutionellen, kulturellen und zwischenmenschlichen Systeme der Privilegierung und Unterdrückung aufgrund des Geschlechts zu zerstören, d. h. die Machtsysteme, die die Diskriminierung aufrechterhalten. Um dieses Ziel zu erreichen, will das Grundsatzpapier „Haltungen und Instrumente anbieten, die zur Gendergerechtigkeit beitragen, um so inklusive und nachhaltige Gemeinschaften und Kirchen zu verwirklichen."[3]

Nach dem Verständnis des LWB ist die theologische Grundlage des Grundsatzpapiers eingebettet in den biblisch-theologischen Gedanken von der Rechtfertigung aus Gnade durch den Glauben: „Gerechtfertigt zu sein bedeutet, befreit zu sein von dem, was uns bindet (vgl. Röm 5)."[4] Als Christen glauben wir, dass Gott uns geschaffen hat (Gen 1,27); wir alle Sünder sind (Röm 3,23); Christus als einer für alle gestorben ist (2 Kor 5,14-15); wir alle durch den Glauben gerechtfertigt sind (Röm 5,1-2). Deswegen sind wir alle gleich in Christus Jesus und streben nach Gendergerechtigkeit für alle, genau wegen dieser gemeinsamen Basis. Darum ist Gendergerechtigkeit für uns in der LWB-Kirchengemeinschaft „eine Frage des Glaubens"[5].

Die Methodologie zur Verwirklichung der Gendergerechtigkeit, die in dem Grundsatzpapier vorgeschlagen wird, lautet: Sehen – Prüfen/Urteilen – Handeln. Dies bedeutet das Wahrnehmen der jeweiligen Realität und des jeweiligen Kontextes, die Anwendung biblisch-theologischer Konzepte sowie allgemein anerkannter Menschenrechtsgrundsätze zur Prüfung dieser Realität und der im Kontext bestehenden zentralen Problemstellungen. Nach der Wahrnehmung und Prüfung bedarf es der Einigung auf Maßnahmen, die für den konkreten Kontext ergriffen werden sollen.[6]

Wenn wir nun die im Grundsatzpapier vorgeschlagene Methodologie anwenden, erfordert dies, dass wir in einem ersten Schritt die Wirklichkeit der Murut-Gesellschaft „sehen" und diese Wirklichkeit im Lichte der Prinzipien von Inklusivität und Gerechtigkeit als Bestandteile der Lehre des Evangeliums „prüfen/beurteilen".

Die Veränderungen in der Murut-Gesellschaft zeigen sehr deutlich, wie die Botschaft des Evangeliums sie von den Ängsten, die Teil ihrer früheren Glaubensvorstellungen waren, befreit hat. Die Murut fingen an, einander in einem anderen Licht zu sehen – im Licht von Gottes Gnade – und zu verstehen, dass wir alle Sünder sind, die durch den Glauben gerechtfertigt sind und erlöst durch das Blut des Herrn Jesus Christus. Deswegen sind alle in den Augen Gottes gleich. Es gibt keinen größeren Sünder oder besseren

---

[3] A. a. O., 9.
[4] A. a. O., 24.
[5] A. a. O., 1.
[6] A. a. O., 14.

Heiligen, denn „sie sind allesamt Sünder und ermangeln des Ruhmes, den sie bei Gott haben sollten" (Röm 3,23). Christus starb als einer für alle. Darum ist jeder Sünder, ob Mann oder Frau, befreit von der Strafe für seine Sünden, neugeboren und ein neuer Mensch.

> Denn ihr seid alle durch den Glauben Gottes Kinder in Christus Jesus. Denn ihr alle, die ihr auf Christus getauft seid, habt Christus angezogen. Hier ist nicht Jude noch Grieche, hier ist nicht Sklave noch Freier, hier ist nicht Mann noch Frau; denn ihr alle seid allesamt einer in Christus Jesus. (Gal 3,26-28)

Darum sind wir in unseren eigenen Familien, Gemeinschaften, über Kulturen, Nationen, Völker und Geschlechter hinweg, eins in Christus Jesus als Gottes Kinder. Darum, wenn wir alle Gottes Kinder sind, befreit durch Gottes Gnade, gerechtfertigt durch Glauben, sollen wir Gottes Licht und Salz in dieser Welt sein.

Obwohl wir Gottes Kinder sind, leben wir immer noch in dieser gefallenen Welt und müssen uns täglich mit den Folgen der Sünde in unseremLeben auseinandersetzen. Die Murut-Gesellschaft verändert sich weiterhin. Zwar wird den Frauen nun mehr Raum gegeben, so dass sie ihre Stimme erheben können und an Entscheidungen betreffs der Familie, der Gemeinschaft und der Kirche Anteil haben, doch wird weiterhin erwartet, dass sie bestimmte Erwartungen erfüllen und in Übereinstimmung mit dem traditionellen Verständnis der „Frauenrolle" leben. Beispielsweise waren während des Besuches einer Gruppe aus einer städtischen Kirchengemeinde eine Reihe von Murut-Männern ziemlich schockiert beim Anblick von Jugendlichen beiderlei Geschlechts dieser Besuchsgruppe, die gemeinsam beim Geschirrspülen halfen. Auf einen der Jugendlichen zeigend, fragte einer der Männer: „Ist das nicht Frauen- oder Mädchenarbeit? Warum spült er das Geschirr?" Einer der Mitglieder der Besuchsgruppe, von Beruf Lehrer, entgegnete, jeder ungeachtet des Geschlechts sei verantwortlich für die Hausarbeiten, insbesondere wenn sowohl die Frauen und die Männer auch außerhalb des Hauses Pflichten zu erledigen hätten.

Eine derartige Situation ist bei vielen Mitgliedern der LWB-Gemeinschaft Realität. In der Kultur und Gesellschaft der Murut gibt es immer noch Ungleichheit. Innerhalb der christlichen Murut-Gemeinschaft gibt es immer noch institutionelle, kulturelle und zwischenmenschliche Diskriminierung. Wie können Kirchen und christliche Gemeinschaften Diskriminierung und Ungleichheit abschaffen?

Als erstes müssen wir einander im Lichte von Gottes Gnade sehen. „Denn aus Gnade seid ihr selig geworden durch Glauben, und das nicht aus euch: Gottes Gabe ist es, nicht aus Werken, damit sich nicht jemand rühme" (Eph 2,8-9). Gottes Gnade ist es, die mich errettet, eine Frau. Gottes

Gnade ist es, die mich errettet, einen Mann. Gottes Gnade errettet, nicht Geschlecht, nicht Klasse, nicht Institutionen, nicht Kultur. Wenn ich gerettet bin durch Gottes Gnade und du gerettet bist durch Gottes Gnade, dann sind wir alle auf derselben Ebene und dies muss alle, ungeachtet ihrer Kultur und Volkszugehörigkeit, unter den Schirm von Gottes Gnade stellen. Wenn du auf einen anderen Menschen herabsiehst, siehst du auf Christus herab. Wo wir von der Sünde errettet sind durch Christus, können wir da noch irgendetwas tun, das den Herrn Jesus Christus schmerzen würde?

Als Zweites würde ich gerne noch einmal das oben erwähnte Beispiel der kirchlichen Besuchsgruppe anführen. Als die städtische Kirchengruppe mit der dörflichen Murut-Gemeinschaft in Kontakt kam, stellte sie fest, dass die Arbeit unter ihnen ungleich verteilt war. Während des Sonntagsgottesdienstes bat der Gottesdienstleiter die für die Leitung des Kirchengesangs zuständige Person, zu kommen und den Gesang anzuleiten. Da die betreffende Person nicht anwesend war, musste jemand anderes einspringen. Später während des Gottesdienstes trugen die Frauen der Gemeinde ein Lied vor. Unter ihnen befand sich eine Frau, die ein kleines Baby trug. Es stellte sich heraus, dass sie die Gesangsleiterin war, die der Gottesdienstleiter vorher aufgerufen hatte. Wie einige der Besucher bemerkten, war diese Frau auch eine der Köchinnen, die ihnen am Morgen das Frühstück zubereitet hatten. Sie war offensichtlich durch ihre verschiedenen Aufgaben an diesem Tag so überlastet – weil sie ja den Besuchern helfen und zugleich sich um ihr kleines Kind kümmern musste –, dass sie es nicht geschafft hatte, rechtzeitig in die Kirche zu kommen. Dieses Beispiel zeigt, dass in der Murut-Gemeinschaft, so wie in vielen Mitgliedskirchen des LWB, die Arbeit nicht gleich verteilt ist.

Als durch Gottes Gnade Befreite sind wird aufgefordert, diese Ungleichheit zu überwinden. Wir sollten überlegen, wie wir gemeinsam auf dem Weg zur Heiligkeit und Christusähnlichkeit voranschreiten können. Wir sollten darüber diskutieren und aufgreifen, was in dem Grundsatzpapier Gendergerechtigkeit gesagt wird: die befreiende Gnade Gottes ist ein Segen für alle – Männer und Frauen.

Drittens sollten wir in unserem Kampf gegen Diskriminierung und für Inklusivität nicht denken, dass dieser Kampf nur einen Teil der Gemeinschaft betrifft. Gendergerechtigkeit ist Gerechtigkeit für alle, nicht nur für Frauen. Die Reformation ist Reformation für alle, nicht nur für einige. Die Verbreitung des Grundsatzpapiers GJP wird Diskussionen zwischen Männern und Frauen in den Mitgliedskirchen unser Gemeinschaft ermutigen und unsere Mitgliedskirchen anregen, die Reformation mit Blick auf die Genderthematik und im Licht des kommenden 500-jährigen Reformationsjubiläums zu betrachten. Befreiende Gnade heißt, auf sich selbst, die eigene Familie, Kirche, Gemeinschaft und Nation in einem neuen Licht zu schauen – dem Licht Jesu Christi. Befreiende Gnade öffnet die Tür zu

Reform und zur Erneuerung aller Beziehungen. Die erste dieser erneuerten Beziehungen ist die zwischen Mensch und Gott.

Durch unsere Rechtfertigung durch Glauben in Christus Jesus wird uns das Privileg gewährt, Gottes Kinder zu werden. Gott hat den Schuldbrief für unsere Sünden getilgt. Römer 5,6-8 beschreibt diese veränderte Beziehung:

> Denn Christus ist schon zu der Zeit, als wir noch schwach waren, für uns Gottlose gestorben. Nun stirbt kaum jemand um eines Gerechten willen; um des Guten willen wagt er vielleicht sein Leben. Gott aber erweist seine Liebe zu uns darin, dass Christus für uns gestorben ist, als wir noch Sünder waren.

Dies bedeutet, Gottes Gnade befreit uns und durch unseren Glauben sind wir gerechtfertigt, damit wir in Beziehung zu Gott stehen und der Heilige Geist in uns wohnt. Wir sind verändert, denn wir haben nun Gott in uns. Erneuerte Beziehungen beginnen zwischen Gott und den Menschen, die alle anderen Beziehungen durchdringen müssen. Auch die Beziehung, die eine Heirat schafft, muss diese Befreiung durch Gottes Gnade widerspiegeln. Es muss eine gleiche Verteilung der Verantwortung und Aufgaben geben: Männer und Frauen teilen die Arbeit in der Ehe, bauen ein Heim auf, erziehen die Kinder, kümmern sich um Eltern und andere ältere Familienmitglieder, ohne dabei ihr eigenes geistliches Leben als Gottes Kinder ganz aufzugeben. Es ist also wichtig, das die Beziehungen im Bereich der Familie erneuert werden; es sollte keine Bevorzugung geben. Unser Glaube gründet auf Gerechtigkeit und Fairness und das sollte auch unsere Familienbeziehungen bestimmen. Es ist von entscheidender Bedeutung, dass die Familienbeziehungen unter die befreiende Gnade Gottes gelangen, denn die Familie, wie immer man sie in verschiedenen Kontexten auffasst und definiert, ist die grundlegende soziale Einheit in der Welt. Die Rechtfertigung durch den Glauben sollte also auf der Ebene der Familie sichtbar werden durch die Durchsetzung der Gendergerechtigkeit. Gendergerechtigkeit befreit die Mitglieder einer Familie dazu, besser füreinander da zu sein, indem sie verschiedene Aufgaben und Rollen übernehmen, die nicht immer mit den „traditionellen" Geschlechterrollen übereinstimmen. Dies bedeutet auch, dass Töchter die gleichen Ausbildungsmöglichkeiten erhalten wie Söhne. In einigen Teilen der LWB-Gemeinschaft ist das durchaus noch nicht selbstverständlich.

Die kulturellen Traditionen vieler Völker fließen in die Gemeinschaft des LWB ein. Auch Traditionen und kulturelle Gebräuche, die leider nicht durch Gottes Gnade erneuert wurden, sind Farben im Gesamtbild der verschiedenen Mitgliedskirchen. 77 Prozent der Mitgliedskirchen haben Frauenordination. Es bleiben aber noch 23 Prozent, die sie nicht haben.[7] Das

[7] A. a. O., 17.

ist ein Beispiel für Exklusivität in unserer eigenen Kirchengemeinschaft. Das Grundsatzpapier Gendergerechtigkeit im LWB appelliert an die Mitgliedskirchen, gemeinsam diese Leitlinien zu studieren und zu erkennen, welche Bedeutung es hat, Gottes befreiende Gnade alle Bereiche der Kirche durchdringen zu lassen, so dass Erneuerung und Reformation in uns allen stattfindet und wir als LWB-Kirchengemeinschaft Christus sichtbar tragen, Licht und Salz dieser Welt sein und den Herrn Jesus Christus bekunden und die befreiende Gnade Gottes bezeugen können.

In jeder unserer Gesellschaften müssen wir auch weiterhin für eine kontinuierliche Erneuerung der Beziehungen eintreten, denn Gott hat uns seine Gnade geschenkt und unsere Beziehung zu ihm erneuert. So wie Gott inklusiv ist, müssen auch wir inklusiv sein; so wie Gott gerecht ist, müssen auch wir gerecht sein. Wir müssen die Gesellschaft als Christen betrachten und nicht als Kenianer, Deutsche, Chinesen, Australier oder Brasilianer. Wir müssen erkennen, dass wir befreit sind, um Jünger Christi zu sein und Gottes Gnade in alle Teile der Welt und in alle Beziehungen hineinzutragen. Angesichts des näher rückenden 500. Reformationsjubiläums müssen wir als Lutheraner in der LWB-Kirchengemeinschaft über unsere eigene Kirche und Gesellschaft im Licht der befreienden Gnade nachdenken und unser Urteil abgeben. Wenn es noch Diskriminierung, Ungleichheit und Ausgrenzung gibt, haben wir das Ziel nicht erreicht. Manchmal braucht es einen Katalysator von außerhalb der Gemeinschaft, um Veränderung in Gang zu bringen, und es ist die Hoffnung des LWB, dass die GJP dieser Katalysator sein wird, der „den Weg der Gemeinschaft hin zu Inklusivität“[8] unterstützt. Wenn wir durch Gottes Gnade befreit sind, sind die Tür für Veränderung und Reformation geöffnet. Ohne Gnade kann es keine Veränderung geben, denn dann werden wir alle so bleiben, wie wir immer gewesen sind. „Darum: Ist jemand in Christus, so ist er eine neue Kreatur; das Alte ist vergangen, siehe, Neues ist geworden. Aber das alles von Gott, der uns mit sich selber versöhnt hat durch Christus und uns das Amt gegeben, das die Versöhnung predigt“ (2 Kor 5,17-18). So wie die inklusive Tätigkeit des Geschirrspülens von männlichen und weiblichen Jugendlichen ein Ereignis auf lokaler Ebene war, das die Augen geöffnet hat, steht zu hoffen, dass das Grundsatzpapier Gendergerechtigkeit auch der LWB-Gemeinschaft die Augen öffnen wird. Ich stelle mir vor, wie die Gemeinschaft der Murut, Frauen wie Männer, zusammenkommt, um das Grundsatzpapier zu studieren, nachdem es in ihre Sprache übersetzt worden ist, und darüber berät, wie die Ungleichheit der Geschlechter in ihrer Gemeinschaft überwunden werden kann. So wie die befreiende Gnade Gottes den Murut Befreiung von Ängsten und dem Glauben an Omen geschenkt

[8] A. a. O., 1.

hat, ist es meine Hoffnung, dass das Grundsatzpapier Gottes befreiendes Gnadenmittel für die Reformation nicht-inklusiver sozialer, institutioneller und kultureller Normen sein wird. Diskriminierende soziale Normen begrenzen und schmälern die Kreativität einer Gemeinschaft ebenso wie den Beitrag, den sie zur LWB-Kirchengemeinschaft und zum Leib Christi als Ganzes erbringen könnte.

Die Reformation und das Fortschreiten der Reformation von Personen, Gemeinschaften und Institutionen

„Gendergerechtigkeit bedeutet also, dass Frauen und Männer gemeinsam ihr Leben auf der Grundlage von Partnerschaft und Gerechtigkeit organisieren."[9] Die Reformation begann nicht außerhalb, sondern innerhalb der Kirche. Martin Luther rief zur Reformation auf, um das zu korrigieren, was in der Kirche falsch war. Heute rufen wir für eine Reformation innerhalb der LWB-Kirchengemeinschaft auf, damit Gendergerechtigkeit sich durchsetzt. Wir rufen auf zum Ende der Diskriminierung und zur Inklusion aller. Und all dies unter der befreienden Gnade Gottes, die Erneuerung und Reform gewährt.

Da wir in der eschatologischen Spannung zwischen dem Jetzt und Noch-Nicht leben, versteht es sich von selbst, dass wir es auf dem Weg zur Heiligkeit immer noch mit der Sünde und ihren Auswirkungen in der Welt zu tun haben. Befreiung von der Knechtschaft der Sünde ist der Anfang unseres Strebens nach Gerechtigkeit: wir sind frei; wir haben Vergebung erlangt; wir empfangen die Gnade Gottes. Wir sind frei, uns und die Welt zu verändern. Es gibt viele Beispiele dafür, wie das Christentum durch seine Unterstützung der Neubewertung „traditioneller" Praktiken als Kraft des Wandels gewirkt hat. Als christliche Missionare im 18. Jahrhundert nach China kamen, wurden sie Zeuge des schrecklichen Brauches des Füßebindens. Jungen Mädchen im Alter zwischen vier und neun Jahren wurden die Füße mit Bandagen abgebunden, die Zehen unter die Sohle und der Fußrücken in Richtung Ferse gebogen. Wenn die Mädchen ausgewachsen waren, hatten sie so kleine Füße, dass sie nur mit Mühe, mit taumelnden und tänzelnden Schritten, laufen konnten. Die Missionare riefen zu einer Beendigung dieses Brauchs auf und chinesische Christinnen engagierten sich später ebenfalls in einer Kampagne zum Verbot des Füßebindens, das dann offiziell Anfang des 20. Jahrhunderts verboten wurde. Demütigende Praktiken wie diese gibt es auch heute noch. Die LWB-Abteilung Frauen in Kirche und Gesellschaft hat

[9] A. a. O., 24.

Projekte in Kenia, Tansania und Äthiopien unterstützt, die über die Weibliche Genitalverstümmelung (Female Genital Mutilation, FGM) aufklären und dieser Praxis ein Ende setzen sollen. Versuche, eine Gemeinschaft zu verändern, sind dann am erfolgreichsten, wenn sie aus dem Innern der Gemeinschaft selbst erwachsen. William Wilberforce (1759–1833) z. B. setzte sich für die Abschaffung der Sklaverei und des Sklavenhandels im Britischen Empire ein. Sein christlicher Glaube war dabei der Hauptbeweggrund für seinen Kampf gegen den Sklavenhandel. Die Sklavenhalter im Britischen Empire waren alle selbst nominell Christen, ebenso die Mitglieder des Britischen Parlaments, das den Sklavenhandel sanktionierte. Wilberforce hatte Erfolg in seinem Kampf, es gelang ihm schließlich, das Parlament von der Unmenschlichkeit des Sklavenhandels zu überzeugen.

Es sind immer Menschen nötig, die in ihren Gemeinschaften eine prophetische Stimme gegen ungerechte Praktiken erheben. Innerhalb unserer LWB-Kirchengemeinschaft brauchen wir ebenfalls Menschen, die aus ihrem Glauben heraus und in dem Verständnis, dass sie durch Gottes Gnade befreit sind, ihre Stimme gegen Ausgrenzung in ihren Kontexten erheben.

Eine Kollegin von mir gehört zu den Murut. Sie ist eine Evangelistin, ausgebildet eine Gemeinde zu leiten und das Wort Gottes zu verkünden. Sie ist sehr kompetent und ihre Familie unterstützt ihren Wunsch, Gott in einem kirchlichen Amt zu dienen. Aufgrund ihrer schlechten Gesundheit kann sie nicht auf der Farm in ihrem Heimatort arbeiten. Sie fühlte sich deshalb von Gott in die Stadt und in dieses Amt gesandt. Wenn Gottes befreiende Gnade ihre Mitmenschen, die Murut, nicht erneuert und verändert hätte, wäre sie wohl nicht in der Lage gewesen, Gott als Kirchenleiterin in seiner Kirche zu dienen, gleichermaßen akzeptiert und anerkannt von Männern und Frauen der Gemeinde. Allerdings findet ihre Großfamilie es weiterhin sehr wichtig, dass sie „eine gute Ehefrau“ ist, und obwohl die Familie glücklich über ihren Sohn ist, der die Abstammungslinie der Familie sichert, ist ihre Schwiegerfamilie doch sehr unglücklich, dass ihre Gesundheit es ihr nicht erlaubt, weitere Kinder zu bekommen. Sie und ihr Ehemann haben einen Weg gefunden, die Aufgaben im Haus und an der Arbeit gemeinsam zu bewältigen, ohne einen von ihnen zu überlasten. Dies ist ein Fall, wo die Reform der „traditionellen Rollen in der Familie“ innerhalb der Kernfamilie bereits stattgefunden hat, während der größere Familienverband da noch einige Arbeit vor sich hat.

Von den Mitgliedskirchen des LWB wird erwartet, dass sie

- das Grundsatzpapier anerkennen,
- die eigene Situation in partizipatorischer Form analysieren hinsichtlich ihrer Stärken und Schwierigkeiten im Ringen um Gendergerechtigkeit,

- die Teilhabe von Frauen und Männern am Leben der Kirche untersuchen hinsichtlich ihrer Präsenz in Entscheidungsprozessen und ihres Zugangs zu theologischer Aus- und Weiterbildung, sowie Maßnahmen ergreifen gegen mögliche Ungleichheiten in diesen Bereichen,
- Frauen und Männer ermutigen, [...] über die von ihrer Kultur traditionell vorgegebenen Aufgaben im kirchlichen und gesellschaftlichen Leben hinaus[zugehen],
- Führungsverantwortliche in den Kirchen dazu ermutigen, diejenigen Auslegungen von Schrifttexten, die ein neues Licht auf die Rollen und Pflichten von Frauen und Männern werfen, zu diskutieren und über sie zu reflektieren.[10]

All diese Schritte sind wichtig, damit Reformation stattfinden kann. Es wird in unser aller Leben immer Sünde geben. Es wird immer den Unterschied zwischen Gott und uns geben, aber ist es nicht wundervoll, dass uns der gute Weg gezeigt wurde; dass die Sünde nicht mehr die Macht über uns hat wegen Gottes Gnade, weil wir durch den Glauben gerechtfertigt sind? Strengen wir uns also an und denken darüber nach, wie Gottes befreiende Gnade uns frei machen könnte, damit Gendergerechtigkeit und Inklusivität in jeder Mitgliedskirche des LWB verwirklicht wird.

Fragen

Auf welche Weise sind Frauen und Männer in Ihrem Kontext in Kirche und Gesellschaft überlastet? Nennen Sie Beispiele.

Wie weit breitet sich Gottes befreiende Gnade in Kirche und Gesellschaft in Ihrem Kontext aus und betrachtet Ihre Kirche Gerechtigkeit als Teil von Gottes befreiender Gnade?

Wie können Genderungerechtigkeit und Ausgrenzung bzw. Exklusivität in Ihrem Kontext überwunden werden? Nennen Sie praktische Beispiele aus Ihrem Kontext, die Sie umsetzen können.

[10] A. a. o., 9.

Bildung und Reformation

Elżbieta Byrtek

Die Reformation veränderte die Welt, indem sie ein neues Kapitel in der Geschichte des Christentums aufschlug und einen bedeutenden Einfluss auf verschiedene Bereiche des Lebens wie etwa Bildung, Wirtschaft, Politik und Kultur ausübte. Sie bediente sich solch neuer Wissensgebiete wie der Geographie und Astronomie und verband sie mit der Philosophie, den klassischen Sprachen (Latein und Griechisch) und neuen Erfindungen wie etwa der Druckerpresse. Sie spielte eine entscheidende Rolle im Bildungssektor, veränderte das gesellschaftliche Leben und beeinflusste entscheidend die Kindererziehung.

Ein gebildeter und mündiger Gläubiger sein

Martin Luther war der Ansicht, dass die Bibel für alle zugänglich und verständlich sein sollte. Das setzte voraus, dass alle lesen und schreiben konnten und das war eines der Ziele eines öffentliches Bildungswesens. Während der Reformationszeit wurden aber viele Klöster, die damals Erziehungsaufgaben übernahmen, geschlossen, weil viele Eltern vorzogen, ihre Kinder arbeiten und Geld verdienen zu lassen. Angesichts dieser Situation wies Luther wiederholt mit Nachdruck auf die Notwendigkeit und Bedeutung der Erziehung und Ausbildung hin, vor allem auch in seinen Predigten und Schriften (siehe z. B. „An die Ratsherrn aller Städte deutschen Landes, daß sie christliche Schulen aufrichten und halten sollen", 1524 und „Eine Predigt Martin Luthers, daß man Kinder zur Schule halten solle", 1530). Luther betonte nicht nur, wie wichtig es ist, lesen und schreiben zu können, sondern wies auch darauf hin, dass in einer sich verändernden Welt das Wissen und die Erfahrung der Eltern nicht ausreichten, um ihren Kindern beim Verständnis dieser Welt zu helfen. Ebenso wies er auf die Bedeutung einer Erziehung hin, die die Fähigkeit, eigene Entscheidungen zu treffen, und eine allgemeine Reife zum Ziel hat, und betonte, dass Wissen erforderlich sei, um sich auszudrücken zu können. Erziehung war nicht länger eine Angelegenheit der Kirche, sondern wurde eine öffentliche Aufgabe. Luther erklärte auch ganz offen, dass der Zugang zur Erziehung nicht vom Geschlecht abhänge. Bereits in seiner Schrift „An den christlichen Adel deutscher Nation", 1520, hatte er geschrieben: „Und wollte Gott, jede Stadt hätte auch eine Mädchenschule, in der die Mädchen täglich eine Stunde das Evangelium hörten, es wäre auf deutsch oder lateinisch!"[1] Er forderte, die Schulen sollten nicht nur Orte des Lehrens, Singens, Betens, Lesens und Auswendiglernens sein (wie im Mittelalter), sondern als „christliche Schulen" sich vor allem dem Erklären (lat. *explicatio*) widmen.

Philipp Melanchthon, Martin Luthers enger Weggefährte und Autor zahlreicher wegweisender theologischer Schriften, Bibelkommentare, philosophischer Schriften und Hauptautor der *Confessio Augustana*, der grundlegenden Bekenntnisschrift der lutherischen Kirchen, war ebenfalls an der Übersetzung der Bibel beteiligt. Er war ein großer Gelehrter und Erzieher, er gründete Schulen, organisierte das Schulleben und reformierte höhere Schulen und Universitäten, so z. B. die Universitäten in Wittenberg, Tübingen, Leipzig und Kopenhagen. Er brachte viele Reformen auf den Weg, nicht nur im Bildungssektor, und ermutigte andere, die Reformen weiterzuführen. Intensiv widmete er sich der Gründung neuer Schulen und erstellte auch Lehrpläne, z. B. für die Obere Schule bei St. Egidien in Nürnberg (eine höhere Schule mit Griechisch und Latein als Hauptsprachen), was zum Vorbild für fünfzig weitere Schulen wurde. Er forderte, dass jedes Kind ungeachtet seiner Herkunft eine Grundausbildung erhalten solle, und da alle Menschen vor Gott gleich sind, sollte Bildung auch allen zugänglich sein. Solche Forderungen waren damals revolutionär. Bereits früher hatten Humanisten für mehr Bildung plädiert, aber nie für eine allgemeine Bildung für alle. Mit ihrem Streben zur Befähigung der Menschen zu mündigem Christentum und zu einer Bürgerschaft, die aktiv am gesellschaftlichen Leben und dem Dienst der Kirche teilnimmt, trug die Reformation dazu bei, dass sich die Vorstellung einer Bildung für alle durchsetzte.

Für Melanchthon waren Fragen der Bildungsreform und die Schaffung der Grundlagen für ein allgemeines Schulwesen von großer Bedeutung. Er behandelte diese Themen in vielen seiner Schriften und wies auf die Notwendigkeit hin, den Glauben mit Bildung bzw. Ausbildung in Einklang

---

[1] Martin Luther, An den christlichen Adel deutscher Nation: Von des christlichen Standes Besserung, in: Martin Luther, Ausgewählte Schriften, hrsg. von Karin Bornkamm und Gerhard Ebeling, Frankfurt am Main 1982, Bd. 1, 230.

zu bringen. Für ihn war Bildung die Grundlage der Entwicklung in allen Bereichen des Lebens. Melanchthon war der Überzeugung, dass Bildung und Ausbildung das Resultat von Frömmigkeit seien und Bildung, weil sie die Gemeinschaften stärke, der Schlüssel zu ihrer Entwicklung sei. Er sagte einmal, keine Befestigungen würden eine Stadt mehr stärken. Dies könne aber nur durch gebildete, weise und talentierte Menschen erreicht werden.

Melanchthon war ein sehr populärer Lehrer und seine Vorlesungen wurden manchmal von bis zu 600 Zuhörern besucht. Seiner Überzeugung nach war Langeweile der Todfeind der Wissenschaft, er glaubte an die Freude am Lernen.

Die Einrichtung einer allgemeinen Schulbildung geht auf Melanchthon zurück. Er sah es als die Pflicht jeder lutherischen Kirchengemeinde an, eine Schule zu betreiben und einen Lehrer anzustellen. Melanchthon wurde als *Praeceptor Germaniae* (Lehrer Deutschlands) bezeichnet und gilt als einer der größten Bildungsreformer in der deutschen Geschichte. Neben ihm muss auch Johannes Bugenhagen (1485–1558) genannt werden, der eine Schlüsselrolle bei der Entwicklung eines neuen Systems des Unterrichts an Grundschulen und höheren Schulen innehatte. In verschiedenen Gebieten Europas übernahmen die protestantischen Gemeinschaften diese neuen Standards beim Aufbau ihres eigenen Bildungswesens und passten die neuen Richtlinien an ihre jeweiligen Kontexte an.

Als ein Resultat der protestantischen Aktivitäten im Bildungsbereich entwickelte sich zwischen Jesuiten und Protestanten ein Wettbewerb in der Organisation der Erziehung und hinsichtlich der Arbeit an der Übersetzung der Bibel. Während Melanchthon, Bugenhagen und andere Reformatoren die Bildungsreform unter den protestantischen Christen vorantrieben, machten die Jesuiten ihren Einfluss bei der Schaffung römisch-katholischer Schulen geltend. Sie bemühten sich auch, den Bildungsgrad unter den regulären römisch-katholischen Priestern anzuheben. Piotr Skarga (1536–1612), ein polnischer Jesuit, Prediger, Hagiograph, Polemiker und führende Figur der Gegenreformation in Polen-Litauen, beschreibt den traurigen Zustand der Bildung vieler Priester in der Reformationszeit. Nach seinen Darstellungen benutzte sogar eine Vielzahl von Gelehrten hauptsächlich Übersetzungen, die Originale und die „eingestaubten Bibeln“ lagen oft unbenutzt daneben.

Die Bedeutung der volkssprachlichen Bibelübersetzungen und der Katechismen

Für die Reformatoren war es von hoher Bedeutung, die Bibel auch sprachlich leicht zugänglich zu machen, denn sie wollten ja, dass alle sich mit ihr beschäftigten. Dies war auch ein Motiv für die Entwicklung eines allgemeinen Bildungswesens. Diejenigen, die bislang den Glauben und seine Grundsätze noch nicht recht verstanden hatten, sollten in die Lage versetzt werden, verständlich über ihren Glauben mit Hilfe richtiger Begriffe und Erfahrungskonzepte zu sprechen. Deshalb war für Martin Luther entscheidend, dass die Menschen die Bibel in ihrer eigenen Sprache lesen konnten. Luther erkannte die Wichtigkeit der Bibel und was ihre Übersetzung für die Gläubigen bedeuten würde. Um das Wort Gottes in einer allen verständlichen Sprache zu verbreiten, ermöglichten die Reformatoren den Menschen den direkten Zugang zur Bibel. Es gab zwar schon vor der Reformation einige Übersetzungen der gesamten Bibel oder von Teilen daraus, diese waren aber dem Volk und selbst vielen Priestern nicht zugänglich.

Martin Luther machte auch Gebrauch von dem spätmittelalterlichen Genre des Katechismus, einer Sammlung von Erklärungen der Grundsätze der christlichen Lehre. Die Katechismen wurden sehr populär bei den Laien, weil sie eine einfache aber umfassende Erklärung des christlichen Glaubens darstellten; sie ermutigten zu theologischer Reflexion und Freiheit anstelle von Uniformität im Leben der Kirche. Luthers „Kleiner Katechismus" oder andere ähnlich gestaltete Katechismen wurden bereits in der Reformationszeit in verschiedene Sprachen übersetzt (z. B. ins Finnische, Polnische, Estnische, Slowenische etc.). Vielfach waren die Katechismen die ersten in diesen Sprachen gedruckten Bücher und dadurch Meilensteine in der Entwicklung der jeweiligen Schriftsprache.

So spielten auch in Polen die Übersetzungen der Bibel und die Katechismen eine große Rolle bei der Entwicklung der Schriftsprache. Die erste durch die Reformation ausgelöste Veröffentlichung einer vollständigen Bibel in polnischer Sprache datiert auf 1563. Nach Darstellung des polnischen Historikers Stanisław Sarnicki (1530–1594) gab es vorher nur drei Orte in Polen, wo überhaupt Bibeln zu finden waren: eine hatte der König, die zweite gehörte dem Erzbischof und die dritte war im Besitz der protestantischen Familie Ostroróg. Vor der Veröffentlichung dieser vollständigen Ausgabe der Bibel in polnischer Sprache waren bereits Teile, z. B. die Psalmen, übersetzt worden. Neue Übersetzungen der Psalmen, die während der Reformation und in der Zeit danach erschienen, trugen dazu bei, die Liebe zu den Psalmen zu vertiefen. Im Jahr 1545 wurde die Übersetzung der Psalmen durch Mikołaj Rej veröffentlicht, weitere polnische Übersetzungen folgten.

Die erste Übersetzung des Neuen Testaments (1551/1552) wurde von Stanisław Murzynowski (1527/28–1553) erstellt, einem polnischen Schriftsteller, Übersetzer und lutherischen Aktivisten der Reformationszeit. Murzynowski war Luther und Melanchthon während seines Studiums in Wittenberg begegnet. Seine Übersetzung erschien in mehreren Ausgaben in Królewiec/Königsberg, heute Kaliningrad, und wurde sogar von römischen

Katholiken benutzt, die keine eigene Übersetzung besaßen. Man hat gesagt, sie sei für Polen als Nation von noch größerer Bedeutung gewesen als etwa die Einverleibung neuer Gebiete in das polnische Königreich durch den König. Die Übersetzung wurde zur Zeit des Höhepunkts der Reformation in Polen abgeschlossen und dies trotz einer Reihe von Schwierigkeiten, deren bedeutendste das Fehlen einer passenden Begrifflichkeit war, was zur Folge hatte, dass viele Wörter und Sätze wortwörtlich übersetzt wurden. Es gab damals viele protestantische Gemeinden in Polen, deren Zahl konstant zunahm und das entsprechende Bedürfnis, die ganze Bibel und nicht nur Teile in Polnisch lesen zu können.

Mikołaj Czarny Radziwiłł (1515–1565), genannt „der Schwarze", übernahm die Veröffentlichungskosten der vollständigen Bibelübersetzung (3000 Dukaten). Die Brest-Bibel (polnisch *Biblia Brzeska*) war die erste vollständige protestantische Bibelübersetzung in die polnische Sprache, sie wurde 1563 in Brest publiziert und war König Sigismund II. August gewidmet. Die Widmung zeugt von der Stärke des evangelischen Glaubens. Die Übersetzer hatten von der Arbeit vieler Gelehrter profitiert und auch von den Übersetzungen der Bibel, die von anderen Gemeinschaften bereits erstellt worden waren. Die Brest-Bibel ist das Resultat der Zusammenarbeit zwischen Gelehrten der verschiedensten Gebiete – Naturwissenschaftler, Linguisten und Theologen.

Die Brest-Bibel, die sich auch an der französischen Übersetzug von Lefèvre d'Étaples orientierte aber nicht an der älteren polnischen katholischen Übersetzung der Vulgata, ist die erste polnische Bibelübersetzung, die auf die Originalsprachen zurückgeht und Treue zum Original mit einem Sinn für die Schönheit der Sprache verbindet. Das erinnert an die Forderung Luthers, dass ein Übersetzer einen großen Vorrat an Worten haben müsse. Er sollte aufmerksam hören, was die Mutter im Haus, die Kinder auf der Straße und die einfachen Leute auf dem Markt sagen und auf eine Art und Weise übersetzen, dass sie den übersetzten Text auch verstehen können. Die Brest-Bibel enthält einen beigefügten Text zum Nutzen des Umgangs mit der Bibel, des Weiteren zu der nun vorliegenden Übersetzung, zum Inhalt der Bibel und der Anordnung der biblischen Bücher und schließlich auch Hinweise, wie die Bibel im Jahreslauf gelesen werden könnte. Sie wurde in großen gotischen Lettern gedruckt, mit Anmerkungen versehen und auf dem Titelblatt und im Alten Testament mit sehr schönen Holzschnitten geschmückt. Im Vorwort erläutern die Übersetzer ihre Arbeit und ihr Bestreben, eine treue Übersetzung aus den Originalsprachen Hebräisch und Griechisch zu geben. Die Übersetzung ist das Werk protestantischer Theologen, die während der schönsten Zeit der polnischen Reformation lebten. Die Kraft und Majestät jener Bibelausgabe steht im Einklang mit der Stärke der reformatorischen Bewegung jener Tage.

Sonntagsschulen und Konfirmationsvorbereitung

Sonntagsschulen gibt es seit dem späten 18. Jahrhundert. Da viele Kinder die Woche über schwer arbeiteten, war das Schreiben- und Lesenlernen das Hauptziel der Sonntagsschulen. Die Bibel war ein wichtiges Lehr- und Lernmittel und die Hauptquelle des christlichen Glaubens. Im 19. Jahrhundert wurden die Sonntagsschulen auch „Bibelklassen" genannt. Später entwickelte sich daraus der Kindergottesdienst, der von Pfarrern oder Laien geleitet wurde.

Die Geschichte der Konfirmandenarbeit zeigt, dass sie auch eine bedeutende Rolle im Grundschulunterricht spielte. Der Konfirmation ging eine Zeit intensiver Vorbereitung voraus. Die Schüler besuchten lutherische Konfirmandenklassen, in denen alle Kinder und Jugendlichen den fast gesamten Text von Luthers Kleinem Katechismus auswendig lernen mussten. Das war für sie ein wirkliches Lehrbuch, das ihnen bei der Entwicklung ihrer sprachlichen Fähigkeiten half.

In den nordischen Ländern hatten die Konfirmandenarbeit und die Konfirmation ihre eigene Bedeutung. In Dänemark z. B. war dies nicht nur eine rein kirchliche Angelegenheit, sondern stand auch im Zusammenhang mit Bürgerrechten und -pflichten. In Norwegen wurde 1736 ein Konfirmationsgesetz erlassen, nach dem der Konfirmationsunterricht die erste Stufe eines öffentlichen Schulwesens darstellte. Er trug wesentlich zur Entwicklung der Schulerziehung bei. Der Konfirmationsunterricht hatte bestimmte feste Elemente – den Unterricht mit der abschließenden Präsentation des erworbenen Wissens, ein öffentliches Glaubensbekenntnis und die Teilnahme am Abendmahl. Darüber hinaus waren im 18. und 19. Jahrhundert einige Bürgerrechte, wie z. B. die Möglichkeit zu heiraten und sogar die, ein Bankkonto zu eröffnen, von der erfolgten Konfirmation abhängig. In Schweden wurde die Katechese von der Lutherischen Kirche eingeführt. Es wurde im Kirchengesetz von 1668 festgelegt, dass die Kirche für die Vermittlung von Lese- und Schreibkenntnissen verantwortlich ist. Das wichtigste Lehrfach war der Religionsunterricht, der die Schülerinnen und Schüler auf die Konfirmation vorbereitete. Die Kirche arbeitete eng mit der Schule zusammen und oft war der örtliche Pfarrer auch der Schulleiter. Diese enge Verbindung zwischen Schule und Kirche hatte lange Zeit Bestand, wurde dann aber zunehmend schwächer. Aufgrund neuer Schulverordnungen im Jahr 1919 wurde Luthers Katechismus durch verschiedene Schulbücher ersetzt und die Schulen wurden nicht-konfessionelle Einrichtungen. In Finnland wurde während der Epoche der lutherischen Orthodoxie ein staatskirchliches System eingeführt, dass seit 1686 offiziell Teil des Kirchengesetzes war. Die Evangelisch-Lutherische Kirche Finnlands war für das gesamte nationale Erziehungssystem verantwortlich und Konfirmationsklassen wurden geschaffen, um die Ausbildung der Bevölkerung zu gewährleisten. Um heiraten zu können, musste man die Heilige Kommunion empfangen haben und Luthers Kleinen Katechismus kennen, was voraussetzte, dass man des Lesens und Schreibens kundig war.

Neben den wichtigen Sonntagsschulen und der Konfirmandenarbeit wären da noch andere neue Initiativen zu erwähnen, die schulische, diakonische und missionarische Aufgaben miteinander verbanden und insbesondere im 19. Jahrhundert in einem städtischen Umfeld entstanden. Ein bekanntes Beispiel, das dann Vorbild für viele ähnliche diakonische Initiativen wurde, stellt die Gründung der Inneren Mission dar. Sie erwuchs aus der deutschen Evangelisationsbewegung und wurde von Johann Hinrich Wichern (1808–1881) 1848 in Hamburg begründet (Wichern war dazu teilweise durch die Stadtmission in London und Glasgow angeregt worden). Die Innere Mission widmete sich der Sozialarbeit unter benachteiligten Menschen und eröffnete vielen jungen Menschen aus schwierigen sozialen Verhältnissen neue Perspektiven.

Kirchliche Bildung der Jugend im Luthertum

Die von der Reformation ausgehenden Impulse hatten einen bemerkenswerten Einfluss auf die Entwicklung des Bildungswesen und der Pädagogik. Sie trugen dazu bei, dass sich das Interesse an Bildung auch jenseits der Kirche ausbreitete. In den Städten entstanden Grundschulen und Humanistische Gymnasien. Der Wunsch nach einer Schulausbildung, die auf den Grundsätzen von Selbstständigkeit, Freiheit, Reife, Rationalität und Verantwortung beruhte, breitete sich aus. Einer der Gründe, warum die protestantischen Kirchen des 18. und 19. Jahrhunderts im Bereich der Bildung so erfolgreich waren, lag darin, dass sie den Dialog mit den Ideen der Aufklärung aufrechterhielten. Dieser Dialog war oft nicht einfach, aber er war Auslöser für viele fruchtbare Diskussionen in den Kirchen.

Bis heute ist die Jugend- und Schularbeit ein Schwerpunkt der kirchlichen Tätigkeit. Die Reformation war wesentlicher Faktor bei der Entwicklung einer eigenen Pädagogik, die allgemeinmenschliche Bedürfnisse und Erwartungen miteinbezog. Man sagt, dass höchste schulische Standards und berufliche Qualifikation zu den wichtigen Aspekten einer protestantischen Identität gehören. In der Diaspora beeinflusste dies in hohem Maße die Entwicklung eines positiven Bildes des Protestantismus und seiner Ethik.

Die Geschichte der Anfänge des Luthertums in Polen kennt viele Fälle, in denen gleich nach Gründung einer Gemeinde auch eine Schule errichtet wurde. Oft wurde das Schulgebäude sogar vor der Kirche gebaut. Um ein konkretes Beispiel aus dieser Frühzeit des Luthertums in Polen zu nennen: um 1550 kam Martin Glossa, Professor an der Jagiellonen-Universität in Krakau in die in der Region Masuren gelegene Stadt Pisz, um dort das Amt eines lutherischen Pfarrers auszuüben. Er gründete eine Schule und wurde einer der Wegbereiter des polnischen Bildungswesens.

Obwohl die polnischen Protestanten während der Zeit der Gegenreformation mit vielen Schwierigkeiten zu kämpfen hatten, hielten sie sehr stark an ihrer religiösen Identität fest; es war ihnen dabei sehr bewusst, welch großen Anteil die Bildung beim Aufbau und Erhalt dieser Identität hatte. Als den Lutheranern verboten wurde, Kirchen mit Kirchtürmen zu errichten, entschieden sie, Kirchtürme an die Schulen anzubauen, denn diese waren ihr Eigentum. Die Bildungsarbeit blieb auch weiterhin ein wichtiger Faktor und prägte die gesellschaftliche Wahrnehmung des Protestantismus im 18. und 19. Jahrhundert. Wo immer Protestanten sich niederließen, begann ihr Leben an dem neuen Ort mit der Errichtung eines Gebäudes, das als Schule und als Gebetshaus zugleich diente. In Zentralpolen richteten die zumeist aus Deutschland, der Schweiz oder den Niederlanden eingewanderten Lutheraner und Reformierten ihr religiöses Leben um die Schule herum ein. In einer Schule wurde nicht nur unterrichtet, sondern hier leitete auch der Kantor den Gottesdienst.

Dem Luthertum (und anderen zum Hauptstrom des Protestantismus gehörende Richtungen) kam eine Schlüsselrolle in der allgemeinen Entwicklung des öffentlichen Schulwesens in Polen zu, was Spuren hinterlassen hat: auch heute noch sind die staatlichen Schulen oft in Schulgebäuden früherer protestantischer Schulen untergebracht, wie z. B. der Mikołaj Rej-Schule in Warschau. Nach dem politischen Wandel in Polen nach 1989 begannen protestantische Bildungsvereinigungen wieder protestantische Schulen und Kindergärten zu eröffnen. Heute trägt eine Anzahl von Schulen die offizielle Bezeichnung „evangelische Schule“ und hat als solche ihre besondere Stellung in den örtlichen Gemeinden. Es sind Einrichtungen nicht nur für Lutheraner; ihre aus dem Luthertum schöpfenden schulischen Ziele wie Toleranz, Offenheit und ein protestantisches Ethos im Allgemeinen sollen allen Gläubigen zugute kommen.

Reformation durch Bildung ist ein zentrales lutherischen Anliegen, weil sie zu einem erfüllten Leben in der Gesellschaft und im individuellen Bereich entscheidend beiträgt. Erziehungsfragen werden immer ihre Bedeutung haben. Von den evangelischen Schulen erwartet man einen qualitativ hochwertigen Unterricht und innovative Lösungen angesichts der bestehenden Bildungskrise. Die polnischen Lutheraner sind stolz auf ihre Geschichte, insbesondere auf ihren Beitrag zur Entwicklung des Bildungsbereichs. Im Blick auf das kommende Reformationsjubiläum im Jahr 2017 hat die Evangelisch-Augsburgische Kirche in Polen einen offenen Diskussionsprozess über Fragen der Jugendbildungsarbeit angestoßen.

Religionspädagogen beziehen sich stets aufs Neue auf die lutherische Tradition und betonen die Bedeutung des Bildungsauftrags der Kirchen im kirchlichen Bereich, in der Gesellschaft und in den Schulen. Im Religionsunterricht geht es nicht nur darum, den Schülern Wissen zu vermitteln, sondern auch darum, als Kirche in der Gesellschaft Verantwortung zu übernehmen und zu verantwortlicher Staatsbürgerschaft zu erziehen. Er verfolgt einen ganzheitlichen Ansatz und möchte zu einem besseren Leben seinen Beitrag leisten. Diese religionspädagogische Perspektive wurde in Polen in den 1990er Jahren entwickelt, als der Religionsunterricht in den Schulen wieder eingeführt wurde.

Bildung und Evangelium

Im Zentrum der durch die Reformation ausgelösten religiösen Erneuerung stand die Botschaft von der Rechtfertigung jedes Menschen allein durch den Glauben (*sola fide*), der allein durch die Gnade gegeben wird (*sola gratia*). „So kommt der Glaube aus der Predigt, das Predigen aber durch das Wort Christi" (Röm 10,17). Martin Luther bestand auf der Lehre, dass alle Menschen nur aus Gnade durch den Glauben gerechtfertigt werden und sich die Menschen deshalb dem gnädigen Gott zuwenden sollten. Dafür brauchen sie die Bibel und müssen durch eine gute Erziehung lesen und schreiben lernen.

Wenn Menschen die Möglichkeit haben, etwas über Gott und über Religion zu lernen und über den Glauben nachzudenken, fangen sie an, Fragen zu stellen und Antworten zu suchen und über ihre Probleme und Zweifel zu sprechen. Und dies ist sehr hilfreich für das Verständnis des Evangeliums: Christi erlösender Tod, die Befreiung von der Sünde und die Kraft von Gottes Gnade. Ein Glaube, der sich nicht scheut, Fragen zu stellen, Antworten zu suchen und im Dialog zu bleiben mit denjenigen, die nicht derselben Meinung sind, ist ein lebendiger Glaube, einer, der fähig sein wird, in der heutigen multilateralen und komplexen Welt zu überleben. Einer Welt, wo „richtige" Antworten von Seiten der Fachleute nicht unbedingt die Menschen erreichen, wo aber Christen, befreit durch Gottes Gnade, die Verantwortung haben, über diese Gnade mit anderen zu sprechen, und bereit sein müssen, sich auf schwierige Gespräche einzulassen. In unserer reformatorischen Tradition gab es nie Ängste, sich auf den Dialog mit den herrschenden philosophischen und gesellschaftlichen Paradigmen einzulassen, der vielmehr oft für beide Seiten fruchtbar, wenn auch häufig kontrovers war.

Gut ausgebildete, reife und verantwortungsbewusste Christen und Bürger werden durch Bildung zu einem tieferen Verständnis befähigt, dazu, zwischen wichtigen und zweitrangigen Fragen zu unterscheiden, kreativ zu sein, aufgeschlossen und empfänglich für die Bedürfnisse anderer.

Fragen

Was war der wichtigste Beitrag Ihrer Kirche zur Bildungsarbeit? In welcher Beziehung steht er zu den Lehren der Reformation?

Setzt die kirchliche Lehre dem Erziehungsprozess als solchem Grenzen?

Welche pädagogischen Verantwortlichkeiten und Aufgaben erwachsen aus dem Verständnis, dass die Menschen durch Gottes Gnade befreit sind?

Befreit durch Gottes Liebe zur Veränderung der Welt – eine Jugendperspektive

Monica M. Villarreal

Die Jugend führt: Die Jugend ist Kirche

Ich bin seit mehr als drei Jahren ordinierte Pastorin der Evangelisch-Lutherischen Kirche in Amerika (Evangelical Lutheran Church in America – ELCA). Mein jugendliches Alter schockiert viele Menschen, wenn ich die Tür der Kirche öffne und sie als Pastorin begrüße. Bei seelsorgerlichen Besuchen im Krankenhaus bin ich von Menschen mit den Worten empfangen worden: „Sind sie überhaupt schon alt genug, um eine Pastorin zu sein?" Und wenn man als Frau in einer Gemeinschaft Dienst tut, wo sehr wenige Frauen Amtsträger sind, ist der Schock doppelt groß. Aber ich muss zugeben, dass es für mich als junge Pastorin zu meinen Freuden des Glaubens gehört, die stereotypen Vorstellungen der Menschen, wie eine Pastorin auszusehen habe, infrage zu stellen.

In einer überalternden Kirche werde ich noch in zwanzig Jahren eine „junge" kirchenleitende Person sein. Manchmal ist es schwierig und mühsam, ständig seine Stellung in Leitungsverantwortung rechtfertigen zu müssen. Andere Pastorinnen und Pastoren empfinden das ebenso, wie sie mir sagen. Das gilt auch für viele junge Menschen, die sich nicht zu einem kirchlichen Amt berufen fühlen, aber sich gerne in den Gemeinden engagieren würden, um in ihrer Gemeinschaft und in der Welt etwas zu bewirken. Die Jugend erhält nicht immer die nötige Unterstützung und Ermutigung oder Einladung, eine Führungsrolle in der Kirche zu übernehmen. Und manchmal wird Jugendlichen die Möglichkeit zur Übernahme von Führungsverantwortung nur dann gewährt, wenn sie exakt das sagen und tun, was vorher, in den Jahren zuvor, schon gesagt und getan worden ist. Die Kirche wird in eine schwere Führungskrise geraten, wenn die Jugend weiterhin als eine Unterkategorie von Kirche angesehen wird. Wir sind gemeinsam Kirche – Junge und Alte.

Oft bin ich gefragt worden, warum ich Pastorin geworden bin. In Nordamerika erleben die protestantischen Mainline-Kirchen einen Mitgliederschwund und die Kirche hat nicht mehr denselben Einfluss und dieselbe Stellung in der Gesellschaft wie Jahre zuvor. Es scheint ein dahinschwindender und unsicherer Beruf zu sein, den man ergreift.

Ich bin nicht innerhalb der kirchlichen Gemeinschaft aufgewachsen, wie das so viele getan haben, die ein kirchliches Amt als Beruf ausüben. Ich wurde mit sechs Jahren getauft, zusammen mit meiner Mutter, die somit als Erwachsene getauft wurde. Ich komme nicht aus einer besonders religiösen oder kirchenverbundenen Familie und besuchte die Sonntagsschule (die Faith Class) in meiner Jugend nicht sehr oft. Als Teenager machten Glaube und Kirche für mich am meisten Sinn, wenn das, was im Gottesdienst oder in der Bibelstunde gesagt wurde, auch im Leben zum Tragen kam. Mitzuhelfen einer Familie ohne Heim wieder eine Unterkunft zu verschaffen, verlieh dem Glauben einen Sinn. Die Teilnahme an Jugendgruppen und Bibelcamps bot Gelegenheit, Teil einer bewusst christlichen Gemeinschaft sein zu können, die ich als echt und greifbar empfand. Der so gebotene Raum, auch Fragen über das Leben und den Glauben stellen zu können, ließ mich gewahr werden, das Glaube nichts Einfaches ist. Der Glaube schließt den Zweifel mit ein. Und ich lernte, dass Fragen in Ordnung sind. Die Jünger Jesu stellten Jesus viele Fragen.

Ich wurde Pastorin, weil während aller wirklich schwierigen Zeiten in meinem Leben die Kirche ein sicherer Hafen für mich war. Der Gottesdienst gab mir ein Gefühl von Frieden und Ermutigung. Die Jugendgruppe eröffnete mir die Möglichkeit, zu lernen, im Glauben zu wachsen und dann allmählich eine Leitungsfunktion zu übernehmen, indem ich andere Jugendliche in Bibel- bzw. Glaubensklassen unterrichtete. Die Kirche nahm mich auf, so wie ich bin – ein Kind Gottes. Durch die Kirche erfuhr ich die Liebe Gottes und meine Berufung, die Liebe Gottes durch Christus Jesus, die alle Zerbrochenheit der Welt übersteigt, zu verkünden.

BEFREIT DURCH GOTTES LIEBE

> Ein Christ ist ein freier Herr über alle Dinge und niemand untertan.
> Ein Christenmensch ist ein dienstbarer Knecht aller Dinge und jedermann untertan.[1]

---

[1] Martin Luther: Von der Freiheit eines Christenmenschen (Luther Deutsch. Die Werke Martin Luthers, hrsg. von Kurt Aland, Göttingen 1981, Bd. 2, 251; Martin

In seiner Schrift „Von der Freiheit eines Christenmenschen" betont Luther die Macht des Glaubens als Vertrauen auf Gottes Verheißung eines neuen Lebens. Wenn wir an Gottes rettende Gnade als ein freies Geschenk und ein Ausdruck von Gottes Liebe glauben, dann sind wir befreit von der Sorge über unsere Stellung bei Gott oder darüber, ob wir „gut genug" sind, um von Gott geliebt zu werden. Als Jesus am Kreuz für die Ungerechtigkeit, Gewalt und die Sünden der Welt starb, sagte er zu seinen Jüngern: „Und ich, wenn ich erhöht werde von der Erde, so will ich alle zu mir ziehen" (Joh 12,32).

Im Gegensatz zu den allgemein verbreiteten kulturellen Werten in den USA bedeutet die Freiheit, von der Luther spricht, nicht die Freiheit, alles sagen und tun zu können, was man will, oder alles kaufen und verkaufen zu können. Luther spricht nicht von der Religionsfreiheit oder der Redefreiheit oder den vielen anderen Freiheiten, die die Mantras unserer heutigen Kultur sind. Vielmehr stellt Luther eine Verbindung zwischen Glauben und Freiheit her. Glauben und Freiheit stehen in Beziehung zueinander. Ohne Glauben können wir die Freiheit, die wir in Christus haben, nicht erkennen. Und weil wir die Freiheit in Christus haben, unseren Glauben an Gottes rettende Gnade, die über die ganze Welt ausgegossen ist, auch über Juden und Heiden, drängt es uns, diese Liebe mit anderen zu teilen. Durch Gottes Liebe befreit sind wir unausweichlich miteinander verbunden in der nahen und fernen christlichen Gemeinschaft. Wir sind beides, „befreit von" und „befreit zu".

Befreit von – Befreit zu

Das Globale Netzwerk Junger Reformerinnen und Reformer[2] möchte zu einem vertieften Nachdenken über das Luthertum und das Christentum

Luther. Ausgewählte Schriften, hrsg. von Karin Bornkamm und Gerhard Ebeling, Frankfurt am Main 1982, Bd. 1, 239).

[2] Das Globale Netzwerk Junger Reformerinnen und Reformer ist ein Programm des Lutherischen Weltbundes, das von jungen Menschen für junge Menschen ins Leben gerufen wurde. Mit Hilfe der sozialen Medien wollen wir ein globales Netzwerk der Jugend schaffen, um Beziehungen zwischen den Mitgliedskirchen aufzubauen und den Austausch darüber zu fördern, was es bedeutet, Lutheraner und Christ in einer Welt des religiösen Pluralismus zu sein. Wir wollen jungen Menschen als Leitungsverantwortlichen in der Kirche und in der Welt Gehör verschaffen. Wir bilden keine neue Kirche, sondern wollen die bereits in der Gemeinschaft bestehenden jugendbezogenen Dienste stärken und durch die Arbeit des Jugendreferats des LWB (Youth Desk) die Kirchen bei der Schaffung neuer Jugenddienste begleiten. Die Vorbereitungen auf das 500-jährige Reformationsjubiläum stellt das Globale Netzwerk Junger Reformerinnen und Reformer unter das Thema „Befreit durch Gottes Liebe, um die Welt zu verändern". Indem wir ein weltweites Netzwerk

im Allgemeinen einladen. Unter Verwendung von Videochats werden junge Menschen ermutigt, sich am Netzwerk der Jungen Reformerinnen und Reformern zu beteiligen, indem sie eine persönliche Geschichte zum Thema „befreit von" und „befreit zu" beisteuern. Zum Beispiel:

> **Befreit von: Perfektion** – Man erwartet von Kindern und Jugendlichen in Singapur, dass sie im Streben nach exzellenten Leistungen hohe Erwartungen erfüllen. Als junger Mensch hatte ich mit verschiedenen Ängsten und Selbstwertproblemen zu kämpfen. Der Durchbruch kam, als der Herr zu mir durch Psalm 139 sprach, in dem der Psalmist davon spricht, wie Gott sein innerstes Wesen geschaffen und ihn im Mutterleib gebildet hat. Mit der Erkenntnis, dass Gott mich wertschätzte und mit mir, selbst zum Zeitpunkt meiner Zeugung schon, einen Plan hatte, erkannte ich zugleich, dass es keinen Grund zur Angst gab. Wie der Psalmist preise ich Gott dafür, „dass ich wunderbar gemacht bin"!
>
> **Befreit zum: Dienst** – Wissend um die Gnade, die in Christus Jesus ist, teile ich nun diese Botschaft der Hoffnung und Erlösung mit Menschen, damit wir alle lernen, die kostbaren Gaben und Talente, die Gott uns geschenkt hat, zu schätzen. Ich bin in der Jugendarbeit und auch in anderen Bereichen meiner Kirche aktiv. Ein Vers, den ich stets im Sinn behalten habe, ist die Ermahnung des Apostel Paulus in 1. Korinther 10,31: „Ob ihr nun esst oder trinkt oder was ihr auch tut, das tut alles zu Gottes Ehre."
>
> Lee „Darius" Zhen Ying (Lutherische Kirche in Singapur, für Asien)
>
> **Befreit von: unverrückbaren Kirchenstühlen** – Als ich zum ersten Mal die Kirche betrat, die ich jetzt jeden Sonntag besuche, war ich überrascht, wie der Gottesdienstraum gestaltet war. Der Altar steht in der Mitte und alle Stühle waren so gestellt, dass sie einen Kreis darum bildeten. Was ich dann erlebte und jeden Sonntag wieder erlebe, ist eine miteinander geteilte gemeinschaftliche Liturgie, in der alle das Evangelium erfahren können. Wir alle haben aktive Rollen während des Gottesdienstes inne: das Beten des Tagesgebets, Musikinstrumente spielen, die Lesung des Evangeliums. Den Gottesdienst im Kreis feiern schafft ein Bewusstsein gegenseitiger Präsenz und stellt uns alle auf dieselbe Ebene. Wir sind gleich; es gibt keine Hierarchie in einem Kreis.
>
> **Befreit zum: Schaffen eines neuen Raumes** – Als Lutheraner glauben wir, dass Traditionen zwar nicht notwendig sind für die Erlösung, dass sie aber manchmal nützlich sind für die Aufrechterhaltung von Ordnung, Ruhe und der gängigen Praxis. Wenn sie aber ihren Zweck nicht erfüllen, wenn die Menschen sich unwohl

---

junger Reformerinnen und Reformer schaffen, wollen wir zeigen, was es heißt, *ecclesia semper reformanda* – eine Kirche in andauernder Reformation – zu sein.

fühlen und die Kirche nicht länger einladend ist und Gottes Botschaft nicht alle erreicht, dann sollten wir darüber nachdenken, die Kirchenstühle umzustellen.

Carolina Huth (Vereinigte Evangelisch-Lutherische Kirche, Argentinien, für Lateinamerika und die Karibik)

Befreit von: Kirchenmauern – „Denn wer seinen Bruder nicht liebt, den er sieht, der kann nicht Gott lieben, den er nicht sieht." (1 Joh 4,20)

Wer ist dein Nächster? Dein Bruder und deine Schwester? Zu oft sind Kirchen zu Gebäuden mit abweisenden Mauern geworden. Es gibt die „drinnen" und die „draußen". Unsere Identität und Zugehörigkeit lässt sich leicht anhand der von uns regelmäßig besuchten Kirche bestimmen. Die Alte Kirche kämpfte um diese Zugehörigkeit. Manche sagten: „Ich gehöre zu Apollos" oder „Ich gehöre zu Paulus" (1 Kor 1,12). Wir gehören alle zu Christus. Ich bin befreit von den Kirchenmauern, um nun das Antlitz Christi im Unerwarteten zu sehen. Ich bin befreit von den Kirchenmauern, um zu entdecken, dass Gott in der ganzen Gemeinschaft um mich herum am Werk ist. Ich bin befreit von den Kirchenmauern, um an Gottes Werk teilzuhaben.

Befreit zum: Gemeinschaft neu aufbauen – Obwohl ich in den USA lebe, sind die Straßen nicht aus Gold und ich muss das Land, wo Milch und Honig fließen, erst noch entdecken. Wo ich lebe und als Pastorin diene, ruft Gott uns auf, für Gerechtigkeit einzutreten, die Hoffnung wieder zu wecken und die Gemeinschaft wieder neu aufzubauen. Deutlich sichtbare Armut, Arbeitslosigkeit, mangelhaftes Verkehrswesen, leer stehende Häuser und Gewalt prägen den Alltag der Menschen. Bevollmächtigt durch den Heiligen Geist und die Vision Jesajas (58,6-12) bin ich befreit durch die Liebe Christi, um Gemeinschaft wieder aufzubauen.

Pfrin. Monica Villarreal (Evangelisch-Lutherische Kirche in Amerika, für Nordamerika)

Viele andere Geschichten finden sich auf **http://youngreformers.lutheranworld.org/updates**.

Befreit um die Welt zu verändern

Gottes Liebe ist die Kraft zur Verwandlung. In den Wassern der heiligen Taufe werden wir durch Gottes Liebe verwandelt, als Gottes Kinder benannt, um Gottes Wort versammelt und um der Welt willen gesandt. In unserem Glauben an Gottes Verheißung eines neuen Lebens bevollmächtigt uns der Heilige Geist zur Schaffung neuer Wege, die Kirche (der Leib Christi) zu sein. Unsere gläubige Antwort auf Gottes Liebe kann sich nicht mit dem Status quo abfinden, der so oft Ungerechtigkeit und Unterdrückung ermöglicht. Jeder Gläubige muss sich notwendigerweise durch die Botschaft des Evangeliums verpflichtet fühlen, sich an dem erlösenden Tun Christi zu beteiligen, das in der Welt bereits wirksam ist.

Martin Luther hatte nie die Absicht, eine neue Kirche zu gründen oder die Welt zu verändern. Er hatte gehofft, die Mächtigen in der Kirche würden die Botschaft des Glaubens und der Freiheit beherzigen und dadurch zu Barmherzigkeit den Armen und Unterdrückten gegenüber bewegt werden. Luther versuchte, die Kirche wieder an den Lehren der Bibel auszurichten, um dem Machtmissbrauch entgegenzuwirken. Die Protestantische Reformation entwickelte sich zu Luthers Lebzeiten und danach in ganz Europa zu einer religiösen und gesellschaftlichen Bewegung mit unterschiedlichsten Perspektiven und Kontexten.

Es ist immer gut, den eigenen Glauben, den der Gemeinde und der ganzen Kirche zu prüfen. Unser erster Impuls gegenüber Gott wird das Bekenntnis sein, dass wir der Ehre Gottes nicht Genüge getan haben und der Vergebung bedürfen. Die weiterhin bestehende Kluft zwischen Menschen, Gemeinschaften, religiösen Gruppen und selbst zwischen Christen ist Grund genug zur Selbstbesinnung.

Jugendliche am Concordia College in Moorhead, Minnesota, wurden gefragt, auf welche Veränderungen in unserer Welt in den nächsten fünf Jahren sie hoffen würden. Viele sprachen aufgrund der gerade stattfindenden nationalen Diskussion das öffentliche Gesundheitswesen an. Viele äußerten die Hoffnung auf eine größere Gendergerechtigkeit und weniger menschliche Diskriminierung. Die Studenten wünschten mehr nachhaltige und erneuerbare Energieoptionen in der Zukunft und es gab das tiefe Bedürfnis nach friedlichen Beziehungen zwischen Menschen und Nationen. Das Miteinanderteilen und Verkünden der Liebe Christi wurden als wesentlich für eine Veränderung der Welt und der Kirche genannt.

Uns fest auf die Bibel und die Tradition der Reformation stützend leben wir nach dem Prinzip der *ecclesia semper reformanda* – der andauernd zu reformierenden Kirche. Die Reformation ist nicht unser Werk, sondern Gottes schöpferisches Werk der Erneuerung.

> Denn also hat Gott die Welt geliebt, dass er seinen eingeborenen Sohn gab, damit alle, die an ihn glauben, nicht verloren werden, sondern das ewige Leben haben. Denn Gott hat seinen Sohn nicht in die Welt gesandt, dass er die Welt richte, sondern dass die Welt durch ihn gerettet werde. (Joh 3,16-17)

Gottes Liebe verwandelt.

> Darum gehet hin und machet zu Jüngern alle Völker: Taufet sie auf den Namen des Vaters und des Sohnes und des Heiligen Geistes und lehret sie halten alles,

was ich euch befohlen habe. Und siehe, ich bin bei euch alle Tage bis an der Welt Ende. (Mt 28,19-20)

In Christus sind wir befreit worden, um die Welt zu verändern.

Fragen

Von was sind Sie befreit worden und für was sind Sie befreit worden?

Auf welche Veränderungen in der Welt hoffen Sie? Wie können Sie als glaubender Mensch zu dieser Veränderung beitragen?

Was bedeutet es für Sie, Lutheraner zu sein?

Befreit durch Gottes Gnade: Gnade und Frieden – eine anglikanische Perspektive

Timothy J. Harris

Martin Luthers Erfahrungen, die zu seinem sehr öffentlichen Protest in Wittenberg führten, waren zugleich zutiefst persönlicher und höchst allgemeiner Natur. Es handelte sich um nichts Geringeres als die Wiederentdeckung und Wiedergewinnung des Evangeliums selbst, das in der Gnade Gottes gründet und aufgenommen wird im Glauben an Christus. Die Botschaft des Evangeliums, die mit Autorisierung durch die Kirche von Johann Tetzel verkündet wurde, war nur eine selektive und verzerrte Verkündigung des Evangeliums.

Seit der Zeit Christi ist die Botschaft des Evangeliums jeder Generation neu anvertraut worden, wobei es in diesem Dienst am Evangelium nicht einfach darum ging, ein Glaubenssystem verlässlich weiterzugeben, sondern die Menschen aus allen Kulturen und Nationen, die die Einladung zur Nachfolge Christi annahmen, zu reformieren und zu verwandeln. Jeder hat eine Art „Theologie“, eine Wahrnehmung von „Gott“, sogar wenn es jene Vorstellung von „Gott“ ist, die von Atheisten abgelehnt wird. Es ist die evangelische Aufgabe jeder Generation, diese Wahrnehmung von Gott in und durch die Person Christi zu formen und zu prägen. Evangelisch in dem Sinne, dass den Menschen Gott, wie er in Christus sich offenbart, nahegebracht wird und sie zum Glauben bewegt werden, aber nicht weniger evangelisch dadurch, dass das Verständnis der Gläubigen von Gott einer andauernden Reformation unterzogen wird, indem man immer tiefer in die kaum erblickte Unermesslichkeit Gottes eintritt durch die auf Christus zentrierten Traditionen des Evangeliums.

Eine bescheidene These

Ich habe hier in diesem Kapitel nur eine These vorzubringen, eine These im Geist einer andauernden Reformation und Verwandlung: **unser Evangelium ist zu klein.** Ob es nun unser persönliches Evangelium ist, nach dem wir unser Leben ausrichten, oder das Evangelium, das wir anderen verkünden und anpreisen, unser Evangelium ist zu klein.

Das ist keine Frage einer unzureichenden dogmatischen Formulierung, sondern hat mit den (unvermeidbaren) Grenzen unserer Verständnisfähigkeit des Evangeliums zu tun. Es gibt eine innere Dynamik, die jede Generation beeinflusst und prägt und durch die wir das Evangelium unseren eigenen Bedürfnissen und Vorlieben anpassen und es auf Begriffe reduzieren, die auf charakteristische Weise von unserer Kultur vorgegeben sind (ob wir es nun positiv aufnehmen oder in Frage stellen). Das Evangelium kann nicht der „Besitz" irgendeiner bestimmten Kultur im Gegensatz zu einer anderen sein. Jede Kultur hat ihre einzigartigen Fähigkeiten, die Wahrheiten des Evangeliums auf eine Art und Weise zum Ausdruck zu bringen, die von anderen Kulturen und Zeiten oft übersehen oder nicht erkannt worden sind.

Wenn ich sage, „unser Evangelium ist zu klein", ist das nicht als Kritik, sondern als einfache Feststellung der Wahrheit gemeint. Unser Verständnis des Evangeliums wird immer zu klein sein, bedingt einerseits durch die Grenzen unseres Verstehens und unserer Imagination und andererseits durch die unvermeidbaren Scheuklappen und blinden Flecke unserer Kultur. Die Augen, mit denen wir das Evangelium betrachten, sind justiert und ausgerichtet, so wie es die Erfahrungen, Werte und „Normen" unseres Lebens vorgeben. Was für uns und unsere Erwartungen im Leben „normal" ist, kann sich sehr unterscheiden von den Erfahrungen und Erwartungen anderer.

Wenn an meiner These irgendetwas richtig ist, dann sollte unsere Reaktion ein wachsender Appetit sein, ein Hunger auf ein größeres, reicheres, tieferes Verständnis des Evangeliums. Ich möchte hier keine Schuldgefühle wecken und noch weniger den Anspruch auf ein größeres und tiefergehendes Verständnis des Evangeliums als andere erheben. In dem Moment aber, so können wir mit Recht sagen, wo unsere Lesart der Lehren und des Wirkens Jesu uns nicht mehr provoziert, verwirrt und herausfordert, haben wir aufgehört, als Jünger zu hören und zu handeln. Das trifft nicht weniger auf das Evangelium in seiner Gesamtheit zu. Wir können es nicht – und dürfen es nicht – auf ordentlich verpackte Formulierungen und Erklärungen reduzieren und es dabei belassen. Das Evangelium von Jesus Christus ist ein wildes Evangelium, ein gefährliches Evangelium, ein Evangelium, das unsere Fähigkeit zu verstehen und darüber zu sprechen weit übersteigt.

Der Apostel Paulus rang um die rechten Worte, um diesem Evangelium Ausdruck zu verleihen. In seiner Fürbitte für die Gemeinde in Ephesus (und die mit ihr verbundenen Gemeinden) bat er, dass diese den Reichtum der Herrlichkeit des Vaters erkennen möge, stark werde durch seinen Geist und dass Christus durch den Glauben in ihren Herzen wohne. Weiterhin betete er, dass sie „in der Liebe eingewurzelt und gegründet" seien: „So könnt ihr mit allen Heiligen begreifen, welches die Breite und die Länge und die Höhe und die Tiefe ist, auch die Liebe Christi erkennen, die alle Erkenntnis übertrifft, damit ihr erfüllt werdet mit der ganzen Gottesfülle" (Eph 3,17-19).

An diesem Punkt aber (Eph 3,20) kämpft Paulus mit dem Ungenügen der Sprache und ruft ein Bündel von Begriffen in den Sinn, die den Rezipienten auffordern, über sich hinaus zu denken, ein „überschwängliches" Evangelium zu entdecken, dass unser Verstehen und unsere Vorstellungskraft übersteigt. Den Ausdruck „der überschwänglich tun kann", kann man vielleicht umschreiben mit „der fähig ist, unendlich, übergroß, überreichlich – und vor allem noch mehr, zu tun". Diese Umschreibung zielt in die höchsten Regionen des Verstehens – und lässt sie hinter sich.

Wie verkleinern wir das Evangelium? Zunächst ist es notwendig, zwischen dem „wie" und dem „was" des Evangeliums zu unterscheiden. Was Luther mit starken Worten bekräftigte und gegen dessen Nichtbefolgen er protestierte: wir können und dürfen nicht irgendetwas diesem „wie" des Evangeliums hinzufügen. Das Evangelium als die „Kraft Gottes, die selig macht alle, die daran glauben" (Röm 1,16) ist begründet allein in Gottes Gnade und im und durch das Erlösungswerk Christi allein.

Es ist eine Sache, zu bekräftigen, dass dem „Wie" des Evangeliums nichts hinzugefügt werden kann, aber es ist eine ganz andere Sache, wenn es dann darzulegen gilt, wie diese Erlösung aussieht. Unsere Verkündigung des Evangeliums muss beides einschließen, das „Wie" und das „Was". In unserem Bestreben, den Nachdruck auf die Dimension des „allein aus Gnade" zu legen, tendieren wir dazu, uns mehr auf die Seite des „Wie" zu konzentrieren, während wir dem Sprechen darüber, wie diese Gnade aussieht, was sie bewirkt, oft zu wenig Beachtung schenken. Genau an diesem Punkt verkleinern wir unweigerlich das „Was" des Evangeliums.

In welcher Hinsicht können wir also sagen, dass wir das Evangelium verkleinern? Jede Antwort darauf wird natürlich Unterschiede berücksichtigen und erkennen müssen, dass das Evangelium in unterschiedlichen Kontexten und durch eine Vielzahl von Kirchen und theologischen Traditionen ganz unterschiedliche Ausdrucksgestalten erhalten hat. Meine nachfolgenden Überlegungen spiegeln meinen eigenen Kontext wider – im Wesentlichen eine westliche Sicht des Evangeliums, die insbesondere den reformierten und protestantischen Traditionen verbunden ist. Unter diesem Vorbehalt behaupte ich, unser Evangelium ist:

- **selektiv:** Unsere Lesart der Bibel unter Bezugnahme auf das, was wir als das „Evangelium" bezeichnen, ist immer selektiv. Die reformierten

Traditionen neigen dazu, paulinische Sichtweisen des Evangeliums zu bevorzugen, und orientieren sich hauptsächlich am Römer- und Galaterbrief. Aber das Evangelium des Paulus ist mehr als das, was im Römer- und Galaterbrief angesprochen wird und das Neue Testament als Ganzes ist mehr als Paulus. Wie fügen sich die Verkündigung Jesu und die auf die synoptischen Evangelien zurückgehenden Traditionen in unser Gesamtbild des Evangeliums? Welche Rolle spielt für uns das Johannesevangelium oder die lukanische Theologie oder die des Verfassers des Hebräerbriefes und der Verfasser der Katholischen Briefe? Es besteht eine tiefgehende Einheit im Bekenntnis zur Herrschaft Christi, aber die Tradition des Evangeliums speist sich aus vielen Strömen und es ist gefährlich, einen vor den anderen zu bevorzugen. Ein angemessener Ansatz müsste diese reiche, sich in der Schrift widerspiegelnde Textur in umfassender Weise berücksichtigen.

- **reduktionistisch**: Unser Bedürfnis nach Eindeutigkeit und Einfachheit der Botschaft führt sehr oft zu Zusammenfassungen und schematischen Darstellungen des Evangeliums. Diese mögen zwar ihren Zweck als Einführung in die Wahrheit des Evangeliums erfüllen können, aber niemals den Reichtum und die Weite des Evangeliums ersetzen, sowenig wie ein Comic ein großes Kunstwerk. Die Gefahr des Reduktionismus liegt jedoch noch tiefer als nur in Zusammenfassungen des Evangeliums und schematischen Darstellungen. Es ist nur allzu leicht, das Evangelium so zu reduzieren, dass es unseren Wahrheitsvorlieben und Vorstellungen vom Sinn des Lebens entspricht. Manche tun das, indem sie das Evangelium auf eine Reihe von Lehraussagen oder Feststellungen reduzieren. Diese mögen alle wahr und wohlbegründet sein, aber das Evangelium ist auch Evokation und Appell an die Imagination. Andere wiederum werden den erfahrungsmäßigen Aspekt und die Sprache des Herzens und der Andacht in den Vordergrund stellen. Auch dies mag wiederum etwas sehr Richtiges treffen, sollte aber nicht auf Kosten der Lehraussagen des Evangeliums gehen. Wie auch immer, es besteht eine sehr reale Gefahr des Reduktionismus.

- **individualistisch:** In dem Moment, wo wir „unser Vater" sagen, haben wir automatisch Brüder und Schwestern in der Familie Christi. Es gibt im westlichen Denken eine große Verwirrung hinsichtlich des Unterschiedes zwischen „persönlich" und „individuell". Erlösung hat immer einen zutiefst persönlichen Charakter. Gott kennt uns mit Namen, und das bereits bevor wir geschaffen wurden und bis in alle Ewigkeit, wo wir unseren Platz im Reich Gottes auf nicht weniger persönlicher Weise finden. Unsere persönliche Beziehung zu Gott sollte jedoch nicht mit unserer individuellen Beziehung zu Gott verwechselt werden. Wir sind nie Individuen in dem Sinne, dass wir alleine und abseits aller anderen Beziehungen existierten. Das ist in unserer Beziehung zu Gott einfach nicht möglich, in der von uns erwartet wird, dass wir unsere Brüder und Schwestern, unsere Nächsten, anerkennen, und d. h. auch diejenigen, die an die Ränder der Gesellschaft gedrängt worden sind. In diesem Sinne sind wir niemals Individuen. Und doch ist die Verkündigung des Evangeliums oft sehr individualistisch und läuft Gefahr, unsere sehr individualistische westliche Kultur widerzuspiegeln, in der (so sagen es uns die Medien häufig genug) sich „alles um mich" dreht. Wenn wir unsere Botschaft in den Rahmen einer solchen Begrifflichkeit stellen, könnte es so scheinen, als ob sich im Evangelium auch nur „alles um mich" dreht und mein Bedürfnis zu hören, dass alles in Ordnung ist in meinem Verhältnis zu Gott. Wenn das das Ganze der evangelischen Botschaft ist, dann fehlt eine entscheidende Dimension des höchsten Gebots, nach dem unsere Beziehung zum Nächsten nicht weniger wichtig ist als unsere Beziehung zu Gott. Erlösung bedeutet sicherlich persönliche Vergebung und Versöhnung, dass unsere Sünden weggewaschen sind durch das Blut Christi. Unser Evangelium sollte aber zugleich sehr viel mehr ansprechen, als nur unsere persönlichen Bedürfnisse.

- **dualistisch:** Die Trennung des Bereichs des Geistlichen vom Bereich des Materiellen und Körperlichen ist ein Charakteristikum des griechischen Denkens, das sich nicht in der Bibel wiederfindet. Die Wirklichkeit von Fleisch und Blut, so wie Gott sie geschaffen hat, ist nicht weniger eine Dimension des Lebens im Reich Gottes als der geistliche Bereich. Auch hier ist es möglich, das Evangelium in Begriffen zu fassen, die nahelegen, dass alles, worauf es ankommt, die „geistliche" Erlösung und das Eingehen unserer „Seele" in das himmlische Reich sind, während das Materielle letztlich unwichtig ist. Erlösung wird als eine geistige Wirklichkeit im Unterschied zur materiellen oder körperlichen Wirklichkeit dargestellt. Die Bibel aber trennt nie das Geistliche vom Materiellen, sie hat vielmehr Angst vor dem „nackt dastehen", d. h. vor dem ohne Körper sein (2 Kor 5,3). Wenn Paulus das „Geistliche" dem „Körperlichen" gegenüberstellt (1 Kor 15,44), bezieht es sich nicht auf etwas Materielles, sondern auf das, was uns beseelt und antreibt. Wie wir geformt und mit Energie erfüllt sind vom Geist im Gegensatz zum Antrieb durch das „Fleisch" (hier verstanden als unsere menschliche rebellische Natur). Die Verkündigung des Evangeliums und Gottes Werk der Erlösung geschehen in und durch die Schöpfung in ihrer Fülle, und wir entehren das Evangelium, wenn wir die körperliche und materielle Welt als bedeutungslos für die Botschaft des Evangeliums davon trennen oder abziehen. Diese Welt ist von Bedeutung, und Gottes Ziele für die Schöpfung können nicht als unwichtig abgetan werden. Unser Evangelium wird zu klein, wenn wir die Erlösung von der Schöpfung trennen und von Gottes andauernder Mission, die Schöpfung all das sein und werden zu lassen, wofür sie geschaffen ist. Dazu später mehr.

- **vom großen biblischen Narrativ isoliert**: Erlösung erscheint in der Bibel als Teil einer sehr viel umfassenderen Erzählung. Die Bibel ist in einem sehr tiefen Sinne Gottes Geschichte, eine Geschichte von der Schöpfung dieser Welt, dem Drama der ungehorsamen Menschheit, von dem Fall aus der Gnade, der die ganze Welt mit einschließt, mit den darin eingebundenen Geschichten von Erlösung, der Sammlung des Gottesvolkes, das berufen und erwählt ist, ein Segen für alle Völker zu sein: all das bereitet die Geschichte Christi vor und erreicht in ihr seinen Höhepunkt – das Evangelium aber kann nicht von diesem größeren Narrativ getrennt werden, ohne ein Evangelium zu werden, das weniger ist als das in der Bibel offenbarte. Wir werden niemals völlig das Ausmaß dieses Narrativs verstehen, das bis vor die Schöpfung der Welt reicht und seinen endgültigen Ausdruck erreichen wird, wenn das Reich Gottes in seiner Fülle kommt.

- **einer andauernden Reformation bedürftig:** Das Evangelium ist größer als jede Kultur und keine ethnische Gruppierung, kein Volk und keine Kultur können einen Vorrang für ihre besondere Ausdruckform des Evangeliums beanspruchen. Das Evangelium bedarf einer fortwährenden „Übersetzung" in die vielen unterschiedlichen Formen von Sprache, Verkündigung und Lebenswelt als wesentlichen Elementen des menschlichen Lebens. Ob nun das Evangelium herausfordert, provoziert, bestätigt oder verwandelt: das Ziel ist stets das gleiche – eine bessere, reichere und gesündere Gestalt dieser vorgefundenen Kultur und Gesellschaft und nicht das Aufzwingen einer fremden Kultur. Es gibt keine vorgegebene „Kultur des Evangeliums"; das Evangelium muss vielmehr in die gesellschaftliche und kulturelle Vielfalt des Lebens auf dieser Erde in Geschichte und Gegenwart übersetzt werden. Und so wie Kultur sich dynamisch verändert, fortwährend neu interpretiert wird und neue Ausdrucksformen gewinnt, muss auch das Evangelium fortwährend reformiert werden, damit es wächst und sich ausbreitet und in allen Völkern Menschen zu Jüngern macht.

Die Erkenntnis, dass unser Evangelium immer zu klein sein wird, sollte in uns nicht nur den Hunger wecken, in die Tiefe zu gehen und unseren Horizont zu erweitern. Sie sollte auch helfen, den Reichtum der uns geschenkten Evangeliumstradition zu gewahren, der viel zu leicht übersehen wird durch den Gebrauch unserer herkömmlichen Evangeliumsterminologie.

An dieser Stelle ist jedoch eine sehr fundamentale Frage angebracht. Wie hat denn damals in der Zeit der Alten Kirche ein durchschnittlicher Mensch das Wort „Evangelium" verstanden? Das Wort „Evangelium" heißt einfach „gute Nachricht", und was die „gute Nachricht" war, hing damals vor allem auch von dem Absender ab. In der griechisch-römisch geprägten Welt des Neuen Testaments hatte eine öffentlich bekannt gemachte „gute Nachricht" häufig mit dem Kaiser zu tun, mit Gunsterweisen und Friedenszeichen von seiner Seite, womit zugleich der Anspruch auf Herrschaft, Ergebenheit und Loyalität verstärkt wurde.

Gnade und Frieden

In der Bibel gibt es zwei, oft zusammen genannte Begriffe, die symbolisch für das Evangelium stehen: Gnade und Frieden. Gnade drückt das Wesen Gottes aus und alles, was aus dieser Eigenschaft, aus diesem Attribut Gottes fließt: Gott ist ein Gott der Gnade, der Gebende, von dem letztendlich alles kommt. Die Existenz aller Dinge kann ohne Bezug auf die Gnade Gottes weder erklärt noch in ihrem Wert erkannt werden. Dies kommt auf tiefe Weise am Ende von Römer 11 (Verse 33-36) zum Ausdruck, wo Paulus seine ausführliche Darstellung des Evangeliums als einer „Kraft, die selig macht alle" in Röm 1-11 zu einem Abschluss bringt. Die Stelle verdient es, hier ganz angeführt zu werden:

> O welch eine Tiefe des Reichtums, beides, der Weisheit und der Erkenntnis Gottes! Wie unbegreiflich sind seine Gerichte und unerforschlich seine Wege! Denn „wer hat des Herrn Sinn erkannt, oder wer ist sein Ratgeber gewesen"? Oder „wer hat ihm etwas zuvor gegeben, dass Gott es ihm vergelten müsste"? Denn von ihm und durch ihn und zu ihm sind alle Dinge. Ihm sei Ehre in Ewigkeit! Amen.

Gott der Gebende

Gott ist der Gebende, von dem letztendlich alles kommt. Es gibt keinen einzigen Menschen in der Welt oder in der Geschichte, dem Gott irgendetwas schuldig wäre. Wer ist in der Position, Gott irgendetwas zu geben, Gott zu raten, oder zu behaupten, er kenne den Geist Gottes? Die Gnade Gottes ist alles umfassend, das ist mit dem Ausdruck „alle Dinge" gemeint. Dies bezieht sich im Kontext von Paulus' Argumentationslinie von Röm 1,18 bis hin zu den Gaben und der Berufung Israels (Röm 11,29), jetzt erweitert auf alle, die „in Christus" sind. Das Dreifache „von ihm und durch ihn und zu ihm" reflektiert wahrscheinlich die dreifachen Gnaden von Schöpfung, Errettung und endgültigem Heil.

Die Gnade Gottes offenbart sich in der Mission Gottes, in Gottes Handeln. Von den ersten Worten der Bibel an ist Gott am Werk. Gott schöpft, bewegt, spricht, bildet, ordnet, ist an seiner Heimstätte gegenwärtig. Gott stellt bereit, sorgt für Fruchtbarkeit und Wachstum, lädt ein und befähigt die Menschen und erwartet von ihnen, an der Verwirklichung seiner Gnade mitzuarbeiten.

Frieden und die Gaben Gottes

Die Wertschätzung der Gnade Gottes findet ihren innigen liturgischen Ausdruck in einem klassischen anglikanischen Dankgebet (hier zitiert in der Version des Australian Prayer Book):

> Allmächtiger Gott und barmherziger Vater,
> wir danken Dir demütig und von Herzen
> für all Deine Güte und Wohltaten
> an uns und allen Menschen.
> Wir preisen Dich, dass Du uns erschaffen hast und uns erhältst
> und für all die Segnungen dieses Lebens;
> aber vor allem für Deine große Liebe,
> in der Du die Welt erlöst durch unseren Herrn Jesus Christus,
> und uns Gnade schenkst und die Hoffnung der Herrlichkeit.
> Gib uns einen Sinn für all Deine Güte,
> auf dass wir wahrhaft dankbar seien und Dich preisen,
> nicht nur mit unseren Lippen, sondern in unserem Leben,
> indem wir Dir dienen heiliger und gerechter Weise;
> durch Jesus Christus, unseren Herrn,
> dem, mit Dir und dem Heiligen Geist,
> sei alle Ehre und Herrlichkeit, jetzt und in Ewigkeit. Amen.[1]

Im umfassenderen biblischen Narrativ wird das Bild des Garten Edens als eines Ortes der Sicherheit und des Gedeihens und der Sabbatruhe als Ziel (*telos*) der Schöpfung immer wieder heraufbeschworen. Wie ein semantisches Gefäß vereint der so reichhaltige hebräische Begriff Schalom in sich diese Vorstellungen und ist damit ein weiterer Ausdruck für den „Frieden

[1] A Prayer Book for Australia, Mulgrave Vic 1995, 16.

Gottes", eines Friedens, der zutiefst persönlich ist und doch zugleich auch die ganze Schöpfung einschließt (Römer 8).

Der Begriff des Schalom wird sehr gut von Cornelius Plantinga erläutert:

> Das Ineinander Verweben von Gott, Menschheit und der ganzen Schöpfung in Gerechtigkeit, Erfüllung und Verzücken wird von den hebräischen Propheten mit Schalom bezeichnet. Wir übersetzen das Wort mit Frieden, aber es bedeutet sehr viel mehr als nur Frieden des Geistes oder ein Waffenstillstand zwischen Feinden. In der Bibel bedeutet Schalom *universelles Gedeihen, Ganzheit und Verzücken* – ein Zustand der Fülle, in dem alle natürlichen Bedürfnisse befriedigt sind und alle natürlichen Gaben auf fruchtbare Weise zur Wirkung kommen, ein Zustand des freudigen Staunens, wenn der Schöpfer und Erlöser die Türen öffnet und die Geschöpfe willkommen heißt, an denen er sich erfreut. Schalom ist mit anderen Worten der Zustand, wie die Dinge sein sollten.[2]

Das „gelobte Land", das Ziel der Reise heraus aus der Sklaverei und durch die Wildnis (der „Exodus"), die Verwirklichung des Versprechens an Abraham und Sarah und ihre Nachkommen, wird als „Heiligtum" (Ex 15,17) begriffen. Der bekannte gottesdienstliche Segen, der aus Numeri 6,24-26 entlehnt ist, setzt Gottes Segen in Parallele zum von Gott erhaltenen Schalom. Im Deuteronomium wird das verheißene Land gleichfalls in paradiesischen Begriffen beschrieben (Deut 7,7-9) und die Propheten verwenden den Ausdruck Schalom als Ausdruck der Hoffnung auf Erlösung (vgl. Jes 32,17; 48,18; 53,5; 60,17).

Zur Zeit des Neuen Testaments war das Wort Schalom der am häufigsten verwendete jüdische Gruß geworden (Begrüßung und Verabschiedung). Dies wird insbesondere von Paulus aufgenommen in seiner Variation des Grußes: „Gnade und Friede", die gewissermaßen seine Kurzformel für das Evangelium selbst werden. Das hier verwendete Wort für Friede (*eirenē*) ist ganz deutlich ein Ausdruck des Schalommotivs.

Der Begriff Erlösung/erlöst sein (*soteria/sōzō*) hat ebenfalls eine deutliche Schnittmenge mit Schalom (konzeptuell und theologisch) und schließt in den synoptischen Evangelien gesellschaftliche, mentale, psychologische und geistliche Heilung mit ein – in einem sehr ganzheitlichen Sinn (unter Vermeidung einer Dualität von Körper und Seele). Etwa ein Drittel der synoptischen Evangelien schildert, wie sich *soteria* in der Form von Heilungen (semantisch sehr weit verstanden) auswirkt – das ist Schalom als Vorgeschmack der Fülle des Reiches Gottes.

---

[2] Cornelius Plantings, Not the Way It's Supposed to Be: A Breviary of Sin, Grand Rapids 1995, 10.

Das Kreuzesgeschehen und die Auferstehung stehen ebenfalls in Beziehung zum „Frieden" schaffenden Werk Gottes in Christus. „Da wir nun gerecht geworden sind durch den Glauben, haben wir Frieden mit Gott durch unsern Herrn Jesus Christus; durch ihn haben wir auch den Zugang im Glauben zu dieser Gnade, in der wir stehen [...] (Röm 5,1-2a). In diesen Zusammenhang gehört auch die Rede vom „Erstling" der Auferstehung im Neuen Testament als einer alles umfassenden Wirklichkeit – die gesamte Schöpfung ist erlöst, um alles zu werden, was sie war und sein soll. Das Motiv der „neuen Schöpfung" hier ist ebenso mit der prophetischen Vision des Schalom verbunden, das durch das Reich Gottes verwirklicht wird.

Im Johannesevangelium ist das Motiv des „Lebens" ebenso mit einer Qualität des Lebens verbunden, die jetzt mit Jesus in die Gegenwart durchbricht (in 10,10: „Ich bin gekommen, damit sie das Leben und volle Genüge haben sollen") und drückt sich auch in der Sprache des „Friedens" aus – z. B. Johannes 20,19-26 – „Friede sei mit euch"; vgl. die Aufforderung in Lukas 10,5 „Friede sei diesem Haus". Paulus hat einen ähnlichen Sprachgebrauch, wenn er vom Frieden spricht, der sowohl Juden wie Heiden verkündigt worden ist („hat Frieden verkündigt euch" – Eph 2,17) und dann fortfährt „[...] da Jesus Christus der Eckstein ist, auf welchem der ganze Bau ineinander gefügt wächst zu einem heiligen Tempel in dem Herrn. Durch ihn werdet auch ihr mit erbaut zu einer Wohnung Gottes im Geist" (Eph 2,21-22). Kurz gesagt ist „Frieden predigen" die Verwirklichung des Schalom durch Christus und den Heiligen Geist, kundgegeben in der Gemeinschaft der Kirche.

Vergleichbare Verbindungslinien lassen sich ziehen im Blick auf Gottes Gewährung von „Ruhe" (Mt 11,28) und die Bewegung des Gottesvolkes hin zu einem Zustand der „Ruhe" (als Vollendung des gelobten Landes); siehe Hebräer 4.

Um noch einmal zu Paulus zurückzukehren: Schalom-Frieden ist ein charakteristisches Attribut der Erfahrung des Geistes Christi. Der Begriff „Geist" ist hier natürlich viel weiter zu fassen als unsere enge post-aufklärerische Begrenzung des Geistes auf rationale Fähigkeiten. In der paulinischen Welt beinhaltet ein solches „Denken" eine viel tiefere Dimension, in der Intellekt, Bedürfnisse, Gefühle, Bestrebungen und der Wille sich zu einer „Geisteshaltung" verbinden.

Es ist in diesem Sinne zu verstehen, wenn Paulus in Philipper 4 auf die „Denkweise" Jesu hinweist. Der Weg zur wahren Freude und zur Abwesenheit von Angst ist der, zu denken, wie es Christus tut. Schalom, Herz und Geist und das Evangelium fließen zusammen:

> Und der Friede Gottes, der höher ist als alle Vernunft, bewahre eure Herzen und Sinne in Christus Jesus. Weiter, liebe Brüder: Was wahrhaftig ist, was ehrbar, was

gerecht, was rein, was liebenswert, was einen guten Ruf hat, sei es eine Tugend, sei es ein Lob – darauf seid bedacht! Was ihr gelernt und empfangen und gehört und gesehen habt an mir, das tut; so wird der Gott des Friedens mit euch sein.

Gnade, Frieden und Befreiung

Wenn die Weite des Evangeliums auf diese Weise verstanden wird, tritt eine Vielzahl von Dimensionen der Befreiung in den Blick, in denen sich das Evangelium der Gnade realisiert, das heute, in unseren Kontexten, genauso in die Tiefe gehend spricht wie in der Zeit der Alten Kirche.

Befreit von den Zwängen der Selbstgenügsamkeit

Die Frage, wie das „gute Leben" zu leben sei, hat das Altertum genauso beschäftigt wie uns heute. Was das Altertum betrifft, so lautete für einige die Antwort, ganz in der Gegenwart zu leben: Besser wird's nicht werden, deshalb kann man genauso gut „essen, trinken und fröhlich sein", denn die Zukunft ist düster. Das war im Grunde eine nihilistische Einstellung zum Leben, ohne größere Ziele oder Erwartungen an die Zukunft. Es war ein Leben ohne tieferen Grund für Hoffnung. Für andere war die sicherste Option der Rückzug in sich selbst. Wo ließ sich etwas finden, das niemand anderer beeinflussen oder kontrollieren konnte? Die Antwort war, nach innen zu schauen und dort nach den dem Individuum alleine zur Verfügung stehenden Fähigkeiten zu suchen, auf äußere Dinge (oder Menschen) zu reagieren. Solche in der Antike verbreiteten Wege zum „guten Leben" haben ihre populären Entsprechungen in der heutigen Welt.

Es ist wahr, der Rückzug in den Bereich, wo nur wir allein reagieren können, hält alles oder alle, die uns bedrohlich werden können, auf Armeslänge entfernt. Es ist wahr, man erlangt eine gewisse Freiheit, wenn man allen äußerlichen und vergänglichen Dingen jeglichen dauerhaften und tieferen Wert abspricht. Jedoch ist der Preis für einen solchen inneren Schutz vor allem, das uns verstören könnte, der, dass es uns an einem sehr einsamen Ort zurücklässt. Da ist wenig Platz für Sympathie oder Mitgefühl (an den Freuden und am Leid der anderen teilhaben). Paul Simon hat es in seinem zum Klassiker gewordenen Lied „I am a rock" so formuliert:

> Ich habe Mauern errichtet,
> eine Festung tief und mächtig,
> die niemand überwinden kann.
> Ich brauche keine Freundschaft; Freundschaft verursacht Leid.

> Es ist Lachen und Lieben, was ich verachte.
> Ich bin ein Fels,
> Ich bin eine Insel.[3]

Andererseits ist dieses Verlangen sich selbst zu genügen, Ausdruck eines Ehrgeizes, von niemandem abhängig zu sein und in niemandes Schuld zu stehen. Es ist eine Lebenshaltung, die möglichst ohne Glauben an oder Vertrauen in andere auskommen will, indem sie so viel wie möglich kontrolliert. Wir sind „Herren und Herrinnen" unseres eigenen Geschicks. Eine umgekehrte Version dieser Lebenshaltung drückt sich in der Aussage aus, dass „du alles tun kannst, was du willst", solange du nur genügend Entschlusskraft hast. Das mag durchaus eine Empfehlung sein, um Menschen zum Handeln zu ermutigen und sie zu ermuntern, sich nicht von Ängsten oder Ohnmachtsgefühlen einengen zu lassen. Aber dann kommen doch Fragen auf wie „und wenn ich nicht alles kontrollieren kann?" oder „und wenn ich scheitere oder meine Fähigkeiten nicht ausreichen?" Das Endresultat ist dann sehr häufig noch mehr Stress und Angst. Herr über das eigene Leben sein zu wollen, führt dazu, dass vieles von unserer Fähigkeit abhängt, unsere Hoffnungen, Träume und Bestrebungen auch zu verwirklichen. Und ganz tief im Innern kann das große Ängste schüren.

Das Evangelium der Befreiung, ob es nun von Jesus selbst (z. B. Mt 6,24-25) oder von Paulus (z. B. Röm 6,19-20) formuliert wird, verortet wahre Freiheit nicht in der Selbstgenügsamkeit, sondern in der Hingabe an den vertrauenswürdigsten und gnadenreichsten „Meister", den Herrn Jesus Christus. Wenn davon die Rede ist, „Gottes Knechte" geworden zu sein, dann ist das die Sprache der Hingabe an einen, der dieser Hingabe würdig ist und durch den wir Leben erhalten jetzt und in Ewigkeit:

> Nun aber, da ihr von der Sünde frei und Gottes Knechte geworden seid, habt ihr darin eure Frucht, dass ihr heilig werdet; das Ende aber ist das ewige Leben. Denn der Sünde Sold ist der Tod; die Gabe Gottes aber ist das ewige Leben in Christus Jesus, unserm Herrn. (Röm 6,22-23)

Dasselbe sagt mit anderen Worten das traditionelle anglikanische, an „Gott, Stifter des Friedens" gerichtete Gebet „Collect for Peace", wenn es feststellt, dass Gott „zu dienen die wahrhaftige Freiheit ist". Der Gott der Gnade und des Friedens bietet im Evangelium die tiefste Grundlage einer

[3] I've built walls, / A fortress deep and mighty, / That none may penetrate. / I have no need of friendship; friendship causes pain. / It's laughter and it's loving I disdain. / I am a rock, / I am an island. Siehe: **www.azlyrics.com/lyrics/simongarfunkel/iamarock.html**.

wahren Befreiung, die persönlich ist und sich doch auch auf die gesamte Schöpfung erstreckt und einen Bereich eröffnet, in dem Himmel und Erde sich hin zu einer einzigen Wirklichkeit entwickeln.

Nachbemerkungen

Ich habe noch drei kurze Überlegungen anzufügen.

Erstens muss jede Neubesinnung auf die Weite und Tiefe des Evangeliums von der Weite und Tiefe der gesamten biblischen Erzählung geprägt sein. Der biblische Bericht von Gottes Handeln vom Anfang der Genesis bis zum Ende der Offenbarung ist eine Geschichte der Absichten und Ziele Gottes, von der Schöpfung über die Erlösung in und durch Christus bis hin zur Erfüllung der Ziele von Gottes Mission in der neuen Schöpfung, die das ist, was alle Schöpfung sein und werden soll.

Zweitens bedeutet, wenn wir das Evangelium in solchen Begriffen verorten, dass auch unser Dienst „hier und jetzt" eine Bedeutung hat. In Gottes Gnade werden wir in Gottes Mission miteingebunden. Unsere Anstrengungen zuzunehmen „in den Werken des Herrn" (1 Kor 15,58) werden nicht vergeblich sein. Im großen umfassenden biblischen Narrativ gibt es eine Kontinuität, die von dem gegenwärtigen Seinsbereich in die Fülle des Reiches Gottes hineinreicht. So leben wir in der Vorwegnahme des „noch nicht", und in der Zuversicht, in der Hoffnung und dem Vertrauen, dass das Beste noch kommen wird.

Schließlich wird ein vertieftes Verständnis der Größe des Evangeliums zu einer Wiederentdeckung unserer Furcht und Freude über Gottes Pläne führen. In Gottes Gnade sind wir Teil des dramatischen Geschehens von Schöpfung und Erlösung. Wir sind Teil von etwas sehr viel Größerem als wir selbst. Wie für jede Generation ist es auch die Herausforderung unserer Zeit, die Zuversicht in das Evangelium wiederzuentdecken, Gottes Handeln auch in unserer Zeit und in unseren Erfahrungen wahrzunehmen. Die Mission Gottes sehen wir darin, dass er seinen Sohn gesandt hat, der versprochen hat, immer bei uns zu sein, selbst bis zum Ende der Zeiten. Die Sendung Gottes zeigt sich in der Sendung des Geistes, der dem „Spiel die letzte Wendung geben" und das Gottesvolk heiligen und verwandeln wird. Dieser Geist, der uns zu Kindern macht, erreicht sowohl die Kinder Gottes als auch die gesamte Schöpfung, die auf die Erlösung von ihren Geburtswehen wartet, damit alle zusammen hin- und hineingezogen werden zur „Freiheit und Herrlichkeit der Kinder Gottes" (Röm 8,21).

Bei Martin Luthers Entdeckung der Gnade Gottes ging es nicht nur um sein eigenes Streben nach persönlicher Gewissheit angesichts seiner geistlichen Angst, sie war vielmehr Auslöser für eine Bewegung der andauernden Reform, deren Herzstück ein vertieftes Verständnis der großen evangelischen Botschaft von Gnade und Frieden war und ist, zu der wir stets aufs Neue wieder hingeführt werden. Gott sei die Ehre!

Fragen

Wenn jemand, der nicht in der Kirche ist, Sie fragen würde: „Was ist ein Christ?“ (und nicht „Wie wird man ein Christ?“). Was würden Sie antworten?

In diesem Aufsatz wird die Auffassung vertreten, dass das Evangelium persönlich aber niemals individualistisch ist (in dem Sinne, dass es nur eine Angelegenheit zwischen uns und Gott ist). Stimmen Sie zu und was bedeutet dies für das Evangelium im Hinblick auf Beziehungen?

Die christliche Botschaft wird von Menschen, die nicht der Kirche angehören, sehr oft als eine ziemlich negative Botschaft wahrgenommen (Dinge, die man nicht tun darf): Wie könnte die Kirche ein positiveres Bild des Evangeliums vermitteln, in dem „Gnade und Frieden/Schalom“ in Wort und Handeln im Vordergrund stehen?

Bibelarbeit: Jesaja 55,1-2

Zephania Kameeta

> Wohlan, alle, die ihr durstig seid, kommt her zum Wasser! Und die ihr kein Geld habt, kommt her, kauft und esst! Kommt her und kauft ohne Geld und umsonst Wein und Milch! Warum zählt ihr Geld dar für das, was kein Brot ist, und sauren Verdienst für das, was nicht satt macht? Hört doch auf mich, so werdet ihr Gutes essen und euch am Köstlichen laben. (Jes 55,1-2)

Einleitung

Für alle Namibier, ob jung oder alt, stellt diese Einladung Gottes im Buch des Propheten Jesaja wahrlich eine Gute Nachricht dar und erfüllt ihre Herzen mit großer Freude. Das ist wahrhaftig eine erstaunliche und aufregende Einladung:

> [K]ommt her zum Wasser! Und die ihr kein Geld habt, kommt her, kauft und esst! Kommt her und kauft ohne Geld und umsonst Wein und Milch!

Das ist unglaublich! Nicht nur die Privilegierten, sondern alle Durstigen sind eingeladen. Niemand ist ausgeschlossen. Es gibt Wasser in einer Fülle, die niemals erschöpft sein wird, und jeder und jede wird genügend davon haben – nicht nur für ein paar Tage, sondern ein ganzes Leben lang.

Namibia und Israel/Palästina: klimatische Ähnlichkeiten

Das in Israel/Palästina herrschende mediterrane Klima ist durch lange, heiße und trockene Sommer gekennzeichnet. Die Niederschläge sind ungleich verteilt und nehmen nach Süden hin stark ab. Im äußersten Süden beträgt die durchschnittliche Regenmenge weniger als 100 Milimeter im Jahr. Die Niederschlagsmengen schwanken jahreszeitlich und von Jahr zu Jahr beträchtlich, besonders in der Wüste Negev.

Auch Namibia weist ein heißes und trockenes Klima mit unregelmäßigen Regenfällen auf. In Afrika hat nur die Sahara ein noch arideres Klima. Die durchschnittliche jährliche Regenmenge schwankt zwischen weniger als 50 Millimeter an der Küste, 350 Millimeter im Zentrum des Landes und 700 Millimeter im Nordosten. Wie in Israel/Palästina schwanken die Niederschlagsmengen jahreszeitlich und von Jahr zu Jahr.

Nach Angaben des Joint Monitoring Programme for Water Supply and Sanitation gibt Namibia 3 Prozent seines Bruttoinlandprodukts (BIP) für die Wasserversorgung aus. Das ist bei Weitem der höchste Prozentsatz von allen Ländern südlich der Sahara. Pro Kopf gibt Namibia jährlich 80 USD für Wasserversorgung und Abwassertechnologien aus, während andere Länder in der Region dafür zwischen einem und 10 USD aufbringen müssen. In Namibia betragen die Kosten für die Bereitstellung eines direkten Zugangs zu Wasser im Durchschnitt 4000 USD pro Kopf.

Trotz der Wasserknappheit betrachten die Menschen in Israel/Palästina und in Namibia ihre Länder jeweils als „ein Land, wo Milch und Honig fließt" – und ich bin da keine Ausnahme.

Wenn wir in Namibia daher Gottes Einladung im Buch Jesaja hören, verstehen wir ganz genau, was mit der Metapher des Wassers gemeint ist.

Nicht für Geld zu haben – sola gratia (Vers 1)

Die Reformation führt uns zurück zu den Wurzeln der Bibel. Während die Welt den Armen zuruft: „Geht weg" – insbesondere ihr Massen ohne Geld und Kreditsicherheiten, ihr, die niemand an der Spitze der Machtstrukturen kennt, mit denen es keine Verbindung gibt – ruft das Wort Gottes alle, die nach Gerechtigkeit und Frieden dürsten. Hier steht Gottes Gnade gegen das brutale und erbarmungslose Kapital, das Millionen Menschen auf die Müllhalden dieser Welt jagt, während sehr wenige ihre Taschen mit dem Reichtum füllen, der aus den allen gehörenden Ressourcen gezogen wird. Kommt und geht nicht weg! Dieser Ruf übertönt die Ablehnung durch diese Welt. Das „geht weg", dass diejenigen, die die Macht des Kapitals besitzen, den Armen zurufen, führt in den Tod; Gottes Ruf an uns alle, zu kommen, führt ins Leben in all seiner Fülle.

Während die Welt uns in Klassen einteilt, ruft Gott jeden einzelnen von uns – alle. So erfahren wir Gott. Als Gott Mose zum Pharao schickte, sagte er nicht: „Lass einige von meinem Volk ziehen." Gott sagte vielmehr ganz einfach: „Lass mein Volk ziehen." Gott liebte die Welt und nicht nur einige Menschen in dieser Welt und er gab dafür seinen einen und einzigen

Sohn. Gottes Gnade wählt nicht einige aus oder teilt sie in Klassen, sondern umfasst alle, die sagen, dass sie durstig sind.

Unser Gedenken an 500 Jahre Reformation muss auf eine sinnvolle und praktische Weise den Durst von Millionen Mitmenschen in verschiedenen Ländern miteinbeziehen. Auch den Durst nach Gerechtigkeit und Frieden in diesen Ländern. Wir denken hier an die Tausenden und Millionen, die ihre Heimstätten und Länder aufgrund religiöser Intoleranz verlassen mussten; an diejenigen, die täglich die heute herrschende barbarische Gewalt erleiden müssen und erbarmungslos gemordet werden; an die Millionen, die es danach dürstet, die sich verbreiternde Kluft zwischen Reich und Arm zu beseitigen; an Frauen und Männer, die es nach Gendergerechtigkeit und Gleichheit dürstet; an die jungen Menschen, die Arbeit wollen; und an diejenigen, die zwar Arbeit haben, deren Lohn aber von den hohen Wohnkosten aufgefressen wird – alle dürstet es nach einem eigenen Ort, wo sie leben können.

All diese so viel Leid in unserer Welt verursachenden Dinge deuten auf eine spirituelle Leere hin. Es gibt deshalb keine Entschuldigung für die aus der Reformation hervorgegangenen Kirchen, bei der Bekämpfung dieser Krankheiten, die die jetzige Generation und die zukünftigen Generationen heimsuchen, nicht auf eine entschiedene und nachdrückliche Weise die Führung zu übernehmen. Wir haben viel Zeit mit reden verbracht, jetzt ist handeln nötig.

Wir sind eingeladen, zu kommen und ohne Geld und ohne Kosten zu kaufen. Wenn kein Geld und keine Kosten im Spiel sind, warum kaufen wir dann? Warum nicht „einfach kommen und es nehmen"? Was uns hier angeboten wird, ist nicht billig, sondern teuer, nicht nach den Wertmaßen dieser Welt, sondern nach denen Gottes. Darum kann es nicht mit Geld gekauft werden oder mit anderen Reichtümern dieser Welt. Niemand in dieser Welt vermag es, das was Gott anbietet, zu bezahlen oder es zu kaufen, außer Gott selbst – und Gott hat das bereits getan, indem er seinen Sohn hat sterben lassen für uns, auf dass wir errettet werden und in seinem Tod und seiner Auferstehung leben. Wir kaufen das, was Gott anbietet, nicht mit unserem irdischen Besitztum, sondern mit dem, wofür Gott bereits bezahlt hat. Und es ist diese Form der göttlichen Transaktion, die genannt wird: die Gnade Gottes.

> Denn aus Gnade seid ihr selig geworden durch Glauben, und das nicht aus euch: Gottes Gabe ist es, nicht aus Werken, damit sich nicht jemand rühme. (Eph 2,8-9)

Die Wurzeln der Plagen, die die Menschheit verfolgen (Vers 2)

„Warum zählt ihr Geld dar für das, was kein Brot ist, und sauren Verdienst für das, was nicht satt macht?" Diese Frage zielt auf die Plagen ab, die uns heute drücken: das Rettungspaket der Europäischen Union für ihre Mitgliedsländer zur Bewältigung der Eurokrise; die alarmierend wachsende Kluft zwischen Reich und Arm; bittere Armut; Müttersterblichkeit; Mangelernährung als Ursache für den Tod von Kindern und Jugendlichen; Korruption und Diebstahl nationaler Ressourcen von Ländern, denen das Know-how fehlt, um die ihnen geraubten Güter selbst zu verwerten; Terrorismus; Flüchtlinge; unerhörtes Leid und der Tod tausender Menschen, die an den gerade tobenden Kriegen ganz unbeteiligt sind, um nur ein paar zu nennen.

Wenn wir nur auf diesen Wachruf hören und das, was Wert hat, für wirkliches Brot ausgeben würden, und für das arbeiten würden, was wirklich befriedigt, wäre unsere Welt ein anderer und besserer Ort zum Leben. Die Grundlage, auf der wir aufbauen, um die Welt zum Besseren zu verändern, ist vollständig falsch und führt zu diesen eben erwähnten Ergebnissen und noch schlimmeren, ja zur vollständigen Zerstörung. Die Grundlage ist falsch, weil sie die unstillbare Liebe zum Reichtum (Mammon) ist. Alles was diesem abscheulichen Verlangen im Wege steht, wird zertreten und zerstört. Geld wird nicht für Brot ausgegeben, sondern um zu zertreten, zu vernichten, um die Menschheit zu verderben. Die Schöpfung wird zerstört zum Nutzen einiger gieriger Menschen und Millionen armer Arbeiter werden ausgebeutet für etwas, was weder sie noch die Menschheit als Ganzes befriedigt.

In seinem Brief an die Römer weist der Apostel Paulus auf die richtige Grundlage nicht nur für die Gläubigen, sondern für die ganze und besonders die heutige Menschheit hin:

> Die Liebe sei ohne Falsch. Hasst das Böse, hängt dem Guten an. Die brüderliche Liebe untereinander sei herzlich. Einer komme dem andern mit Ehrerbietung zuvor. Seid nicht träge in dem, was ihr tun sollt. Seid brennend im Geist. Dient dem Herrn. Seid fröhlich in Hoffnung, geduldig in Trübsal, beharrlich im Gebet. Nehmt euch der Nöte der Heiligen an. Übt Gastfreundschaft. [...] Seid eines Sinnes untereinander. Trachtet nicht nach hohen Dingen, sondern haltet euch herunter zu den Geringen. Haltet euch nicht selbst für klug. [...] Ist's möglich, soviel an euch liegt, so habt mit allen Menschen Frieden. (Röm 12,9-13.16.18)

Die Art und Weise, wie wir mit unseren irdischen Gütern und den Menschen umgehen, sollte sich an den göttlichen Werten orientieren, die der Apostel so wortgewaltig dargelegt hat. Liebe ohne Falsch, der Hass auf das Böse und Liebe zum Guten; die Liebe zueinander und zur ganzen Menschheit; Achtung füreinander, für alle Menschen und die Schöpfung; Freude und Hoffnung auf das Wohlergehen aller; miteinander teilen und Gastfreundschaft; Eintracht untereinander, zwischen den Völkern und in der

Schöpfung; Demut und Zuwendung zu den Geringen und Verbreitung von Frieden, wo immer man gerade ist, sollten Inspiration und Grundlage für unseren Umgang mit Geld und den irdischen Gütern sein. Das Gleiche gilt für die Kirchen, Regierungen und Nationen. Diese Art von „Rettungspaket“ wird für die gesamte Menschheit und die ganze Schöpfung schönere und begehrenswertere Früchte bringen.

Regierungen und Nationen wollen ganz bewusst diese nachdrückliche Botschaft der Propheten und Apostel nicht sehen. Deshalb sind die das 500-jährige Reformationsjubiläum feiernden Kirchen herausgefordert, diese prophetischen und apostolischen Werte in reformatorisches Handeln umzusetzen. Das sollte im Zentrum des Gedenkens an 500 Jahre Reformation stehen und würde den Unterthemen des Jubiläums ihre Relevanz verleihen: Erlösung nicht für Geld zu haben; Menschen nicht für Geld zu haben; die Schöpfung nicht für Geld zu haben.

Was diese Einladung für uns hier in Namibia bedeutet

„Und die ihr kein Geld habt, kommt her, kauft und esst!“ – das ist auch heute eine große Sache und wahrlich gut. In den 25 Jahren nach der Unabhängigkeit hat es verschiedene ernsthafte Versuche gegeben, die Milleniumsentwicklungsziele (MDG) anzugehen und zu erreichen, aber es bleiben noch viele Aufgaben, die dringend weitere ernsthafte Überlegung und Handeln erfordern.

Es ist allgemein bekannt, dass auch heute noch, im 21. Jahrhundert, über drei Millionen Kinder auf der ganzen Welt jedes Jahr verhungern und Namibia da keine Ausnahme ist. Es geschieht nicht aus Spaß, wenn Kinder die Müllhalden unserer Städte und Dörfer im ganzen Land durchwühlen – sie versuchen etwas zu finden, mit dem sie ihren Magen füllen können. Der Grundschulunterricht ist jetzt in Namibia kostenlos, aber mit leerem Magen in die Schule zu gehen ist eine schmerzliche Übung und deshalb, aus Hunger, gehen viele Kinder nicht zur Schule und sind allen möglichen Gefahren und Versuchungen ausgesetzt. Wenn man sie sieht, würde man nicht gleich vermuten, dass sie hungrig sind, aber wenn man mit ihnen gesprochen hat und sie gut kennt, merkt man, dass sie vielleicht eine Woche oder mehr nichts gegessen haben.

Ramadhani Abdallah Noor, ein tansanischer Arzt und wissenschaftlicher Mitarbeiter an der Harvard School of Public Health und New Voices Fellow am Aspen Institute schrieb im September 2014,

> als ein afrikanischer Arzt weiß ich, dass die Schäden durch lange Mangelernährung und Hunger nicht immer sichtbar sind. Sie sind nicht immer so offensichtlich wie

die hervorstehenden Rippen geisterhafter Kinder, denen eine Ernährungssonde angeschlossen wurde, wie ich es oft auf Krankenstationen in Tansania gesehen habe. Chronische Mangelernährung, oder „verborgener Hunger" zeigt sich auf andere Weise – und kann genauso zerstörerisch und tödlich sein. Während Todesfälle aufgrund verschiedener Krankheiten und auch akuter Unterernährung abgenommen haben, bleibt der verborgene Hunger ein verbreitetes Phänomen.[1]

Es sind nicht nur kleine Kinder, die an Hunger leiden, sondern auch Studenten. Diejenigen, die nicht in einem Wohnheim wohnen, sondern von außerhalb kommen, überstehen den ganzen Tag an der Universität mit einem nur spärlichen oder gar keinem Essen, was wiederum ihr Studium beeinträchtigt. Noor stellt fest:

> In Afrika bleibt Hunger die Hauptursache für den Tod von Kindern. Mehr als die Hälfte aller Todesfälle von Kindern unter fünf Jahren geht auf sein Konto, und es sterben mehr Kinder daran als an AIDS, TB und Malaria zusammen.

Mehr noch:

> Für die Bewältigung der aktuellen Krise braucht man Geld – geschätzte 10 Milliarden USD pro Jahr – und neue und bessere Strategien, um den Müttern und Kindern, die sie am meisten brauchen, lebenserhaltende Problemlösungen zukommen zu lassen.
>
> Die Höhe der Kosten wirkt weit weniger entmutigend, wenn man die Kosten des Hungers berücksichtigt. Die UNICEF schätzt, dass die durch die Mangelernährung der Kinder in Afrika verursachten Kosten 25 Milliarden USD pro Jahr betragen. Und das ist noch nicht die ganze Geschichte. Global gesehen kostet die Mangelernährung der Weltwirtschaft geschätzte 3,5 Billionen USD pro Jahr, was der verminderten Produktivität und den höheren Gesundheitskosten geschuldet ist.[2]

Ich bin fest davon überzeugt, dass eine der neuen und besseren Strategien, um lebensrettende Problemlösungen für diejenigen umzusetzen, die von elender Armut und Hunger heimgesucht werden, die Einführung eines nationalen Basic Income Grant (BIG) (bedingungloses Grundeinkommen – BGE) wäre – eine Maßnahme, die sich in Otjivero bereits bewährt hat – und die die Armut und Arbeitslosigkeit drastisch verringern, die wirtschaftlichen Aktivitäten erhöhen, zu besseren Schulleistungen führen und den Gesundheitszustand der namibischen Bevölkerung verbessern würde. Als nur einer der Aspekte der Umverteilung muss das BIG von anderen

---

[1] Vgl. **www.project-syndicate.org/commentary/ramadhani-a--noor-laments-thescourge-of-malnutrition-ravaging-the-continent-s-children**.

[2] A. a. O.

flankierenden Maßnahmen begleitet werden, um wirkliche strukturelle Veränderungen zu erreichen.

Es ist eine falsche Vorstellung, dass wenn man den Armen Geld gibt, das so ist, als ob man Wasser in ein Fass ohne Boden schütten würde. Das BIG wird die wirtschaftlichen Aktivitäten anregen und beflügeln und zu Wachstum und Wohlstand im ganzen Land führen, und nicht nur den Armen zugute kommen. Er wird zu einer lebendigen Entwicklung in den ländlichen Gebieten beitragen, und dies wird wiederum die Versorgung mit Wasser und Elektrizität in den städtischen Gebieten erleichtern, weil aufgrund der wirtschaftlichen Entwicklung in den ländlichen Gebieten die Menschen wieder dorthin zurückkehren werden.

In kleinem Maßstab ist dies schon geschehen, als die Menschen von Windhoek und anderen Orten nach Otjivero aufgrund der dortigen wirtschaftlichen Entwicklung zurückgezogen sind. Das BIG wird also nicht nur den Armen helfen, sondern dem ganzen Land und uns auf den Weg bringen hin zu einem entwickelten Land, in dem die Kluft zwischen Arm und Reich geringer ist und eine Umverteilung im Sinne eines Wohlstands für alle stattfindet.

Das ist kein unrealistischer Traum oder eine Utopie, sondern eine verwirklichbare Realität, für die viele gelitten und ihr Leben eingesetzt haben. Was wir jetzt brauchen, ist der politische Wille von uneigennützigen Führungspersonen, denen die Bedürfnisse der Armen und des ganzen Landes ein innerstes Anliegen sind. Ebenso brauchen wir mutige und engagierte Frauen und Männer, die in den Fußstapfen der Propheten und Apostel die Götter des Kapitals und der Gier herausfordern und sie mit der guten Nachricht der Befreiung, der Gerechtigkeit und des Friedens für die Armen konfrontieren.

Das hätte eigentlich schon längst geschehen müssen, in Namibia schon vor 25 Jahren. Die Armen und Hungrigen sind der Worte müde, sie wollen Taten der Wiedergutmachung sehen! Der Text dieser Bibelarbeit sagt nicht, kommt her, sodass ihr gezählt und registriert werden könnt oder eine wissenschaftliche Untersuchung, warum ihr durstig seid, an euch durchgeführt werden kann; sondern er sagt einfach: kommt her zum Wasser! Das ist es, was nötig ist in dieser Stunde der Not. Die Notleidenden wollen Hilfe, bevor sie verschmachten. Jetzt ist eure Stunde und euer Moment. Etats und Geld sind nicht die Frage: Kommt, esst und trinkt, sodass ihr leben könnt.

Ich möchte schließen mit meiner kontextuellen Übersetzung von Jesaja 55,1-2:

Ihr seid frei!
Der Herr sagt,
Kommt, jeder der noch denkt
er sei ein Sklave –
die Befreiung ist da!
Kommt, die ihr glaubt
ihr wäret niemand,
kommt und seid jemand!
Kommt! Kauft Gerechtigkeit und Unversehrtheit –
es kostet euch nichts!
Warum weiter wie ein Niemand leben
während ich euch doch wieder zu Jemand mache?
Warum weiter wie ein Sklave leben
während doch die Befreiung eine Wirklichkeit ist!
Hört auf mich und handelt nach dem, was ich sage,
und ihr werdet das Leben in seiner Fülle haben.

Autorinnen und Autoren

Brakemeier, Gottfried, Pfr. Dr., Präsident des Lutherischen Weltbundes von 1990 bis 1997, Brasilien

Burghardt, Anne, Pfrin., Referentin für ökumenische Beziehungen, Lutherischer Weltbund, Genf, Schweiz

Byrtek, Elżbieta, Mag. Theol., Assistentin für religiöse Bildung, Christlich-Theologische Akademie Warschau, Polen

Großhans, Hans-Peter, Prof. Dr., Professor für Systematische und Ökumenische Theologie, Evangelisch-Theologische Fakultät, Universität Münster, Deutschland

Harris, Timothy J., Dr., Suffraganbischof, Anglikanische Diözese Adelaide, Stellvertretender Leiter, Theologisches Seminar St. Barnabas, Adelaide, Mitglied der Internationalen Anglikanisch-Lutherischen Koordinierungskommission, Australien

Junge, Martin, Pfr., Generalsekretär, Lutherischer Weltbund, Genf, Schweiz

Kameeta, Zephania, Pfr. Dr., emeritierter Bischof, Evangelisch-Lutherische Kirche in Namibia, Minister für Armutsbekämpfung und soziale Wohlfahrt, Republik Namibia

Ngui, Au Sze, Pfrin., Basler Christliche Kirche Malaysias, LWB Programm Frauen in Kirche und Gesellschaft, SEALUC Koordinatorin für Theologinnen, Malaysia

Nordstokke, Kjell, Pfr. Dr., Prof. Emeritus, Diakonhjemmet University College, Oslo, Norwegen

Villarreal, Monica, Pfrin., Evangelisch-Lutherische Kirche in Amerika, Mitglied des Lenkungsausschusses des Globalen Netzwerkes junger Reformerinnen und Reformer des LWB, USA